LEBENSFÜLLE

QUAESTIONES DISPUTATAE

Begründet von
KARL RAHNER UND HEINRICH SCHLIER

Herausgegeben von
PETER HÜNERMANN UND THOMAS SÖDING

235

LEBENSFÜLLE

Internationaler Marken- und Titelschutz: Editiones Herder, Basel

RALF MIGGELBRINK

LEBENSFÜLLE

FÜR DIE WIEDERENTDECKUNG EINER THEOLOGISCHEN KATEGORIE

FREIBURG · BASEL · WIEN

© Verlag Herder GmbH, Freiburg im Breisgau 2009
Alle Rechte vorbehalten
www.herder.de
Umschlaggestaltung: Finken & Bumiller, Stuttgart
Satz: Barbara Herrmann, Freiburg
Herstellung: fgb · freiburger graphische betriebe
www.fgb.de
Gedruckt auf umweltfreundlichem, chlorfrei gebleichtem Papier
Printed in Germany

ISBN 978-3-451-02235-7

Inhalt

Vorwort 11

Einleitung:
Was ist und was soll eine Theologie der Fülle? 13

A. Leben in der Mangelobsession 22
I. Das Mangelsymbol in Anthropologie und Ökonomie . . . 22
   1. Der anthropologische Ansatz der Soziobiologie 24
   2. Kulturtheorie unter dem Mangel-Apriori 28
   3. Der *homo oeconomicus* als anthropologisches Paradigma 30
   4. Zeugung und Geburt als Verschuldung 32
   5. Philosophische Wurzeln des *homo oeconomicus* 35
   6. Der *homo oeconomicus* in der neueren Mikroökonomie 37
   7. Mangeldenken und der Lebensbegriff der Physik 40
II. Die Kritik an der anthropologischen Universalität des
homo oeconomicus 43
   1. Empirische Einwände aus der Ethnoökonomie 43
   2. Empirische Einwände aus der ökonomischen
      Kooperationsforschung 44
   3. Einwände aus der Neidforschung 46
   4. Einwände aus der ökonomischen Forschung zum Ver-
      hältnis von Einkommenshöhe und Berufszufriedenheit 49
   5. Einwände aus der Mimetischen Theorie 52
   6. Einwände aus der Rechtssoziologie 56
III. Grenzen und Relevanz des Mangeltheorems 59

B. Kultur der Lebensfülle 68
I. Lebensphänomenologie 74
   1. Lebensvergessenheit in Philosophie und Theologie . . . 74
      a. Lebensvergessenheit in der Philosophie 74
      b. Lebensvergessenheit in der Theologie der Freiheit . 76
      c. Einige Aspekte der Herkunft des Problems 80

d. Die theologische Tradition des Problems 83
  e. Das Widerstandspotential der enkaptischen
     Seelenlehre des Aristoteles 87
 2. Das Programm der Phänomenologie des Lebens:
    Hans Jonas 88
 3. Philosophische Anthropologie des Menschen als
    Natur- und Freiheitswesen 92
 4. Leben als Inkarnation: Michel Henry 95
 5. Leben als Gabe und Hingabe: Rolf Kühn 99
 6. Neutestamentliche Phänomenologie des Lebens 102

II. Gabedenken 105
 1. Die Gabe im Denken von Marcel Mauss 105
 2. Die Ökonomie der Gabe bei Paul Ricœur 111
  a. Die Ökonomie der Gabe 111
  b. Geben und Nehmen im Prozess der Suche des
     Menschen nach sich selbst 115
  c. Die Phänomenologie der primordialen Fülle in der
     Diskussion 117
 3. Gabedenken in der Theologie 122
  a. Schönheit und religiöser Wert der Gabe 123
  b. Die Ambivalenz der Gabe 128
  c. Gabe als Freude am Leben 134
  d. „unlimited love" 141
 4. Die Lebensfülle als Gabe Jesu 145
  a. Der sozialgeschichtliche Kontext Jesu 145
  b. Praxis und Verkündigung Jesu 146
  c. Die Füllebotschaft in Leiden und Sterben Jesu . . . 150
  d. Auferstehung als Erfahrung der Fülle 153
  e. Innergöttliches Leben: Trinitarische Reflexion . . . 158

III. Lebensfülle als anthropologische Grunderfahrung 160

C. Theologie der Lebensfülle Gottes 165

I. Geisttheologie 166
 1. Die Geistferne neuzeitlichen Subjektdenkens 166
  a. Subjekt- und Freiheitsdenken in Neuzeit und
     Theologie 166
  b. Theologische Kritik des Subjektdenkens 169
  c. Vermittlung von Subjektdenken und heilsgeschicht-
     lichem Denken 172
  d. Wesenhafte Intersubjektivität und ihre Folgen . . . 175

2. Ansätze zu einer ökonomischen Pneumatologie 179
   a. Hegels Geistdenken und eine ökonomische
      Pneumatologie 179
   b. Theologische Ansätze zu einer ökonomischen
      Pneumatologie 183
   c. Dramatische Pneumatologie 187
   d. Ökonomische und immanente Pneumatologie 193
   e. Amtliche und spekulative Pneumatologie 195
II. *Inkarnationstheologie* 198
   1. Die Inkarnation als dem Menschen gemäße Form
      göttlichen Handelns 198
   2. Die Inkarnation als Gott angemessene Form des
      Handelns 206
   3. Perspektiven einer inkarnatorischen Theologie des
      Lebens 211
      a. Fleischliche Erlösung: Probleme und Vermittlungs-
         versuche 211
      b. Dramatische Theologie der Erlösung des Fleisches . 215
III. *Pleromatische Theo-logie* 216
   1. Ursprünge eines theologischen Begriffs 216
   2. „plērōma und kénōsis" 218
   3. „plērōma und dóxa" 225
   4. plērōma in der Lehre von den göttlichen Eigenschaften 229
   5. Gottes plērōma als der Grund der Gerechtigkeit 235
   6. Trinitarische Pleromatik 239
   7. Leben in Fülle 246
   8. Pleromatische Eschatologie 249
   9. Pleromatische Kurzformel als häresiologisches Postulat
      der Gegenwart 253

Autorenverzeichnis 262

für Anke

Vorwort

Den persönlichen Anstoß zur Frage nach der Lebensfülle Gottes bildete die Beschäftigung mit der Mimetischen Theorie, wie sie so kreativ an der theologischen Fakultät Innsbruck verfolgt wird. Wie kann die Theologie eigentlich über jene Wirklichkeit sprechen, in der gnadenhaft die Allgegenwart menschlichen Neides und der auf ihm fußenden Gewalt überwunden wird? Die Rede von der göttlichen Lebensfülle bot sich an, um die transformierende Kraft der Gotteswirklichkeit im Leben der Menschen zu benennen. Wie aber war diese biblisch bezeugte Lebensfülle Gottes theologisch zu denken?

Die gesuchte theologische Kategorie der Lebensfülle sollte zugleich die positive Antwort bilden auf Fragen, die meine vor zehn Jahren vorgetragene Forderung nach der Wiederentdeckung des zornigen Gottes aufgeworfen hatte: Wie ist denn die Gotteswirklichkeit jenseits seiner gnädigen und zornigen Zuwendung zum Menschen so zu denken, dass Zorn und Gnade als Gestalten geschichtlicher Wirksamkeit Gottes verstehbar werden? In der subjekttheoretischen Theologie unserer Tage wurde der Begriff der göttlichen Allmacht revitalisiert. Mir scheint dagegen die Entfaltung des Begriffes einer sich mitteilenden, dynamischen, belebenden ursprünglichen Fülle des Seins wegen ihrer soliden Verankerung in der Tradition biblischer und theologischer Gottesrede als konzentrierender Begriff der Rede von Gott vielversprechender.

Ein weiterer, nun aber zunächst persönlicher Kontext wurde aufgespannt durch Erfahrungen der Entmächtigung: Auf Phasen des Planens, Ent- und Verwerfens folgen Jahre, in denen mit dem Wachstum des Begonnenen dessen fremde Mächtigkeit erlebbar wird. Die Erfahrung schöpferischer Passivität, in der der Ursprung sich dem Entsprungenen ausliefert, wird theologisch gerne mit Leidensmotiven verknüpft. Anthropologisch dürfen solche Phasen allerdings auch als Erfahrung von Bereicherung und Beschenktsein gedeutet werden. Als solche nämlich werden sie begreifbar, wo Subjektivität und Freiheit nicht zu letzten Konstruktionsgrößen theologischer Anthropologie genommen werden. Auch von hier ergibt sich die theologische Frage nach der Artikulierbarkeit jenes größeren, das eigene Gestalten und Ausgeliefertsein verbindenden Horizontes des Daseins, dem hier unter dem heuristischen Begriff der Fülle nachgespürt werden soll.

Ich danke meinen Mitarbeitern Dr. Stefan Heinemann und Astrid Heidemann für das fortwährende wissenschaftlich-theologische Gespräch, das unsere Zusammenarbeit am Essener Lehrstuhl für Systematische Theologie zu einer tief erfreulichen, einsichtsreichen und erfüllenden Begegnung geraten ließ. Astrid Heidemann und Eric Zoller haben wie meine Frau die Korrekturarbeit an diesem Buch geleistet.

Sehr herzlich danke ich den Herausgebern der Quaestiones Disputatae, insbesondere dem für die systematischen Beiträge zuständigen Herrn Prof. Dr. Dr. h. c. mult. Peter Hünermann für die Aufnahme des Bandes in diese angesehene Reihe! Dr. Peter Suchla gebührt ein ganz besonderer Dank für die wie gewohnt präzise und sehr hilfreiche Begleitung des Autors seitens des Herder-Verlages.

Meiner Frau Anke Miggelbrink soll dieses Buch gewidmet sein, im dreißigsten Jahr des gemeinsamen Lebensweges, dankbar für das auf diesem Weg erfahrene, unverfügbare Geschenk sich vielfach entfaltender Fülle des Lebens.

Essen, am 21. April 2009   *Ralf Miggelbrink*

Einleitung:
Was ist und was soll eine Theologie der Fülle?

Der Kapitalismus ist seit längerer Zeit Gegenstand theologischer Kritik.[1] Walter Benjamin entdeckte religionsförmige Eigenschaften des Geldes, das in der kapitalistischen Wirtschaftsordnung so etwas wie eine Ganzhingabe der Menschen einfordert, die als fleißig Arbeitende, Strebende und einander Überbietende die Gegenwart opfern für den Dienst an einer durch das Geld vermeintlich ermöglichten Zukunft, die allerdings wegen der prinzipiell grenzenlosen Vermehrbarkeit von Kapital niemals Gegenwart wird.[2] Im Kern beinhaltet die Religion des Kapitalismus die Diskreditierung jeder Gegenwart durch eine Eschatologie der quantitativen Vermehrung ohne qualitative Verwandlung. Das Prinzip dieser Deutung von Welt und Leben ist die Überzeugung von der organisierenden Kraft des Mangels. Entgegen der Deutung der Welt und des Menschseins auf der Basis einer Anthropologie und Kosmologie des Mangels ist es die primäre Sache der Theologie, Gott als primordiale Fülle zu bezeugen.

Wo das Zeugnis der primordialen Fülle Gottes allerdings primär in der Bahn der *theologia negativa* verläuft, da wird mit der Betonung der absoluten Transzendenz Gottes der Gegensatz zwischen der verborgenen Fülle Gottes und den dann auch theologisch unter der Leitidee des Mangels verstehbaren Wirklichkeiten von Welt, Geschichte und Menschsein betont. Dieser Weg wurde in der Theologie seit der Mitte des 20. Jahrhunderts überwiegend beschritten. Die Betonung der Transzendenz Gottes schien eine durch die Tradition gedeckte Möglichkeit zu sein, mit den Schwierigkeiten einer Schöpfungstheologie fertig zu werden,

---

[1] Thomas Ruster, Der verwechselbare Gott. Zur Entflechtung von Christentum und Religion; Christof Gestrich (Hg.), Gott, Geld und Gabe. Zur Geldförmigkeit des Denkens in Religion und Gesellschaft, Berlin 2004; Martin Hailer, Gott und die Götzen. Über Gottes Macht angesichts der lebensbestimmenden Mächte, Göttingen 2006.

[2] Walter Benjamin, Kapitalismus als Religion, in: ders., Gesammelte Schriften, Bd. 6, S. 100–103; Christoph Deutschmann, Die Verheißung des absoluten Reichtums. Zur religiösen Natur des Kapitalismus, Frankfurt 1999.

die in der Tradition der Scholastik und ihrer Renaissancen Gott als mechanisch auf die Welt einwirkende Ursache dachte. Ein solches Verständnis von Schöpfung und *concursus divinus* war aber nicht nur in der naturwissenschaftlich geprägten Welt immer weniger glaubwürdig geworden. Es zeigte sich auch als schlecht vereinbar mit den freiheitlichen Gestaltungsansprüchen der durch Aufklärung und Moderne geprägten Menschen. Endgültig aber scheiterte dieses theologische Weltbild, dass Gottes Fülle und die Wirklichkeit der Welt in enger Nachbarschaft dachte, an den Erfahrungen der katastrophalen Folgen der neuzeitlichen Geschichte. Die Rede von einer absolut weltjenseitigen göttlichen Fülle allerdings, die sich in keiner Weise in Leben und Denken der Menschen vermittelt, läuft auf eine Eschatologie der Jenseitigkeit hinaus, die trotz und bei aller Betonung der Relevanz geschichtlicher Kategorien für eine biblische Eschatologie, die jenseitige Fülle Gottes und die diesseitige Mangelgeplagtheit der Menschen nicht anders denn im Modus von Klage und Leid vermitteln kann. Das Leiden an der Abwesenheit Gottes wird so zur primären Gestalt der Erfahrung göttlicher Fülle. Wo die geistliche Spannkraft zu diesem Leiden an der Abwesenheit Gottes nicht aufgebracht wird, hat die Jenseitigkeit und Verborgenheit Gottes keinen Ankerplatz im Denken und Empfinden der Menschen mehr und wird zu einer beziehungs- und wirkungslosen Legitimationsidee für allerletzte Fragen angesichts von Tod und Kontingenz.

Die Grundlage einer bloß negativen Theologie erweist sich allerdings auf Dauer nicht als tragfähig: Warum sollte die biblisch und kirchlich bezeugte eschatologische Fülle mehr und anderes sein als eine Negativspiegelung innerweltlicher Erfahrungen, die täuscht und Menschen davon abhält, sich den harten Realitäten ihres Daseins anzupassen, um so wenigstens für die Dauer des eigenen Lebens ein wenig mehr innerweltlichen Wohlstand in der Welt des Mangels für sich zu erheischen? Hier pocht der *Basso Continuo* des kämpferischen Atheismus im Konzert der humanistisch motivierten Religionskritik von Feuerbach über Marx und Freud bis in die Gegenwart: Mit der Ablegung der religiös gespeisten Fülleprojektionen lasse sich der harte Mangel im Dasein erträglich gestalten.

Wenn die theologisch begründete christliche Rede von der tragenden, motivierenden, erhofften und erbetenen Fülle des Daseins eine Zukunft haben soll, dann muss sie anders als bloß auf der *via negativa* entwickelt werden, dann bedarf sie fundamentaltheologischer Gehversuche im Felde einer *analogia pleromatis*. Einer solchen obliegt es zu zeigen, dass das kapitalistische Verfahren der Füllesuggestion durch Addition und Multiplikation von Mengen angesichts der biblischen Füllerverheißungen zu unbefriedigenden Ergebnissen führt. Zwar kennt auch die Bibel die auf den ersten Blick infantil wirkende Überlegung, die Größe Gottes manifestiere sich darin, dass die ihm gebührenden Opfer mehr forderten als die in der Antike bewaldeten Hügel des Libanon an Brennholz und Wildtieren zu liefern vermöchten (Jes 40, 18). Gerade aber diese Einsicht, dass selbst die waldreichste Gegend kein quantifizierbares Äquivalent der Größe Gottes bereitzustellen vermag, weist der theologischen Reflexion den Weg fort von der für das kapitalistische Denken so kennzeichnenden Verwechslung von Fülle und vermehrbarer Masse: So wie sich die unendliche Erhabenheit Gottes dem quantifizierenden Denken in der Negation erweist, so bezeugt Jesaja an der zitierten Stelle deren erfüllende Wirkung auf diejenigen, die sich auf Gottes ureigene, nicht quantifizierbare, weil unvergleichliche Intuitionen einlassen:

„[JHWH] gibt dem Müden Kraft, dem Kraftlosen verleiht er große Stärke.
Die Jungen werden müde und matt, junge Männer stolpern und stürzen.
Die aber, die dem Herrn vertrauen, schöpfen neue Kraft, sie bekommen Flügel wie Adler.
Sie laufen und werden nicht müde,
sie gehen und werden nicht matt." (Jes 40, 28–31)

Auf welchen Wegen aber erfahren Menschen die lebenstragende und ermöglichende und so wahrhaft schöpferische Kraft göttlicher Fülle, die nicht in der nie erfüllenden und befriedigenden grenzenlosen Multiplikation der eigenen Habe besteht? Welche Erfahrungen der für das menschliche Leben relevanten, ja, tragenden Fülle eröffnen die Möglichkeit, von ihnen aus zum einen eine Vorstellung der Fülle Gottes analog zu entwickeln und zum anderen jenseits der physikalischen *via causalitatis* und jenseits negativ-theologischer Eschatologie-Fixierung Spuren der inspirierenden göttlichen Kraft als positiven Ansatzpunkt einer *analogia pleromatis* zu benennen?

Der Gedanke liegt nahe, ein solches Verfahren müsse an dem positiven Bekenntnis zu dem sich offenbarend und inspirierend in die Geschichte hinein sich mitteilenden Gott der Bibel anschließen. Die gesuchte *analogia pleromatis* sei also eine Gestalt der von Karl Barth postulierten *analogia fidei*, Glaubenserkenntnis im strengen Sinne des Wortes.[3] Gäbe es aber eine analoge Erfah-

---

[3] Karl Barth, Kirchliche Dogmatik, Bd. 1/1 (Zolikon 1932), S. 267–275.

rung göttlicher Lebensfülle wirklich nur im Bereich der kirchlich bekennenden Christenheit, so würde mit einer solchen Annahme die für die Theologie der Nachkonzilszeit konstitutiv gewordene Überzeugung von einer Wirksamkeit Gottes im Denken und Fühlen aller Menschen zurückgewiesen.[4] Schlimmer aber wäre, dass auf diese Weise Gottes Fülle uminterpretiert würde in eine Wirklichkeit, die nicht die Weiten der Erde und jedes Menschen Herz zu füllen suchte, sondern die sich selbst in den konfessionellen Engen unter die Gesetze einer kapitalförmigen Mangellogik beugte. Wo Glaube statt als elitärer Besitz einer Traditionsgemeinde verstanden wird als göttlich ermöglichtes Wunder einer allen Menschen in ihren Lebenszusammenhängen angebotenen geheilten und heilenden Sicht des eigenen Lebens und der Welt, da bietet es sich in den Zeiten, in denen das Unheil in der Gestalt der Mangelobsession und seiner Allgegenwart auftritt, an, die Erfahrung göttlich ermöglichten Heils in Kategorien einer lebensgeschichtlich wirksamen, unverfügbaren, heilvollen, sakramentalen Fülleerfahrung zu artikulieren.

Fülletheologie kann um ihrer selbst willen nicht in der apriorischen Leere einer rein fundamentaltheologischen Klärung ihrer eigenen Voraussetzungen begründet werden. Sie soll vielmehr von Anfang an ihre erschließende Kraft im Rückgriff auf die phänomenale Fülle der zu deutenden Motive biblisch-kirchlicher Tradition erweisen. Fragt man hier nach den *loci*, denen die Theologie der Lebensfülle Gottes zuzuordnen ist, so ist zunächst die Eschatologie zu nennen. In Welt und Leben scheint deren schöpferisch gründende Fülle so verborgen wie zwielichtig: Verbirgt sich hinter der Herrlichkeit der natürlichen Welt nur das Prinzip um ihr Dasein kämpfender komplexer Moleküle? Ist der Untergang in das Nichtsein und somit letztlich nichts der verborgene Sinn allen komplexen Seienden? Oder verbirgt sich hinter dem evolutiven Kampf der Moleküle eine andere Teleologie der Welt? So sehr in der patristischen und insbesondere in der hochscholastischen Tradition der kosmologische Gedanke der anfänglichen Einstiftung einer solchen Teleologie der Welt durch den Schöpfer einleuchtete, so sehr fühlen sich Menschen heute durch die wissenschaftlich argumentierenden Protologien versucht, die Selbstbehauptung der überlegenen Daseinsformen als Prinzip dessen, was sich als Dasein erleben kann, zu deuten.

Eher als über die Frage nach dem Anfang erschließt sich heute die Ahnung eines nicht naturhaft mangelgeprägten Sinns von Leben und Welt über die Rückfrage des handelnden und verantwor-

---
[4] Ad gentes 7.

tenden Menschen nach dem Verhältnis, das dieser Mensch zu seiner und seiner Mitmenschen Zukunft in seinem Handeln einnimmt. Eine Haltung nämlich zur Zukunft in ihrer verborgenen, unverfügbaren Entzogenheit muss er allemal immer einnehmen, wenn er sich zu handeln anschickt. Soll aber wirklich die verborgene Zukunft die ewige Wiederkehr des Gleichen sein? Oder ist ihre Verborgenheit die Einladung, das Kommende nicht aus der Vergangenheit abzuleiten? Wo solchermaßen im Lichte einer eröffneten, befreiten Zukunft die normierende Kraft der Herkunft als protologischer Mythos überwunden wird, ist der Raum der Eschatologie betreten. Deutlich wird dabei gleich zu Anfang, dass Eschatologie im Kern nicht auf die Befriedigung menschlicher Neugier angesichts der unbekannten Zukunft zielt. Eschatologie bezeichnet im Kern eine handlungsfreudige, an Freiheit und Sittlichkeit orientierte Haltung gegenüber der Zukunft. Eschatologie ist also nicht spekulativ, sondern praktisch motiviert. Sie speist ihre Einsichten aus der im Handeln an der Welt eingenommenen Haltung der Menschen. Damit aber ist jede futurisch-prognostische Eschatologie Weitung einer zukunftsbezogenen Haltung und Erfahrung präsentischer Eschatologie. In der präsentischen Eschatologie verhalten sich Menschen zu der von ihnen im Handeln angenommenen offenen Zukunft als des Raumes, den der Handelnde nur verantwortlich in einer Achtung vor dem anderen sinnvoll füllen kann, die der Verachtung des Anderen als einer um ihr Überleben kämpfenden Zellkonfiguration entgegen läuft. In der Annahme der Zukunft als in dem qualifizierten Sinne offen, dass dem eigenen und dem mitmenschlichen Leben eine andere Möglichkeit eröffnet ist als die ewige Wiederholung biologischer Gesetzmäßigkeiten, vollziehen Menschen – wie anonym auch immer – die Bejahung Gottes als sich der Welt anbietende und eröffnende Zukunft, in der überhaupt erst Zukunft als „absolute Zukunft" erahnbar wird.[5] Mit dem Hineinragen dieser absoluten Zukunft in die Gegenwart entfaltet die Zukunft ermöglichende Wirklichkeit Gottes in das Fühlen und Denken der Menschen ihre (eschatologische) Wirksamkeit: Gott als die absolute Zukunft ermöglicht innerweltliche Zukunft und wird mit deren handelnder Annahme als absolute Zukunft bejaht.

Als solchermaßen präsentische Eschatologie ist die Fülletheologie auf die präsentische Eschatologie Jesu verwiesen als biblisches Zeugnis für das geschichtliche Eingreifen Gottes in der Gegenwart

---

[5] Karl Rahner, Fragment aus einer theologischen Besinnung auf den Begriff der Zukunft, in: ders.: Schriften zur Theologie, Bd. 8 (Einsiedeln 1967), S. 555–560; ders., Die Frage nach der Zukunft, in: a. a. O., Bd. 9 (Einsiedeln 1979), S. 519–540.

Jesu. Das Neue Testament selbst arbeitet zur Artikulation dieser Erfahrung selbst auf verschiedensten Ebenen mit Füllemetaphorik und Füllevokabular. Am eindrücklichsten ist vielleicht das johanneische Verheißungswort des Guten Hirten aus Joh 10, 10:

„Ich bin gekommen,
damit sie das Leben haben
und es in Fülle haben."

Ihren systematischen Ort haben die theologischen Klärungen zur Frage nach dieser innergeschichtlichen Fülle Gottes in der Gnadenlehre und der Ekklesiologie. So wie in der Eschatologie und der Gotteslehre eine Überwindung der rein transzendenzfixierten Vorstellungs- und Redeweise von der göttlichen Fülle notwendig ist, so ist in der Gnadenlehre die Überwindung eines exklusiv juridischen Modells göttlichen Gnadenhandelns als bloßer Rechtfertigung notwendig. Vielmehr muss die Rechtfertigungsmetapher in den größeren, verschiedenste Vorstellungswelten umfassenden Zusammenhang des heilenden, erweckenden, heiligenden und vollendenden göttlichen Wirkens an der Menschheit gerückt werden. Auch in diesem Großzusammenhang bietet sich das Gegensatzpaar von Fülle und Mangel als strukturierendes Kategorienpaar an: Sünde und Tod werden deutbar Formen des menschlichen Ausgeliefertseins und Auslieferns an die obsessive Deutung des eigenen Lebens in Welt und Mitwelt unter der Idee des ubiquitären Mangels. Mangel als leitende Idee der Daseinsdeutung für die eigene Gegenwart erzeugt Konkurrenz, Neid und Gewalt. Mit Bezug auf die ungewisse Zukunft führt die Weltwahrnehmung unter dem Apriori des Mangels in Angst und Verzweiflung. Wo dagegen Menschen Welt und Mitwelt deuten unter der Idee einer verheißungsvollen, sich geschichtlich und eschatologisch durchsetzenden Fülle, begrüßen sie die Verheißung der sich in jedem Menschenleben ankündigenden Fülle des je Individuellen in der Haltung liebender Bejahung.

Wo diese Kategorie der lebensbejahenden Zustimmung zum Sein als sich manifestierender und eschatologisch-gnadenhaft sich durchsetzender göttlicher Fülle ekklesiologisch gedeutet wird, muss die Kategorie der Fülle sich gegen jeden Heilspartikularismus wenden und eine nicht-nivellierende Ekklesiologie der universalen werkzeughaften Heilssorge verfolgen. Die Metapher der Kirche als eines sakramentalen Werkzeugs göttlicher Heilsvermittlung bietet sich hier als Leitidee an.

Schließlich wird von dieser Skizze sich in der Geschichte manifestierender göttlicher Lebensfülle her die patristische und scholastische Zustimmung zum Schöpfungsgedanken nachvollziehbar als Zustimmung zur Möglichkeit der geschichtlich sich durchsetzenden Lebensfülle Gottes: Schöpfung besagt dann theologisch, dass die erlebte und erfahrene Welt die von Gott her geschaffene Möglichkeit in sich birgt, den göttlichen Sollensintentionen entsprechend zu werden, was sie von sich aus zunächst offensichtlich nicht ist: erfüllt nämlich von universaler Benevolenz aller Geschöpfe füreinander und so durchdrungen von universalem Frieden. Dass die schöpfungstheologische Perspektive im Gesamtprospekt einer Theologie der Fülle die Pluralität und Gegensätzlichkeit des Vielen betont, macht innerhalb einer Theologie der Fülle noch einmal denkbar, dass weder der eschatologische noch der ekklesiale Friede am Modell einträchtiger Einförmigkeit entwickelt werden darf. Vielmehr provoziert die schöpfungstheologische Aussage mit dem in ihr mitausgesagten Heilsoptimismus, der kirchengeschichtlich immer wieder zum Argument wurde gegen gnostische Weltflucht, doppelte Prädestination und Heilsskepsis in Bezug auf die Mehrheit oder doch zumindest viele Menschen: Wenn Gott als Schöpfer die prinzipielle Vollendungsfähigkeit der Welt begründet, dann wird die Zuversicht zu einer Gestalt des Glaubens an die Schöpfermacht. Dieser heilsuniversalen, schöpfungstheologischen Perspektive steht soteriologisch das Inkarnationsbekenntnis am nächsten. Es bietet sich für eine Theologie der Fülle als wiederzuentdeckender Ursprungsgrund neuer Kategorien an.

Der hier vorgelegte Entwurf dient der exemplarischen Erprobung der in den Zeiten der Negativen Theologie verdrängten und denunzierten Kategorie göttlicher Fülle. Zunächst geschieht dies selbst wieder in den Bahnen einer Denkbewegung Negativer Theologie. Im ersten Teil (Teil A) allerdings soll das um Gottes willen zu Verneinende konkret und genau in seiner gesellschaftlich-politischen Wirkmächtigkeit und seiner intellektuellen Unzulänglichkeit angeschaut werden. Der zweite Teil (B) enthält Suchbewegungen auf einer existentiellen *via affirmationis*: Gibt es im gesellschaftlichen Leben der Menschen Erfahrungen einer durch geistige Haltungen und menschliche Interaktion vermittelten Wirklichkeit tragender Fülle? Wird so die anthropologische Anknüpfungsfähigkeit der Füllekategorie aufgezeigt, so soll im letzten Teil dieser Arbeit (C) die theologische Validität der Füllekategorie im Durchgang durch exemplarische Themengebiete systematisch-theologischen Denkens dargestellt werden.

Die suggestive Kraft der Mangelparadigmen resultiert daraus, dass entsprechende komplexe Theoriesysteme auf offensichtlich erfolgreichen naturwissenschaftlichen Theorien basieren. Ihre vollkommen ungebrochene Übertragung auf den Bereich menschlicher Selbstgestaltung setzt voraus, dass die Selbstdeutung des Menschen unter der Idee der Freiheit in ihrer Bedeutung möglichst minimiert wird. Nicht die Innensicht des Freiheitswesens Mensch, sondern die analoge Anwendung derselben Außensicht, die dieser Mensch auf die gesamte nicht-menschliche Natur so erfolgreich anwendet, soll das Modell des Menschen von sich selbst abgeben. Auf diesem Weg ist dem Totalitarismus des evolutionsbiologisch begründeten Mangels nicht zu entgehen. Wo nun aber nicht einfach ein erkenntnistheoretisches Defizit biologistischer Ansätze nachgewiesen werden soll, sondern nahe an den Erfahrungen des Lebens nach einem exemplarischen Aufweis der existentiellen Unzulänglichkeit reduktionistischer Anthropologien gefragt wird, da muss Aufmerksamkeit all jenen philosophischen und humanwissenschaftlichen Ansätzen geschenkt werden, deren Deutung menschlicher Erfahrung von deren Reduktion auf außermenschliche Vorbilder methodisch bewusst absieht. Phänomenologische Ansätze spielen deshalb in der Argumentation eine große Rolle. Idealistische Ansätze sind in der theologischen Diskussion der Vergangenheit einerseits durch ihren Hyperrationalismus denunziert, andererseits im Kontext der hier vorgenommenen Aufgabe zu entfernt von den Alltagserfahrungen, an denen die biblische Füllemetaphorik anschließt. Sie sollen aber bewusst nicht ausgeschlossen und für die weitere Entfaltung der theologischen Füllethematik im Gespräch bleiben.

Die intendierte und beim Füllethema um der biblischen Ursprünge willen gebotene Nähe zur Erfahrungswirklichkeit beinhaltet eine methodische Distanzierung gegenüber einer rein transzendenzorientierten Entfaltung des Themas, mit der dieses Thema systematisch in die Gotteslehre hinein verlegt würde. Das Thema soll hier vielmehr offenbarungstheologisch, christologisch, schöpfungstheologisch und eschatologisch und in all diesen Hinsichten anthropologisch beleuchtet werden.

Dem Füllebegriff im Rahmen dieser Untersuchung entspricht in der Mimetischen Theorie der Begriff der Begierde *(désir)*. Die Mimetische Theorie handelt von der Überwindung der Begierde in ihrer destruktiven Kraft am Beispiel Jesu von Nazareth. Die Fülletheologie fragt nach dem Ermöglichungsgrund der in der Mimetischen Theorie beschriebenen Überwindung.

Bei der Prädominanz phänomenologischer Kategorien in dieser Arbeit ist die Aufgabe unübersehbar, für die gemeinte Lebensfülle Gottes eine ontologische Sprache und Ausdrucksform zu finden, mit der die gemeinten Phänomene nicht nur benennbar, sondern auch in einem umfassenden Modell des Seins überhaupt deutbar werden. Darin allerdings liegt eine deutliche Absetzung von René Girard beschlossen, für den die destruktive Wirkung der Begierde nur in einer metaphysischen Abstinenz überwindbar sind, eine Abstinenz, in der Menschen ablassen davon, über die Wirklichkeit ihres Seins und Mitseins hinaus Gegenstände überragender Attraktivität zu imaginieren. Folgte man Girard hier, so führte die Kritik der destruktiven *mimésis* in eine am Vorbild Jesu mit motivierender Kraft aufgeladene metaphysischen Bescheidenheit.[6] Diese Linie allerdings widerspricht der in der augustinischen Gnadenlehre unausweichlichen Erkenntnis, dass Sittlichkeit keine Frucht menschlicher Anstrengung sein kann, sondern von der Mitteilung ermöglichender göttlicher Fülle getragen ist.

Die Systematische Theologie hat sich mit Fug und Recht in der größeren Länge ihrer Geschichte als theoretische Wissenschaft über die Wirklichkeit Gottes verstanden.[7] Der Widerstand gegen die Naturwissenschaften als alleinige theoretische Wissenschaften verlangt heute die Aufdeckung des pragmatischen Charakters aller Wissenschaften. Dem entspricht die hier vorgelegte Untersuchung, indem sie die Lebensfülle Gottes anbietet als eine im Vergleich zu den theoretischen Lebenswissenschaften wahrscheinlich erfolgreichere, funktionierende Selbstdeutung des Menschen. Mit einer solch pragmatischen Option steht die Systematische Theologie in einer sehr guten biblischen Tradition. Dennoch bleibt die Aufgabe, das pragmatische Erfolgreiche auch in seiner theoretischen Denkbarkeit auszuweisen. Es bleibt das Desiderat einer Ausweitung der Phänomenologie zur Ontologie. Ja, es bleibt das Desiderat einer Metaphysik der göttlichen Lebensfülle, mit der die hier entworfene Programmatik einer Theologie der Lebensfülle auf das Fundament philosophischer Denkbarkeit gestellt würde. Durch die ganze Untersuchung hindurch wird dieses Desiderat an verschiedenen Stellen immer wieder aufgezeigt.

---

[6] René Girard, Les choses cachées depuis la foundation du monde. Recherché avec J.-M. Oughourlian und Guy Lefort, Paris 1978, p. 319–322. Eine neue deutsche Übersetzung dieses Werkes wird im Herbst 2009 im Herder-Verlag erscheinen. Auf sie wird im Folgenden hingewiesen. Für genaue Textnachweise beziehe ich mich auf das hier zitierte Original.
[7] Sth I, q. 1, a. 7.

A. Leben in der Mangelobsession

I. Das Mangelsymbol in Anthropologie und Ökonomie

Der Ausgang des 20. Jahrhunderts brachte eine erhebliche Umwertung der gesellschaftlichen Bedeutung einzelner Wissenschaften. Bis in die neunziger Jahre wurde die wissenschaftsintegrierende, gesellschaftlich-politische Fragestellung nach der praxisbezogenen Selbstdeutung des Menschen noch als Aufgabe einer um sozialwissenschaftliche und linguistische Erkenntnisse erweiterten Philosophie erblickt, die sich selbst interpretierte als Moment an einem Universalitätsanspruch erhebenden Geschichtsprozess, der mit der Aufklärung und dem *linguistic turn* entscheidende Wendungen genommen habe. Inzwischen wird diese stark metatheoretische Bemühung flankiert und in der gesellschaftlichen Bedeutung nicht selten verdrängt durch die programmatische Selbststilisierung der Biologie als neuer Leitwissenschaft. Insbesondere die Hirnphysiologie markiert mit Entmythologisierungspathos gegen die Zentralstellung des Freiheits- und Subjektdenkens den alten Erklärensanspruch materialistischer Anthropologien des 19. Jahrhunderts.[1] Neben der Hirnphysiologie reklamiert vor allem die Soziobiologie einen universalen anthropologischen Erklärensanspruch für sich, der auch das religiöse Verhalten des Menschen umfassen soll.[2] Die neue Leitwissenschaft zeigt großes Zutrauen in die Verallgemeinerbarkeit empirischer Einzeluntersuchungen und geringe Bereitschaft, die Sonderstellung des Menschen in der Natur zu thematisieren.[3]

---

[1] Programmatisch wird der neue Naturalismus im Menschenbild vertreten von Wolf Singer (ders., Ein neues Menschenbild? Gespräche über Hirnforschung, Frankfurt a.M. 2003).
[2] Volker Sommer, Von Menschen und anderen Tieren. Essays zur Evolutionsbiologie, Stuttgart 1999.
[3] Der Übergang von der empirischen Detailforschung mit präzisen Messergebnissen in abgesteckten Feldern zu weitreichenden weltbildhaften Hypothesen ist gekennzeichnet durch eine gewisse Metatheoriemüdigkeit. Linus Hauser hat ähnliche Prozesse für das 19. und frühe 20. Jahrhundert untersucht und beschrieben als nicht-reflektierten *Verdünnungsprozess*, in dem die empirische Validität wissenschaftlicher Hypothesen mit der parallelen Ausweitung ihres Geltungsanspruch ins Universal-

Das Thema der *Fülle* hat für die Biologie unter umgekehrtem Vorzeichen paradigmatische Bedeutung: Das Evolutionsparadigma basiert auf der Deutung des Lebens unter der Grundidee des *Mangels*: Leben ist ein rares Gut, um dessen Gewinn lebende Individuen konkurrieren müssen. Bereits die sprachliche Artikulation dieser Basisannahme lässt deren Nähe zum Mangelaxiom in den Wirtschaftswissenschaften erkennen. Der Kurzschluss zwischen ökonomischer Verhaltensforschung und Soziobiologie liefert der Biologie eine eingängige, suggestive Sprache, die die Popularität soziobiologischer Hypothesen fördert. Umgekehrt wird die für die Ökonomie grundlegende Idee des Mangels durch die Soziobiologie zu einer natürlichen Gegebenheit ontologisiert.

Die Kennzeichnung der paradigmatischen Grundannahme der Mangelgeprägtheit des Lebens überhaupt als „Symbol" soll deren quasi-religiösen Status markieren. Religiöse Symbole sind innerweltliche Gegenstände, denen in einer Deutungsgemeinschaft die Eigenschaft zugesprochen wird, eine tiefere, grundlegende Dimension der Welt und des Lebens zu vergegenwärtigen: Wo in der christlichen Tradition dem Brot der Charakter eines die Wirklichkeit Gottes erschließenden Symbols zugesprochen wird, da wird einer Vielzahl von Broterfahrungen (Arbeit als mühevolle und lohnende Verbundenheit mit der Natur, Empfangen, Teilen, Verzehren und Verzehrtwerden) zuerkannt, dass diese Erfahrungen über ihren begrenzten Ereignisort hinaus Aussagekraft über das Leben schlechthin und die Welt als Ganze haben. Gleichzeitig werden andere empirische Broterfahrungen (Schimmel, Verderblichkeit, Mangel, individueller Geschmack) im Kontext der religiös-symbolischen Brotdeutung zurückgedrängt. Diese selektive Wahrnehmung der Brotwirklichkeit im Horizont seiner symbolischen Deutung wirkt auf den Umgang mit Brot im Alltag zurück: Viele Menschen, die keine Scham empfinden, wenn sie verdorbene Lebensmittel entsorgen, schmerzt der Anblick von Brot in der Mülltonne. Wie das Brot ein Schlüsselsymbol menschlicher Existenzdeutung im Feld des Christentums ist, so wird der evolutionäre Überlebenskampf zum Schlüsselsymbol der Existenzdeutung im Großraum der durch die Soziobiologie beeinflussten Welt- und Menschenbilder. In der Soziobiologie und auch der ökonomischen Forschung wird Leben gedeu-

---

Weltbildhafte abnimmt: Aus wissenschaftlichen Erkenntnissen wird im Kurzschluss mit nicht-bewusst thematisierten weltanschaulichen Elementen ein „Wissenschaftliches Weltbild", das, wo es universalen Erklärungsanspruch erhebt, gar zur „wissenschaftlichen Weltanschauung" werden kann (Linus Hauser, Kritik der neomythischen Vernunft, Bd. 1: Menschen als Götter der Erde (1800–1945), Paderborn 2004).

tet als *Kampf der Lebewesen um das Leben als rares Gut*. Über den Bereich des empirisch Verifizierbaren hinaus wirkt die Hypothese, alles Leben sei konkurrenzgeprägter Kampf um das Überleben und alle Merkmale lebendiger Wesen ließen sich als Folgeerscheinungen dieser Grundsituation der Lebendigen erklären.

1. Der anthropologische Ansatz der Soziobiologie

Eckart Voland bestimmt die Soziobiologie als „eine naturalistische Perspektive der *conditio humana*", getragen von einer modifizierten Gestalt des darwinschen Evolutionsparadigmas.[4] Darwin führte die existierenden Arten von Lebewesen auf blinde Selektionsprozesse zurück, in deren Verlauf das jeweils besser an einen bestimmten Lebensraum angepasste Erbmaterial durch die größeren Überlebenschancen seines Trägerindividuums in der Konkurrenz der Lebewesen um die begrenzten Überlebensressourcen dieses Lebensraumes weiter vererbt wird, was in einem langen Prozess zur evolutiven Durchsetzung der entsprechenden Erbmerkmale führt. Ressourcenknappheit, Verschiedenheit der Individuen und genetische Vererbung sind grundlegende Annahmen der Evolutionsbiologie im Anschluss an Darwin. Die Soziobiologie fokussiert auf der Basis dieser evolutionsbiologischen Grundannahmen das „soziale" Verhalten der Lebewesen unter der Perspektive seiner evolutionsbiologischen Funktion.

Die erste für die Entwicklung der Soziobiologie entscheidende Entdeckung ist diejenige des sogenannten „phänotypischen Altruismus": Lebewesen agieren keineswegs alleine auf ihr eigenes Überleben als Individuum bezogen, sondern nehmen „individuelle" Nachteile in Kauf um der Überlebenschancen anderer Individuen willen. Die traditionelle Hypothese, hier wirke eine Art „Gattungsaltruismus", wird durch die soziobiologische Entdeckung der „Verwandtenselektion" falsifiziert: Der „phänotypische Altruismus" der Lebewesen ist innerhalb der Gattung selektiv, und zwar mathematisch proportional zum Verwandtschaftsgrad der Individuen untereinander.[5] Bei den Entdeckungen wird durch die Hypothese entspro-

---

[4] Die folgende Darstellung folgt im wesentlichen der Darstellung von Eckart Voland (ders., Grundriss der Soziobiologie, Berlin ²2000, S. 1–19).
[5] Einer der „Väter" der Soziobiologie, William D. Hamilton, stellte für diese mathematische Proportionalität die Formel auf: „$K < r\,N$" (Hamilton-Ungleichung), wobei K die evolutionsbiologischen Kosten eines bestimmten Verhaltens bezeichnet, N den evolutionsbiologischen Nutzen und r den Verwandtschaftsgrad des Individuums, auf den sich das „altruistische" Verhalten bezieht (ders., The genetical evolution of social behaviour, in Journal of Theoretical Biology 7 (1964), S. 1–52).

chen, eine auf das individuelle Erbmaterial bezogene „*Reproduktive Gesamtfitnessmaximierung*" sei „das Lebensprinzip, auf das alle Organismen von Natur aus eingestellt sind"[6]. Die Gesamtfitness umfasst zum einen die „direkte Fitness" des Individuums, das heißt alle Fähigkeiten und Leistungen, die das Individuum selbst zu seiner genetischen Reproduktion aufbietet. Die direkte Fitness wird ergänzt durch Leistungen reproduktionsdienlicher fremder Individuen (= indirekte Fitness). Die Nutzbarmachung solcher fremder Leistungen durch entsprechende Strategien „sozialen" Verhaltens gehört als Programm indirekter Fitnessmaximierung zum Lebensprinzip aller Lebewesen. Entsprechende Verhaltensweisen können phänotypisch als uneigennützig erscheinen, weshalb Soziobiologen von „phänotypischem Altruismus" sprechen. Sie lassen sich jedoch deuten als Konsequenzen einer genbezogene Überlebensstrategie.

Das Konstrukt der Gesamtfitnessmaximierung impliziert ein ökonomisches Deutungsmodell für das Verhältnis von direkter und indirekter Fitness: „Investitionen" in die indirekte Fitness (phänotypisch altruistisches Verhalten = Minderungen der direkten Fitness) sind evolutionsbiologisch immer dann sinnvoll und finden deshalb statt, wenn durch sie so viel indirekte Fitness hinzuerworben wird, dass die Gesamtfitness eine Steigerung erfährt.[7] Da die Möglichkeiten der Gesamtreproduktionsleistung aller Lebewesen eines Lebensraumes durch dessen Grenzen und die Endlichkeit seiner Ressourcen beschränkt sind, ist auch das kooperative Verhalten der Tiere Moment eines insgesamt auf Konkurrenz um das Überleben angelegten Strebens. Seine Deutung mithilfe des klassischen spieltheoretischen Modells vom Nullsummenspiel legt sich deshalb nahe.[8] Ausgeblendet wird dabei das biologische

---

[6] Eckart Voland, Soziobiologie, S. 9.
[7] Die Sicherung der Reproduktionsunterstützung durch fremde Individuen umschließt verschiedene Gruppen von Verhaltensweisen: (1) die Bildung von kooperativen sozialen Gruppen zur Abwehr biologischer Feinde (Raubtiere, kindertötende männliche Tiere), zur besseren Nahrungsversorgung, zur Optimierung der Überlebenschancen der Jungtiere; (2) die Organisation der unmittelbar reproduktiven Geschlechtergemeinschaft, (3) Strategien des Elternverhaltens.
[8] A.a.O., S. 77f. In der klassischen auf John von Neumann und Oskar Morgenstern zurückgehenden „Spieltheorie" geht es im wirtschaftswissenschaftlichen Interesse um die Taxonomisierung und Evaluierung von Grundtypen strategischen Verhaltens in Konkurrenzsituationen, in denen die Verteilung endlicher Ressourcen geregelt wird (klassisch: Nullsummenspiel), so dass der Gewinn eines Konkurrenten notwendig der mehr oder weniger große Verlust aller anderen Konkurrenten sein muss. Spieltheoretisch gesehen sind kooperative Verhaltensweisen zur Abwehr eines hohen Verlustrisikos sinnvoll. Je geringer das Verlustrisiko, je größer die Gewinnchance und je größer der für den Fall des Gewinns in Aussicht stehende Preis, umso irrationaler erscheint unter spieltheoretischer Perspektive prinzipiell und

Phänomen der Symbiose, das kein Nullsummenspiel darstellt, weil durch den Vorteil des einen Lebewesen in der Symbiose dem anderen kein Nachteil entsteht.

Wie die klassische biologische Verhaltensforschung so hat auch die Soziobiologie keine Vorbehalte gegen die Anwendung ihrer theoretischen Grundannahmen zur Deutung menschlichen Verhaltens. Dies erscheint umso berechtigter, als die Soziobiologie sich als Zweig der Evolutionsbiologie in das Gesamtparadigma der Biologie einpasst: In der biologischen Anthropologie wird nicht daran gezweifelt, dass der Mensch evolutiv entstanden ist. Wenn aber plausibel gemacht werden kann, dass gerade die Evolution nicht nur auf einem kruden Überlebenskampf biologischer Individuen beruht, sondern ebenso auf der Entwicklung von Techniken und Verfahren der „sozialen" Kooperation, so legt es sich nahe, das vermeintlich unterscheidend Menschliche, die Kultur, als Gestalt ökonomiegeleiteter indirekter Maximierung reproduktiver Fitness zu deuten: „Was immer Kultur definieren mag, sie gründet auf adaptiver Imitation, also auf dem erfolgversprechenden Versuch einer vorteilhaften Teilhabe an der Lebensleistung anderer."[9] In entschiedener Abgrenzung von einem normativen Biologismus und auch von den normativen Implikationen der Verhaltensforschung von Konrad Lorenz will Voland diese Definition menschlicher Kultur vor der Gefahr eines naturalistischen Fehlschlusses abgrenzen: Es gehe nicht darum, normativ zu bestimmen, wie menschliche Kultur sein soll, sondern *deskriptiv* zu bestimmen, wie sie von ihrer animalisch-evolutiven Herkunft her ist.[10]

Die soziobiologisch geweitete Evolutionsbiologie muss die Normierungsansprüche der Religionen nicht zurückweisen, um sie aufzuheben. Sie hebt sie praktisch dadurch auf, dass sie sie in einem komplexen Hypothesenkonstrukt als Variante des Strebens aller Lebewesen nach Überleben bestimmt. Der amerikanische Biologe Donald M. Broom deutet die Gottesidee als Konsequenz des moralischen Verhaltens: Wer moralisch handelt, muss zu einem gewissen Altruismus als Verzicht auf persönlichen Wohlstand

---

nicht nur strategisch motiviertes kooperatives Verhalten (zu den spieltheoretischen Grundlagen: Robert Axelrod, Die Evolution der Kooperation, München ^{5}2000). Die Situation der optimalen Ressourcenerschließung, bei der es nicht mehr möglich ist, ein Wirtschaftssubjekt durch Ressourcenallokation besser zu stellen, ohne gleichzeitig mindestens ein anderes schlechter zu stellen, wird in der Volkswirtschaftslehre nach dem italienischen Ingenieur und Ökonom Vilfredo Pareto (1848–1923) als „*Pareto-Optimum*" bezeichnet.
[9] Eckart Voland, Soziobiologie, S. 16.
[10] Bd., S. 27.

bereit sein. Evolutionsbiologisch hat sich das moralische Verhalten als überlegene Strategie erwiesen: Teamfähige und kooperationsbereite Menschen sind erfolgreicher.[11] Um aber diesen Erfolg zumindest für die eigenen Kinder und Kindeskinder einfahren zu können, müssen sie zu einem möglicherweise die gesamte eigene Existenz umfassenden Verzicht bereit sein. Mit der Gottesvorstellung kommt nicht nur die Wahrheit zu Bewusstsein, dass Kooperation erfolgreicher ist als Konkurrenz. Diese Überzeugung wird durch den Gottesbegriff in einer Weise kommunizierbar, die einerseits den evolutionsbiologischen Zusammenhang benennt und affirmierbar thematisiert, ohne ihn andererseits als einen solchen darzustellen, der zulasten des Individuums geht. Genau diese Vermittlung zwischen dem „Nutzen der Gene" und dem Nutzen des Individuums in seiner Endlichkeit ist in einem selbstreflektierten Lebewesen notwendige Bedingung seines Existierenkönnens. So stimmt Donald M. Broom der Schöpfungsaussage zu: Insofern die Gottesidee in dem selbstbewussten Lebewesen erst jenes Maß an gelassenem Altruismus und Interessensverzicht motiviert, welches die Evolution der Menschengattung ermöglicht, sind Gott und die Menschheitsgeschichte engstens verbunden. Ohne Gott kann es keine Menschen geben.

Die Argumentation von Donald M. Broom liest sich wie eine Variante des postulatorischen Gottesbeweises aus der Kritik der Praktischen Vernunft. Dass Kant allerdings transzendental argumentiert und nicht empirisch macht einen entscheidenden Unterschied: Der Standpunkt der Moral, der Freiheit und der Religion besitzt bei Kant den Charakter einer letzten, unausweichlichen Gegebenheit des Menschseins. Wollte man diesen transzendentalen Standpunkt in einer neuen postmetaphysischen, naturalistischen Ontologie zu überwinden trachten, indem sowohl die Moral als auch die von ihr abhängige Religion aus der theoretischen Welterkenntnis hergeleitet würden, träte man in einen infiniten Regress ein. Das als funktionaler Mechanismus durchschaute Gottesbewusstsein vermag nämlich eben jene Integrationsleistung nicht mehr zu erbringen, die das geglaubte Gottesbewusstsein zu erbringen vermochte: Es kann altruistisches Verhalten gerade deshalb nicht motivieren, weil es in den Widerspruch träte zu dem ebenfalls evolutionsbiologisch im Menschen verankerten Grundimpuls, darauf zu achten, nicht durch falsche Deutung von Handlungssituationen übervorteilt zu werden. Genau dies ist aber un-

---

[11] Donald M. Broom, The Evolution of Morality and Religion, Cambridge 2003, S. 224.

vermeidbar, wo der Gottesbegriff als funktionales Konstrukt durchschaut wird. Eine entsprechende Theorie der Religion kann gar nicht anders gelesen werden denn als die Einladung an *free rider*, ihre überlegene Kenntnis vom Ursprung der Religion zu Lasten der im sozialen System Mitspielenden zu nutzen. Genau damit aber würde die Religion aufgehoben und mit ihr Moral, Kooperation und die spezifische Existenzform des Menschseins. Die Theorie von Donald M. Broom führt so zwangsläufig zur Aufhebung des als notwendig Aufgewiesenen.

2. *Kulturtheorie unter dem Mangel-Apriori*

Vertreter einer evolutiven Kulturtheorie schlagen eine erhebliche Ausweitung des Evolutionsprinzips für die Anthropologie vor: Nicht alleine da, wo genetische Vererbung stattfindet, also nicht alleine in der Welt der DNA, regiere das Selektionsprinzip. Vielmehr könne überall da, wo überlebensrelevante Eigenschaften variieren (1), wo diese Eigenschaften vererbt werden (2) und wo Lebewesen um knappe Ressourcen konkurrieren (3), von einer Herrschaft des Selektionsprinzips ausgegangen werden. Das Selektionsprinzip gilt deshalb keineswegs nur in der Biologie. Sein hoher Erklärungswert in der Biologie resultiere vielmehr aus seiner viel allgemeineren und grundsätzlicheren Bedeutung. Eine nicht-genetische Form der Vererbung ist im Felde der Kultur die Nachahmung *(mimésis)*, durch die sich kulturelle Inhalte vermehren. Parallel zum biologischen Begriff der Gene hat Richard Dawkins für mimetisch vererbte Inhalte den Begriff der *Meme* gebildet. *Meme* können Melodien, Gedanken, Moden, Überzeugungen sein, die sich in einer bestimmten Kultur mehr oder weniger zufällig ausbilden und im Verlaufe ihres Vererbungsprozesses eine Lebensdauer entwickeln, die sich koextensiv verhält zu ihrer Überlebensförderlichkeit.[12] Susan Blackmore und Daniel Dennett gehen dabei von einer gewissen Autonomie der *Meme* gegenüber den sie hervorbringenden biologischen Organismen und deren Überlebensleistung aus: Bestimmte *Meme* werden kulturell tradiert und zeigen eine zähe Langlebigkeit, obwohl sie im biologischen Sinne nicht überlebensförderlich sind. Ihr Selektionserfolg hängt nicht von ihrer steigernden Wirkung auf die biologische Fitness ab, sondern von ihrer Konformität mit anderen tradierten und unter bestimmten Voraussetzungen dominanten *Memen*. Nicht Gene oder Lebewesen konkurrieren in der Welt des kultu-

---

[12] Richard Dawkins, Das egoistische Gen, Berlin/Heidelberg 1978, S. 227.

rellen Gedächtnisses um das optimale Überleben, sondern apersonale Gedächtnisgehalte, deren Überleben wesentlich davon abhängt, wie sie sich wechselseitig stützen und fördern. Die Kultur wird durch diesen theoretischen Ansatz vollkommen von der Biologie und der biologischen Evolutionstheorie abgelöst. Ihre Autonomie wird letztlich so radikal gedacht, dass die Kultur losgelöst von den sie tragenden Menschen und deren Überleben gedacht werden kann als eine Spielart des *struggle for survival*, bei der nicht egoistische Gene, sondern egoistische *Meme* konkurrieren. Während aber die Gene unlösbar mit dem Überleben der sie tragenden Organismen verbunden sind, können die *Meme* sogar den biologischen Tod der sie tragenden Organismen herbeiführen, etwa beim *Mem* des *Wertherisme*, der zur Tat drängenden Verherrlichung von Selbsttötung aus Gründen romatischer Liebe. Mit den *Memen* wird ein aus der Biologie bekanntes formales Prinzip losgelöst von seiner empirischen Geltungsgrundlage zur Erklärung der Kultur herangezogen und entsprechend modifiziert. In der Tat gelingt so die Erklärung von kulturellen Verhaltensweisen, deren Erklärung mithilfe des Strebens nach Optimierung der direkten oder indirekten Fitness nicht möglich wäre. Die Morbidität bestimmter kultureller Verhaltensweisen, die die Theorie vom egoistischen Gen zu widerlegen geeignet wäre, wird mithilfe der Theorie vom egoistischen *Mem* denkbar.

Anders als beim Theorem vom egoistischen Gen handelt es sich beim egoistischen *Mem* jedoch nicht um ein durch vielfältige evolutionsbiologische und genetische Beobachtungen empirisch validiertes Modell von hoher Akzeptanz, sondern um eine empirisch überhaupt nicht untermauerte freihändige Theorie. Die Metapher vom selbstsüchtigen Gene ist insofern nachvollziehbar, als die Soziobiologie Verhaltensweisen empirisch beschreiben kann, die als Überlebensstrategien biologischer Informationsentitäten gedeutet werden können. *Meme* aber haben keine anderen Träger ihres Überlebens als das Gedächtnis der Menschen und Kulturen. Dieses Gedächtnis wird aber von eben diesen Menschen und Kulturen gerade als Prozess der Freiheit und des Bewusstseins wahrgenommen: Kulturelle Inhalte werden bewusst tradiert und gepflegt, weil sie als wertvoll bewertet werden, auch dann, wenn sie die biologische Fitness belasten mögen. Die vollkommene Ausblendung dieser Aspekte von Freiheit, Wertung und Tradition zugunsten einer Theorie, die das andersartige – dem deshalb sogar Autonomie zugesprochen wird– gleichartig verstehbar machen soll, erscheint als illegitim. Durch die Theorie vom *selfish mem* wird der Kultur abgesprochen, was ihre Protagonisten für wesentlich erachten. Es wird eine Metatheorie entworfen, die dem Ziel dient, das kulturelle Selbstbewusstsein zu destruieren. An seine Stelle tritt eine vermeintliche Abgeklärtheit, die allerdings nicht mehr für sich ins Feld zu bringen weiß, als die zugegeben suggestive Übertragung eines biologischen Modells in das Feld der Kultur. Die sehr weitgehende Bestätigung der Autonomie der Kultur durch die *Memetheorie* läuft auf diese Weise auf deren blinde Bestreitung hinaus.

Die *Meme-theorie* flankiert so den anthropologischen Evolutionismus: Wo der letztlich egoistische Zweck menschlicher Verhaltensweisen nicht erkennbar ist, gilt das allgemeinere Prinzip des Egoismus der *Meme*. Wo eine Kulturtheorie allerdings dem Zweck dienen soll, Menschen zu einem rational verantwortbaren Verhalten der eigenen Kultur gegenüber zu befähigen, da suggeriert die *Meme-theorie* eine falsifikationsresistente weil empirieferne Totalisierung des Evolutionsprinzips zu einer Art Metaphysik des Eigennutzes, die selbst da noch gelten soll, wo nicht nur kein eigen mehr sichtbar ist, sondern auch kein Gen mehr, das als verkleinerte Fortsetzung des Selbst zum Überleben drängte. Die praktische Konsequenz einer Theorie der selbstsüchtigen *Meme* ist die suggestive Sedierung jeder wirklich an der Diskussion von Wahrheit, Schönheit und ethischem Wert einer Kultur interessierten Kulturtheorie. An deren Stelle tritt der reine Kampf der Ideen und kulturellen Inhalte, deren menschliche Wertung als Epiphänomen eben dieses Kampfes denunziert wird. Die *Meme-Theorie* vermag deshalb mit ihrer Betonung der Autonomie der Kultur der Totalisierung des biologischen Paradigmas nichts entgegenzusetzen. Sie dient dieser Totalisierung vielmehr, indem sie ohne erkennbaren Grund alle Einwände gegen den Genegoismus, die aus der kulturellen Selbsterfahrung des Menschen genommen werden, mit dem *Passepartout-Agument* bescheidet, es gebe eben nicht nur egoistische Gene, sondern auch egoistische *Meme*.

3. Der homo oeconomicus als anthropologisches Paradigma

Lässt sich jedoch ein *naturalistic fallacy* vermeiden, wenn evolutionsstrategisch erfolgreiches Verhalten mithilfe ökonomischer Spieltheorie beschrieben wird?[13] Durch die soziobiologische Deu-

---

[13] Eckart Voland bekennt sich im Vorwort des zitierten Werkes zur „Demontage einer eitlen Homozentrik" und zum „Komfort einer anthropomorphen Umgangssprache", deren Vokabular an eine „Ökonomie Grundvorlesung" erinnere (S. IXf.). Dieser sprachliche Komfort, der die Soziobiologen davor bewahre als „elitäre Obskurantisten" zu erscheinen, äußert sich etwa in der Verwendung der Strategie-Metapher. Sprachlich wird es so dargestellt, als planten Tiere strategisch ihr „altruis-

tung evolutionär erfolgreichen tierischen Verhaltens als ökonomisches Verhalten wird das Konzept einer konkurrenzorientierten Ökonomie zum biologisch abgesicherten Lebensprinzip aufgewertet. Die ökonomische Grundidee des *homo oeconomicus*[14] wird durch die Vermittlung der Biologie zur *naturrechtlich* sanktionierten Norm des Menschlichen. Das Theorem des *homo oeconomicus* kann rein ökonomieimmanent eingesetzt werden, um Prozesse in einer bewussten methodischen Reduktion rein unter einem bestimmten Wirtschaftlichkeitsaspekt zu analysieren. Aber bereits dieser wirtschaftliche Aspekt wird in der Basisannahme des *homo oeconomicus* unter einer methodischen Reduktion wahrgenommen, nämlich in diesem Fall unter der spieltheoretischen Annahme, in einem endlichen System sei notwendig der Gewinn des einen immer der Verlust des anderen Mitspielers. Diese Voraussetzung ist aber nicht immer zwingend gegeben: Denkbar sind Konstellationen, die nicht durch Ressourcenknappheit gekennzeichnet sind und in denen die Interaktion zum beiderseitigen Vorteil verlaufen kann.

Das wechselseitige Rezeptionsverhältnis des *homo-oeconomicus*-Theorems in Soziobiologie und Wirtschaftswissenschaft wertet das *homo-oeconomicus*-Theorem auf: Aus einer methodischen Hypothese von begrenzter operationaler Bedeutung wird ein Wesensmerkmal aller Lebewesen, also so etwas wie ein biologisch verbürgtes ontologisches Prinzip des Lebens.[15] Die rationale Erwägung von Nutzen und Risiken durch den ökonomischen Menschen wird in der Soziobiologie ersetzt durch das Theorem von so etwas wie einer *geronnenen Rationalität des evolutiven Gedächtnisses*, das

---

tisches" Verhalten, ihr Konkurrenzgebahren, ihr Kopulationsverhalten und den Umgang mit fremdbefruchteten weiblichen Tieren zur Optimierung eigener Reproduktionschancen. Diese unscharfe Trennung allerdings garantiert den Forschern der Soziobiologie öffentliche Aufmerksamkeit und Interesse. In der Theorie des „*selfish gene*" werden alle Lebewesen zu „*survival machines – robot vehicles blindly programmed to preserve selfish molecules known as genes*" (Richard Dawkins, The Selfish Gene, Oxford ²1989, S. X). Der homo oeconomicus bekommt auf diese Weise eine biologische Universalität und quasi-ontologischen Status. Entsprechendes Interesse in Magazinen und Feuilletons ist allemal garantiert.
[14] Hartmut Kliemt/Ruth Zimmerling, Quo vadis homo oeconomicus? Über einige neuere Versuche, das Modell eines Homo oeconomicus fortzuentwickeln, in: dies. u. a. (Hg.), Homo oeconomicus X (München 1993), S. 1–44; S. 167–195.
[15] Paul Dumouchel charakterisiert demgegenüber die Idee des *homo oeconomicus* als Ausdruck eines höchst unnatürlichen ökonomischen Systems. Der *homo oeconomicus* ist für Dumouchel „[...]an abstraction to which no reality whatsoever correspondends in spite of economic and political efforts to create a world consistent with economic theory. [...]" (ders., Indifference and Envy: Anthropological Analysis of Modern Economy, in: Contagion 10 (2003), S. 149–160, hier: S. 151).

im Genom jedes biologischen Individuums wirksam ist. Aus diesem genetischen Gedächtnis steigt reflexartig das praktische Wissen um erfolgreiches Verhalten auf. So wie der *homo oeconomicus* zur Erklärung des Verhaltens aller Lebewesen herhalten muss, so wird umgekehrt dem *homo oeconomicus* durch die fundamentale Stellung, die ihm in der Biologie eingeräumt wird, eine universale Geltung zuteil: Wo immer Lebewesen sind, da herrscht mangelorientierte Ökonomie. Mangelorientierte Ökonomie ist ein natürliches Lebensprinzip. Aus einem rein ökonomieimmanenten Konstrukt von auch innerökonomisch sinnvollerweise begrenzter Bedeutung ist so unter der Hand eine Basiskategorie der Deutung allen Lebens geworden. Diese wirkt ihrerseits auf das ökonomisch-politische Selbstbild des Menschen zurück, indem es dazu verführt, alle menschlichen Lebensäußerungen unter der Leitidee der Mangelkonkurrenz zu deuten.

Der biologischen Naturalisierung des operationalen *homo-oeconomicus*-Theorems der Wirtschaftswissenschaften zur anthropologischen Basisannahme entspricht eine weitreichende Rezeption der Grundidee konkurrenzorientierter Interaktion als sozialwissenschaftlicher Basishypothese. Sie findet ihren Ausdruck in dem soziologischen Programm, das menschliches Verhalten im sozialen Kontext als Folge rationaler Entscheidungen, die sich an der Maximierung des eigenen Wohlergehens orientieren, rekonstruiert.[16] Im Sinne dieses *rational-choice*-Konzepts deuten Geoffrey Brennan und Loren Lomansky solches Wählerverhalten in Demokratien als „rational choice", das sich folgerichtig am Prinzip der individuellen Nutzenmaximierung orientiert.[17] Die Soziologie des *rational choice* propagiert gegen „ideologische" Menschenbilder das Ideal der Gesellschaft als eines freien Interagierens lustvoll ihre Interessen verfolgender Individuen.

4. *Zeugung und Geburt als Verschuldung*

Eine krasse Form der Ökonomisierung des Lebens macht der Literaturwissenschaftler Ludger Lütkenhaus zur Grundlage seiner Argumentation, jede Zeugung, jede Geburt sei eine unerbetene Gabe der Eltern an das Kind, das die Eltern lebenslänglich in die Pflicht bindet, dem Kind, dem ohne ihr unerbetenes Tun das Leben erspart geblieben wäre, eben dieses Leben möglichst erträg-

---

[16] Jon Elster (Hg.), Rational Choice, Oxford 1986.
[17] Geoffrey Brennan/ Loren E. Lomasky (Hg.), Democracy and Decision. The Pure Theory of Electoral Preference, Cambridge 1993.

lich zu gestalten.[18] Das Argument stellt eine Trivialisierung der kantschen Herleitung des Elternrechts aus § 28 der Metaphysik der Sitten dar[19]: „Denn da das Erzeugte eine Person ist, und es unmöglich ist, sich von der Erzeugung eines mit Freiheit begabten Wesens durch eine physische Operation einen Begriff zu machen: so ist es eine in praktischer Hinsicht ganz richtige und auch notwendige Idee, den Akt der Zeugung als einen solchen anzusehen, wodurch wir eine Person ohne ihre Einwilligung auf die Welt gesetzt, und eigenmächtig in sie herübergebracht haben; für welche Tat auf den Eltern nun auch eine Verbindlichkeit haftet, sie, so viel in ihren Kräften ist, mit diesem ihrem Zustande zufrieden zu machen. Sie können ihr Kind nicht gleichsam als ihr Gemächsel (denn ein solches kann kein mit Freiheit begabtes Wesen sein) und als ihr Eigentum zerstören oder es auch nur dem Zufall überlassen, weil sie an ihm nicht bloß ein Weltwesen, sondern auch ein Weltbürger in einen Zustand herüber gezogen, der ihnen nun auch nach Rechtsbegriffen nicht gleichgültig sein kann."

Zeugung ist ein moralischer Akt, weil in ihm auf physische Art und Weise auf ein Freiheitswesen eingewirkt wird. Kant zieht diesen Gedanken heran, um die Pflege, Erziehung und Bildung als Pflichten der Eltern gegenüber den Kindern zu begründen. Die Argumentation gehört in den Zusammenhang der Begründung der häuslichen Rechtsverhältnisse, knüpft mithin an die bestehende Institution familiärer Ordnung an und begründet diese als gerecht. Dieser Ordnungsrahmen wird bei Lütkenhaus nicht mehr vorausgesetzt. Zeugung und Geburt werden vielmehr analog zu einer zivilrechtlich zu behandelnden Schädigung einer Person durch eine andere behandelt. Auf die Entscheidung der Frage, ob die eigene Zeugung durch den Gezeugten jemals als Schadensfall bewertet wird und wenn ja, ob diese Bewertung dauerhaft und endgültig sein wird, hat das Verhalten der Erzeuger einen gewissen Einfluss. Ist dieser Gedanke erst einmal gedacht, kann das von Lütkenhaus gedachte Gewaltverhältnis vom mündig gewordenen Erzeugten umgekehrt werden: Die Erzeuger werden lebenslänglich zu Geiseln einer Gelingensgarantie, die der Gezeugte als Entschädigungsanspruch bei seinem Erzeuger einfordern kann. Einen solchen Gedanken konnte Kant nicht denken. Für ihn ist die erlittene oder zu erleidende Unbill von Geburt und Leben nicht der Ausgangspunkt seiner Argumentation als vielmehr das Missverhältnis zwischen der Freiheit der Person und der Kontingenz ihres Ursprunges. Begrün-

---

[18] Ludger Lütkenhaus, Natalität. Philosophie der Geburt, Kusterdingen 2006.
[19] Immanuel Kant, Die Metaphysik der Sitten, § 28, A 113.

det wird durch dieses Missverhältnis auch kein Anspruch auf Schadensersatz, sondern der sittliche Anspruch, die Erzeuger mögen sich dem Erzeugten gegenüber so verhalten, wie es seiner sittlichen Würde als Freiheitswesen entspricht, obwohl sie sich der Kontingenz seines physischen Ursprunges bewusst sind.

Kant geht es um die Begründung der moralischen Würde des vermeintlich nur Physischen und in verschiedener Hinsicht Kontingenten. Diese Begründung ist lebenspraktisch durchaus nicht immer leicht nachzuvollziehen, vor allem dann, wenn die Umstände der Zeugung die Durchsicht auf die moralische Tiefenstruktur der Zeugung als Akt der Erschaffung fremder Freiheit erschweren, weil sie bestimmt wurden durch Gewalt, durch blinde Gier oder Leichtfertigkeit. Bereits die familiäre Zeugung zwingt ja nach Kant Menschen in ein lebenslanges Treueverhältnis, das nicht nur für den Gezeugten ein solches ist, dem er im Voraus nicht zustimmen konnte. Auch die Erzeuger überschauen nicht die Weite der Möglichkeiten, denen sie zustimmen müssen, um jene Beziehung zu begründen, die der Gezeugte nach Kant mit Recht von ihnen fordern darf. Das gezeugte Kind kann in welcher Phase des Lebens auch immer und durch welche Akte oder Umstände auch immer den Erzeugern als nicht mehr wünschenswert erscheinen. Die Zustimmungspflicht zur Zeugung für Gezeugte und Erzeuger wird von Kant von allen denkbaren weiteren Kontingenzen des Lebens abgehoben. Dieser sittliche Akt entzieht die Zeugung der von Kant mit Recht als prekär empfundenen Situation, in der das Wesen der Freiheit durch eine Kontingenz aus fremder Freiheit entsteht. Seine Antizipation in einer moralischen Einbettung des Zeugungsaktes erhöht die Chancen auf sein existentielles Gelingen.

Ein zivilrechtliches Entschädigungsdenken aber würde genau diese Begründung der Notwendigkeit aus der Kontingenz im Gehorsam des sittlichen Aktes nicht leisten können. In beide Richtungen würden Kinder und Eltern zu Fordernden. Dass Ludger Lütkenhaus dabei die Anwaltschaft der ungefragten Kinder übernimmt, mag einem Impuls zur Nothilfe entspringen in Zeiten, in denen immer mehr nicht die Eltern als Schuldner ihrer ungeborenen Kinder gesehen werden, sondern die Kinder als gegenüber ihren Eltern leistungsverpflichtete. Die Verpflichtung der Kinder gegenüber den Eltern existiert auch bei Kant, jedoch als eine Verpflichtung, die ebenso überschaubar ist wie diejenige der Eltern gegenüber den Kindern. In beiden Fällen nämlich ist das letzte Ziel der Argumentation die Begründung sittlicher Freiheit und nicht die Begründung von Verschuldungsverhältnissen nach ökonomischem Muster.

Der Vorschlag von Lütkenhaus, das Zeugen und Gebären analog zum zivilrechtlichen Entschädigungsrecht zu bewerten, führt in eine totale Verschuldung der zeugenden und gebärenden Generation und verfehlt dennoch und gerade deshalb die Achtung vor der Würde der gezeugten Generation, die nämlich als unverfügbares Gut auf- und anzunehmen, nicht aber durch ökonomisierbare Leistungen aufzuwiegen ist. Der Vorschlag von Lütkenhaus ist Ausdruck einer totalen Ökonomisierung, die überall da zu fürchten ist, wo alles menschliche Handeln nur noch in den Kategorien des Äquivalententausches interpretiert werden kann. Kant dagegen hält daran fest, dass menschliches Handeln die symbolische Repräsentanz einer dem Menschen vorgegeben transzendentalen Ordnung ist, die die unbedingte Achtung vor dem personalen Anderen einfordert. In der Achtung vor diesem grundlegenden Gesetz steht der Mensch in einer keinem ökonomischen Tauschdenken vermittelbaren Verpflichtung.

5. Philosophische Wurzeln des homo oeconomicus

Das Theorem des *homo oeconomicus* hat Wurzeln in der Geschichte der Philosophie. Bei Thomas Hobbes, Adam Smith und David Hume ist das Modell des rational seinen Vorteil suchenden Menschen ein Erklärungsansatz für Kultur, Recht, Religion und alle menschlichen Institutionen. Die Konzeption von Rationalität als Konkurrenz basiert auf einer anthropologischen Mangelfixierung. Nirgendwo deutlicher als in der Anthropologie Arnold Gehlens kommt dieser Grundzug modernen menschlichen Selbstverständnisses deutlicher zum Ausdruck: In Anlehnung an die Forschungen des Amsterdamer Anatomen Ludwig Bolk und des Baseler Zoologen Adolf Portmann bestimmt Gehlen den Menschen als ein biologisches Mängelwesen: Seine gesteigerte geistige Leistungsfähigkeit geht einher mit einer erheblichen Verzögerung der somatischen Entwicklung. Als Folge dieser Retardierung bleiben Merkmale normal entwickelter animalischer Körperlichkeit beim Menschen unterentwickelt, so als handle es sich beim Menschen um ein permanent gewordenes jugendliches oder fötales Stadium des Tieres. Schließlich können bestimmte Merkmale tierischer Körperlichkeit beim Menschen vollkommen ausfallen.[20] Biologisch insuffizient für das Überleben ausgestattet, bildet der Mensch Institutionen zu dem Zweck, sein biologisch bedingtes Überlebenshandicap zu kompensieren.

---

[20] Arnold Gehlen, Der Mensch. Seine Natur und seine Stellung in der Welt, Frankfurt/M. ⁹1971, S. 101–130.

Gegen die biologische Naturalisierung des Nutzenmaximierers steht die Rekonstruktion seiner Genese bei einem der klassischen Ahnväter des *homo oeconomicus*: Max Weber deutet 1904 das Grundverhalten der Nutzenmaximierung und Ressourcenallokation unter dem Begriff „Kapitalismus"[21]: Entgegen dem liberalen Programm der *rational choice* ist das Programm des Kapitalismus nicht Daseinsgenuss, sondern Askese. Die rational choice bei Max Weber ist finalisiert auf einen Wert jenseits des individuellen Lebens. Dieser Wert kann durch das Geld repräsentiert werden, weil die Potentialität des Geldes jeden faktischen Genuss des Individuums übersteigt und weil die Unverweslichkeit des Geldes die Nutzenmaximierung unabhängig macht von der individuellen Lebenszeit. Nutzen als Geldwert emanzipiert sich von jeder *Erlebbarkeit*. Der Webersche Kapitalist agiert höchst rational, insofern er sich um eine Optimierung des Verhältnisses von Mitteleinsatz und Gewinn bemüht und diesen Gewinn in einer überindividuellen und überzeitlichen Maßeinheit zu evaluieren vermag.[22] Gerade das Geld als Medium der maximalen Rationalität des Wirtschaftens und die auf das Geld bezogene Askese des Kapitalisten können schwerlich als naturhafte Gegebenheiten gedeutet werden. Die geistige Orientierung des sparsamen, fleißigen Kapitalisten ist keineswegs natürlich, sondern Folge einer spezifisch protestantischen Form der christlichen *fuga saeculi*: Unter der Bedingung einer strengen Trennung von weltlicher Schöpfungsordnung einerseits und göttlicher Heilsordnung andererseits wird der christliche Dienst an der Welt zu einer radikal entsinnlichten und so in der Abstraktion des Geldwerten messbaren Größe. Die Deutung der freien Gnadenwahl im Sinne einer doppelten Prädestination macht die Frage nach sinnlich erfahrbarer Heilswirklichkeit vollkommen überflüssig und entsinnlicht den rationalen Dienst an der Mehrung des Geldes im Sinne einer rein formalen, mathematischen Rationalität.[23]

Der starke Transzendenzbegriff des Christentums ermöglichte es, dass der abstinente Dienst am Geld zur abstrakten, jedem faktischen Geldgebrauch abholden Rationalität des rein wirtschaftlichen Bilanzierens heranreifen konnte, ohne dass die Frage nach Leben und Nutzwert zu stellen war. Die radikale Trennung von

---

[21] Max Weber, Die protestantische Ethik und der Geist des Kapitalismus, hg. v. Dirk Kaesler, München 2004.
[22] Max Weber, Wirtschaft und Gesellschaft 1927, § 10: „Rein technisch angesehen ist *Geld* das »vollkommenste« wirtschaftliche Rechnungsmittel, das heißt: das formal rationalste Mittel der Orientierung wirtschaftlichen Handelns."
[23] Max Weber, Die protestantische Ethik und der Geist des Kapitalismus, S. 182–202.

Welt und Gott, von Lebensordnung und Heilsordnung ermöglicht die Deutung der gesamten Lebenswirklichkeit unter einer abstrakt rationalen Perspektive, die sich im Wertfreiheitspostulat rein deskriptiver Soziologie die Verzweigtheit der eigenen Wurzeln in der protestantischen Dogmatik verbirgt.[24] Die Wertfreiheit rein rationaler Nutzenmaximierung in der Gestalt des wertfreien Wirtschaftens mit Geld basiert auf Werthaltungen, ohne die es letztlich völlig sinnlos wäre.

Walter Benjamin hat den Zusammenhang zwischen der Transzendenz des christlichen Gottes einerseits und der Lebens- und Erlebensfernen Rationalität des Geldes mit der Metapher des *Parasitismus* thematisiert[25]: Die kapitalistische Sorge um die Mehrung des Geldes ist Hingabe an die Leere einer reinen Transzendenz. Dieser Kult der reinen Transzendenz nimmt einerseits Momente des jüdisch-christlichen Monotheismus auf, verdrängt jedoch die Konkretheit der biblischen Offenbarungsgestalt des einen Gottes.[26]

6. Der homo oeconomicus in der neueren Mikroökonomie

Der Zusammenbruch kollektivistischer Systeme im 20. Jahrhundert führte in den Sozialwissenschaften zur intensivierten Rezeption des Paradigmas vom *homo oeconomicus* als eines neuen, vielversprechenden Modells zur Beschreibung, Deutung und Prognose menschlichen Verhaltens nicht nur in der Wirtschaft, sondern auch in Staat und Gesellschaft[27]: Menschliche Rationalität bedeutet Zweckmäßigkeit des eigenen Verhaltens angesichts des Ziels, den eigenen Nutzen zu mehren. Das in der klassischen Mikroökonomie entwickelte Modell des rationalen Käufers[28] wird zunehmend zum Inbegriff des Menschen überhaupt: der *homo oeconomicus* wird universal, sein Versuch, mit möglichst geringem Aufwand ein Maximum an Teilhabe an raren Gütern zu erlangen, wird erkannt als

---

[24] Ders., Der Sinn der „Wertfreiheit" der soziologischen und ökonomischen Wissenschaften (1917), in: ders.: Gesammelte Aufsätze zur Wissenschaftslehre, Tübingen 1988; ders., Wissenschaft als Beruf (1919), in: ders.: Gesammelte Aufsätze zur Wissenschaftslehre Tübingen 1988.
[25] Walter Benjamin, Kapitalismus als Religion, in: ders., Gesammelte Schriften (hg. v. R. Tiedemann u. H. Schweppenhäuser), Frankfurt 1991, Bd. 4, S. 100–103.
[26] Thomas Ruster, Der verwechselbare Gott. Theologie nach der Entflechtung von Christentum und Religion, Freiburg 2000.
[27] Gebhard Kirchgässner, Homo oeconomicus. Das ökonomische Modell individuellen Verhaltens und seine Anwendung in den Wirtschafts- und Sozialwissenschaften, Tübingen 1991, S. 234–237; Reiner Manstetten, Das Menschenbild der Ökonomie. Der homo oeconomicus und die Anthropologie von Adam Smith, Freiburg/München 2000.
[28] Adelheid Biesecker/Stefan Kesting, Mikroökonomik. Eine Einführung aus sozialökologischer Perspektive, München 2003, S.125–175.

„Die allgemeine Logik des menschlichen Handelns".[29] Alltagssprachlich wird der anthropologische Paradigmenwechsel durch die extensive Verwendung des Begriffes „Verbraucher" für „Mensch" sinnenfällig. Über die Evolutionsbiologie wird die methodische Universalisierung ökonomischen Handelns zur weltanschaulichen Universalität aufgewertet. Der Kurzschluss zwischen Mikroökonomik und Biologie garantiert der Ökonomie eine biologische Verankerung ihrer grundlegenden anthropologischen Prämisse und bietet der Evolutionsbiologie in der Gestalt der Soziobiologie die Möglichkeit, biologisch beschreibbare Verhaltensmuster zu deuten als evolutiv entwickelte Formen rationaler Überlebensstrategien: Lebewesen leben überhaupt nur, weil sie genetisch vermittelt nicht nur über unmittelbare Überlebensfitness verfügen, sondern darüber hinaus über ein breites und erprobtes Repertoire an Strategien, mit dem sie sich die Lebensleistung anderer Lebewesen aneignen können. Auch hier herrscht die Logik des *homo oeconomicus*: Universal wirkt das Effizienzprinzip, nach dem jedes Lebewesen versucht seine indirekte Überlebensfitness zu einem möglichst *günstigen Preis*, das heißt, mit möglichst geringen Einbußen an eigener direkter Fitness zu optimieren. Die Kompatibilität von mikroökonomischer Distributionstheorie und evolutionsbiologischer Verhaltenstheorie wird garantiert durch die darwinsche Variante des Knappheitsaxioms[30]: Knapp sind bei Darwin die Überlebensressourcen eines Lebensraumes. Durch diese Knappheit werden die Lebewesen zu Konkurrenten in einem Kampf auf Leben und Tod. Die Soziobiologie entmythologisiert die bei Tieren beobachtbaren Formen von Kooperation und Symbiose, indem sie das Ziel dieses Kampfes nicht länger im Überleben des Individuums oder der Gattung erblickt, sondern schlicht im Überleben der Gene.[31] Mit dem selbstsüchtigen *Gen* ist ein jeder Lebendigkeit entkleideter Begriff des Lebens gefunden: Gleichgül-

---

[29] Bernd-Thomas Ramb, Die allgemeine Logik des menschlichen Handelns, in: ders./ Manfred Tietzel (Hg.), Ökonomische Verhaltenstheorie, München 1993, S. 1–31. Die Autoren dieses Bandes unternehmen nicht weniger als den Versuch, eine sehr große Vielzahl menschlicher Verhaltensweisen in den Geschlechterbeziehungen, in Familien, in Politik und Gesellschaft als rationales, eigennutzfinalisiertes Verhalten zu interpretieren. „Sicherheit, Liebe, Zuneigung und soziale Geborgenheit" sind auch nach der Einschätzung der Herausgeber des Bandes nicht immer und überall „Marktgüter" deren Erwerb nach einem optimalen Preis-Leistungs-Verhältnis austariert werden könnte. Jedoch selbst da, wo Liebe kein Marktgut ist, unterliegt sie der Knappheit als der Basisvoraussetzung für ökonomische Rationalität, so die Herausgeber im Vorwort des zitierten Bandes, S. V).
[30] Ernst Voland, Grundriss der Soziobiologie, Berlin ²2000, 1–18.
[31] Richard Dawkins, The Selfish Gene, Oxford ²1989.

tig ob das Individuum dabei stirbt oder die Gattung, entscheidend ist für das evolutionsgemäße Verhalten der Lebewesen in seiner naturhaften Rationalität nur, ob die eigenen Gene in überlebensfähigen Trägerindividuen weiterexistieren.

Das Ausmaß, in dem soziobiologische Theorien den Weg in die großen Nachrichtenmagazine finden, kann sicherlich zum einen erklärt werden mit der Entlastungsfunktion, die die entsprechenden Theoreme wahrnehmen: Wenn die Soziobiologie das Bedürfnis nach Fremdkopulation deutet als Ergebnis einer evolutionsgeschichtlich erfolgreichen Strategie des besonders günstigen ‚Einkaufes' fremder Überlebensfitness zu Gunsten der eigenen Gene, dann legitimiert sie damit noch nicht den Ehebruch, erklärt aber die Neigung zum Treuebruch in sexuellen Zweierbeziehungen als natürlich und mithin verzeihlich. Zum anderen aber eignet dem Kurzschluss zwischen biologischer Überlebenstheorie und ökonomischer Rationalitätstheorie eine hohe lebensweltliche Suggestivität: Die Soziobiologie sieht das biologische Individuum in einem selbstlosen Kampf um das Überleben der unanschaulichen Entität einer genetischen Individualität, die der eigenen möglichst ähnlich sei. Das Leben erscheint also hier als Hingabe unmittelbaren Lebensgenusses an einen übergeordneten, abstrakten Wert, der als solcher nicht erlebt werden kann. Was in der Soziobiologie der Informationsgehalt der eigenen Gene ist, das repräsentiert in der Ökonomie das Mittel der Tauschrationalisierung schlechthin[32]: das Geld. Geht es hier um das Überleben der genetischen Information, so geht es in der Ökonomie um die Maximierung des Kapitals. Der Eigennutz des *selfish gene* ist eine für das Individuum sehr wenig nützliche Angelegenheit. Der Nutzen des *homo oeconomicus* ist in seiner rationalsten Gestalt finalisiert auf die Akkumulation möglichst großer und größerer Geldvermögen. In der vollendeten Rationalitätsgestalt bleibt der im Geldbesitz erschlossene Lebensgenuss nur potentiell. Wiederum ist also der Eigennutz nur ein abstrakter und potentieller und als solcher für den Einzelnen nicht wirklich nützlich. Würde er aktualisiert und bekäme mithin der Eigennutz als das vermeintliche Motiv des ökonomischen Menschen eine empirische Evidenz, so brächte genau diese empirische Evidenz die logische Kohärenz des eigennützigen Handelns zum Verschwinden.[33]

Dem Kapitalismus eignet eine Opferstruktur: Das aktuelle, gegenwärtige Leben wird mit viel Aufwand dem potentiellen und zu-

---

[32] Georg Simmel, Philosophie des Geldes, Frankfurt 1989 (hg. v. P. Frisby u. K. Chr. Köhnke), S. 23–54.

[33] Max Weber, Die protestantische Ethik und der Geist des Kapitalismus, S. 182–202.

künftigen Leben, das im Symbol des gehorteten Geldes verwaltet wird, *geopfert*. Zu einem dem religiösen Opfer analogen Verhalten wird das kapitalistische Opfer durch die Entzogenheit und Vagheit der Gegengabe einer erfüllteren Zukunft zur Gabe der geopferten Gegenwart[34]: Dem hingegebenen gegenwärtigen Lebensglück entspricht nur ein potentielles, zukünftiges Glück, an dessen beglückendes Wesen ebenso zu glauben ist wie an sein schlussendliches Eintreten. Damit aber findet sich der kapitalistisch Opfernde in einer vergleichbaren Rolle wie derjenige, der im römischen Tempel seine Gabe darbringt in der Hoffnung, dass sich die Gottheit ihm in freier Huld als geneigt erweisen wird.

Ist Ökonomie umso rationaler, je eindeutiger das Geld als abstraktes Mittel der ökonomischen Rationalität einer solchen Nutzenmaximierung behandelt wird, die um ihrer Rationalität willen niemals aktualisiert werden darf und die wegen der unverweslichen Hortbarkeit des Geldes über die individuelle Lebenszeit hinaus auch niemals aktualisiert werden muss, um ihren Charakter als Nutzen zu erweisen, so ermöglicht die Konzentration der wirtschaftlichen Aktivität auf das Geld in seiner grenzenlosen Vermehrbarkeit das Lebenskonzept der *Hingabe an eine überindividuelle Macht*, die für sich absolute Rationaliät beansprucht und die *Hingabe der eigenen Lebensgegenwart* einfordert.

7. Mangeldenken und der Lebensbegriff der Physik

1944 veröffentlicht der aus Wien stammende Physiker Erwin Schrödinger in seinem irischen Exil unter dem Titel „What is life?" den wirkungsgeschichtlich bedeutsamen Versuch, den Lebensprozess mithilfe von Genetik und Thermodynamik als molekularbiologisches Geschehen zu interpretieren.[35] Fundamental für Schrödingers Theorie ist der zweite Hauptsatz der Thermodynamik: In geschlossenen Systemen herrscht ein energetischer Gleichgewichtszustand. Dessen einfachste Erscheinungsform ist das diffuse Zueinander von Energiezufluss und Energieabfluss. In diesem be-

---

[34] Marcel Mauss beschreibt das religiöse Opfer als eine symbolische Präsentsetzung des Mechanismus von Gabe und Gegengabe als der Tiefenstruktur archaischer Gesellschaft: Überall treten Menschen dadurch in friedliche Interaktion, dass sie im Vertrauen auf die der Gabe innewohnende suggestive Kraft, Geneigtheit zur Gegengabe zu erzeugen, vertrauen. Im religiösen Kult zelebrieren sie diese urmenschliche Erfahrung als das Geheimnis ihres sozialen Zusammenlebens. Marcel Mauss, Die Gabe. Form und Funktion des Austausches in archaischen Gesellschaften, Frankfurt 1990, S. 181 (Original: Le don, Paris 1950).
[35] Erwin Schrödinger, What is Life?, Oxford 1944; deutsch: Was ist Leben? Die lebende Zelle mit den Augen des Physikers betrachtet, München 1987.

wegten Gleichgewicht manifestiert sich eine maximale energetische Ausgeglichenheit des Gesamtsystems. Die im System insgesamt zu messende Bewegung heißt Entropie. Ihr Zahlwert läge bei –273 Grad Celsius, also im Zustand der vollkommenen Erstarrung jeder Bewegung bei Null.[36] Im Zustand der maximalen entropischen Ordnung herrscht nach menschlichen Ordnungsvorstellungen maximale Unordnung: Das biblische *tohû wabohû* entspricht diesem Zustand maximalen entropischen Gleichgewichts. In der energetischen Ausgeglichenheit kann keine Form in ihrer Besonderheit bestehen, weil sie sich dem Ineinanderfließen entgegenstellt. Wo dieser Zustand der Ausgeglichenheit gestört oder unterbrochen wird, erfolgt nach dem zweiten Hauptsatz der Thermodynamik der Ausgleich an anderer Stelle, so dass die Summe der Entropie im Gesamtsystem immer gleich bleibt. Das, was Menschen als Ordnung erleben, stellt also eine Unterbrechung und Störung der natürlichen Ordnung des entropischen Gleichgewichtszustandes dar. Eine besondere Form der Unterbrechung stellen Lebewesen selbst dar. Sie grenzen sich als komplexe Strukturen von ihrer Umwelt ab. In ihnen manifestiert sich eine beachtliche Beständigkeit von Ordnungsgefügen höchster molekularer Komplexität. Diese thermodynamisch höchst unwahrscheinliche Stabilität komplexer Systeme, die sich dem allgemeinen Ineinanderfließen der Entropie widersetzen, wird dadurch ermöglicht, dass Lebewesen unentwegt Energie aufwenden, um sich gegenüber der Entropie der Umwelt als in sich stabile Systeme zu behaupten. Diese Energie ist ihnen nicht anders zuhanden als durch die Umwelt. Schrödinger beschreibt sie als „negative Entropie", von der sich das Lebewesen „ernährt", die es als „Strom" zu sich hinzieht, um „die Entropieerhöhung, welche es durch sein Leben verursacht, auszugleichen und sich damit auf einer gleichmäßigen und ziemlich niedrigen Entropiestufe zu erhalten.[37]

In zwei Haupthypothesen entfaltet Schrödinger seine Theorie des Lebens: (1) Gene verhalten sich wie „aperiodische Kristalle", in deren Struktur die Information über jene Ordnung weitergegeben wird, durch die sich das Lebewesen von seiner Umwelt unterscheidet. Dieses erste Prinzip kann umschrieben werden mit der Formel *„order from order"*. (2) Ein Lebewesen erhält sich als Organismus am Leben, indem es dem thermodynamischen Gleichgewicht, das dieses Lebewesen umgibt (Entropie), einen Raum negativer Entropie „abtrotzt", in dem es für die unwahrscheinlich hoch komplexe Ordnungsstruktur des lebendigen Organismus möglich

---

[36] A.a.O., S. 126.
[37] A.a.O., 129.

ist, eine gewisse Zeit zu bestehen. Dieses zweite Prinzip wird in der Kurzformel „*order from disorder*" zusammengefasst.

Schrödinger selbst versteht seine Theorie des Lebens als Beitrag zur *universitas scientiarum*: Physikalische Theorie, biologisches und chemisches Wissen werden im Interesse eines verständlichen Gesamtbildes der Wirklichkeit miteinander vermittelt. Der Zoologe Stephen Jay Goult sieht deshalb mit Recht Schrödingers Theorie „[...] als ein soziales Dokument an, das die Ziele jener Bewegung zur Vereinheitlichung der Wissenschaften repräsentiert, als Ausdruck einer übergeordneten Weltsicht [...]"[38]. In dieselbe Richtung geht die Deutung von Manfred Eigen, der Schrödingers Theorie für epochemachend hält, „[...] nicht weil sie einen brauchbaren Ansatz zum Verständnis des Phänomens ‚Leben' enthalten hätte, sondern weil sie neue Denkanstöße vermittelte [...]"[39]: Diese motivierende und mobilisierende Kraft entfaltet gerade eine komplexe Theorie dadurch, dass sie die menschliche Vorstellungskraft anspricht, indem sie Einzelerkenntnisse und Einzeltheorien aus verschiedenen Wissenschaften und Theoriehintergründen miteinander verknüpft unter einem weltbildhaften Apriori. Für den Entstehungsvorgang eines wissenschaftlichen Weltbildes ist es notwendig, dass die Leerstellen zwischen den naturwissenschaftlich als gesichert geltenden Hypothesen und Hypothesensystemen durch vorstellungshafte Inhalte gefüllt werden.

An Schrödingers Modell des Lebens fällt nun auf, dass das Leben vorrangig als Überlebensleistung des einzelnen lebendigen Systems gedeutet wird. Der naturwissenschaftlich unleugbaren Tatsache, dass das Leben des einzelnen lebendigen Individuums erst durch eine lebensfreundliche, entropiereduzierte Umwelt möglich wird, deren negative Entropie es dem Lebewesen ermöglicht, sich zu ernähren[40], findet demgegenüber nur aus der Perspektive der Organisationsleistung des lebendigen Individuums Beachtung. Zuerst aber ist die lebensförderliche Umwelt wohl keine Organisationsleistung des lebendigen Individuums, sondern eine Gegebenheit, die das lebendige Individuum vorfinden muss: Jedes lebendige Individuum nährt sich von der Lebensleistung anderer Lebender und wird selber zur Nahrung für andere Lebende. Le-

---

[38] Stephen J. Gould, „Was ist Leben?" als ein Problem der Geschichte, in: Michael P. Murphy/ Jared M. Diamond (Hg.), Was ist Leben? Die Zukunft der Biologie. Eine alte Frage in neuem Licht – 50 Jahre nach Erwin Schrödinger, Heidelberg 1997, S. 35–52, hier: S. 38f.
[39] Manfred Eigen, Was bleibt von der Biologie des zwanzigsten Jahrhunderts? In: Was ist Leben? A.a.O., S. 15–34, hier: S. 18.
[40] A.a.O., S. 128f.

ben erscheint mithin mindestens so sehr als Vernetztsein in einem System des Gebens und Nehmens wie als Selbstbehauptung des Individuums gegen die Welt. Das von Schrödinger entworfene Bild des Lebewesens als des um seine negative Entropie kämpfenden, ständig von der Entropie bedrohten, sein Leben genetisch reproduzierenden Individuums eignet sich hervorragend für die Ontologisierung der Konkurrenz in der Evolutionsbiologie. Die Soziobiologie kann sich auf Schrödingers Lebensbegriff berufen: Leben erscheint hier als auf die Ebene des Molekularen präformierter Überlebenskampf.

Eine komplexe Theorie wie diejenige Schrödingers beruht zwar auf naturwissenschaftlichen Erkenntnissen, sie deutet diese aber in einer deren Grenzen bei weitem überschreitende Weise, um zu einer inspirierenden weltbildhaften Gesamtperspektive zu gelangen. Wenn aber eine weltbildhafte Gesamtperspektive gesucht ist, dann muss das Jahrtausende alte Wissen der Religionen um funktionierende und sinnvolle weltbildhafte Selbstdeutungen des Menschen, wie es sich etwa in den Schöpfungsmythen sedimentiert hat, in Betracht gezogen werden, um zu vermeiden, dass ein sehr begrenztes Lebensgefühl, das geprägt ist von den kapitalistischen Marktgesetzen, über den Umweg seiner Verknüpfung mit naturwissenschaftlichen Erkenntnissen, zum Inbegriff des Lebens erhoben wird. Das historische und religiöse Wissen um das Leben reicht erheblich weiter zurück und ist geeignet, der kurzschlüssigen Verknüpfung von kapitalistischer Konkurrenzerfahrung und menschlichem Selbstentwurf entgegenzuwirken.

II. Die Kritik an der anthropologischen Universalität des homo oeconomicus

1. Empirische Einwände aus der Ethnoökonomie

Die Deutung der eigenen Existenz unter der hermeneutischen Grundidee der Knappheit wird in der traditionellen Wirtschaftswissenschaft als Basiserfordernis ökonomischer Vernunft angesehen. Knappheit als ökonomischer Fachbegriff bezeichnet im Unterschied zum Mangel die subjektive Differenzerfahrung zwischen Bedürfnissen und Ressourcen: Nur wo Knappheit vorausgesetzt wird, beginnt wirtschaftliche Aktivität. Die subjektive Bewertung einer Versorgungssituation als knappheitsgeprägt scheint nur sehr nachrangig von der objektiven Mangelsituation abhängig zu sein. Marshall Sahlins stellt Anfang der siebziger Jahre anhand der Untersuchung primitiver Gesellschaften fest, dass es in vorstaatlichen Stammesverbänden, deren Lebensordnung in traditionellen Observanzen des Miteinanderlebens in *tribes*, Dörfern und Familien besteht, sehr wohl objektiven Mangel geben kann. Auch stellt Sahlins fest, dass proportional zur wachsenden Größe der Familie als der wichtigsten ökonomischen Einheit des primitiven Wirtschaftens die Produktivität der einzelnen Familienmitglieder unter ihren Möglichkeiten bleibt. Dies hängt wesentlich mit den traditionellen Regeln des Konsums zusammen, die es den Familienmitgliedern unmöglich erscheinen lässt, durch Mehrarbeit eine bessere Versorgung für sich zu erwirtschaften. Das traditionelle Wirtschaften vermeidet lebensbedrohlichen Mangel für alle Mitglieder der Familie, des Dorfes, ja sogar des *tribe*. Es eröffnet darüber hinaus aber kaum Möglichkeiten zur Wohlstandsmaximierung. Unter den Bedingungen einer bloßen Subsistenzwirtschaft kommt es nicht zur Ausbildung der ökonomischen Inaugurationserfahrung der Knappheit.[41] Die Forschungen Sahlins widerlegen die Vorstellung der anthropologischen Universalität des *homo oeconomicus*, wie sie insbesondere auch durch die soziobiologischen Ansätze genährt wird. Der Mensch ist nicht von Natur aus und zwangsläufig immer darauf programmiert, den eigenen Vorteil zu maximieren. Die für die ökonomische Nutzenmaximierung so zentrale Erfahrung des Mangels ist keine naturwüchsige, sondern eine kulturell induzierte Größe, die als solche kulturell erzeugt wurde und mithin auch kulturell modifizierbar ist.

2. Empirische Einwände aus der ökonomischen Kooperationsforschung

Ohne prinzipiell die Geltung soziobiologischer Grundannahmen zu bestreiten, argumentieren Mikroökonomen gegen die Universalität des *selfish gene*, die dazu zwingt, alles scheinbar altruistische Verhalten immer als strategischen ‚Einkauf' von Gegenleistungen (*reciprocal altruism*) zu interpretieren oder als Unterstützung der Reproduktionsleistung von Verwandten (*kin altruism*). Grundlage der Argumentation sind empirische Erhebungen auf der Grundlage von Spielsituationen, die erkennen lassen, dass Menschen auch in ökonomischen Handlungssituationen dazu neigen aus Motiven *starker Reziprozität* heraus zu handeln. In einer der entsprechenden Spielarrangements, dem „*ultimatum game*", erhält ein

---

[41] Marshall Sahlins, Stone Age Economics, Chicago 1972; ders., Tribesmen, New Yersey 1968.

Proband (*P1*) einen bestimmten Geldbetrag (*v*), von dem *P1* einen bestimmten Teil oder alles mit nach Hause nehmen kann, wenn ein zweiter Proband (*P2*) einem Teilungsvorschlag zustimmt, mit dem *P1* *P2* vorschlägt, wie viel von dem Geldbetrag *P2* bekommen soll. *P1* darf nur einen Vorschlag machen. Lehnt *P2* den Vorschlag ab, erhält keiner der beiden Spieler etwas von *v*. Stimmt *P2* zu, können beide Probanden den ihnen nach der Teilung jeweils zustehenden Betrag als Honorar für ihre Probandentätigkeit mit nach Hause nehmen. Spieltheoretisch gesehen bleibt *P2* keine andere Wahl, als jeden Teilungsvorschlag zu akzeptieren, bei dem *v* größer als Null ist. Tatsächlich erweist sich in den zahlreichen durchgeführten Experimenten, dass *P2* nicht selten geneigt ist, das Geschäft auch dann platzen zu lassen, wenn der ihm angebotene Betrag deutlich größer als Null, jedoch kleiner als 50 % des Ausgangsbetrages ist. Da *P1* sich in die Entscheidungssituation von *P2* hineinversetzen kann, wird er auch dann geneigt sein, ein faires Teilungsangebot zu unterbreiten, wenn er selber eigennützig handeln möchte, um zu vermeiden, dass *P2* ihn für eigennütziges Verhalten bestraft und er so am Ende leer ausgeht. Der ideele Wert der Gleichbehandlung der beiden Probanden ist *P2* in diesem Falle wichtiger als der reale Gewinn.[42] Eine entsprechende Motivationslage kann überall da angenommen werden, wo Probanden in ähnlichen Simulationssituationen die Bestrafung eines Mitspielers, der auf Kosten der anderen Spieler zu ‚Reichtum' kommt, auch dann als Handlungsoptionen bevorzugen, wenn sie diese Handlungsoption mit ökonomischen Nachteilen ‚erkaufen' müssen.[43]

Ergebnisse mikroökonomischer Kooperationsforschung lassen den Schluss zu, dass Menschen in erheblichem Maße zu starker Reziprozität neigen als prosozialem Verhalten, das nicht als verdeckter Genegoismus erklärt werden kann. Entgegen der soziobiologischen Tendenz, soziale Tatbestände biologisch zu ontologisieren, empfehlen die in diesem Feld engagierten Forscher, das Zu- und Miteinander sozialer Sachverhalte einerseits und entwicklungsbiologischer Tatbestände andererseits stärker zu fokussieren, ohne dass dabei die sozialen Sachverhalte auf biologische Basishypothesen wie die vom *selfish gene* reduziert werden. Vielmehr gelte es, dem Ursprung und dem Wesen sozialer Emotion wie

---

[42] Herbert Gintis/Samuel Bowles/Robert Boyd/Ernst Fehr, Explaining altruistic behaviour in humans, in: Evolution and Human Behaviour 24 (2003), S. 153–172, hier: S. 157–159.
[43] A.a.O., S. 159ff. Ernst Fehr/Simon Gächter, Altruistic punishment in humans, in: Nature 2002, 137–140.

Schuld, Scham, Mitleid, ethnischer Identität und ethnischem Hass vermehrte Aufmerksamkeit zu schenken.[44]

3. Einwände aus der Neidforschung

Der Mainzer Soziologe Helmut Schoeck lieferte in den sechziger Jahren des 20. Jahrhunderts eine breit angelegte Sammlung von Neidphänomenen. Missvergnügte, innerlich quälende, peinvolle Kenntnisnahme „der Wohlfahrt und Vorzüge anderer", die ihnen nicht gegönnt werden[45], deutet Schoeck aufgrund ihrer empirischen Ubiqität als ein anthropologisch universales Phänomen, das wegen seiner sozialen Destruktivität für notwendig sich vergesellschaftende Menschen kompensatorische Überwindung fordert.[46] Das soziale Wissen um die destruktive Wirkung des Neides nimmt in arachaischen Gesellschaften die Gestalt der Furcht vor Hexerei und Schadenszauber an.[47] Verbreitet ist die Furcht vor dem Bösen Blick, mit dem ein Mensch, dessen Neid erregt wurde, beim Beneideten eine schädigende Fernwirkung auslöst.[48] Die unheimliche unbeeinflussbare Effizienz des Neides gebiert in vielen Kulturen Techniken, Rituale und Sitten der Neidvermeidung: der heimliche Verzehr reichlicher Jagdbeute dient der Vermeidung der Entstehung von Neidgefühlen. Kompensatorische Versorgungszahlungen an Verwandte, Stammesangehörige und Nachbaren dienen der Beschwichtigung etwaig aufkeimender Neidgefühle.[49] Aufstiegs- und Erfolgsverweigerung können durch den schlichten Wunsch motiviert sein, den Neid der anderen weder ertragen noch fürchten zu müssen.[50] Dieses Muster vermutet Schoeck hinter einer politischen Wohlfahrtsökonomie, deren Ziel in der Garantie „des geringsten Neides der größten Zahl" bestünde.[51] Demgegenüber wirkt Neid da zivilisationsförderlich, wo seine gesellschaftlich destruktive Macht in einer Weise beherrscht wird, die die Vermeidung von Neid nicht mehr als zwingend notwendig erscheinen lässt. Neid wirkt als innovative Energie, wo er Menschen dazu antreibt, die von ihnen Beneideten zu übertreffen.[52] Je mehr dabei die Möglich-

---

[44] Explaining altruistic behaviour in humans, S. 169.
[45] Helmut Schoeck, Der Neid. Eine Theorie der Gesellschaft, Freiburg 1966, S. 20.
[46] A. a. O., S. 37–41.
[47] A. a. O., S. 42ff.
[48] A. a. O., S. 61.
[49] A. a. O., S. 70–74.
[50] A. a. O., S. 58f.
[51] A. a. O., S. 336.
[52] A. a. O., S. 365f.

keit des Ausweichens auf andere Felder des Erfolges möglich ist, umso geringer ist die Gefahr gewaltsamer Konflikte.[53] Zivilisation wird möglich, wo die destruktive Kraft des Neides gezähmt wird, wo das pure Vergnügen daran, dass der andere verliert, was er ist und hat, so hinlänglich geächtet wird, dass ein diskreter Neid als humanes Entwicklungsstimulans in Wirtschaft, Wissenschaft, Politik und Kultur seine anregende Wirkung entfalten kann. Der beherrschte Neid erscheint bei Schoeck als kulturelle Aufgabe einer lebens- und entwicklungsfähigen Gesellschaft. Seine Ablehnung gilt den als utopistisch empfundenen Versuchen, durch sozialpolitische Angleichung Neid zu vermeiden. Mit diesen Strategien gleichen sich moderne Staaten archaischen, entwicklungsunfähigen Kulturen an. Denselben Mechanismus vermutet Schoeck bei antiken, mittelalterlichen und modernen Armutsbewegungen, mit denen Menschen auf den erfahrenen oder befürchteten Neiddruck ihrer Mitwelt regierten.[54]

Aus der Sicht von Helmut Schoeck ist eine erhebliche geistig-moralische Leistung zu erbringen, bevor der zerstörerische Neid als gezähmter und beherrschter zu jenem Stimulans des wirtschaftlichen Lebens werden kann, das etwa Andrew S. Clark beschreibt. Ursprünglich ist Neid eine zerstörerische, Fortschritt und Entwicklung hemmende Wirklichkeit. Erst wenn der spontane und naturwüchsige Neid durch ein religiös-ethisches System überwunden wird, kann aus der anthropologischen Grundtatsache des Neidens eine Größe von partieller Bedeutung werden, die stimulierend wirkt.[55] Schoeck vertritt durchaus das Ideal des *homo oeconomicus*. Sowohl der Neider als auch der Neidvermeider gelten bei Schoeck als fortschrittsfeindlich. Ihre Zivilisierung zu gepflegten Neidern, die ihren Neid beherrschen und in positive eigene Gestaltungsenergie umsetzten, bedarf der sittlich-religiösen Deutung von Ungleichheit. Der *homo oeconomicus* als rational seine ursprünglichen Gefühle auslebender Mensch hängt damit von kulturellen Werten ab, die nicht einfach aus einer naturwüchsigen Antriebsstruktur erwachsen.

Aus psychologischer Perspektive folgt Wolfgang Krüger der kardinalen Hypothese Schoecks in einer drastischen Sprache: Die Wollust am Neide des bezwungenen Nebenbuhlers sieht er mit Nietzsche als eine entscheidende kulturschaffende Kraft.[56] Um sol-

---
[53] A.a.O., S. 383.
[54] A.a.O., S. 249.
[55] A.a.O., S. 383–387.
[56] Wolfgang Krüger, Der alltägliche Neid und seine kreative Überwindung, Basel 1989, S. 189 mit Verweis auf Friedrich Nietzsche, Morgenröte, Gesammelte Werke, Bd. 2 (Frankfurt 1972), S. 1034.

ches aber sein zu können, bedarf es der kulturellen Sublimation urwüchsig wilder Reaktionen auf den Neid. Menschen müssen lernen, den Anderen in einer Kunst, Fertigkeit oder dem wirtschaftlichen Erfolg zu überflügeln, statt dem Beneideten unmittelbar zu schaden.

Dieser Sicht wird in einer gewissen Weise durch die klassische theologische Behandlung des Neides als eines Wurzellasters[57] entsprochen: Die hochscholastische Systematik, wie sie von Thomas von Aquin entwickelt wurde, stellt den Menschen dar als ein Wesen, das von seiner natürlichen Ausstattung her das Gute begehrt. Dieses Streben nach dem naturgemäß dem Menschen Gute ist durch die Folgen der Ursünde beschädigt: Das Gute wird nicht mehr recht erkannt *(vulnus ignorantiae)*, ungeordnet und maßlos begehrt *(vulnus concupiscentiae)*. Der Begehrende rückt so selbst in den Mittelpunkt seines Strebens, das auf diese Weise das Selbst zum Mittelpunkt allen Begehrens wird, was Thomas mit dem alten Laster der *superbia* identifiziert.[58] Bezieht sich der *homo superbus* auf den glücklichen Anderen, so empfindet er jene *tristia „de bono alieno"*, die präzise dem Begriff der *invidia* entspricht.[59] Wie Schoeck und Krüger sieht Thomas von Aquin den aus seiner gefallenen Natur heraus zum Neid neigenden Menschen in der Pflicht, dem gewohnheitsmäßigen Laster *(habitus malus)* des Neides die korrektive Tugend des Wohlwollens entgegenzusetzen. Diese wiederum ist die erste Frucht der eingegossenen Tugend der Gottesliebe, der „*primus actus caritatis*"[60]. In der *caritas* aber ist dem Menschen von Gott der Weg der Heilung seiner gefallenen Natur gewiesen. Gesellschaftliches und individuelles Wohl hängen an der Überwindung des Neidimpulses in der Grundhaltung der *benevolentia*. Wie sich die Tugend der Freigiebigkeit auf das Laster des Geizes bezieht, so die *benevolentia* auf das Laster der *invidia*. Im-

---

[57] Der Begriff des Wurzellasters dürfte treffender als der traditionell gebräuchliche der „Todsünde" wiedergeben, was mit dem ursprünglich von Euagrios (346–399) stammenden Katalog der „acht Gedanken" (ders., Über die acht Gedanken, Würzburg 1992) gemeint war. Die von dem kleinasiatischen Mönch stammende Achterliste, mit den Lastern Fresslust *(gastrimagíra)*, Unzucht *(porneîa)*, Geldgier *(hilagyría)*, Zorn *(orgé)*, Kummer *(lypé)*, Überdruß *(akédia)*, Ruhmsucht *(kenodoxía)*, Hochmut *(hyperephanía)* wurde durch Gregor den Großen (540–604) zu der Siebenerliste von Habgier und Geiz *(avaritia)*, Wollust *(luxuria)*, Neid *(invidia)*, Völlerei *(gula)*, Zorn *(ira)* und Faulheit *(acedia)*. In der scholastischen Rezeption der ursprünglich aszetischen lehre wird sie zum zentralen Element der Ethik: Thomas von Aquin stellt der Lehre von den sieben Lastern diejenige von den Kardinaltugenden gegenüber (St II–II, q. 89).
[58] Sth I–II, q. 84, a. 2.
[59] Ebd.
[60] Sth II–II, q. 27, a. 2 s. c. n. 3.

mer geht es darum, dass die der *caritas* entspringenden Tugenden ein gestörtes Verhältnis von Ich und Welt, wie es dem gestörten Gottesverhältnis des gefallenen Menschen entspricht, und wie es sich in der maßlosen Selbstüberhöhung *(superbia)* manifestiert, zugunsten eines geordneten sinnvollen Standes des Menschen in der Welt überwinden. In diesem geordneten Verhältnis des Menschen zu Mit- und Umwelt begegnet der Mensch seinem Nächsten mit Wohlwollen und Freigiebigkeit statt mit Neid und Geiz. An diese scholastische Systematik knüpft auch Christian Göbel in seiner philosophischen Neidanalyse an: Ziel der christlichen *áskesis* sei das Erlernen des *amor felicitatis alienae*, die Johannes Chrysostomos als Verherrlichung Gottes verstehe.[61] Der Neid ist eine habitualisierte menschliche Reaktion auf die potentielle Unendlichkeit der eigenen Geistigkeit.

Die genannten Vertreter der Neidforschung anerkennen den Neid als eine ubiquitäre, bedeutsame menschliche Verhaltensweise. In einem empirischen Sinne muss man sie deshalb wohl natürlich nennen. Allerdings ist kulturelles, gesellschaftliches und staatliches Leben nur da möglich, wo die Neidimpulse zurückgedrängt werden, wo mithin geschieht, was Thomas von Aquin als Wirkung einer göttlichen, und das heißt schöpferischen, Tugend, beschreibt, nämlich die sowohl geschenkte und verdankte als auch freie und selbstgewirkte Überwindung der missgünstigen Gefühle gegenüber anderen Menschen. Theologisch ließe sich in klassischer Sprache dieser Befund so deuten: Der Mensch kann auch in einem politisch-sozialen und kulturellen Sinne nur da überleben, wo die gefallene Natur unter der Wirksamkeit Gottes in der Ausübung gnadenhafter Tugenden überwunden wird.

4. Einwände aus der ökonomischen Forschung zum Verhältnis von Einkommenshöhe und Berufszufriedenheit

Das Glück des *homo oeconomicus* besteht in der maximalen Realisation seiner Konsum- und Selbstverwirklichungswünsche. Der *homo oeconomicus* ist konkurrenzorientiert im Wettkampf um rare Ressourcen. Negative Gefühle verursacht der Besitz seiner Mitmenschen dem *homo oeconomicus* nur dann, wenn der eigene Nutzen durch diesen Besitz gehemmt wird. Die Theoretiker des *homo oeconomicus* haben mit der menschlichen Alltagserfahrung des Neides sehr ähnliche Schwierigkeiten wie der Theologe Tho-

---

[61] Chritian Göbel, Vom Neid, in: Atonianum 78 (2003), S. 75–88, hier: S. 87f. mit Bezug auf Johannes Chrysostomos, Homilia in epistulam ad Romanos, 7, 5.

mas von Aquin. Für den scheint das Missbehagen eines Menschen angesichts des Besitzes eines anderen zunächst nur da verständlich, wo von diesem Besitz eine Gefahr für diesen Menschen ausgeht. Dann aber ist sein Missbehagen so verständlich und rational, dass man es nicht als Neid inkriminieren möchte, sondern wohl besser von begründeter Furcht (*timor*) spricht. Neid als Laster kennt Thomas nur da, wo ein Mensch Schmerzen empfindet, weil das fremde Gut das eigene öffentliche Ansehen mindert.[62] Nicht die Tatsache, nicht besitzen zu können, was der andere schon hat, macht neidisch: Materielle Güter sind prinzipiell austauschbar. Warum sollte ein Mensch sich im weiten Feld der möglichen Begehrensobjekte in die gefährliche Konkurrenz einer emotionalen Gefangenschaft wie der des Neides begeben, wenn unzählige lohnende Objekte der Begierde sich überall nahe legen, begehrt zu werden? Thomas kann sich eine solche Engführung des Begehrens nur als konflikthafte Steigerung einer schon vorher gegebenen Abhängigkeit des Neiders von anderen Menschen denken, wie sie mit der Sehnsucht nach Ruhm und öffentlichen Ansehen gegeben ist. Das bedeutet aber, dass Neid keine Folge eines objektiven Mangels ist, sondern Folge einer intersubjektiven Selbstpositionierung.

Die neuere ökonomische Forschung bestätigt die Hypothese, dass ökonomisch relevante Entscheidungen auf der Grundlage von Befindlichkeiten zustande kommen, die keineswegs dem nüchternen Kalkül des *homo oeconomicus* folgen, der strategisch effizient die maximalen Chancen zur Erreichung seiner maximalen Ertragsoptimierung verfolgt. Die Ökonomen Kahneman und Tversky untersuchten solche Verhaltensweisen zunächst als Verhaltensanomalien.[63] Ihre Forschungen führten jedoch zu der Einsicht in die Notwendigkeit, empirisch detaillierter nach Motiven menschlichen Entscheidens und Befindens in ökonomischen Situationen zu fragen. Andrew E. Clark untersucht den Zusammenhang zwischen Gehaltshöhe und Berufszufriedenheit: Nicht die absolute Höhe des Gehaltes alleine und in erster Linie ist maßgeblich für die Zufriedenheit im Beruf[64], sondern das *erlebte Gehalt*, das wesentlich komparatives Gehalt ist, komparativ zu einem früheren (Gehaltssteigerung) und komparativ zu den Kollegen (relatives

---

[62] „Alio modo bonum alterius aestimatur ut malum proprium inquantum est diminuitivum propriae gloriae vel excellentiae." (Sth II–II, q. 36, a. 1).
[63] Daniel Kahneman/Amos Tversky, Prospect theory. An analysis of decision under risk, in: Ecometrica 47 (1979), S. 263–291.
[64] So auch das Ergebnis einer deutschen Untersuchung: Christian Grund/Dirk Sliwka, The Impact of Wage Increase on Job Satisfaction – Empirical Evidence and Theoretical Implications, IZA DP No. 387, Bonn 2001.

Gehalt).⁶⁵ Anders als in der öffentlichen Meinung allgemein vermutet, findet Clark seine Probanden nicht nur nicht „*inequality-averse*", sondern stellt gar eine positive Relation zwischen Gesundheit, Wohlbefinden und Ungleichheit fest: Das Vergnügen an der Ungleichheit ist umso größer, je mehr Beweglichkeit die Einkommen der entsprechenden Personen in den letzten drei Jahren vor der Befragung zeigten.⁶⁶

Der Schweizer Wirtschaftswissenschaftler Simon Gächter spricht von der *inequality-preference* zu Recht als einem zweischneidigen Schwert⁶⁷: Zum einen handelt es sich um ein Mittel, mit dem Leistungsmotivation erzeugt werden kann, zum andern handelt sich jeder, der starke Ungleichheitsanreize in seinem Betrieb gibt, das ganze eben daraus resultierende Problemspektrum ein: Sabotage, Mobbing, Verlust von Primärmotivation können die negativen Folgen sein. Anders als der *homo oeconomicus* zeigt sich der empirische Arbeitnehmer der Gegenwart in Bezug auf sein Einkommen nicht primär als der souveräne Mehrer seiner durch Konsummöglichkeit vermehrbaren Lust. Ihn interessiert nicht alleine der Geldwert seines Lohnes, sondern in erheblichen Maße dessen Symbolwert. Je mehr Leistungsfähigkeit einem Menschen im Beruf abverlangt wird, umso interessanter ist für ihn die symbolische Dimension des Lohnes als einer Anerkennung, durch die der Empfänger auch im Verhältnis zu anderen positioniert wird. Mit der Perspektive der Positionierung im Verhältnis zu den anderen ist das Tor zu jener Wirklichkeit aufgestoßen, die Thomas von Aquin mit den Begriffen Ruhm und Ansehen bezeichnet.⁶⁸

---

⁶⁵ Andrew E. Clark/Andrew J. Oswald, Satisfaction and comparison income, in: Journal of Public Economies 61 (1996), S. 359–381; A. E. Clark, Are wages habit-forming? Evidence from micro data, in: Journal of Economic Behavior and Organization 39 (1999), S. 179–200.

⁶⁶ Dieses letztere Ergebnis findet eine erstaunliche Bestätigung in einer umfangreichen empirischen Untersuchung von A. E. Clark über den Zusammenhang zwischen Einkommen, allgemeiner Zufriedenheit und dem persönlichen Gesundheitszustand anhand einer britischen Haushaltbefragung mit 10.000 Teilnehmern (Andrew E. Clark, Inequality-Aversion and Income Mobility: A Direct Test, Delta Working Papers, No. 2003–11).

⁶⁷ Simon Gächter/Christian Thöni, Envy, Status, and Economy: An Empirical Approach, in: Wolfgang Palaver/Petra Steinmair-Pösel (Hg.), Passions in Economy, Politics and the Media. In Discussion with Christian Theology, Wien 2005, S. 37–66, hier: S. 57f.

⁶⁸ Stefan Heinemann sieht das ökonomische Bedürfnis nach Markenwerten *(brand values)* als Brücke zwischen Ethik und Ökonomie: Die zeitgemäßen Gestalten des mittelalterlichen Ruhms, nämlich die Wertschätzung der Klienten und Konsumenten, zwingen Unternehmen, ethische Standards letztlich nicht nur strategisch funktional, sondern prinzipiell für sich zu akzeptieren. Nur so wird auch im ethischen Feld in einer dauerhaften Erfolg sichernden Weise gewirtschaftet (Ders., Grands récits nouveaux –

Der Einwand der empirischen Forschung zur Berufszufriedenheit gegen das Theorem des *homo oeconomicus* ist kein grundsätzlicher, sondern ein auf Präzisierung hin drängender: In aufklärerischer Tradition wird seit Adam Smith der *homo oeconomicus* als Einzelgänger gedacht. Die *job-satisfaction*-Forschung stellt nun nachgerade irritiert fest, dass kein Mensch geneigt ist, sich alleine auf sich selbst und seine Familie als eine Art erweitertes Selbst zu beziehen. Der Mensch ist immer schon mit seiner Mitwelt beschäftigt und Ansehen und Ruhm in Bezug auf die Mitwelt sind wichtiger als käuflicher sinnlicher Genuss, je leistungsstärker ein Mensch ist. Das Glück des *homo oeconomicus* hängt mithin immer auch an der Anerkennung der Mitwelt.

5. Einwände aus der Mimetischen Theorie

Die bisherigen Einwände gegen das Rationalitätsprogramm des *homo oeconomicus* kulminieren in der ihnen allen zugrundeliegenden Beobachtung, dass Menschen mehr als an sachhaften Gütern an der Beziehung zu ihrer Mitwelt interessiert sind. Die Forschungen Marshall Sahlins legen den Schluss nahe, dass die Konkurrenzorientierung von Menschen keineswegs eine in der biologischen Struktur des Menschen verankerte Wirklichkeit ist, sondern vielmehr ein Luxusphänomen von Wohlstandsgesellschaften, in denen die Konkurrenz der Menschen gegeneinander gerade nicht Konkurrenz um das Überleben ist. Helmut Schoecks Forschungen können unter einer anderen Perspektive als Bestätigung genau dieser Hypothese interpretiert werden.

Neid ist eine Orientierung, die sich archaische Kulturen schlechterdings nicht leisten können. Sie werden sich eher mit Konkurrenzvermeidung ruinieren als die Gefahren des Neides aufkommen zu lassen. Nur eine Kultur, die die ursprüngliche Wucht und tödliche Gefährlichkeit des Neides gründlich überwunden hat, kann es sich erlauben, mit dem Neid zu spielen und domestizierte Konkurrenz als ökonomisches Stimulans einzusetzen. Nur wo die tödlich zerstörerische Wucht des Neides aufgrund seiner kulturellen Bändigung gelungen ist, kann der gezähmte Neid gesellschaftlich eingesetzt werden. Effektiv betrifft dies die westlichen Gesellschaften, also jene, die über Jahrhunderte einer christlichen Inkriminierung

---

Reflexion zur Geschichte von Unternehmen und Marken an der Grenze von Philosophie und Ökonomie, in: Nikolai O. Herbrand/Stefan Röhrig (Hrsg.): Die Bedeutung der Tradition für die Markenkommunikation – Konzepte und Instrumente zur ganzheitlichen Ausschöpfung des Erfolgspotentials Markenhistorie, Stuttgart 2006, S.79–103).

und Bekämpfung aller Neidgefühle nach Maßgabe des 10. Gebotes (Du sollst nicht begehren ...) unterzogen waren. Die vermeintlich naturhafte Konkurrenz des *homo oeconomicus* erscheint so also als eine höchst künstliche, kulturell ermöglichte Wirklichkeit, bei deren Entstehung das Christentum dadurch mitgeholfen hat, dass es durch erfolgreiche kulturelle Neidbekämpfung das archaische Wissen um die absolute Gefährlichkeit des Neides so weit zurückzudrängen half, dass der Neid als kulturell gepflegter Affekt überhaupt erst möglich wurde. Als kulturell gepflegter Affekt ist der Neid Triebfeder sozialen und ökonomischen Verhaltens. Dass aber die evolutionsbiologische Erklärung der ökonomischen Konkurrenz falsch ist, erhellt aus der ökonomischen Konkurrenzforschung: Offensichtlich ist Menschen das *Gefühl*, den Anderen zu dominieren, wichtiger als der tatsächliche Zugewinn von Überlebensressourcen. Die irrationale Prestigeorientierung eines Menschen, der lieber weniger Einkommen hat, wenn es nur mehr ist im Verhältnis zu seinen Nachbarn, ist sowohl evolutionsbiologisch als auch mikroökonomisch irrational, denn ein entsprechender Mensch hat nicht nur weniger; er muss für dieses Weniger auch noch ein Mehr an nachbarschaftlichem Neid und damit verbundener gefährlicher Aggression befürchten. Auch hier also wirkt ein anderes Prinzip als funktionale Überlebenseffizienz oder rationale Bemühung um maximalen Nutzen.

In der Mimetischen Theorie[69] wird die Frage nach einem Urprinzip menschlichen Verhaltens nicht in einem Hypothesendreieck wechselseitiger Anleihen und Stützungen zwischen Mikroökonomie, Soziobiologie und ökonomischer Anthropologie beantwortet. Die Mimetische Theorie nimmt den Menschen als Kulturwesen ernst, das insbesondere in Literatur und Religion seit Jahrhunderten des Menschengedenkens seinen eigenen Ausdruck sucht und findet. Vom Verfahren ähnelt darin René Girards Vorgehen durchaus demjenigen Sigmund Freuds, der ebenfalls davon ausging, dass in den antiken religiösen Mythen der Schlüssel zum Verständnis des Menschseins zu finden sei. Als zentrales menschliches Phänomen entdeckt René Girard zunächst eine hochgefährliche, kontaminöse

---

[69] Maßgeblich für die Entwicklung der Mimetischen Theorie: René Girard, Figuren des Begehrens. Das Selbst und der Andere in der fiktionalen Realität, Münster 1999 (französisches Original: Paris 1961); ders., Das Ende der Gewalt. Analysen des Menschheitsverhängnisses, Freiburg 2009 (französisches Original unter dem Titel „Les choses cachées depuis la fondation du monde": Paris 1970). Eine hervorragende Einführung in die Mimetische Theorie bietet: Wolfgang Palaver, René Girards Mimetische Theorie. Im Kontext kulturtheoretischer und gesellschaftspolitischer Fragen, Münster ³2008.

Vernichtungsaggression des Menschen. Insofern ganze Stämme und Völker sich nicht alleine in intraspezifischen, sondern auch intratribalen Gewalteskalationen ausrotten, erscheint es als völlig abwegig, die Gewaltdynamik der menschlichen Gattung, die alles Vergleichbare im Tierreich übertrifft, mit Kategorien der allgemeinen Biologie erklären zu wollen. Der Übergang von einer intraspezifischen Aggression, die als Resultante genetischer Konkurrenz deutbar wäre, zu einer nur noch eliminatorischen intraspezifischen Aggression wird durch das Phänomen der Rache markiert. Rache entfacht eine nicht mehr beherrschbare Vernichtungsdynamik, die aber keinem biologisch erkennbaren Zweck zuzuordnen ist. Was hier erscheint, ist in kulturgeschichtlichen und ethnologischen Quellen nur da greifbar, wo die normalerweise in menschlichen Gesellschaften herrschenden kulturellen Institutionen der Beherrschung von Rache versagen und Gesellschaften infolgedessen kollabieren. Außer diesen Fällen zusammenbrechender menschlicher Gemeinschaften ermittelt Girard Institutionen des nachinszenierenden Gedenkens an Ereignisse zusammenbrechender Sozialität. Girard ordnet ihnen die kulturtragende Funktion der warnenden kollektiven Erinnerung zu: Einmal im Jahr wurden in den sakralen Königtümern Afrikas in einer grandiosen Inszenierung des alle Tabus und Normen hinter sich lassenden Chaos daran erinnert, was aus menschlicher Gemeinschaft wird, wo die Normen und Rituale des gemeinschaftlichen Lebens nicht beachtet werden. Die Funktion solcher kollektiver Erinnerungszeremonien ist also gerade die Sicherung der kulturellen und sozialen Institutionen, durch die menschliches Leben in Gemeinschaft überhaupt erst möglich wird.[70]

Die menschlichen Institutionen der Sozialität, zu denen Girard auch die Religion zählt, werden notwendig und möglich durch die spezifisch menschliche Aufgabe der Beherrschung eines urwüchsigen Vernichtungswillens von Menschen gegen Menschen, der seit Beginn der Hominisation mit dem Menschsein verbunden ist.[71] Von Girard aus betrachtet erscheint es als sträflich naiv, die Dimension der Kultur aus der Betrachtung des menschlichen Wesens auszublenden. Kultur wird allerdings bei Girard durchaus funktional und keineswegs euphorisch betrachtet. Die menschliche Kultur in Religion, Staat und Gesellschaft erfüllt die Funktion der Ermöglichung menschlichen Lebens unter den Voraussetzungen der spezifischen intraspezifischen Aggression von Menschen.

---

[70] René Girard, Das Heilige und die Gewalt, Zürich 1987, S. 155–176.
[71] Raymund Schwager, Erbsünde und Heilsdrama. Im Kontext von Evolution, Gentechnologie und Apokalyptik, Münster/Thaur 1997.

Als Ursache der Aggression zwischen Menschen macht Girard die Bedeutung der Nachahmung *(mimésis)* für das Kulturwesen Mensch aus. Auch wenn Nachahmung im Tierreich allenthalben eine Rolle spielt und in gewisser Weise auch als ein Merkmal alles Lebensdigen interpretiert werden kann, so haben es Menschen unter allen nachahmenden Lebewesen in dieser Disziplin zu unvergleichlicher Perfektion gebracht. Insofern Nachahmung ein wesentliches Element von Lernen ist, verwundert dieser Befund nicht. Als *homo sapiens* ist der Mensch wesentlich *homo apprehendens*. Klugheit wird über Nachahmung erworben. Die Neigung und Bereitschaft nachzuahmen begründet die menschliche Intelligenz. Nachahmung dient diesem Ziel am ehesten und am meisten, wo sie offen, aufmerksam und kreativ ist. Kreative und intelligente Nachahmung imitiert ihr Vorbild nicht einfach, sondern nimmt das Beobachtete in einer kreativen Weise zum Muster eigenen Verhaltens. Die Bereitschaft zur Nachahmung ist also kein dumpfes Imitieren, sondern von intellektueller Flexibilität und Lebendigkeit getragen. Gerade dadurch ist die Nachahmung aber auch unruhig und immer Konkurrenzen evozierend. Es gibt nicht das stabile Verhältnis des verehrten Vorbildes zu seinem ergebenen Schüler. Immer sucht der Schüler das Bessere in dem vom Meister Übernommenen. Nachahmung führt so in dem Maße ihres spezifisch menschlichen Gelingens als intelligente Nachahmung notwendig immer in Konflikte. Die Beherrschung dieser mit der Intelligenz des Menschseins in die Welt eintretenden Konflikte ist die Möglichkeitsbedingung menschlichen Lebens überhaupt. Menschliches Leben ist durch die Kulturleistung der bewältigten Aggression erst möglich geworden. Menschliches Lebens ist *eo ipso* kulturelles und damit eben auch religiöses Leben.

Die mimetische Dynamik menschlicher Geistigkeit lässt sich nicht sistieren. Die Vorstellung eines Miteinanders, das weder Neid noch Konkurrenz überhaupt kennt, erinnert an das von Kant bemühte Bild Schafsglück auf der Weide. Auch Rousseaus pädagogische Dublette des *homme naturel* gibt als verlassener und gescheiterter Landmann eher das resignative Bild einer Dekadenzform des Menschlichen, wenn sie auch gleich mit äußerster pädagogischer Anstrengung heraufgeführt wurde, wie das wohl manchmal kommen mag.[72] Menschsein ist nicht ohne jene intellektuelle Aufgeregtheit zu haben, die Menschen immer wieder aufeinander zu bewegt und sie so zwangsläufig immer in Konflikte

---

[72] Jean Jacques Rousseau, Emile et Sophie. Ou les Solitaires, 1762 (Erstveröffentlichung 1780).

und Auseinandersetzungen hineinzieht. Damit aber verwirklicht sich Menschsein als in sich selbst tödlich widersprüchliche Bewegung zwischen *mimésis* und Konkurrenz auf der einen und kultureller Beherrschung dieser Grundsituation auf der anderen Seite als das Bemühen um ein höchst labiles Gleichgewicht, das der äußersten Aufmerksamkeit bedarf, um der naturwüchsigen Konkurrenz von Menschen jenes Maß an alltäglich gepflegter Anerkennung des Anderen abzutrotzen, das G. W. F. Hegel mit Recht als die Basis jeder menschlichen Kultur und Gesellschaft versteht.[73]

6. Einwände aus der Rechtssoziologie

Michael Baurmann geht in seiner Untersuchung zum „Markt der Tugenden" von dem beobachtbaren Grundwiderspruch zwischen der universalen Freiheits- und Rechtegarantie liberaler Staaten und Gesellschaften einerseits und dem im liberalen Grundmodell des *homo oeconomicus* unterstellten rationalen Eigennutz aus: Demokratische Staaten sind nur als Rechtsstaaten denkbar, welche notwendig einen freiwilligen Machtverzicht der Inhaber staatlicher Macht einschliessen. Wie aber soll ein solcher mit einer Anthropologie erklärbar sein, die nicht-eigennütziges Verhalten nicht anders denn als irrational deuten kann. Anders als die Soziobiologie, die die beschriebene Problemlage mit dem Theorem des scheinbaren Altruismus als Erscheinungsform eines gesellschaftsbezogenen strategischen Egoismus zu deuten versucht, fragt Baurmann nicht nach einer theoretischen Erklärung der Bereitschaft zum Altruismus, sondern nach dessen gesellschaftlicher Wirklichkeit und Begründung. Er diagnostiziert: Liberale Gesellschaften ruhen mit ihren tragenden Institutionen auf einer rechtlich geregelten Bereitschaft zum Machtverzicht der Mächtigen auf und müssen diesen Machtverzicht irgendwie so begründen, dass die Machtinhaber bereit sind ihn zu leisten. Die Leistung dieser gesellschaftlichen Begründungsaufgabe ist alles andere als ein Versuch der theoretischen Erklärung menschlichen Handelns, wie er in der Soziobiologie versucht wird. Es handelt sich vielmehr um eine grundlegende gesellschaftliche und politische Leistung, durch die der liberale Staat als das Biotop des *homo oeconomicus* überhaupt erst möglich wird. In der grundlegenden Selbstkonstruktion

---

[73] Georg Wilhelm Friedrich Hegel, Selbständigkeit und Unselbständigkeit des Selbstbewusstseins; Herrschaft und Knechtschaft, in: ders., Phänomenologie des Geistes (Bamberg/Würzburg 1807), Werke in zwanzig Bänden (Franfurt 1980), Bd. 3, S. 145–154.

dieses den Eigennutz als gesellschaftliches Prinzip zulassenden Gebildes kann nicht der Eigennutz die tragende Rolle spielen. Vielmehr steht am Anfang der den *homo oeconomicus* zulassenden Ordnung ein Bedarf an Moral und Tugend, durch die der Liberalismus mit seinem Ideal der „Harmonie zwischen Aufklärung, Wohlstand, Freiheit und Moral" allererst ermöglicht wird.[74] Anstelle des Modells vom *homo oeconomicus* schlägt Baurmann das Modell des „dispositionellen Nutzenmaximierers" vor.[75] Der dispositionelle Nutzenmaximierer ist ein theoretischer Kompromiss, den einerseits die grundlegende Eigennutzorientierung des *homo oeconomicus* kennzeichnet, der allerdings da, wo es nicht unmittelbar zu seinem eigenen Nachteil ist, universal anerkannten Normen folgt und dabei die Erfahrung macht, dass ihm hieraus ein mittelbarer Nutzen erwächst, weil die Wertschätzung einer Orientierung an universalen Normen die Wertschätzung einer entsprechend orientierten Persönlichkeit nach sich zieht. Auch wenn es sich so anhört, gemeint ist nicht das marketingstrategische „Tue Gutes und rede darüber!", sondern eine ernsthafte Orientierung an universalisierbaren Normen und Tugenden, die nur darauf hoffen kann, dass eine prästabilierte Harmonie zwischen Moral und Ökonomie dafür sorgen wird, dass der Moralische am Ende nicht der Betrogene sein wird. Baurmann bemüht dementsprechend die alte Metapher von der „*invisible hand*"[76], mit der bekanntlich Adam Smith die prästabilierte Harmonie zwischen individuellem und universellem Nutzen benannte. Die Metapher garantiert jedenfalls die Einsicht darin, dass von dem moralisch wirtschaftenden Subjekt eine wirklich überzeugt wertorientierte Verhaltensweise erwartet wird und nicht alleine deren marketinghafte Simulation.

Wo allerdings der Moral und der Tugend eine potentiell so weitreichende Bedeutung für das Gelingen des wirtschaftlichen Liberalismus nicht alleine als politischer Ordnung, sondern auch als individuell-ökonomischer Strategie zugesprochen wird, muss befremden, dass das historisch wie ontologisch Primäre der reziproken und universalen Orientierung an Moral und Tugend in Baurmanns Anthropologie in die Position einer nachträglich einschränkenden Präzisierung der weiterhin grundlegenden Modellvorstellung des dispositionellen Nutzenmaximierers rutscht. Dies erklärt sich aus einer theoretisch selbst nicht noch einmal begrün-

---

[74] Michael Baurmann, Der Markt der Tugend. Recht und Moral in der modernen Gesellschaft. Eine soziologische Untersuchung, Tübingen ²2000, S. 638–644; das Zitat auf Seite 638.
[75] A.a.O., S. 543–545.
[76] A.a.O., S. 543.

deten politischen Vorentscheidung des Autors. Er versteht seine Untersuchung als einen Beitrag zur Denk- und Lebbarkeit einer prinzipiell an der „Vision des Liberalismus" orientierten Anthropologie und Soziologie, die sich dezidiert gegen kommunitaristische Modelle richtet, die als restaurative Feinde von „Mobilität, Laizismus, Säkularismus [...] Individualismus und Subjektivismus" ausgemacht werden.[77] Baurmanns Absage gilt jeder konservativen Idee einer dem Wirtschafts- und Sozialverband vorausliegenden moralischen Größe, die er als „Mythos der Gemeinschaft" denunziert.[78] Gemeinschaften als kleine soziale Gruppen seien eben gar nicht zu Bildung universaler moralischer Orientierungen fähig. Erst die großen bürgerlichen Gesellschaften im Horizont der Industrialisierung vermochten universale Prinzipien hervorzubringen. Erst im Horizont des Eigennutzes vermochte das moralische Subjekt zu entstehen, dass den Eigennutz mit der Achtung universaler Werte zu vermitteln vermochte. Bedingung der Möglichkeit allerdings muss nach Baurmann der glückliche Fall gewesen sein, dass in einer bürgerlichen Gesellschaft Moral und Tugend als „*in the long run*" lohnend erkannt werden konnten. Diese Einsicht bildet am Ende die praktische Quintessenz der Analysen und Theorien Baurmanns: „Moral und Tugend müssen sich langfristig lohnen, um in dieser Welt nicht auszusterben."[79]

So einleuchtend und überzeugend die Beobachtung ist, dass der *homo oeconomicus* keinen Rechtsstaat begründen kann, so selbstwidersprüchlich ist es, Moral und Tugend als Gestalten einer letztlich doch wieder Eigennutz-finalisierten ökonomisch-gesellschaftlichen Interaktion deuten zu wollen. Diese zentrale These ist historisch nicht begründbar, systematisch selbstwidersprüchlich und praktisch verhängnisvoll. An wen nämlich sollte sich der verborgene Appell, Moral gesellschaftlich zu honorieren denn richten? Und welche Moral wäre denn zu fördern? Dass darüber ein gesellschaftlicher Prozess entscheidet, der von moralisch denkenden und handelnden Subjekte bestritten wird, die als wirtschaftliche Subjekte zugleich mit dem universalen den eigenen Nutzen zu befördern trachten müssen, ist in der Tat die für die gegenwärtige gesellschaftliche Situation erfolgversprechendere Vision gegenüber einem rein restaurativen Mythos konservativer Werte. Diese positive Bewertung ändert aber nichts daran, dass eine ausschließlich in Ahängigkeit von der ökonomischen Sphäre definierte Mo-

---

[77] A.a.O., S. 541.
[78] A.a.O., S. 653–658.
[79] A.a.O., S. 658.

ral schwerlich die begründende Kraft haben kann, kurzfristig eigennütziges Verhalten zu korrigieren hin zur langfristigen Orientierung an universalisierbaren Prinzipien.[80] Der Titel des Buches von Michael Baurmann ist am Ende so verräterisch, wie er auf den ersten Blick erscheint. So liberal und freundlich die Vorstellung eines (freien) Marktes der Tugend erscheinen mag, der einerseits dem Bedarf an Tugend und Moral entspricht und andererseits die Enge tradierter Moralvorstellungen zu überwinden vermag, so sehr ist dieser freie Markt der Tugenden immer nur eine dem liberalen Wohlstandstreben untergeordnete Wirklichkeit, die als solche eben nicht die konzedierte Freiheit demokratischer Gesellschaften zu begründen vermag, jedenfalls eindeutig da nicht, wo die Konzession der Freiheit mit ökonomischen Opfern der handelnden Personen verbunden ist.

III. Grenzen und Relevanz des Mangeltheorems

In der gesellschaftlichen Gegenwart wird aus verschiedener Perspektive an einer umfassenden Modellvorstellung vom menschlichen Leben auf der Grundlage der Idee vom fundamentalen Mangel gearbeitet.

Von verschiedenen Ansätzen her finden sich allerdings auch zahlreiche Gründe, die eine Universalisierung der evolutionsbiologischen Mangelvorstellung und deren Einsatz als anthropologische Basishypothese als kurzschlüssig und irreführend erscheinen lassen.

Gemeinschaft, Kooperation und der Andere als solcher erscheinen aus verschiedenen Forschungsperspektiven in verschiedener Hinsicht als primäre Größen für das menschliche Leben.

Die Entscheidung, die Primordialität der Gemeinschaftspraxis im theoretischen Selbstbild des Menschen dem angeblich vorrangigeren Überlebensstreben der körperlich begrenzten Identität des einzelnen Lebewesens unterzuordnen, mag Zustimmung mit noch so vielen Analogien aus der Tierwelt erheischen, immer handelt es sich dennoch um die freie Entscheidung eines sich in der

---

[80] In einer grundlegenderen Kritik der Modellvorstellungen zum Verhältnis von Moral und Ökonomie kommt Stefan Heinemann zu dem Ergebnis, dass nur solche ethischen Überzeugungen, von denen ein ökonomisch Handelnder nicht nur überzeugt ist, sondern von denen er vernünftigerweise überzeugt sein muss, die Kraft entwickeln können eine wirkliche Konvergenz von Moral und Ökonomie zu begründen: Stefan Heinemann, „"... nämlich daß die Stunde da ist, aufzustehen vom Schlaf". Perspektiven einer intersubjektiv-idealistischen Theologie vor den Herausforderungen der Postmoderne, Essen (Univ.-Diss) 2008, S. 329–365.

theoretischen Beschreibung des eigenen Wesens selbst setzenden und verwirklichenden Menschen. Reduktionistische Theorien des Menschen sind immer dadurch im Kern performativ selbstwidersprüchlich, dass Menschen sich als freie aus freiem Willen dazu entscheiden, sich selbst als nicht frei zu deuten.

Die evolutionstheoretisch argumentierenden Theorien von Mensch und Gesellschaft unterliegen der protologischen Suggestion. Der Theologie ist diese Suggestion in der Gestalt der Schöpfungsnorm aus ihrer jahrhundertealten Geschichte als intellektuelle Versuchung wohl bekannt. Innerhalb der Theologie allerdings wurde auch die Kritik dieser protologischen Suggestion entwickelt: Wo der transzendente Gott als Anfang bekannt wird, da umfasst die Transzendenz Gottes den gesetzten Anfang so absolut, dass die Absolutheit der Normativität des Anfangs überwindbar, eine offene Zukunft denkbar, ja, eine qualitative Wandlung und Steigerung des Lebens möglich sein kann. Wo der Anfang theologisch gedacht wird, muss das Ende nicht die Verlängerung des immer gleich sich fortsetzenden Anfangs sein, sondern kann sich zeigen als frei werdendes Neues. Der normative Monismus des Anfangs wird überwunden durch die unbestimmte Größe des Eschaton, des Endes, dessen Verborgenheit für eine theologische Sicht der Welt keine bestimmungslose Leere bedeutet, sondern die material nicht offenbar gewordene, prinzipiell gleichwohl schon erkennbare Wirklichkeit Gottes in der Welt.

Die Mimetische Theorie steht im prinzipiellen Widerspruch zu den Mangeltheorien. Begehren als scheinbar primärer Mangelindikator wird von ihr als eine Gestalt des interaktiven In-Beziehung-Tretens von Menschen interpretiert. Der Begehrende missinterpretiert sich selbst, wo er glaubt, seine Unzufriedenheit ziele auf den Besitz des Begehrten, also auf den Ausgleich eines empfundenen Mangelzustandes. Das Begehren zielt in Wirklichkeit nicht auf die begehrte Sache, sondern auf den, der diese Sache schon besitzt und der in seinem vermeintlichen Glück zunächst zum Modell und sodann zum Konkurrenten wird.[81]

Der Dualismus von Haben *versus* Nicht-Haben vermag das spezifisch Humane des menschlichen Begehrens nicht umfassend verständlich zu machen. In der konkreten gesellschaftlichen Gegenwart erniedrigt der Dualismus von Haben und Nichthaben Menschen zu Konsumenten oder Verbrauchern. Wo Begehren als Motor menschlicher Gestaltungskraft im biologistisch-ökonomisti-

---

[81] Wolfgang Palaver, René Girards mimetische Theorie. Im Kontext kulturtheoretischer und gesellschaftspolitischer Fragen, Münster ³2008.

schen Mythos des ausgleichbaren Mangelzustandes missdeutet wird, wird menschliche Kreativität und Lernfähigkeit blockiert, weil die eigentlich normale, gute, ja prinzipielle Situation der Differenz zwischen dem Ich und den Gegenständen der eigenen Sehnsucht fortwährend geleugnet wird. Der Differenz wird die Eigenschaft des Akzidentiellen, Behebbaren, nicht Notwendigen zugesprochen. Die dauernde Suggestion, nicht der erlebte Zustand mimetisch orientierter, bewegter Sehnsucht sei das Normale, sondern ein irgend gearteter energetischer Ruhezustand führt zu einer fortwährenden Bewertung des eigenen Lebens als so-nicht-sein-sollend, verbunden mit dem Mythos, was so nicht sein soll, lasse sich durch den Besitz des Begehrten sanieren.

Dieser Mythos des energetischen Ausgleichs kann als eine Gestalt des protologischen Mythos interpretiert werden: In einer totalisierten Schöpfungstheologie manifestiert sich wie in der Herleitung der Anthropologie aus der Evolutionsbiologie dasselbe Missverständnis wie in der Theorie vom energetischen Ausgleich zwischen Begehren und Erfüllung. Immer soll ein Ruhezustand relativer Ausgeglichenheit das Ziel der Bewegung sein. In der Schöpfungstheologie bestand der Ruhezustand in der gehorsamen Affirmation des *ordo* durch den Menschen.[82]

In der Evolutionsbiologie ist dieser Ruhezustand mit dem Erreichen eines Optimums an Überlebensressource für die eigenen Gene erreicht. Der Kapitalismus ersetzt die Überlebensressource kurzerhand durch das akkumulierte Geld als scheinbar rationalisierter Form des Überlebens. Erstaunlich an diesen Anthropologien des anzustrebenden Maximums an Ruhe ist, dass sie auf einer Physik des Lebens beruhen, die gerade die Unruhe als Lebensprinzip erkennt. In der Tat ist der strebelose energetische Nullzustand der absolute Tod. Schrödingers Theorie des Lebens als Entropieminderung wird in Evolutionsbiologie und Soziobiologie als Begründung einer Anthropologie der Mangelbeseitigung verstanden, ohne dass realisiert würde, dass eine endgültige Mangelbeseitigung den theormodynamischen Tod bedeuten würde, weil Leben naturwissenschaftlich nicht anders denn als Mangelmanagement beschrieben werden kann.

Anders als der verabsolutierte Begriff des Mangels, der die Universalität und Fraglosigkeit des Strebens nach Mangelbeseitigung als Innbegriff des Lebens begründet, anerkennt der Begriff des Mangelmanagements die harte physikalische Tatsache, dass ein

---

[82] Gregor Fidelis Gäßler, Der Ordo-Gedanke unter besonderer Berücksichtigung von Augustinus und Thomas von Aquino, Sankt Augustin 1994.

energetischer Ausgleichszustand für alle Lebendigen unerreichbar ist, weil er das Ende allen Lebens bedeuten würde. Mangel lässt sich nicht beheben. Sicherheit ist unerreichbar. Leben realisiert sich nicht als Behebung von Mangel, sondern als dessen Beherrschung. Diese Beherrschung kann den Mangel nicht beseitigen. Er erlaubt nur im und mit dem Mangel zu leben.

Der Mythos des Wohlstandes als ein Mythos der Mangelbeseitigung täuscht über die Unvermeidlichkeit des Mangels hinweg, indem er ihm einen individualisierten Begriff der hortbaren Masse als einer Karikatur der Erfahrung von Fülle entgegensetzt. Sowohl der Prozesscharakter als auch der Interaktionscharakter gelingenden Mangelmanagements wird dadurch verdrängt: Lebewesen, die in dem hohen Maß ihrer eigenen Komplexität komplex mit allen anderen Lebewesen verbunden sind, verlieren bereits mittelfristig, wo sie ihr eigenes Leben in Absehung von dieser komplexen Interferenz mit allen anderen missdeuten. Mangelmanagement kann nur gelingen, wo sie der falschen Vorstellung endgültig sicherer Stabilität für das isolierte Individuum entsagt.[83] Mangelmanagement wird vielmehr der Tatsache gerecht, dass Lebensmöglichkeit nur in der Interaktion aller für die Lebensmöglichkeiten aller gewinnen lässt.

Dann allerdings werden all jene theoretischen Ansätze interessant, die darauf hinauslaufen, dass die Beziehung eines Menschen zu seinen Mitmenschen für dessen Entwerfen, Entscheiden und Handeln viel wichtiger ist als materialer Zugewinn. In der Mimetischen Theorie und ihrer Entdeckung der primordialen Wichtigkeit des Anderen für das Ich wäre wie in der modernen Entlohnungsforschung und der klassischen Neidforschung die Einsicht bewahrt, dass die Aufhebung der Strebedynamik des Lebens in einer Anthropologie des Besitzes die Wirklichkeit sowohl des Menschen als auch des Lebens verfehlt. Vielmehr müsste die Bewegung des Einzelnen zum Anderen hin, Tausch und Austausch, das labile Gleichgewicht zeitlich und räumlich begrenzter Ausgleichzustände als die Normalform des Lebens erkannt werden. Die kapitalistische Metaphysik der Habe erscheint dann als ein grober anthropologischer Irrtum. Vielmehr müsste eine Anthropologie der Bewegung, der Interaktion, des Austausches gesucht werden. Eine solche Anthropologie nimmt die Einsicht in die initiale und primordiale Bewegtheit alles Lebendigen auf, ohne diese Bewegung auf den Mythos des

---

[83] Das Weltfinanzsystem wurde im Jahre 2008 auf schwerste Weise beschädigt durch eine Vertrauenskrise, die deutlich macht, wohin die Ignoranz gegenüber der menschlichen Interaktion als der Quelle des Wohlstandes führt.

energetischen Ruhezustandes hin zu deuten. In religiöser Hinsicht überwindet ein entsprechendes Denken den protologischen Mythos des *ordo* durch eine Eschatologie, die die Vorläufigkeit und Hinfälligkeit von Ordnungs- und Harmoniezuständen wahrnimmt. Wo dies geschieht, wächst die Sensibilität für die Leistung, die um des Aufrechterhaltens von Ordnung erbracht werden muss. Es kann aber auch das Bewusstsein wachsen, dass allen Ordnungsstrukturen eine Vorläufigkeit eignet, die immer wieder auch auf die Überwindung bestimmter geordneter Zustände hinausläuft.

Begehren wird unter diesen Umständen zur normalen und unvermeidlichen Äußerungsform menschlichen Lebens, wo es in seiner Menschlichkeit bejaht und angenommen wird. Die Gefährlichkeit und gewalttätige Aggressivität des Begehrens wirft dann aber die dringende Frage nach der humanen Kultivierbarkeit des Begehrens auf. Die Mimetische Theorie antwortet auf diese Frage mit dem Verweis auf die Religion. Auf doppelte Weise ermöglicht die Religion die Humanisierung des Begehrens. Zum einen schaffen Opferreligionen Gelegenheiten der kompensatorischen und kanalisierenden Befriedigung von Gewaltgelüsten, die durch das Begehren, seiner Frustration und des mit ihm verbundenen Neides hervorgerufen werden. Zum anderen stellt die Religion der Bibel dem Opfermechanismus dessen Aufdeckung und Bewusstwerdung entgegen.[84]

An dieser letzteren Antwort aber bleibt unbefriedigend, dass sie das positive Gut konstruktiver gesellschaftlicher Kooperation innerhalb christlicher Gesellschaften ausschließlich in Abhängigkeit von ethischen Sollensgehalten sieht, die durch die ästhetische Betrachtung biblischer Vorbildgestalten wie des Gottesknechtes und des Gekreuzigten vertieft sozialisiert werden können. Unbefriedigend an dieser Antwort ist, dass sie der Überwindung der gewaltförmigen Dynamik mimetischen Begehrens nur in der Überwindung des Begehrens selbst erblicken kann, das wiederum ausschließlich als mimetisch verursacht gedeutet wird. Lässt sich aber wirklich jedes Begehren ausschließlich über die mimetische Dynamik der Nachahmung erklären? Gehört nicht zum Kern jedes Begehrens mindestens auch die Ausrichtung eines Menschen auf das, was er als dynamisch-gestaltungsoffenes Wesen als das Notwendige seines Daseins erstreben muss, um es erlangen zu können? Thomas von Aquin beschreibt das Streben des Menschen

---

[84] René Girard, Das Ende der Gewalt, Freiburg 2009, 2. Buch; Ralf Miggelbrink, Der Mensch als Wesen der Gewalt. Die Thesen René Girards und ihre theologische Rezeption, in: Ökumenische Rundschau, 49 (2000), S. 431–443.

nach Nahrung, Sicherheit und Nachkommenschaft als ihm gemäße Entfaltung seiner Strebekräfte. Insgesamt erstreben Menschen Leben in Sicherheit als den ihnen gemäßen Anteil an dem höchsten Gut der Wirklichkeit Gottes selbst, die mit Thomas als Formalobjekt aller Strebedynamik gedeutet werden kann. Wenn man René Girard in thomistischer Terminologie dahingehend verstehen kann, dass die mimetische Begierde eine, wenn nicht die Hauptform konkupiszent depravierten menschlichen Strebens ist, so bleibt doch mindestens als eine theoretische Möglichkeit die natürliche Begierde als *appetitus ad bonum*.[85] Von ihr wird man in der Tat vermuten können, dass sie in der Breite der menschlichen Existenz depraviert ist zum konkurrierenden Streben nach dem, was das Gut des jeweils anderen ist. Wo man aber eine naturhafte Unvermeidlichkeit eines menschlichen Strebens (appetitus) annimmt, ohne den jegliche menschliche Entwicklung auf der Basis der Perfektionierbarkeit des Menschen als motivlos fallen zu lassen wäre, da muss der Zustand des erlösten *appetitus* anders gedacht werden denn als asketische Beerdigung jedweder Strebekraft in einer am Schreckensbild des Gewaltopfers geschulten Sensibilisierung für die Opfer des Begehrens. Vielmehr muss so etwas wie ein *naturae humanae reparatae appetitus ad bonum* als eine erfahrungsdiesseitige Getsalt erlösten Seins denkbar sein. Damit aber ist nicht das Bild des Gekreuzigten die letztbegründende Wirklichkeit des Christentums. Vielmehr verweist der Gekreuzigte auf jene größere Fülle, auf die sich der *appetitus humanus* des Ausgestoßenen und Hingerichteten richten konnte, so dass er nicht der Versuchung erlag, sich auf das fremde Gute als das erstrebenswerteste zu konzentrieren.

Der 16. Psalm bezeugt JHWH als diese Wirklichkeit:

„Ich habe den Herrn beständig vor Augen.
Er steht mir zur Rechten, ich wanke nicht.
Darum freut sich mein Herz und frohlockt meine Seele;
auch mein Leib wird wohnen in Sicherheit." (VV. 8f)

Die Orientierung der menschlichen Strebekraft auf Gott ist nicht Abschreckung vor dem, was geschieht, wo diese Strebekraft frei schweifend ihre Erfüllung sucht. Sie ist vielmehr stärkende, froh machende, auch den Leib und seine Sehnsucht befriedigende Erfüllung des menschlichen Strebens.

---

[85] Sth I, q. 19, a. 1: „*Unde et natura intellelectualis ad bonum apprehensum per formam intelligibilem, similem habitudinem habet [...]* "

Diese Wirklichkeit ist mit der in diesem Buch angezielten Fülle gemeint. Welche Fülle trägt die friedliche Entfaltung des menschlichen Begehrens, das eben nicht die Leere des Wassereimers ist, der kurzerhand gefüllt werden könnte, sondern ein nicht endendes Begehren, das gerade als solches Prinzip menschlichen Lernens und kreativen Tätigseins ist, das aber eben als solches von sich aus auch einer destruktiven Dynamik folgt? Welche Fülle ermöglicht die wirklich positive Gestaltung dieser menschlichen Dynamik jenseits von Gewalt und Verzweiflung einerseits, jenseits aber auch der Banalität des konsumistischen Missverständnisses?

Die Beantwortung dieser Frage wird man von einem Theologen möglicherweise vermittels des schnellen Griffs nach der Gotteswirklichkeit erwarten. Aber auch die Gotteswirklichkeit partizipiert als intellektuell gedachte und kulturell vorgestellte an der Eigenart menschlichen Begehrens, das gerade darin menschliches Begehren ist, dass es an seinem Gegenstand keine Erfüllung erlebt. Beliebt ist in christlichen Kreisen als Sinnspruch anlässlich einer Todesanzeige ein Wort aus den Confessiones: „Unruhig ist unser Herz, bis es ruhet in dir."[86] Bezeichnend ist die Kontextverschiebung. Während Augustinus das Wort mit Bezug auf seine Bekehrung verwendet, die Ruhe also das Leben des Bekehrten in der Gemeinschaft mit Gott bedeutet, verwenden Christen den Vers heute in Todesanzeigen. Aus der augustinischen Ruhe der Gottesgemeinschaft im Leben ist die Friedhofsruhe der Toten geworden. In der Logik dieses Missverständnisses liegt es, dass der Begriff „Erlösung" häufig als Synonym für „Sterben" interpretiert wird, ja, dass viele Menschen sich gar keine andere Wortbedeutung vorstellen können.

Die Beantwortung der Frage nach der erfüllenden Fülle Gottes aber mit Verweis auf den Tod gehört zu den auch theologisch unbefriedigendsten Antworten. Wie sollte sich denn eine so krasse Trennung zwischen diesseitiger Mangelerfahrung und jenseitiger Fülleerwartung sich gegen den Feuerbachschen Projektionsverdacht wehren können?[87] Eine religiöse Hoffnungsverheißung, die nicht mehr verheißt, als was im Leben vermisst wird, kann sich nicht mehr verteidigen gegen den Vorwurf, das – weil aus der Negation geborene – schwache und illegitime Kind innerweltlicher Mangelerfahrung zu sein. Diese Konzeption der Religion er-

---

[86] Aurelius Augustinus, Confessiones, I, 1: *„Et inquietum est cor nostrum donec requiescat in te."*
[87] Ludwig Feuerbach, Das Wesen des Christentums, Erster Teil, Drittes Kapitel. (Leipzig 1804, S. 101–119).

scheint geradezu als die Realisation der Feuerbach-Marxschen Formel der Religion als die symbolische Darstellung all dessen, was die Welt entbehrt.[88] Dass auch diese Projektion letztlich der Idee der Fülle als Mangelausgleich huldigt, setzt sie im Kontext der hier entfalteten Argumentation darüber hinaus dem Verdacht aus, einer Metaphysik des Ausgleichs, der Erstarrung und mithin des Todes zuzuarbeiten. Der oben erwähnte Missbrauch des Augustinischen Wortes aus den Confessionen ist demnach ebenso wenig Zufall wie die häufige Missdeutung des Todes als Erlösung: Wo Heil als Negation der innerweltlichen Leid- und Mangelerfahrung gedacht wird, bleibt sie der Erfahrung von Mangel als Leid noch in der Negation verhaftet. So entwirft sie in der Negation des Mangels kein Bild der Fülle, sondern das Bild der Ruhe als Ausgleich. Diese Ruhe aber ist mindestens thermodynamisch der Tod der Entropie. Will man diese Falle vermeiden, so muss auf der Grundlage nachvollziehbarer diesseitiger Erfahrungen von der Füllewirklichkeit Gottes gesprochen werden können.

Folgt man der Perspektive der Mimetischen Theorie, so wird die gesuchte Füllerfahrung verkannt, wo sie gesucht wird als eine Wirklichkeit analog zum objektiven Wohlstand, als das bare Vorhandensein alles dessen, was das Herz begehrt.[89] Bedenkt man, dass Begehren eine intersubjektiv induzierte Wirklichkeit ist, so ergibt sich für die Fülle als die Erfahrung erfüllten Begehrens, dass es sich auch hierbei um ein intersubjektives Ereignis handeln muss. Bedenkt man weiter, dass erfülltes Begehren als die Sistierung des Begehrens im Erlangen des Begehrten keine Erfahrung von Fülle bewirkt, sondern im Gegenteil die Erfahrung diffuser Unerfülltheit[90], so ist Fülle nicht als die Beendigung des Begehrens, sondern als eine solche Erfahrung der Erfüllung zu denken, die den Begehrenden in neue, stimulierende Weiten des Begehrens hinein zieht, ohne dass dabei der Mangel schmerzhaft als Ungenügen empfunden würde. Ein kommunikativ-intersubjektiver Begriff des Begeh-

---

[88] Karl Marx, Zur Kritik der Hegelschen Rechtsphilosophie, Einleitung, in: ders., Gesammelte Schriften, Bd. 9, hier: S. 171.

[89] Von hier aus ergeben sich Einwände gegen die in der Theologie wohl bekannte Bestimmung der Glückseligkeit innerhalb von Kants Begründung des Postulat Gottes (ders., Kritik der praktischen Vernunft, A 224). Es erscheint als eine missverständliche Vorstellung von Glückseligkeit, wenn der Königsberger erklärt: „Glückseligkeit ist der Zustand eines vernünftigen Wesens in der Welt, dem es, im Ganzen seiner Existenz, alles nach Wunsch und Willen geht […]."

[90] Diese Wirklichkeit ist wohl gemeint, wenn Ernst Bloch von der „Melancholie der Erfüllung" spricht (ders. Das Prinzip Hoffnung, in: ders., Gesammelte Schriften, Bd. 5 (Frankfurt 1959) 343ff.); mein Freund und Kollege Roman Siebenrock spricht gerne von der Befindlichkeit des dritten Weihnachtstages.

rens, der positiv der durch die Mimetische Theorie aufgedeckten Wirklichkeit des intersubjektiv verursachten destruktiven Begehrens entspricht, vermeidet einerseits die durch die Ideologien des Mangels insinuierte Idee der Erfüllung als Sattheit. Sie vermeidet aber auch andererseits die durch die Mimetische Theorie nahegelegte Vorstellung von Frieden als asketischer Selbstüberwindung. Ein kommunikativ-intersubjektiver Begriff des Begehrens beruht auf den menschlichen Erfahrungen friedvoll-fördernder Mobilisierung menschlicher Vorstellungskraft in einer von Wohlwollen getragenen zwischenmenschlichen Bezogenheit des Gebens und Nehmens, bei dem der Austausch der Gaben lediglich die äußere Seite einer inneren Bezogenheit der Tauschenden auf einander ist, die symbolische Repräsentanz der Liebe, die sich als solche auf die leibliche Existenz der Liebenden bezieht.

Daraus ergeben sich die weiteren Schritte der hier zu unternehmenden Untersuchung: Welche empirischen Spuren eines heilvollen Sichbeziehens begehrender Menschen aufeinander lassen sich als Wegweiser einer humanen „Kultur der Fülle" finden? (Teil B) Wie schließlich ist die Gründung einer menschlichen Kultur der Fülle in der Wirklichkeit des erfüllenden Gottes theologisch und metaphysisch zu denken? (Teil C)?

B. Kultur der Lebensfülle

Fülle wird empfunden, wo angesichts der gegebenen Güter die Bedürfnisse im Sinne ihrer erfahrenen Erfüllung wachsen. So bezeichnet Fülle eine sehr glückliche Variante des Wechselspiels von Begehren und Erfüllung. Die asketische Überwindung allen Begehrens ist ebenso wenig Fülle wie das mehr und mehr befriedigte Streben nach finaler Sättigung des Begehrens. Die Erfahrung der Fülle beinhaltet eine moralisch-kulturelle Formung des Begehrens. Das Feld dieser Formung wird nach zwei Seiten begrenzt durch die Begriffe der asketischen Entsagung einerseits und der begehrenden Gier andererseits.

Die biblischen Religionen können durchaus verstanden werden als Mittlerinnen von Füllebewusstsein. Wo die biblisch verheißene Fülle mit Überfluss verwechselt wird, geraten die Religionen der Bibel in den Verdacht, einem Kapitalismus, der sich zerstörerisch gegen Um- und Mitwelt richtet, den Weg bereitet zu haben. Wo umgekehrt Erfüllung als Chiffre eines rein innerlichen und eines rein Transzendenz bezogenen Erlebens gedeutet wird, verschwindet die Kultur der Fülle in einem abstrakten Radikalismus der Entsagung. Dagegen gilt es, angesichts der ökologischen Krise einerseits und der ökonomischen Krise andererseits zu votieren für eine biblisch inspirierte Kultur der Fülle jenseits von Gier und Entsagung. Mit dem Begriff der Fülle wird dabei die Gestaltungskraft der Religion angesichts der ökonomischen und ökologischen Herausforderungen der Gegenwart geltend gemacht. Das ist nur da sinnvoll möglich, wo akzeptiert werden kann, dass bei der Bestimmung von Maß und Sinn menschlichen Konsums und Besitzes geistige Vollzüge des Menschen gegenüber materiellen Gegebenheiten den Vorrang haben. Diese im Kern idealistische Einsicht ist in der Gegenwart auch deshalb so schwer durchsetzbar, weil mit ihr in der Vergangenheit für eine Praxis der Entsagung argumentiert wurde. Angesichts der stereotypen Entgegensetzung zwischen einer diesseitigen, lust- und konsumorientierten Lebenshaltung einerseits und der programmatischen jenseitsorientierten Lustferne einer kirchlichen Kultur andererseits soll hier die Frage nach den biblischen Sinnperspektiven für leibliche, bedürftige Menschen in einer Welt gemeinsam erarbeiteter Überlebensressourcen geforscht werden.

Einen biblischen Haftpunkt bildet dabei die johanneische Verheißung von Lebensfülle (Joh 10, 10). In einer naturalistischen Sichtweise bezeichnet der Begriff der Lebensfülle nachgerade einen begrifflichen Widerspruch: Leben ist nur als die Bewältigung des Mangels der Möglichkeit des Subsistierenkönnens einer genetischen Information. In einer idealistischen Perspektive bezeichnet Lebensfülle die Erfüllung der durch die Erkenntnisakte im Leben vermittelten Sehnsucht nach Gutem, Wahren und Schönen. Sowohl Naturalismus als auch Idealismus kennen das Phänomen der dynamisch-strebenden Bewegung im Leben, können aber die Erfüllung des Lebens nur als Abwesenheit dessen denken, was normalerweise das Leben ausmacht. Dies gilt unter der Voraussetzung, dass Gutes, Wahres, Schönes geistige Gehalte sind, deren Erkenntnis und Genuss zwar durch die sinnliche Erkenntnis angeregt, nicht aber befriedigt werden kann.

In einer phänomenologischen Perspektive aber wird Lebensfülle denkbar als glückliches Wechselspiel zwischen entstehenden Begehren und beglückender Erfüllung. Das Wachsen von Begehren und Erfüllung in komplementärer Wechselwirkung scheint der Sehnsuchtsgehalt zu sein, auf den sich eine populäre religiöse Verwendung des Begriffes der Lebensfülle bezieht. Der Begriff beinhaltet auch in seiner alltagssprachlichen Verwendung ein kritisches Potential gegenüber sowohl der materialistischen als auch der idealistischen Sichtweise von Fülle. Sie resultiert aus der Erkenntnis, dass Leben zwar als eine perfektible Wirklichkeit erfahren wird, die aber als labiler Zustand über dem Streben nach Vollendung und Erfüllung leicht zerbricht. Das Lukasevangelium karikiert in diesem Sinne den erfolgreich sein Überleben erstrebenden Bauern, der darüber die Unverfügbarkeit der eigenen Lebendigkeit aus dem Blick verliert (Lk 12, 16–21).

Die materialistische Sichtweise definiert das Leben vom Mangel her. Leben wird damit zwingend notwendig an Mangelsituationen gebunden. Gleichwohl ist jeder Mensch determiniert, die Überwindung des Mangels zu erstreben. Dieser begriffliche Widerspruch wirkt sich existentiell aus als die ökonomische Notwendigkeit, sowohl gesamtwirtschaftlich als auch in der Motivation des je Einzelnen Fülle in Gestalt immer neuer Bedürftigkeit zu imaginieren. Der Begriff der Lebensfülle kann in diesem Kontext verstanden werden als die Idee, die sich einstellt, wo das fortwährende Streben als Lebensprinzip kritisch reflektiert wird. Wendungen wie „Es muss doch mehr als alles geben" reflektieren in suggestivpoetischer Form das hier aufsteigende Lebensgefühl der Sehnsucht nach einer erfüllenden Wirklichkeit hinter allen vorläufigen Erfüllungen, die innerhalb des materialistischen Gesamtkonzeptes immer nur Ausgangspunkte neu aufsteigender Begierden sein können. Weil innerhalb des materialistischen Konzepts die Sehnsucht nach der Ruhe jenseits allen Strebens keinen theoretischen Status haben kann, bleibt als Fluchtpunkt der Sehnsucht nach der Stillung allen Strebens nur die Selbstbeurlaubung der Vernunft durch esoterische (Auto-)Suggestionen als zeitweiser Ausstieg aus der harten Welt des realen und mithin wirtschaftlichen Lebens in die Sphären mehr oder weniger religiös aufgeladener *wellness*.

Die idealistische Sichtweise definiert das Leben von einer lebensjenseitigen Fülle her, auf die das Leben lediglich verweist. Die Fülle des Lebens ist damit leicht etwas anderes als das, was diesseitig als Leben erfahren wird. Die Diskrepanzerfahrung wird zur alltäglichen Belastungsprobe kirchlicher Verkündigung, wo in Predigten, Bibelarbeiten und Fortbildungen emphatisch das „Leben in Fülle" oder das johanneische „lebendige Wasser" (*hýdōr zōn:* Joh 4, 10) beschworen werden, ohne dass ahnbar würde, wie dieses verheißene Leben in den Kategorien erfahrbarer Lebendigkeit auszulegen wäre, wie also solches Leben lebendig sein könne.

Hans Jonas empfiehlt aus der eigenen jüdischen Tradition der hohen Wertschätzung des Lebensbegriffes heraus die Phänomenologie des Lebens als Weg der Überwindung der das Leben austreibenden Vorstellungen vollendeten Lebens in Materialismus und Idealismus. Die Vollendung des Lebens wird nur da dem Leben gerecht, wo sie dieses Leben nicht deutet als Sprungschanze zum Absprung hinüber in Wirklichkeiten, die selbst nicht erfahrbar Leben sind.

Einerseits sind wir gewohnt, mit den Propheten des Alten Testaments von Gott als dem Lebendigen zu sprechen und mit dem Johannesevangelium das Ewige Leben als unser von Gott verheißenes Heil zu erwarten, andererseits vermag die große theologische Tradition nicht recht zu erklären, worin das Leben Gottes denn bestehen soll. Es ist ihr ja auch geläufig, das Ewige Leben als eine eschatologische Größe anzusehen, die *nach* dem Leben beginnt.[1] In der Konsequenz wurde der eschatologische Lebensbegriff auf den abstrakteren Erkenntnisbegriff hin interpretiert.

---

[1] Das Johannesevangelium vergegenwärtigt den etwa bei Paulus noch finaleschatologisch verstandenen Begriff des „Ewigen Lebens", das mit dem *Christus praesens* im Leben der Christen wirksam ist (Rudolf Schnackenburg, Der Gedanke des Lebens im Johannesevangelium, in: HThKNT (Sonderausgabe, Freiburg 1971) IV/2, 434–454, hier besonders: S. 434–437). Thomas von Aquin denkt demgegenüber

Der *theo*-logische Lebensbegriff konnte dementsprechend auf die Begriffe des göttlichen Handelns und Wirkens hin ausgelegt werden.[2] Leben wird so um die Dimensionen von Kontingenz, Reproduktivität und Endlichkeit gekürzt und auf die Begriffe von Substantialität und Subjektseins hin konzentriert. Eine Steigerung des Lebens hin auf Fülle ist in einem realontologisch-substanztheoretischen Sinne als Mitteilung der unendlichen göttlichen Ursubstanz als des Ursprungs von allem denkbar.[3] Subjekttheoretisch ist ein zur Fülle gesteigertes Leben denkbar als die Allmacht des absoluten Subjekts, die in der Freiheit des menschlichen Subjekts ihre Entsprechung findet.[4] „Leben" bedeutet damit im qualifiziert

---

Ewigkeit als eine dreifach abgestufte Wirklichkeit: Ewig im Sinne der boethianischen Definition der Ewigkeit als *interminabilis vitae tota simul et perfecta possessio* (De consolatione philosophiae, V, 6, 4) ist nur die *aeternitas Dei*. Von ihr ist zumindest die Ewigkeit der Engel *(aevum)* graduell unterschieden, weil sie einen Anfang hat. Die Zeit *(tempus)* ist entgegen jeder Ewigkeit die Existenzform, die den am weitesten von der göttlichen Ewigkeit entfernten Seienden gemäß ist (Sth I, q. 10, a. 5): Die Materielle Wirklichkeit ist der Vergänglichkeit unterworfen. Ewiges Leben ist damit innerweltlich nicht möglich. In der Verherrlichung des Himmels wird Ewigkeit als Teilhabe am göttlichen Leben durch die Verklärung der Leiber *(glorificatio corporum)* in gesteigertem Maße möglich (Sth Suppl., q. 80). Allerdings kennt auch Thomas eine gewiss Durchlässigkeit der Grenze zwischen diesseitigem Leben in der körperlichen Sinnenwelt und jenseitiger Teilhabe an der göttlichen Geistwirklichkeit, eben die gnadengewirkte Hinwendung des Menschen zu seinem letzten Ziel *(finis ultima)*. Ewiges Leben im Zeitlichen ist demnach scholastisch eher als ahnungs- und anfanghafte Wirklichkeit denkbar, in der etwas von der göttlichen *aeternitas* als Erfüllung kommender glorifizierter Leiblichkeit erhofft wird.

[2] Dogmengeschichtlich wird das Thema der göttlichen Lebendigkeit erst aktuell mit dem kirchlichen Widerstand gegen einen apersonalen theistischen Monismus, wie er von Johann Gottlieb Fichte vertreten wurde (ders., Über den Grund unseres Glaubens an die göttliche Weltregierung [1798], in: Fichtes Werke (hg. v. Immanuel Hermann Fichte), Bd. 5 (Stuttgart 1977), S. 175–189). In diesem Kontext steht das Credo des I. Vatikanums mit seiner Bestimmung „*in Deum verum et vivum*" (Dei Filius, cap 1: DH 3001). Allerdings gelingt es der neuscholastischen Theologie nicht, die intendierte Bedeutung von Lebendigkeit im Sinne von freier Unterschiedenheit Gottes von der Welt auf der Basis des thomistischen Intellektualismus mit seiner dreifach gesteigerten Vorstellung von Leben als *vita nutritiva, sensitiva und intellectiva* zu explizieren. Es bleibt bei der Gleichsetzung des vollkommenen göttlichen Lebens mit der Vollkommenheit der göttlichen Einsicht (Franz Diekamp, Katholische Dogmatik. Nach den Grundsätzen des heiligen Thomas, Bd. 1 (Münster [13]1958), S. 182–184). Noch Karl Rahner baut seine Argumentation gegen die Vorstellung, das „Woraufhin menschlicher Transzendenz" sei so etwas wie ein „sachhaftes Prinzip" auf der entgegengesetzten Analogie freier Selbstbestimmung auf (Grundkurs des Glaubens, S. 81–83).

[3] Diesen Gedanken hat Rahner in seiner Ontologie der *visio beatifica* verfolgt: In der Vollendung wohnt Gott dem menschlichen Geist so inne wie eine geistige *forma*/Entelechie ihrer *materia prima* (Schriften zur Theologie, Bd. 4 (Einsiedeln 1960), S. 51–99, hier: S. 75–83).

[4] Wo aus der Freiheit eine Norm für die Freiheit abgeleitet werden soll, zwingt dies zu dem Gedanken, dass selbstaffirmative Freiheit den Grund jeder Freiheit affirmieren muss.

theologischen Kontext etwas ganz anderes als im alltäglichen Sprachgebrauch. Eine solche begriffliche Operation wird fragwürdig vor dem johanneischen Jesuswort „[...] ich bin gekommen, damit sie das Leben haben und es in Überfülle haben." (Joh 10, 10): Ist es berechtigt, das „Leben in Fülle" in der Abkehr von dem zu bestimmen, was Menschen alltäglich als Leben erfahren? Deutet nicht die innertheologisch zu beobachtende Akzentverschiebung weg von einem substantialistisch-intellektualistischen Lebensverständnis hin zu einem voluntaristisch-subjektivistischen Lebensverständnis auf eine Abhängigkeit des jeweiligen theologischen Lebensbegriffes von dem jeweils gültigen anthropologischen Ideal hin?[5] Wenn es sich so verhält, dann wäre als nächstes wohl eine theologische Füllung des Lebensbegriffes im Ausgang von der postmodernen Beweglichkeit der transversalen Vernunft zu erwarten.[6] Immerhin würden auf diesem Weg Vieldimensionalität und Alterität als Lebensdimensionen entdeckbar. Das ewige Leben möchte dann nicht mehr primär als Teilhabe an der erfüllenden Fülle göttlicher Ewigkeit erscheinen und auch nicht mehr primär als Teilhabe an der Allmacht göttlicher Liebe, sondern an der kreativen Unerschöpflichkeit göttlicher Je-Andersartigkeit.

Entgegen einer solch eingleisigen Abhängigkeit der biblischen Hermeneutik von den Selbstentwürfen des Menschen wird hier gefragt, ob die biblische Verheißung des „Lebens in Fülle" nicht das Potential hat, den Begriff dessen, was Menschen von sich selber als Lebendige denken zu erweitern? Bietet die biblisch angeregte Deutung des Lebens vom Füllebegriff her die Chance eines zeitkritischen Beitrags biblisch inspirierter Anthropologie? Nur in begrifflicher Distanz zu den Stichworten programmatischer anthropologischer Selbstdefinitionen besteht die Chance, die Fremdheit der biblischen Inspiration wahrzunehmen.[7] Der Ausgang allerdings

---

[5] Auf die neuscholastische Bestimmung des Lebens als Erkenntnis folgt die neuzeitliche Bestimmung des Lebens als Subjektsein, deren theologische Entsprechung sowohl in Rahners Rede von der „subjekthaften freien Selbsterfahrung" als dem Analogon der Gotteserkenntnis (Grundkurs des Glaubens, Freiburg 1976, S. 83) aufscheint als auch in Pröppers Emphase des Allmachtsbegriffs als theologischer Entsprechung zur neuzeitlichen Freiheitserfahrung.
[6] Lebendigkeit könnte dann im Anschluss an die Bestimmung transversaler Vernunft bei Wolfgang Welsch (ders., Unsere postmoderne Moderne, Berlin [6]2002, S. 295–318) als Alteritäts- und Pluralitätsfähigkeit bestimmt werden: Wo es keine „reifizierbare" (a.a.O. S. 307) Vernunft gibt, nicht mehr das „eine große Licht" (a.a.O. S. 310), da braucht es zwischen den sektoriellen Vernünften der verschiedenen Diskurse ein Geltungs- und Übergangsmanagement, das selbst vernünftig sein soll, ohne aber eine Metaposition für sich zu reklamieren.
[7] Hier liegt ein Problem von Thomas Rusters Plädoyer gegen den in seiner immerschon-Vertrautheit verwechselbaren Gott (Thomas Ruster, Der verwechselbare Gott.

wird dennoch nicht einfach beim biblischen Wort genommen. Die Ausblendung der Verstehensproblematik in einer biblizistischen Haltung absichtsvoller Naivität führt nur zur Blindheit gegenüber den unreflektierten eigenen Verstehensvoraussetzungen.

Statt des Weges einer biblisierenden oder einer begrifflichen Anthropologie wird hier derjenige phänomenologischer Analyse gewählt. Die Phänomenologie bietet den großen Vorzug, menschliche Erfahrungen in der Weise ihres Erscheinens und Wahrgenommenwerdens sehr ernsthaft zu respektieren. So ermöglicht sie eine intellektuelle Neugierde und Wahrnehmungsfähigkeit gegenüber dem zunächst Fremden und Unverständlichen. In einer Haltung der bescheidenen Aufmerksamkeit nimmt sich die begriffliche Selbstbehauptung gegenüber dem Fremden zurück. Viel eher als die unreflektierte Euphorie der globalen Affirmation des Fremden, die in ihm immer nur das Eigene zu erkennen vermag, wird auf dem Weg der phänomenologischen Aufmerksamkeit das Fremde in seiner irritierenden Andersartigkeit sichtbar. Gleichzeitig aber wird es nicht postmodern auf den Sockel der unüberwindbaren Alterität gestellt, sondern in den Horizont eines in seinen Strukturen erst noch zu entdeckenden, aufgegeben Menschseins.

In den siebziger und achtziger Jahren des 20. Jahrhunderts wäre gegen diesen Ansatz schnell eingewandt worden, er ziele in einer vollkommen geschichtsvergessenen Weise auf eine metahistorische anthropologische Eigentlichkeit des Menschseins, wie es vielleicht in „Ursymbolen" didaktisch zu verhaften wäre. Der Einwand ist als Warnung ernst zu nehmen. Allerdings lädt gerade die Genauigkeit der phänomenologischen Beobachtung und Analyse dazu ein, jenes ungewisse Schwadronieren zu überwinden, das allzu schnell überall da Raum greift, wo im religiösen und religionsdidaktischen Kontext ebenso suggestiv wie unbegründet das Urmenschliche und allgemein Leben Kennzeichnende beschworen wird.

Theologie nach der Entflechtung von Christentum und Religion, Freiburg 2000). Alleine über den Begriff der Fremdheit nämlich lässt sich das Anderssein Gottes nicht denken. Wenn Fremdheit durch ihre Negativität zur Vertrautheit definiert ist, so steht das Fremde in einer negativen Abhängigkeit zum Vertrauten und kann so schwerlich dessen offenbarte, erlösende Befreiung und Wandlung sein. Vielmehr bleibt diese Fremdheit von dem ihr komplementären Vertrauten so abhängig, dass das eine nicht ohne das andere und beides zusammen am ehesten in systemtheoretisch beschreibbarer Komplementarität zu denken ist. Damit aber wäre das große Ziel, die erlösende Fremdheit Gottes zu denken, verfehlt.

I. Lebensphänomenologie

1. Lebensvergessenheit in Philosophie und Theologie

a. Lebensvergessenheit in der Philosophie

Wer versucht zu verstehen, was Leben ist, kann von der eigenen Selbsterfahrung als lebendiges Wesen abstrahieren und über das Leben nachdenken wie über einen Gegenstand außerhalb des Reflektierenden, der hinsichtlich seiner Grenzen und funktionalen Gesetze zu beschreiben wäre. Dies entspricht der naturwissenschaftlichen Perspektive in Biologie und Physik. Leben kann in dieser Perspektive interpretiert werden als Selbstorganisationsprozess einer chemisch kodierten Information, die auf das eigene Überleben in einer ihr gegenüber prinzipiell feindlichen Umwelt zielt. Die Selbstreflexion wird in einem solchen Beschreibungsprozess durch die Deutung mithilfe eines am außer-menschlichen Leben gewonnenen Modells abgelöst. Die Selbsterfahrung des Menschen als reflektierendes Wesen wird dabei für die Bestimmung des Lebensbegriffs als irrelevant angesehen. Leben als biologischer Prozess und die Selbsterfahrung des sich selbst bedenkenden Geistes werden scharf getrennt.

Wo dagegen eine Reflexion des Menschen auf sich selbst stattfindet, da konzentriert sie sich in der Spur René Descartes auf das inhaltslose und bestimmungsleere *Ego*, das sich als Vermögen gegenüber seiner Umwelt bestimmt. Als transzendentales Subjekt wird es zum organisierenden Zentrum der verstandenen Welt, das aber alles nach dem Muster des sachhaften Gegenstandes versteht. Für die Selbstinterpretation bleiben so nur zum einen das anschauungslose Postulat eines freien Aktzentrums als die Mitte des transzendentalen Subjekts und zum anderen die inhaltliche Bestimmung dieses Subjekts als empirisches analog zur gegenständlichen Welt. Der sich so selbst erforschende Mensch erkennt immer genauer und differenzierter seine Kontingenz und Determinationen und hält, wo er nicht zum naturalistischen Deterministen werden will, an der Idee einer von der empirischen Unfreiheit nicht berührten transzendentalen Freiheit fest.[8] Freiheit als die Mitte des

---

[8] Immanuel Kant unterscheidet zwischen der Kausalität, die Menschen zugrundelegen, wo sie die Welt als Zusammenhang beobachtbarer Erscheinungen wahrnehmen, und der Freiheit, die Menschen voraussetzen, wo sie sich als Zwecke Setzende und Handelnde den kausalen Naturzusammenhang zu Nutze machen. Wo Menschen sich als Naturwesen erkennen, begreifen sie die Kontingenz ihres Seins und Handelns. Wo sie sich als sittliche Wesen vollziehen, geht dies nicht anders als unter der Idee der Freiheit. Kant räumt bekanntlich dem praktischen Interesse des sittlich Handelnden

nicht determinierten und somit nicht vergegenständlichten Subjektes wird zum unanschaulichen Inhalt eines nicht-religiösen Vernunftglaubens. Das neuerliche philosophische Ringen um die Denkbarkeit menschlicher Freiheit im großen Kontext der hirnphysiologischen Forschung[9] wirft erneut dramatisch die alte schon bei Kant virulente Frage auf, wie Menschen angesichts ihrer Betrachtung als vermessbare Objekte der empirischen Welt noch als Freiheitswesen mit der Würde von Personen gedacht werden können. Wie bei Kant, so bleibt auch gegenwärtig den philosophischen Verteidigern der Freiheit nur das Postulat der Freiheit als eines durch die Naturkausalität nicht berührten Vermögens.[10]

Anders als bei Kant scheint allerdings in der gegenwärtigen Philosophie das Bewusstsein zu schwinden, dass es sich bei diesem Vermögen um eine streng metaempirische Wirklichkeit handelt. Dieter Sturma identifiziert z. B. Freiheit mit Personsein und jenes wiederum mit dem Vorhandensein bestimmter Eigenschaften, die empirisch beobachtbar sind und von denen bei Nichtbeobachtbarkeit deren Nichtvorhandensein vermutet werden kann.[11] Sachverhalte, die phänomenologisch erscheinen, müssen zu diesem Zweck wie empirische Sachverhalte interpretiert werden. Einerseits will der Philosoph offensichtlich das Feld der Bestimmung des Humanums nicht der empirischen Neurowissenschaft überlassen. Andererseits soll aber auch die Behauptung der Freiheit kein metaphysisches Menschenbild prinzipieller empirischer Unzugänglichkeit begründen. Das Resultat ist die langfristig kaum haltbare Position von Freiheit als einer prinzipiell empirischen Wirklichkeit mit der

---

den Primat ein (Kritik der Praktischen Vernunft, A 220). Dieser Primat ist keine normative Forderung, sondern eine beobachtbare Wirklichkeit: Alles Handeln an der Welt, auch die theoretische Weltwahrnehmung und deren Deutung, sind praktische Selbstvollzüge, für die ein Mensch Verantwortung übernimmt. Für die Determinismusdiskussionen der Gegenwart heißt das aber nichts anderes als: Jeder Determinist setzt sich selber als solcher und wird dafür auch verantwortlich gemacht. Vieles spricht dafür, dass auch die Motive deterministischer Selbstinterpretation praktischer Natur sind. Wäre dem nicht so, hätte das Selbstbekenntnis zum Determinismus, schon gar in seiner nachgerade missionarischen Penetranz keinen Sinn. Im Kern des Determinismus ereignet sich die selbstwidersprüchliche Setzung eines Freien als determiniert.
[9] Zur sogenannten *mind-brain*-Thematik: Christian Geyer (Hg), Hirnforschung und Willensfreiheit. Zur Deutung der neuesten Experimente, Frankfurt 2004; Christoph S. Herrmann u. a. (Hg.), Bewusstsein. Philosophie, Neurowissenschaften, Ethik, München 2005; Thomas Zoglauer, Geist und Gehirn. Das Leib-Seele-Problem in der aktuellen Diskussion, Göttingen 1998.
[10] Dieter Sturma, Freiheit und die Praxis des Selbstbewusstseins, in: ders. (Hg.), Philosophie und Neurowissenschaften, Frankfurt 2006, S. 205–212, hier: S. 205f.
[11] A. a. O., S. 203.

allerdings besonderen wissenschaftlichen Zuständigkeit analytischer Philosophie. Sturmas Position verdeutlicht sehr schön eine späte Krise des neuzeitlichen Subjekts als des anthropologischen Leitbegriffs. Der Begriff wird so lange mit einem emphatisch-metaphysischen Gewicht belastet, der als Gegengewicht zu der ganzen Last empirischer Welterkenntnis Freiheit denkbar zu machen hat, bis das Handlungsinteresse des freien Subjekts sich gegen die freien Subjekte selbst richtet und die Unbedingtheit der metaphysischen Freiheitsidee empirisch paralysiert.

Wer sich selbst primär als Freiheit definiert, definiert alles andere als Verfügungsmasse seines setzenden Waltens.[12] Dass der andere Mensch unter diese Grundaggression des neuzeitlichen Verfügenden fällt, verhindert wohl nur eine Kultur der Achtung vor dem anderen Menschen als einem realen oder doch zumindest potentiellen Freiheitswesen. Wo diese Kultur begründet werden soll mit Begriffen wie „Person" und „Freiheit", befindet sie sich bereits in der Defensive. Der kluge kantische Schachzug, gegenüber der empirischen Welt eine transzendentale Welt prinzipieller Unverfügbarkeit zu postulieren, scheitert immer wieder an praktischen Übergriffen. Gegen die Kultur der Achtung scheint so etwas wie eine Gewöhnung an die Mechanismen der sachhaften Verfügung zu wirken. Postulative Subjekt-, Freiheits- und Persontheorien scheinen nun dem Gegenteil des von ihnen Intendierten zuzuarbeiten, insofern die Unbedingtheit ihrer Postulate eine Atmosphäre fragloser Sicherheit erzeugt, die für jede bewahrensorientierte Kulturleistung verhängnisvoll wirkt. Die Konzentration der nach-cartesischen Philosophie auf das ausdehnungslose Subjekt in seiner unbedingten Freiheit birgt mindestens spezifische Gefahren für die Freiheit der konkreten menschlichen Subjekte, ja sogar für deren philosophisch nicht mehr thematisches Leben.

b. Lebensvergessenheit in der Theologie der Freiheit

Auch die in der neueren katholischen Theologie populäre Anknüpfung am Freiheitsbegriff von Hermann Krings[13] liegt in der großen Linie dieser Leib-, Lebens- und Anschauungsvergessenheit der Philosophie. Die ganze Heilsgeschichte wird gedeutet als Er-

---

[12] Ebenso klassisch wie hilflos wurde dieser Zusammenhang von Theodor W. Adorno und Max Horkheimer in der gleichnamigen Untersuchung als „Dialektik der Aufklärung" beschrieben (als „Philosophische Fragmente", New York 1944, als „Dialektik der Aufklärung" in einer Neuauflage, Frankfurt 1969).

[13] Thomas Pröpper, Theologie der Freiheit, in: ders., Evangelium und freie Vernunft. Konturen einer theologischen Hermeneutik, Freiburg 2001, S. 121–128.

möglichung, Sicherung und Befreiung der auch in Bezug auf Gott radikal freien Freiheit des Menschen. Fragen aber, warum ausgerechnet das so hoch geschätzte Freiheitswesen als leibgebundenes Stoffwechselwesen begieriger Fixierung auf seinesgleichen in der Fesselung seiner empirischen Freiheit subsistieren muss, sind deshalb gar nicht erst stellbar, weil die transzendentale Reflexion notwendig von der empirischen Selbsterfahrung abstrahiert. Das Leben selbst kann nicht zum Thema werden. Lediglich kann auf die Möglichkeitsbedingungen seiner als zentral und wesentlich bewerteten Vollzüge reflektiert werden. In der an Joseph Maréchal anschließenden Argumentation Karl Rahners führte das zur Deutung des menschlichen Erkenntnisstrebens als Moment einer ekstatischen Grundbewegung des menschlichen Geistes hin auf die absolute Seinsfülle Gottes[14], die in der gläubigen Annahme Gottes als das eigentliche Wesen des Menschen erkannt und bejaht wird. Thomas Pröpper erblickt gerade darin eine Beschränkung der Autonomie menschlicher Freiheit[15] und will stattdessen die Freiheit der Menschheit und damit die Freiheit eines jeden Menschen zum Bestimmungsgrund göttlichen wie menschlichen Handelns erheben. Wo mit Thomas Pröpper dem Sichentschließen der Freiheit als unbedingtes Sichverhalten und grenzenloses Sichöffnen der anthropologische Vorrang eingeräumt wird[16], wird die Selbstsetzung des Menschen zum entscheidenden Inhalt der Anthropologie. Ihr muss angesichts der Schuldverstrickung menschlicher Selbstsetzung nachgerade notwendig der göttliche Vergebungs-, Rechtfertigungs- und Vollendungswille zugeordnet werden[17], der die so sehr von Gott gewollte menschliche Freiheit in den Verirrungen ihrer Selbstsetzungen bergend umfasst. Wo der Inbegriff des Lebens in der transzendentalen Freiheit besteht, sinken die konkreten Vollzüge und Entscheidungen des Lebens zu Momenten an der subjekthaften Selbstsetzung hinab. Das Leben in seiner Leiblichkeit und Konkretheit verschwindet.

---

[14] Karl Rahner, Die Wahrheit bei Thomas von Aquin, in: ders., Schriften zur Theologie, Bd. 10 (Einsiedeln 1972), S. 21–40.
[15] Thomas Pröpper, Erlösungsglaube und Freiheitsgeschichte. Eine Skizze zur Soteriologie, München ²1988, S. 131–137.
[16] Thomas Pröpper, Freiheit als philosophisches Prinzip theologischer Hermeneutik, in: ders., Evangelium und freie Vernunft, S. 5–22, hier: S. 15.
[17] A.a.O., S. 20: Gottes Wille für die Menschheit ist deren autonome Freiheit. Die „antinomische Verfassung der existierenden Freiheit", die sich als eigene Freiheit in der Bestreitung fremder Freiheiten behauptet und darin die Freiheit der Menschheit verhindert, fordert geradezu die göttliche Gnade als die Macht, die dazu verhilft, dass Freiheit sich nicht gegen Freiheit behauptet, sondern in der Affirmation der fremden Freiheit selbstwiderspruchsfrei als menschliche verwirklicht werden kann.

Karl Rahner hatte dieser Gefahr die Wahrheitsbindung des nach Erkenntnis strebenden Geistes entgegengestellt, der als solcher auf die konkreten Phänomene der innerweltlichen Alltagserkenntnis verwiesen ist. Die Ekstatik des Geistes bleibt dadurch auf einen Normgrund bezogen, den sie nicht selber setzen, sondern nur *finden* kann. Die transzendentale Theologie vermag so von einer Wirklichkeit zu sprechen, die den Einzelnen und sein Verstehen übersteigt und ihn absolut verpflichtet. Gleichzeitig ist diese Wirklichkeit nur noch deiktisch aufzuzeigen. Als der menschlichen Erkenntnis in ihrem So-und-so-Sein nur durch das gläubige Vertrauen Eröffnete ist sie nicht systemkompatibel, sondern verweist jedes menschliche Gedankensystem der Selbstbegründung auf sein unverfügbares Gegründetsein in der liebevollen Zuwendung Gottes, der Menschen nicht anders als in der dankbaren Annahme entsprechen können. Die transzendentale Theologie nach Rahner erreicht auf diese Weise eine doppelte Öffnung: Zum einen zeigt sie das Gegründetsein menschlicher Subjekthaftigkeit in der unverfügbaren Wirklichkeit Gottes auf. Zum anderen zeigt sie, wie die geistige Wirklichkeit des Menschen auf diese Wirklichkeit Gottes innerlich verpflichtet ist. Die inhaltliche Verpflichtung gegenüber Gott aber kann nicht anders realisiert werden als in der intellektuellen und tätigen Verpflichtung gegenüber der Welt und den Menschen als der schöpferischen Selbstaussage Gottes.[18] So führt der transzendentale Ansatz bei Rahner gerade wegen der ihm innewohnenden Ekstatik des menschlichen Geistes über die systemische Hermetik einer Selbstbegründung der Freiheit als solcher hinaus und lädt dazu ein, die Welt und das Leben in ihrem So-und-so-Sein wahrzunehmen statt in allem nur das Material der eigenen Freiheit erblicken zu wollen. Gerade darin aber sehen die Anwälte der neuzeitlichen Freiheit eine Verfehlung gegenüber dem neuzeitlichen Freiheitsideal, das zur absoluten Normgröße theologischer Hermeneutik stilisiert wird. Gott ist in ihrem System notwendig, um die Freiheitsidee widerspruchsfrei denken zu können. Mindestens in der Idee der Autonomie ermöglichenden Freiheit ist der Pröpper-Schule der Inbegriff göttlicher Absolutheit formal gegeben. Damit aber wird die ganze Theologie an eine Idee gehängt, die in ihrer abstrakten Formalität dazu zwingt, jede menschliche Selbsterfahrung und Selbstaussage ihrer konkreten lebensgeschichtlichen Situiertheit zu entkleiden, um zum harten Kern des theologisch eigentlich mit ihr Gemeinten vorzudringen. Die möglichste Entleiblichung, Entfleischlichung und mithin die mög-

---

[18] Karl Rahner, Über die Einheit von Nächsten- und Gottesliebe, in: ders., Schriften Zur Theologie, Bd. 4 (Einsiedeln 1965), S. 277–298.

lichste Übersetzung der lebendigen Bewegtheit menschlicher Existenz hin auf die Idee autonomer Selbstsetzung wird als Königsweg theologischer Hermeneutik behauptet. Dabei bleibt die von Rahner in den Vordergrund gerückte Erkenntnisproblematik in unverminderter Schärfe bestehen. Wer dem formalen Prinzip gehorchen will „Diene der Autonomie aller Menschen durch die Art, wie du deine Autonomie gebrauchst", steht ja unweigerlich immer vor der Frage, wie dies in der Konkretheit des eigenen Lebens geschehen kann. Wer angesichts dieser Problematik vorschnell von der Ethik zu Gnade und Rechtfertigung übergeht, ist keineswegs radikaler in seinem Freiheitsverständnis. Die Maxime „Handle, wie du denkst. Gott wird's schon richten" nimmt weder die eigene noch die fremde Freiheit ernst. Wo Freiheit als konkrete ernst genommen wird und nicht als gnadentheologisch erleichterte Idee über allem schwebt, da drängt sie auf die Beantwortung jener Frage, die Pröpper als Beeinträchtigung menschlicher Autonomie und als Sediment scholastischen Weltregentendenkens empfindet, auf die Beantwortung nämlich der Frage: Was ist in der Konkretheit meiner kurzen lebensgeschichtlichen Situation das eine, das auf möglichste Weise das zu realisierende Gute ist? Man kann das Gute mit Pröpper formal als die seinsollende Freiheit bestimmen und also fragen: Mit welcher Handlung ehre ich die eigene Freiheit und ermögliche gleichzeitig die Selbstbestimmung aller anderen Menschen? Man kann aber auch fragen: Welches ist Gottes Wille für mich und mein Leben in dieser Situation? Letztere Frage birgt zwar das Missverständnis der göttlichen Heteronomie, das erklärend ausgeschlossen werden muss. Sie birgt aber den Vorteil, dass ein Mensch durch sie die Einmaligkeit der eigenen Lebensgeschichte, die Last der sittlichen Verantwortung und zugleich damit die nicht alleine rechtfertigungstheologisch entlastende, sondern begleitende, orientierende und helfende Gegenwart Gottes thematisiert. Man könnte auch sagen: Statt einer abstrakten Idee autonomer Freiheit tritt mit der Frage nach dem göttlichen Individualwillen die Konkretheit der leiblichen, geschichtlichen und kontingenten Lebensgeschichte in ihrer grausamen Zufälligkeit vor das Bewusstsein, das den Horizont der göttlichen Berufung für sich akzeptiert.[19]

Pröppers Freiheitstheologie führt zu einer formalen normativen Bestimmung menschlicher Freiheit. Das konkrete alltägliche Leben aber verlangt nach materialen Handlungszielen. Diesen gegenüber

---
[19] Zum Begriff des göttlichen Individualwillens: Karl Rahner, Das Dynamische in der Kirche, Freiburg 1958; ders., Über die Frage einer formalen Existentialethik, in: ders., Schriften zur Theologie, Bd. 2 (Einsiedeln 1955), S. 227–246.

verhält sich die formale Regel, fremde und eigene Freiheit zu fördern, wie ein negativ begrenzender Ordnungsrahmen, der viele konkrete Füllungen zulässt. Rahner aber sieht diese Pluralität der inhaltlichen Bestimmungen nicht als erfreuliche Entfaltung von Individualität in ihrer Verschiedenheit, sondern in der Tat als (gnoseologische) Konkupiszenz, als Gefahr der Selbstverfehlung. Freiheit sieht Rahner als die Verpflichtung in einem radikalen Ernst gegenüber dem eigenen Leben in der Konkretheit seiner geschichtlichen Situation die Einmaligkeit des alleine rettenden Gottesbezuges konkret zu realisieren. Freiheit manifestiert sich nicht darin, irgendetwas zu tun, sondern das eine für mich in dieser Situation des Lebens vor Gott alleine Richtige. Freiheit ist damit in der Tat keine letzte philosophische Bezugsgröße mehr. Als solche allerdings ist sie ohnehin fragwürdig. Freiheit bleibt auf die Wahrheit bezogen, in der alleine sie ihre Freiheit verwirklicht. Die Erkenntnis dieser Wahrheit ist Erkenntnisakt, der Welt und Gott zusammenbindet. Genau diese inkarnatorische Zusammenbindung von Gott und Welt aber ist da gefährdet, wo die weltüberlegenen geistigen Fähigkeiten von Menschen zum alleinigen Angelpunkt der Anthropologie genommen werden. Dieses Verfahren aber hat in der abendländischen Philosophie und in der christlichen Theologie Tradition.

c. Einige Aspekte der Herkunft des Problems

Dass die Selbstreflektion der Lebendigen einen Moment der Selbsterfahrung der Lebendigen so sehr verabsolutiert, dass darüber alle anderen Bestimmungsmomente des Lebens zurückzutreten haben, hat seit Aristoteles Tradition. Aristoteles nennt lebend, alle die *natürlichen Körper (tà sômata[...]tà physikà)*[20], die eine der folgenden Eigenschaften aufweisen: Vernunft *(noûs)*, Wahrnehmung *(aísthēsis)*, (spontane) örtliche Bewegung und Stehen *(kínēsis kaí stásis)*, Bewegung zum Zwecke der Nahrungsaufnahme *(kínēsis hē katà trophēn)* Schwinden und Wachsen *(phthísis kaì aúxēsis)*[21]. In den genannten Eigenschaften sieht Aristoteles ein Hinausgewachsensein der Dinge über ihr bloßes Dasein. Wenn Aristoteles das bloße Dasein mit dem Begriff der Materie *(hýlē)* verknüpft, so nimmt er die Bestimmungsoffenheit der Materie wahr. Materie kann prinzipiell zu allem bestimmt werden. In den Lebensvollzügen dagegen manifestiert sich eine Selbstbestimmtheit der Lebewesen, durch die sie sich bewegend, nach Nahrung

---

[20] De anima, II, 1.
[21] De anima, II, 2.

strebend, wahrnehmend und schließlich gar erkennend sich selbst so oder so setzen. Repräsentiert die Materie die Potentialität, so repräsentiert die geistige Wirklichkeit ihr gegenüber das Bestimmende, das Formgebende *(eídos).* Der Begriff deutet bereits die geistige Dimension des Lebensprinzips an: Wo etwas sich als fähig erweist, das Amorphe zu gestalten und zu bestimmen, da verweist diese Fähigkeit auf eine geistige Wirklichkeit, die ihrer selbst da bewusst wird, wo sie als erkennende aus dem Geformten dessen Geformtsein als geistigen Gehalt entnimmt.

Die Metapher des Urbildes deutet diese geistige Wirklichkeit als selbst dem Lebewesen vorgegebene. Es bewegt sich, sucht Nahrung, wächst und schrumpft, erkennt mit den Sinnen und reagiert auf das Wahrgenommene, so dass eine gewisse Freiheit seines In-der-Welt-Seins gegeben zu sein scheint. Der Begriff des Bildes *(eídos)* deutet diese vermeintliche Freiheit als eine Setzung, zwar vernünftiger Art, aber nicht von der eigenen Vernunft vollzogen, sondern von einer fremden, den eigenen Vollzug vorzeichnenden, Urbilder erzeugenden. Das Lebewesen folgt seinem Urbild, das es nicht selber erzeugt hat. Das vernünftig erkennbare Ziel seiner Lebensvollzüge entspringt nicht dem Lebewesen selbst und bleibt dessen reflexiver Selbsterkenntnis verborgen. Im Erkennen des vernünftigen Lebewesens, des *animal rationale,* erst werden die Urbilder der Lebewesen, an denen sich ihr lebendiger Vollzug ausrichtet, erkannt. Im Wahrheit erfassenden Erkenntnisvollzug kommen alle Lebensvollzüge zu den ihnen gemäßen Zielen: Die lebendige Pflanze strebt danach, sich durch aktive Nahrungsaufnahme als das zu manifestieren, was sie ihrem Urbild gemäß ist. Seiner geistigen Wirklichkeit entsprechend erkannt aber wird das Urbild durch seine Manifestation als Pflanze nicht. Es wird nur erkennbar für einen Lebensvollzug, der mehr leistet als die manifestierende Organisation der Materie nach einem Urbild, der dieses Urbild vielmehr als geistiges von der Materie wiederum ablöst und in Erkenntnis verwandelt.

Die Grundintuition, Leben bedeute wesentlich Freiheit gegenüber der absoluten Starre bewegungsloser und veränderungsloser Determiniertheit, führt Aristoteles konsequent zu einer Hierarchie der Geschöpfe: Während den Pflanzen nur das Vermögen, sich durch Ernährung selbst am Leben zu erhalten, zukommt, kommt den Tieren sowohl dieses Vermögen zu als auch darüber hinaus jenes wahrzunehmen. Mit der Wahrnehmung aber hängen die Vermögen zusammen, das Wahrgenommene zu erstreben und sich örtlich zu bewegen. Dem Menschen schließlich kommen all diese Vermögen zu und darüber hinaus auch noch dasjenige, das eigene

Wahrnehmen und Streben vernünftig zu bedenken.²² Das Denken zielt auf das Erkennen des Erkennbaren, also auf eine vorgegebene Wirklichkeit. Seine Freiheit ist nicht die Freiheit, die Welt so oder so zu deuten oder zu gestalten, sondern sich frei und vernünftig dem So-und-so-Sein der Welt einzupassen. Gerade darin aber manifestiert sich der Gipfelpunkt dessen, was Leben heißt.

Der Gedankengang des Aristoteles führt in eine eigenartige Ferne zu den zeitgenössischen Assoziationen, die sich mit dem Begriff des Lebens verbinden. Der alltägliche Sprachgebrauch verwendet die Begriffe der Lebendigkeit und der Spontaneität als Widerstandsbegriffe gegen eine als einengend und behindernd empfundene Rationalität der alltäglichen Lebensplanung. Den drückenden Alltagsverpflichtungen entzieht sich der Zeitgenosse in kleinen Fluchten, unter denen der Urlaub als Reservat der Lebendigkeit besonders herausragt. Die Freistellung von den Alltagspflichten wird als stimulierend und vitalisierend erfahren. Leben wird folglich gerade mit dem Ausscheren aus der Teleologie, die im Aristotelischen *eídos* als En-telechie gedacht wurde, assoziiert. Die klassische Deutung dieses Phänomens ergibt sich aus der Unterscheidung zwischen der Entelechie und der Teleologie des alltäglichen Lebens. Diese Teleologie des Alltags ist weder eine immanente Wirklichkeit des Menschen noch eine frei gewählte, gestaltete und bejahte Wirklichkeit. Als aufgezwungene ist sie Ent-fremdung, von der sich das Subjekt erholen muss, ohne dass es im Abseits des Urlaubs mehr realisieren könnte als die symbolische Artikulation des eigenen Unbehagens mit der tatsächlichen Teleologie des Lebens. Diese symbolische Artikulation des Unbehagens mit der faktischen Teleologie des Lebens kann die Gestalt des dezidiert Nicht-Teleologischen annehmen, ja des Nicht-Rationalen, gar des Antirationalen. Der Kult der animalischen Vitalität gehört hierher. Mit ihm wehren sich die Propagandisten des Sturm und Drang gegen eine aufklärerische Rationalität, mit ihm sucht die Jugendbewegung seit der Jahrhundertwende den imaginären Ort des wahren Lebens abseits bürgerlicher Zwecksetzungen. Mit ihrer Verherrlichung des Vitalen stellt diese ungemein wirkmächtige Jugendbewegung aber gleichzeitig das Vorstellungsmaterial für eine erneute Verzweckung des Menschen unter dem Vorzeichen einer biologischen Interpretation des irrationalistisch-animalischen Vitalitätsbegriffs im ideologischen Populärdarwinismus der Nationalsozialisten.

---

²² De anima, II, 3.

d. Die theologische Tradition des Problems

So wie die biologische Lebensperspektive zu einer materialistischen Reduktion führt, so führt die klassisch-metaphysische Position zu einer idealistischen Position. Der Begriff des Lebens wird in denjenigen von Verstehen und Intellekt aufgehoben. Seit patristischer Zeit hat das Christentum eine starke Affinität zur idealistischen Perspektive. Die Religion des absolut weltjenseitigen Gottes und seines an der Welt scheiternden Gesandten konnte mit einem dualistischen Leib-Geist-Schema, dem der Dualismus von Diesseits und Jenseits koordiniert wurde, gut gedacht werden. Augustinus unternimmt drei Jahre nach seiner Bekehrung mit der Kurzschrift *De vera religione* eine Systematisierung des Christentums, die die systembildende Kraft der neuplatonischen Wurzeln besonders deutlich erkennen lässt. In ihr unternimmt er eine knappe Philosophie des Lebens: das Leben ist gut und kommt von Gott, der Quelle des Lebens. Leben ist damit wesentlich eine geistige und nicht körperliche Wirklichkeit. Als solche ist das Leben unsterblich und ewig. Nur die Hinneigung zur körperlichen Welt verbindet die geistige Wirklichkeit mit der körperlichen Vergänglichkeit und liefert sie so der ihr wesenswidrigen Erfahrung des Todes aus, an der sie folglich leiden muss. Die Hinneigung zum Körperlichen ist als wesenswidrige Bewegung des Geistes Sünde, die das Leiden am Tod als die ihr gemäße Strafe nach sich ziehen muss. Der Weg der Erlösung zeichnet sich als die Abwendung von der körperlichen und der Hinwendung zur geistigen Welt ab.[23]

Eingeschoben in diese rein platonische Grundkonzeption ist eine kleine Schöpfungstheologie des Leiblichen: Es darf und muss wertgeschätzt werden, weil und insofern sich in ihm geistige Gehalte sinnenfällig erschließen: Die geordnete Harmonie der Glieder des Leibes bezeugt entsprechend der paulinischen Metapher in 1 Kor 12 seinen Schöpfer als den Ursprung des Friedens. In ähnlicher Weise verweist die erfahrbare Schönheit des Leibes auf Gott als den Allerschönsten *(omnium speciosissimus)*.[24] Wert und Würde des Leibes ergeben sich ausschließlich aus seiner medialen Funktion im Hinblick auf die Geisteswelt als die eigentlich wertvolle Sphäre der Gottesbegegnung.

Die unmittelbare Erfahrung des Lebens als Schmerz, Begierde, als Zeugen und Gebären trat unter dem Apriori einer solchen Philosophie auf die Seite der toten Materie und konnte nur als im Kern nicht-sein-sollende Entfremdung des göttlichen Lebens, der

---

[23] De vera religione, XI, 21, 58–62. Das Zitat aus 60.
[24] A.a.O., 59.

göttlichen Schönheit und des göttlichen Friedens aufgrund ihrer kreativen Entäußerung an die Materie gedeutet werden. Schöpfung ist theologisch nur denkbar als das Wirken göttlicher Ideen und Formkräfte, in denen das präfiguriert ist, was der verstehende Geist an der Welt als Wahrheit erkennt.[25] Schöpfung erscheint so wesentlich als geistige Gestaltung. Die Verehrung des Schöpfers ist der denkende Nachvollzug der geistigen Gestaltung.

Dieses Grundkonzept eines Verständnisses von Geist und Leben wirft die Frage nach der Notwendigkeit der Existenz von Materie überhaupt auf. Augustinus beantwortet diese Frage in den Confessionen mit einer eigenständigen Deutung der *creatio ex nihilo*: Gott schafft die irgendwie auch schon bestimmte Materie als den Stoff, in dem seine Ideen sichtbare Gestalt annehmen.[26] Die so bestimmte Materie wird im 12. Buch der Confessionen als Prinzip der Distanzierung zwischen Schöpfer und Welt gedeutet. Nur, weil alle Geschöpfe aus der Materie der Welt erstehen, sind sie Wesen aus und in der Welt und nicht unmittelbar aus und in Gott.[27] Die Seligkeit wird innerhalb dieses Gesamtkonzepts konsequenterweise als die maximal mögliche freie Überwindung dieser Distanzierung von der Wirklichkeit Gottes in der Hinwendung des Menschen zur göttlichen Weisheit und ewigen Geistigkeit erblickt, die da umso klarer möglich wird, wo alle Sinnlichkeit im Untergang ihrer Faszinosa endlich schweigt[28] und der Mensch zur möglichst klaren Aufnahme der göttlichen Wirklichkeit in ihrer geistigen Klarheit gelangt.[29] Allerdings beinhaltet die Schaumetapher, mit der Augustinus die vollendete Aufnahme der göttlichen Wirklichkeit anspricht, weiterhin das Moment der Distanz, das zumal, wenn der Inhalt der Schau als „unaussprechlich Schönes"[30] bestimmt wird. „Schönes" ist für Augustinus bivalent. Es ist zum einen das sinnlich Schöne, das begegnet und auf das unaussprechlich Schöne seines Ursprungs verweist. Es ist zum anderen aber eben auch dieses sinnlich Schöne, das dazu verleitet, seinen Ursprung zu vergessen.[31]

---

[25] Augustinus, Vortäge zum Johannesevangelium, 1, 17.
[26] Augustinus, Bekenntnisse, 12, 7.
[27] Augustinus, Bekenntnisse, 12, 7, 7: „*[...]fecisti enim caelum et terram non de te: nam esset aequale unigenito tuo ac per hoc et tibi, et nullo modo iustum esset, ut aequale tibi esset quod de te non esset.[...].*"
[28] Bekenntnisse, 9, 10: „*[...]sileat tumultus carnis, sileant phantasiae terrae et aquarum et aeris, sileant et poli, et ipsa sibi anima sileat et transeat se non se cogitando, sileant somnia et imaginariae revelationes, omnis lingua et omne signum, et quidquid transeundo fit si cui sileat omnino [...]*"
[29] Augustinus, Vortäge zum Johannesevangelium, 100, 4.
[30] Vgl. u. a. Augustinus, Enchiridion, 1, 5.
[31] Augustinus, Bekenntnisse, 10, 34.

Die Erkenntnis Schönheit an den Geschöpfen durch die Geschöpfe hängt damit zum einen an der geistigen Aufnahmefähigkeit der wahrnehmenden Geschöpfe und zum anderen an der maximalen Transparenz der wahrgenommenen Geschöpfe für deren geistigen Gehalt. Wie leicht und unbehindert man sich aber diesen Prozess auch immer denken mag, immer ist es ein Prozess, in dem das Gute, Schöne und Wahre erkannt wird. Nie ist es einfach selbstverständlich da. Auch wo in der himmlischen Seligkeit die konkupiszente Versuchung durch die sinnliche Schönheit schweigt, bleibt doch der Erkenntnisprozess, in dem die Schönheit des Schönen dem Wahrnehmenden zu Bewusstsein kommt. Und auch, wo dieser Prozess als ein solcher von äußerster Leichtigkeit und Schnelligkeit vorgestellt wird[32], so ist es doch ein prozesshaftes Geschehen, das das göttliche Schöne bei aller Nähe und Unmittelbarkeit vermittelt als die fremde, mir unverdient zukommende Wirklichkeit.[33]

Genau dies aber ist der theologische Sinn von der eschatologischen Existenz der Leiber. Auch in der himmlischen Seligkeit wird die Nähe zu Gott als Nähe und nicht als Verschmelzung erfahren. Auch in der Seligkeit also wirkt ein Prinzip der Distanz zwischen Mensch und Gott, auch wenn deren Zweck nicht die Trennung ist, wie sie sich in der sündhaften Verabsolutierung der Materie ereignet. Der Zweck der dauernden Distanz zwischen Gott und Mensch ist deren Überwindung. Wo aber Überwindung ein Zweck sein soll, der gleichzeitig das Ziel des endgültigen Überwundenseins ausschließt, da wird der Prozess der Überwindung als eigentlicher Zweck erkannt. Dem entspricht in der Tat sehr schön, dass die große theologische Tradition im Anschluss an 1 Kor 13, 12 die Seligkeit mit der Metapher des optimierten Schauens benennt.

Der Leib wird also durchaus in der theologischen Tradition als das Prinzip jener Distanz zwischen Schöpfer und Geschöpf anerkannt, deren Überwindung zwar die Seligkeit des Geschöpfes in Zeit und Ewigkeit bedeutet, dies jedoch niemals als endgültiges

---

[32] So in der klassischen Konstitution „Benedictus Deus" von 1336: *[„beati"] vident divinam essentiam visione intuitive et etiam faciali ..."* (DH 1000).
[33] Die thomasische Bestimmung der *visio* als Einwohnung Gottes im Intellekt nach der Art der Form in der Materie (Sth, Suppl. q. 92, a. 1, corp.) wirft die sehr schwerwiegende Frage auf, ob bei einem so innigliche Verstehen noch eine Differenz zwischen Gott und Mensch gedacht werden kann. Möglich ist das, wo die Begrenztheit der *materia* zu einer inhaltlichen differenzierten Schau bei der Einwohnung der gleichen *forma* führt. Genau diesen Gedanken ergreift Thomas zum einen, wo er die prinzipielle Unmöglichkeit einer unendlichen Erkenntnis im bleibend endlichen Intellekt herausstellt (a. 3) und wo er das Maß der Gotteserkenntnis in der *visio* in Abhängigkeit vom Maß der (gemeint wohl: lebensgeschichtlich-habitualisierten) Gottesliebe deutet (a. 4).

Überwundensein, sondern immer als je größere prozesshafte Überwindung. Karl Rahner hat diesen Zusammenhang personalistisch interpretiert: Die Distanz zwischen Schöpfer und Geschöpf ist die Möglichkeitsbedingung personaler Liebe, die immer das Anderssein des Anderen voraussetzt. Allerdings muss der auf diese Weise begründete Begriff des Geheimnisses als der Möglichkeitsbedingung des Andersseinkönnens des Anderen geschützt werden vor dem Verdacht der irrationalen Willkür. Ein Anderer, dessen Anderssein in der Verweigerung rationaler Standards bestünde, wäre kein beglückendes Geheimnis, sondern in die Verzweiflung treibende Infragestellung der eigenen Vernunft. Wo theologisch von Geheimnis gesprochen wird, darf es sich deshalb nicht um die Markierung einer Rationalitätsgrenze handeln. Allerdings handelt es sich um den Hinweis auf den Prozesscharakter der Rationalität, der in der Schaumetapher zum Ausdruck kommt. Es geht nicht um die Idealisierung des Nichtverstehens, sondern um die Betonung des Prozesscharakters von Verstehen.

Genau diesen Prozesscharakter aber thematisiert Augustinus in den Confessionen. Die Einsicht der Vernunft als Erkenntnis Gottes ereignet sich in einem biographisch beschreibbaren Lebensprozess als von Gott getragenes Beziehungsgeschehen, dem der menschliche Teil des Beziehungsgeschehens dadurch entspricht, dass er das eigene Leben auf die Wirklichkeit Gottes hin deutet. Damit aber ist implizit im Kern einer Theologie, die die Erkenntnis der geistigen Wirklichkeit durch den geistigen Menschen als die auch religiöse Mitte und Vollendung seines Seins begreift, der Lebensbegriff der biographisch kontingenten Existenz als religiöse Wirklichkeit mitausgesagt und einer rationalistischen Reduktion des Menschseins auf eine subjekt-, kontext- und leblose Erkenntnis der göttlichen Wahrheit *in praxi* widersprochen. Aber wo sind die theoretischen Grundlagen dieses Widerspruches? Wird die beeindruckende geistliche Grunderfahrung der Confessionen durch die theologische Reflexion Augustins im Horizont des Neuplatonismus eingeholt? Dazu müsste wohl der Wirklichkeit des Lebens nicht nur in der biographisch-erzählerischen Entfaltung, sondern auch in der philosophisch-theologischen Reflexion ein höherer Rang eingeräumt werden. In diese Richtung zielt die auf Hans Jonas zurückgehende Phänomenonologie des Lebens.

e. Das Widerstandspotential der enkaptischen Seelenlehre des Aristoteles

Bis hierher wurde die aristotelische Seelenlehre vor allem unter der Perspektive der Überwindung des Einzelnen und Besonderen im Erkenntnisakt dargestellt. Man kann die Seelenlehre des Aristoteles jedoch auch genau anders herum interpretieren, nämlich als Aufforderung zum Respekt vor dem begegnenden Einzelnen, das mit dem Maße seiner Lebendigkeit nämlich Eigner der durch es erschlossenen Erkenntnis ist. Die *hýlē* ist bei Aristoteles *Entelechie*, geistiger Gehalt, der dem Lebewesen in dem Maße seines Lebendigseins eigen ist. Aus dem Gedanken, dass die Lebewesen Eigner ihres geistigen Gehaltes sind, ergibt sich die bei Aristoteles begründete enkaptische Seelenlehre, deren epochenübergreifende Bedeutung Hans Werner Ingensiep in seiner historisch-systematischen Untersuchung zur Geschichte und Aktualität der Pflanzenseele eindrücklich aufgezeigt hat[34]: Noch da, wo wie bei Kant der metaphysische Rahmen des schöpfungstheologischen *ordo*-Denkens wegbricht, bleibt die dreistufige Ordnung der Lebewesen als heuristischer Ordnungsrahmen wirksam.[35] Die enkaptische Seelenlehre beschreibt eine Hierarchie der Lebewesen, deren Gruppen sich durch das jeweils höhere Maß des Selbstseins unterscheiden: Während die Pflanzen gegenüber den Steinen bereits tätig sind zum Erhalt ihrer eigenen Lebendigkeit, haben Tiere darüber hinaus eine Empfindung ihrer Lebendigkeit und Menschen wiederum darüberhinaus ein Wissen um ihre Lebendigkeit. Zwar kann man dieses Wissen als den Höhepunkt des Lebensvollzuges ansehen, so wie dies in unserer Darstellung bisher geschehen ist. Man kann aber auch zur Kenntnis nehmen, dass die Lebewesen einer jeweils höheren Ordnung die Lebenseigenschaften jeweils aller ihnen untergeordneten Lebewesen ebenfalls besitzen müssen: Die höheren Ordnungen umschließen enkaptisch jeweils alle ihnen untergeordneten Ordnungen. Damit aber sind alle verstehenden, geistigen Lebewesen auch aufgefordert, sich in ihrer Verbundenheit mit allem nichtverstehenden Leben zu begreifen, das eben auch Leben ist, wenn auch solches, das sein eigenes Lebendigsein nicht begreift wie die *anima rationalis* des Menschen, sondern nur empfindet wie die *anima sensitiva* des Tieres oder doch wenigstens befördert wie die *anima vegetativa* der Pflanze. Im Menschen

---

[34] Hans Werner Ingensiep, Geschichte der Pflanzenseele. Philosophische Entwürfe von der Antike bis zur Gegenwart, Stuttgart 2001.
[35] A.a.O., S. 307.

kommt zum verstehenden Bewusstsein, was Leben ist. Dieses Bewusstsein ist das Bewusstsein auch des nicht-menschlichen Lebens. Ingensiep stellt heraus, wie eine enkaptische Sicht des Lebens an die eigene Vernunft den Anspruch stellt, der Lebendigkeit des Außermenschlichen im menschlichen Begriff vom Leben Rechnung zu tragen. Ingensiep setzt eine solche enkaptische Hierarchie von Kants Deutung der Hierarchie der Lebewesen ab. Für Kant liegt die Spitzenstellung des Menschen im Kosmos des Lebens nicht darin begründet, dass es ihm aufgegeben wäre, zu verstehen und bewusst zu realisieren, was das Leben aller Lebendigen sei. Vielmehr kommt dem Menschen bei Kant seine Sonderstellung im Kosmos des Lebens zu wegen seiner Autonomie, gemessen an den Einsichten der praktischen Vernunft frei über alle anderen Lebewesen verfügen zu sollen.[36]

Hans Werner Ingensiep illustriert in seiner Untersuchung zur Pflanzenseele, wie die Verkürzung der Bedeutung des Lebens auf das allein bedeutsame Leben des Menschen und dessen Verkürzung auf die Autonomie des Subjekts zu einem wahrhaft lebensfeindlichen Programm wurde, das zunächst jeden Respekt vor dem Vegetabilen verliert, sodann den Respekt vor dem Sensitiven. Schließlich führt die Einzigstellung der Autonomie als derjenigen vitalen Eigenschaft, die allein unbedingtes Lebensrecht begründet, zur praktischen Respektlosigkeit vor allem menschlichen Leben, das nachweisbar keine Autonomieauszeichnung besitzt.

2. Das Programm der Phänomenologie des Lebens: Hans Jonas

1973 veröffentlich Hans Jonas in deutscher Sprache eine Reihe von zwischen 1950 und 1970 entstandenen Aufsätzen unter dem verbindenden Titel „Organismus und Freiheit. Ansätze zu einer philosophischen Biologie"[37]. Jonas sieht die wissenschaftliche Beschäftigung mit dem Leben im Banne eines verhängnisvollen Dualismus: Der naive Panvitalismus deutet das Ganze der Welt von der faszinierenden Erfahrung eigener und fremde Belebtheit und Lebendigkeit her. Das Faktum der Sterblichkeit kann ihn nur verstören und zu kulturellen und religiösen Techniken der Verdrängung dieses Faktums veranlassen.[38] Dem Panvitalismus gegenüber

---

[36] A.a.O., S. 309.
[37] Göttingen 1973; Neuauflage unter dem Titel: „Das Prinzip Leben", Frankfurt 1997. Auf die Neuauflage beziehen sich im Folgenden die Seitenangaben. Der größte Teil des Buches enthält Aufsätze, die bereits 1966 in New York unter dem Titel „The Phenomenon of Life. Toward a Philosophical Biology" erschienen waren.
[38] A.a.O., S. 25–27.

steht der Panmechanismus, der ab der Renaissance das wissenschaftliche und kulturelle Bewusstsein erfasst. Das Leben erscheint ihm nicht mehr als ontologische Wirklichkeit eigener Art und Valenz, sondern lediglich als komplexe Form mechanischer Bewegung im „Feld unbeseelter Massen und zielloser Kräfte".[39] Stand das Denken archaischer Kulturen des Panvitalismus im Faszinationsbereich der Lebendigkeitserfahrung, so reduziert der Panmechanismus das eigen-artige Leben auf eine letztlich unbelebte Mechanik. „Unser Denken heute steht", so Jonas, „unter der ontologischen Dominanz des Todes."[40] Heraufgeführt wurde der Panmechanismus durch den abendländischen Dualismus: In dessen ursprünglicher, griechisch-idealistischer Variante wohnt „die Seele wie ein Fremdling im Leibe".[41] Solchermaßen von der physischen Welt innerlich separiert, konnte es diese schließlich als bloße res extensa ansehen. Alle Bedeutung, alle finale Zweckbestimmung und „metaphysische Würde" ging von der Natur als ganzer auf die von der Natur streng getrennte Seele und deren Erfahrung im sich begreifenden und setzenden Selbst über. Geisteswissenschaft und Naturwissenschaften existieren als bezögen sie sich auf als „zwei getrennte, voneinander isolierbare Wirklichkeitsfelder".[42] Wo aber das Selbst vollkommen leiblos als reines Bewusstsein subsistiert, da ist seine Erkenntnis der Welt nicht mehr Teilhabe des Geistigen am Materiellen, sondern Deutung des Materiellen in seiner vollkommenen Geschiedenheit vom Geistigen. Die dualistische Trennung geistiger und leiblicher Selbsterfahrung des Menschen, die Zerschlagung der ursprünglichen Leibeinheit führt, so Jonas, zu einer „Ontologie des Todes"[43], zu einer universalen Seinsdeutung unter dem Apriori der Unbelebtheitshypothese: Der Idealismus ist „nur eine Komplementärerscheinung, ein Epiphänomen des Materialismus".[44] Okkasionalismus und psychophysische Dualismus interpretiert Hans Jonas als „verzweifelte Versuche", die einmal verlorene Einheit zwischen der Erfahrung des verstehbaren Selbst und der nach mechanistischen Kategorien gedeuteten Außenwelt nachträglich irgendwie verstehbar zu machen. Mit der mangelnden Plausibilität dieser Theorien verliert sich das Selbst im Strudel seiner materialistischen Rekonstruktion.

---

[39] A.a.O., S. 28.
[40] A.a.O., S. 31.
[41] A.a.O., S. 32.
[42] A.a.O., S. 37.
[43] A.a.O., S. 41f.
[44] A.a.O., S. 41.

Der Materialismus fußt in der Rekonstruktion von Hans Jonas auf der ursprünglich idealistischen Trennung von geistiger Selbsterfahrung und dinghafter Naturerfahrung. Spätestens mit der evolutionsbiologischen Erklärung des Bewusstseins aus der materiellen Entwicklung wird der Dualismus von Leib und Seele abgelöst durch einen Monismus des Materiellen. Dem biologischen Anthropomorphieverbot entspricht ein Gebot, das Lebendige nach der Form des Leblosen zu deuten. Wo aber solchermaßen der Dualismus in einen Monismus überführt wird, so Jonas, da ist die alte Streitfrage wieder offen, ob die eine Welt von der lebendigen Selbsterfahrung des Menschen her zu deuten ist oder von der Abstraktion einer rein physischen Welt.[45] Menschliche Erkenntnis der Welt ist zunächst immer Erkenntnis des leib-geistig verfassten Menschen: „Im Leib ist der Knoten des Seins geschürzt, den der Dualismus zerhaut, nicht löst."[46] Von diesem Menschen her die Natur und das Leben zu verstehen, bedeutet gerade die Zurückweisung der für die dualistische Naturwissenschaft konstitutiven Verbote der Anthropomorphie und der Teleologie. Der Mensch erlebt sich und sein Leben als finalisiert auf Zwecksetzungen hin. Die Deutung seiner Umwelt als zweckloses mechanisches Koinzidieren ist eine höchst künstliche Abstraktion. Es liegt dem Menschen nahe, sich als die organisierende Mitte seines Kosmos zu deuten und er muss sich methodologisch Gewalt antun, von dieser ursprünglichen Anthropomorphie aller Erkenntnis zu abstrahieren. Gegen die ursprünglich dualistische Trennung des Leiblichen vom Geistigen, die die materialistische Abstraktion von allen geistigen Inhalten heraufführte, steht „das Gegenzeugnis des lebendigen Leibes"[47]. Es ist zunächst das Zeugnis der Identität mit sich selbst trotz Stoffwechsels. Die „Form" des Leibes erweist sich als „hinsichtlich ihres eigenen Stoffes" als in gewisser Weise unabhängig.[48] Phänomenologisch führt Jonas hier zu der Ursprungserfahrung des aristotelischen Entelechiedenkens. In der Freiheit des stoffwechselnden Lebewesens findet Selbstwerdung in „Selbstisolierung vom Rest der Wirklichkeit" statt.[49] Das Stoffwechsel treibende Lebewesen steht seiner Welt *gegenüber* und *ist* nicht einfach nur Welt, wenn auch dieser Selbststand zunächst alle Züge des Zwanghaften zeigt.[50] Das sich im Stoffwechsel ankündigende Auseinandertreten von Welt und Lebewesen im-

---

[45] A.a.O., S. 71.
[46] A.a.O., 48.
[47] A.a.O., S. 149.
[48] A.a.O., S. 153.
[49] A.a.O., S. 157.
[50] A.a.O., S. 158f.

pliziert – so Jonas – bereits die Dimensionen der Transzendenz, der Freiheit und der gefühlten Innerlichkeit,[51] die sich in der Geschichte des Menschen auszeitigen. An dieser Stelle schlägt die phänomenologische Deskription in Ursprungsspekulation um: Wenn Freiheit mit den Momenten von Transzendenz und Innerlichkeit sich als selbst dynamisch-wachsende Momente des Lebendigen von seinen elementarsten Konfigurationen an ausmachen lässt, folgt dann die erkennbare Evolution des Lebendigen einer Teleologie hin zur Freiheit? Die „Zielstrebigkeit" der Freiheitsevolution macht – so Jonas – eine „pure ‚Heterogonie der Zwecke'" unwahrscheinlich.[52] Eine Philosophie der Biologie kritisiert die mathematische Abstraktion, in der alles Lebendige zum Konglomerat aus Leblosen in seiner berechenbaren Bewegtheit wird. Der lebendige Mensch hat der mathematischen Abstraktion der Rekonstruktion reiner Funktionszusammenhänge voraus, dass er als Lebewesen einen introspektiven Zugang zur Wirklichkeit des Lebens hat: „[…] selber lebende, stoffliche Dinge, haben wir in unserer Selbsterfahrung gleichsam Gucklöcher in die Innerlichkeit der Substanz und dadurch eine Vorstellung […] nicht nur davon, wie das Wirkliche im Raum ausgebreitet ist und sich wechselseitig bedingt, sondern auch davon, wie es ist, wirklich zu sein und zu wirken und Wirkung zu erleiden."[53]

Die rein manipulationsorientierte Sichtweise der Natur, die sich orientiert in der Tradition der baconschen Forderung einer aus Liebe *(caritas)* praktischen Wissenschaft zum Wohle des Menschen, muss sich die Frage gefallen lassen, wo sie denn die Maßstäbe des Guten hernimmt, die sie unter der Leitidee von *caritas* und Wohlwollen zum Maßstab des guten Handelns macht.[54] So verständlich Bacons Notstandshandeln des Menschen gegen eine despotische und Leben zerstörende Natur ist, so ratlos steht eine am Ideal der menschenförmigen Manipulation orientierte Wissenschaft angesichts der Sicherung des unmittelbaren *Über*-Lebens vor der Frage nach dem Sinn des Lebens. Die Zielperspektive einer immer komfortableren Ausgestaltung des Alltags führt nicht nur in die Lächerlichkeit immer neuer überflüssiger Dinge, sondern gefährdet durch ihre immer voluminöseren Eingriffe in die Biosphäre deren Bestand selbst: Die reine Fürsorge für das Leben in seiner Bedürftigkeit gefährdet dessen Bestand. Auch von diesem Punkt aus er-

---

[51] A.a.O., S. 157–163.
[52] A.a.O., S. 157.
[53] A.a.O., S. 170.
[54] A.a.O., S. 321–324.

scheint ein Begriff des Lebens als geboten, der die alte Trennung zwischen der die Welt beherrschenden Freiheit des Menschen einerseits und der zum Material berechenbarer Leblosigkeit herabgesunkenen Biosphäre andererseits überwindet.

Im Gegensatz zur spätantiken Gnosis, die die Natur interpretierte als dämonische, böse Macht sei der indifferente neuzeitliche Naturbegriff inkonsistent, weil er die Hypothese der immanenten Wertlosigkeit der Natur nicht vermitteln kann mit der Hypothese eines evolutiven Hervorgegangenseins des Menschen aus eben jener Natur, mit der ihn nach der Emergenz seiner Freiheit nichts mehr verbinden soll.[55] Hans Jonas plädiert für die korrigierende Wiederbelebung einer integraleren Sicht von Mensch und Natur, in der sich der Mensch gerade als *Lebewesen* begreift. Wie aber kann die geforderte Selbstdeutung des Menschseins als Leben aussehen?

3. Philosophische Anthropologie des Menschen als Natur- und Freiheitswesen

Christian Illies verfolgt die von Hans Jonas betriebene Kritik der Lebensvergessenheit im Kontext des evolutionistischen Weltbildes der Gegenwart: Die für das neuzeitliche Denken beherrschende Erfahrung menschlicher Freiheit, Autonomie und Selbstbestimmung, die in der Neuzeitkritik von Hans Jonas als Grund einer entwertenden Sichtweise der nicht-autonomen Welt des Lebendigen erkannt wird, führt paradoxerweise in der Evolutionsbiologie zur Selbstentwertung der Autonomie. Die neuzeitliche Philosophie seit Descartes arbeitet auf der Grundlage der scharfen Trennung zwischen dem nicht mehr primär erkennenden, sondern verfügenden Denken einerseits und der Welt als bloßer *res extensa*, über die verfügt wird, andererseits. Je mehr nun das Subjekt seine Autonomie in der Verfügung verwirklicht, je freier das Subjekt agiert, umso umfassender unterwirft es die Welt unter seine Verfügung. Der am autonomen Verfügen über eine rein materialistisch gedachte Welt gebildete Freiheitsbegriff lässt konsequenterweise den Bereich dessen schrumpfen, dem Freiheit zugesprochen wird: Je mehr Menschen frei verfügen, umso mehr wird zu Material dieser Verfügung erniedrigt. Freiheit, die sich als Verfügung über das Leblose definiert, tendiert dazu, den Bereich des Leblosen auszuweiten, um sich selbst als Freiheit realisieren zu können. In der Lebensethik ist das da mit Händen zu greifen, wo der Begriff des schützenswerten menschlichen Lebens vom Begriff der Autonomie hergeleitet wird. In der

---

[55] A.a.O., S. 371.

Evolutionsbiologie schlägt diese destruktive Tendenz der Autonomie gegen das Nicht-Autonome auf die Autonomie selber durch. Die totale Naturalisierung des Menschen als eines evolutionsbiologisch rekonstruierbaren Falls eines allgemeineren Lebensprinzips, welches das Überlebensprinzip sei, stellt den Menschen als vollkommen natürlich dar und lässt für die Freiheit, die doch der einzig auszeichnende Grund einer besonderen Achtung vor dem Menschen sein soll, als zerebrale Konfabulation erscheinen. Diese Situation diagnostiziert Christian Illies als naturalistischen Reduktionismus: Alle Aspekte des Menschen, seines Denkens und seiner Kultur (von Illies mit „*non-N*" benannt), seien auf die evolutionsbiologisch deutbare Natur (von Illies mit „*N*" benannt) zurückführbar.[56] Ihm steht als spiegelbildliche Entsprechung ein idealistischer Reduktionismus gegenüber, den Illies am Beispiel des anglikanischen Bischofs George Berkeley (1684–1753) erläutert: Die Welt als vom Menschen erkannte ist vollkommen menschliche Welt menschlicher Erkenntnis. Über eine Außenwelt ist nicht einmal ermittelbar, ob sie überhaupt existiert. Illies sieht vor allem das Problem, das idealistische *non-N-Monisten* die empirischen Wissenschaften nicht ernst nehmen können.[57] Umgekehrt sieht Illies das Versprechen der *N-Monisten*, alle menschliche Wirklichkeit widerspruchsfrei als Natur deuten zu können, als bei weitem nicht eingelöst.[58] Den Monismen gegenüber wird das Ziel einer „synthetischen Anthropologie" als Programm einer „Konvergenzanthropologie" verfolgt. Konvergenzanthropologien gehen von der irreduziblen Verschiedenheit von *N* und *non-N* aus, behaupten aber die Vermittelbarkeit und Vermitteltheit beider Größen in einer dritten Größe *D*, die sowohl *N* als auch *non-N* umfasst und vernünftiger Natur ist. Der Evolutionsbiologe muss rational argumentieren wie der Ethiker. Wenn beide die Erfahrung machen, dass sie rational begründet ihre gehaltvollen, nicht-selbstwidersprüchlichen, universalisierbaren Aussagen nicht wirklich auf einander reduzieren oder auseinander ableiten können, so fordert die Vernunft einen komplementären Angang[59]: Menschen entstammen einer naturhaften Teleologie, die sie bleibend prägt. Sie sind jedoch offensichtlich zu einer *normativ geforderten Teleologie*[60] fähig, nämlich dazu selbst und gemeinsam *téloi* der eigenen Entwicklung kulturell zu generie-

---

[56] Christian Illies, Philosophische Anthropologie im biologischen Zeitalter. Zur Konvergenz von Moral und Natur, Frankfurt 2006, S. 33–36.
[57] A.a.O., S. 33.
[58] A.a.O., S. 35.
[59] A.a.O., S. 327–335.
[60] A.a.O., S. 332.

ren. Nicht alleine die natürliche Umwelt ist der Entwicklungsrahmen des Menschen, sondern darüber hinaus eine nicht-natürliche, vom Menschen erzeugte Umwelt kultureller Gestaltung, die Menschen als normierende Tradition aufgegeben ist, an der sie jedoch auch deutend und gestaltend partizipieren, um jene kulturelle Umwelt zu erzeugen, die da grundlegend missverstanden wird, wo sie als ein Epiphänomen der naturhaften Evolution gedeutet wird.

Christian Illies verdeutlicht mit seinem Ansatz einer Konvergenzanthropologie sehr schön, dass jede naturwissenschaftliche Aussage über das evolutiv gewordene Wesen des Menschen in einen kulturellen Zusammenhang der Deutung und bewussten Positionierung hineingestellt ist. Die Lösung der damit gegebenen Positionierungsnotwendigkeit über einen naturalistischen Monismus verdrängt das Positionierungsproblem der Notwendigkeit, sich frei in Beziehung zu setzen, über die rational nicht begründbare Totalisierung des Evolutionsprinzips. Der freie Entschluss, das eigene und jedes menschliche Leben nicht als frei deuten zu wollen, erscheint als unmittelbar selbstwidersprüchlich. Das Programm einer komplementären Anthropologie holt unter den Bedingungen der biologischen Weltbildagilität die antignostische Intuition von Hans Jonas ein und ruft dazu auf, bei der Betrachtung des Menschen auf vernünftige Weise die biologischen Aussagen über das Naturwesen Mensch zum kulturellen Gedächtnis des Kulturwesens Mensch in Beziehung zu setzen.

Die Argumentation von Christian Illies eröffnet einen Begründungsrahmen für die in diesem Buch verfolgte Grundidee: Wenn der Begriff des Menschen nicht alleine durch die naturalen Vorgegebenheiten der biologisch beschriebenen menschlichen Natur erfüllt ist, sondern die gestaltende kulturell und gesellschaftlich vermittelte Bezugnahme auf die biologische Situation einschließt, dann ist dem Mangeldenken biologischer Provenienz die Füllefaszination des Kulturraumes der biblischen Religionen entgegenzusetzen als eine traditionsverbürgte und deshalb chancenreiche ethisch-kulturelle korrektive Rezeption biologischer Gegebenheiten durch das eben auch kulturelle Menschenwesen. Die Mangelanthropologien erfassen dann durchaus belangvolle Aspekte des Menschen als eines biologisch beschreibbaren Naturwesens im evolutionären Zusammenhang. Sie ignorieren jedoch in einer den Menschen als nicht-naturhaft determiniertes Wesen verfehlenden Weise die kulturellen Gestaltungsmöglichkeiten der evolutiven Grundsituation des um sein Überleben ringenden Mängelwesens.

Die Brücke zu einer christlichen Interpretation phänomenologisch erfasster Sachverhalte schlägt der französische Phänomenologe Michel Henry, von dem im folgenden Absatz gehandelt werden soll.

4. Leben als Inkarnation: Michel Henry

Gegen den gnostischen Reduktionismus des leibfreien Menschen steht nach dem französischen Phänomenologen Michel Henry (1922–2002) vor allem die patristische Überzeugung von der Fleischwerdung Gottes, wie sie von Irenäus und Tertullian so energisch verteidigt wird.[61] Henry sieht sich in der Tradition der husserlschen Krisisschrift von 1954[62]: Er wendet sich gegen den Totalitätsanspruch der nach-galileischen Wissenschaften. Diese erschließen die Welt lediglich innerhalb der Kategorien physischer Gegenstandswahrnehmung. Dagegen verteidigt Michel Henry wie Maurice Merlau-Ponty die Intelligibiltität der Leibexistenz des Menschen als „Vorrang des Lebens über das Denken"[63]. Menschliches Verstehen der Welt ist nicht einfach konstatierende Annahme des sinnlichen Befundes über deren physische Beschaffenheit, sondern immer Moment an der eigenen Geschichte des leiblichen Eingebundenseins in die Welt, deren Körper in einem weiten Sinn das Fleisch der eigenen Inkarnation bereitstellt. Geburt ist für Henry nicht einfach der Beginn der Existenz, sondern im qualifizierten Sinne das Ins-Fleisch-Kommen eines Menschen.[64] Das Verständnis der Welt erschließt sich als eine Reflexion, die sich nicht alleine auf den geistigen Prozess des Verstehens bezieht, sondern auch auf dessen geschichtlich-materielle Situiertheit, die im Leib der eigenen Fleischwerdung verwirklicht ist. Dieser Leib der eigenen Fleischwerdung verbindet das eigene Selbst unlösbar mit dem Sein der Welt, das sich im Fleisch als seinem Gedächtnis eingeschrieben hat.[65]

Die Welt besteht nicht in einem Dualismus aus toten Körpern einerseits und erkennenden Subjekten andererseits, deren Erkennen ermöglicht würde allein durch die geistige Ekstatik über jede leibhafte Gegebenheit hinaus. Vielmehr sind transzendentale Subjekte sich selbst nicht anders gegeben denn als lebendige Leiber, ausgestattet

---

[61] Michel Henry, Inkarnation. Eine Philosophie des Fleisches, aus dem Französischen von Rolf Kühn, Freiburg/ München 2002.
[62] Edmund Husserl, Die Krisis der europäischen Wissenschaften und die transzendentale Phänomenologie: Eine Einleitung in die phänomenologische Philosophie, Hamburg ³1996 (ursprünglich teilweise in: „Philosophia" 1936, posthum in der Husserliana VI, Den Haag 1954, ²1976).
[63] Michel Henry, Inkarnation, S. 151.
[64] A. a. O., S. 200f.
[65] A. a. O., S. S. 228–231.

mit einem fühlbaren mundanen Körper, der gesehen, berührt und gehört wird, und mit den „Grundvermögen des Sehens, Empfindens, Berührens, Hörens, Bewegens und Sichbewegens".[66] Der leibliche Mensch ist sich aber nicht alleine als mundaner Körper, sondern als transzendentaler Leib gegeben. Jedes dieser Eigenschaftsbündel, die Mundanität wie die Transzendentalität, ist aber jeweils nie ohne das andere, sondern beide sind immer durch das jeweils andere.

Radikaler noch als Husserl will Henry phänomenologisch die Gegebenheit aller Welterfahrung, das heißt die Deutung jeder Wahrnehmung unter Berücksichtigung ihres Erscheinungs- und Gegebenheitsmodus, als leiblich-körperliches Erscheinen verstehen. Die traditionellen Vorstellungen von *Ego, cogitare*, von Seele und Person lehnt Henry ab, weil sie auf anschauungslose, erfahrungslose und mithin seinslose Entitäten rekurrieren.[67] Den realen Gehalt der entsprechenden Begriffe analysiert Henry als *Ipseität*[68]. Insofern dieser Begriff an so etwas wie Subjekthaftigkeit erinnert, wird er von Michel Henry mit der Erscheinung des *pouvoir* gedeutet. In der Erfahrung des *pouvoir* erlebt das Ich seine Handlungsfreiheit gegenüber Welt und Mitwelt. Das Ermächtigtsein des *pouvoir* bleibt jedoch von der umfassenderen Erfahrung der Erleidensfähigkeit umgriffen. Der an der Welt Handelnde ist selbst immer schon *passibel* eingebunden in die Welt. In der Spannung von Passibilität und *pouvoir* realisiert ein leiblicher Mensch sein Leben im „Fleisch der Welt" *(la chair du monde)*[69]. Er erfährt sich als ausgeliefert an das ihn determinierende Ganze der Welt, in das jeder Mensch hineingeboren wird und das jeder Mensch in seiner determinierenden Kraft bis zum Tode erträgt, bis er den Tod erleidet. Zugleich greift jeder Mensch nach Welt und Mitwelt und erfährt an ihnen das Können (*pouvoir*) und die setzende Kraft des Selbst. Von jedem innerweltlichen Vermögen aber gilt das Wort Lacans: „Ein Verrückter, der sich für einen König hält, ist ein Verrückter. Ein König, der sich für einen König hält, ist es nicht weniger."[70]

Fleisch ist das *Ereigniswerden pathischen In-der-Welt-Seins.*[71] Der „Königsweg" der Philosophie eröffnet sich, wo Leben von

---

[66] A.a.O., S. 176.
[67] Rolf Kühn, Einleitung: Die Philosophie Michel Henrys, in: Michel Henry, Radikale Lebensphänomenologie. Ausgewählte Schriften zur Phänomenologie, München 1992, S. 32.
[68] Michel Henry, Le concept de l'âme a-t-il un sens? In: Revue Philosophique de Louvain 64, S. 5–33.
[69] Michel Henry, Inkarnation, S. 182.
[70] A.a.O., S. 275.
[71] A.a.O., S. 190–199.

der Passibilität und dem Vermögen des Leibes her gedacht wird als die in die Fremdheit des Fleisches der Welt ausgesagte Wirklichkeit, die im Fleisch nie ganz zuhause ist, und die doch keinen anderen Weg hat, sich als eigene und besondere auszusagen, als alleine diesen fleischlichen Weg der Selbstbehauptung und der Ergebung. Menschen leben, indem die Welt ihnen als *Leiden und Verkosten* affektiv gegeben ist. Zugleich aber erfährt sich jedes Vermögen als wurzelnd in dem Verfügtsein, durch welches das Leben überhaupt in das Fleisch kommt. Im Verfügten aber vermeldet sich das Wort „Ich bin nicht von der Welt", das „vom bescheidensten Verlangen, von der ersten Angst, vom Hunger und vom Durst in ihrem naiven Geständnis" „als die Definition ihres Seins in Anspruch genommen werden kann".[72] Das Fleischliche erlebt seine Weltlichkeit als Protest gegen diese Welt, der es ganz und gar angehört und der es sich als nicht vollkommen zugehörig erweist. Sowohl in seiner Sehnsucht nach seiner Herkunft als auch in der Frage nach dieser Herkunft steht das seiner selbst innewerdende Leben vor dem Sprung des Glaubens.

Das Leben, „das durch sich selbst nicht leben würde; außerstande ist, sich selbst zu begründen", verweist als „endliches Leben" auf das unendliche Leben Gottes: Keinerlei endliches Leben existiert als solches; es lebt als sich-Gebendes in der Selbstgebung des unendlichen Lebens."[73] Der Gedanke der Selbstgebung Gottes mag als illegitimer Sprung aus der immanenten Daseinsphänomenologie in deren metaphysische Gründung erscheinen. Gemeint ist mit ihm jedenfalls keine einfache kausallogische Schlussfolgerung. Mit einer solchen ginge Henry hinter den Anspruch eines transzendentalen Begründungsverfahrens ebenso zurück wie hinter den Anspruch der Phänomenologie, die wesentlich nicht nach den Dingen selbst fragt, sondern die Dinge als Sichzeigende bedenkt hinsichtlich der Art, wie sie sich zeigen, das heißt, wie sie dem menschlichen Wahrnehmen und Denken gegeben sind.[74] Der Ausgangstext in der Gottesfrage ist für Henry nicht der realontologische Gottesaufweis aus der *Summa theologica*, sondern das anselmische Proslogion mit seinem Schluss vom *esse* Gottes *in intellectu* auf das *esse in re* in einer transzendentallogischen Interpretation[75]. Dass Gott sich nicht als äußerlich fassbares Phänomen gibt, entspricht seinem schon am Menschen ablesbaren Wesen: Je

---
[72] A.a.O., S. 94.
[73] A.a.O., S. 281.
[74] A.a.O., S. 259f.
[75] Michel Henry, Hinführung zur Gottesfrage: Seinsbeweis oder Lebenserweis, in: ders., Radikale Lebensphänomenologie, S. 251–273.

innerlicher eine Wirklichkeit ist, je mehr Ipseität, umso weniger kommt sie im Äußerlichen zur Erscheinung. Das vollkomme Verschwinden Gottes aus der äußeren Welt ergibt sich so als Konsequenz aus der gänzlichen Zugehörigkeit Gottes zur inneren Welt. Wo Anselms Proslogion auf den Aufweis der Existenz Gottes in der äußeren Welt zielt, erlebt der denkende Mönch mit dem Gedanken der unwiderlegbaren äußeren Existenz Gottes zugleich erschreckend die Bedeutungslosigkeit dieses Gedankens. Alles bedeutend ist Gott nicht als die denkerisch sichergestellte höchste Wirklichkeit *in re*, in einem irgendwie gedachten „Draußen"[76], sondern in der Selbsterprobung des selbstbewussten Lebens, das sich aus seiner eigenen Innerlichkeit heraus zeigt. Dieses Leben zeigt sich als immer neu entstehend und sich aufgegeben. Es erfährt sich als „ewige Ankünftigkeit des Lebens", die fern jedem Pantheismus von Henry gedeutet wird mit den Worten Meister Eckharts: „Gott gebiert mich als sich."[77] Die Bejahung der Existenz Gottes ist unter diesen denkerischen Umständen nichts anderes als absolutes Zutrauen zur Selbsterprobung des Lebens im Fleisch der Welt, vertrauensvolle, ja, kindliche Zuversicht, dass das Leben in seiner verwirrenden, wechselvollen Realität einen ebenso verborgenen wie verlockenden absoluten Sinn in sich trägt.

Wo dieser sinnstiftende Grund jedes menschlichen Vermögens aus einem göttlichen Geben vergessen wird, regiert die *Angst*. In ihr verweigern sich Menschen lebendigen Beziehungen des wechselseitigen Gebens und Nehmens und versuchen durch den herrscherlichen Griff nach dem anderen das eigene Leben in der Welt abzusichern, indem sie die Erotik der Begegnung dem Rausch der Machbarkeit unterwerfen.[78] Wo die Angst das Ich belästigt, flüchten sich ganze Gesellschaften in eine Weltsicht des Objektivismus, um nur ja zu vergessen, dass Leben im Wesen Kommunikationsgeschehen ist zwischen dem Geber des Lebens und dem Lebendigen.[79] Die Bejahung der Wirklichkeit Gottes als des Grundes einer angstfreien Entfaltung des Lebens ist notwendig, damit eine solch angstfreie Entfaltung des Lebens überhaupt geschehen kann. Ohne sie bliebe der Mensch immer ein ungeborener, der nicht das Maß an Lebendigkeit erreichte, das ihm möglich wäre, der vielmehr gefangen bliebe in einer vorbewussten Blockade des bloßen „Es-gibt", das nicht zum Geheimnis des Lebens als einem „Es-gibt-sich" vordringt.

---

[76] A.a.O., S. 264.
[77] A.a.O., S. 266.
[78] Michel Henry, Inkarnation, S. 298–308.
[79] A.a.O., S. 307.

Dem Lebensmysterium des göttlichen Gebens, dem eine neugierige, offene Haltung entspricht gegenüber dem eigenen Leben in der Länge seiner Auszeitigung, verweigern sich Menschen, die die Innenperspektive auf das eigene Leben verneinen und Welt, Mitwelt und sich selbst in einer objektivierenden Außenperspektive wahrnehmen. Als Motiv eines solchen Objektivismus macht Henry Lebensangst aus. In ihr schrecken Menschen vor der Offenheit ihres Lebens und seiner stets neuen Entstehung zurück und suchen eine sich als trügerisch erweisende Sicherheit in vermeintlich Festem und Unwandelbaren. Wo dies geschieht, kann es weder Selbsterkenntnis noch Begegnung mit dem anderen geben. Der Akt der leiblichen Vereinigung missrät unter diesem objektivistischen Apriori zu etwas, was bestenfalls eine „Synchronie der Spasmen" ist, nicht jedoch das verbindende Erlebnis der gemeinsamen Teilhabe am Urgrund des Lebens.[80]

Genau diese Außensicht auf das eigene Leben tötet das Leben als gesellschaftlich-philosophisches Wissen ab und verkennt die Lebendigen als Objekte.[81] Leben in einem qualifizierten Sinn ist nur möglich, wo die leibliche Existenz des Menschen angenommen wird als „Selbstoffenbarung des Lebens", das als solche seine eigene Rechtfertigung ist.[82] Wo diese Selbstoffenbarung des Lebens liebend bejaht wird, da gelangt sie an den Punkt, das eigene Leben als Inkarnation des göttlichen Logos zu begreifen, dessen Leben in das Fleisch kommen will.

5. Leben als Gabe und Hingabe: Rolf Kühn

In kritischer Absetzung von Edmund Husserl und im engen Anschluss an die französische phänomenologische Anthropologie vor allem Michel Henrys, aber auch Merleau-Pontys verfolgt auch Rolf Kühn eine „Binnenperspektive" auf das Ereignis des menschlichen Lebens: Mit Henry will Kühn in einer „Radikalen Phänomenologie" die husserlsche Bindung der Phänomenologie

---

[80] A. a. O., S. 333.
[81] A. a. O., S. 345. Lebensweltlich kennen wir das hier analysierte Phänomen als das Verhalten eines Arztes, der das Leiden seines Patienten zwar nicht lindern, aber in seiner mechanischen Kausalität beschreiben kann und daraus für sich selbst die Beruhigung ableitet, die sich aus dem Gefühl der Herrschaft über das Erkannte ergibt. Der den Schmerz empfindende Patient kann diese Beruhigung nicht empfinden, weil der Schmerz von ihm nicht erlebt wird als Phänomen nervlich-hormoneller Prozesse, sondern als massive Erinnerung daran, dass sein Leben nicht die Ewigkeit des rational verfügenden Subjekts ist, sondern zeitweises Ins-Fleisch-Kommen, das als solches herausfordert zur Beziehung auf seine Herkunft und sein Ziel.
[82] A. a. O., S. 253.

an die Intentionalität des erkennenden Subjektes überwinden.[83] Menschen lassen sich nicht zerlegen in eine sinnliche Außen- und eine intentionale Innenseite. Sie nehmen eine höchst artifizielle Perspektive da ein, wo sie ihre Leben und ihren Leib wie eine Sache in der dinglichen Welt beschreiben und anschauen. Auch der von einer solchen verdinglichenden Perspektive abgeleitete Subjektbegriff geht in die Irre. Menschen erleben sich weder als Sache noch primär als über Sachen Verfügende. Schon gar die Haltung der Verfügung über das eigene Selbst wie über eine Sache ist höchst künstlich. Wo sie allerdings eingeübt und als Normalfall anerzogen wird, führt sie zu einer phänomenologischen Blindheit.

Gegen eine solchermaßen für die Phänomenhaftigkeit der Welt erblindeten Perspektive mahnt Rolf Kühn die Anerkenntnis der Leiblichkeit menschlichen Erkennens an. Alles Erkennen steht in dem großen Zusammenhang der einen Geschichte des lebendigen und vergänglichen Menschenleibes, dem sich die Dinge zeigen. Die Dinge erscheinen in dem Zusammenhang der Lebensgeschichte. Sie geben sich. Nicht das intentional setzende Subjekt ist der souveräne Herr der Erkenntnis, sondern der empfangende Mensch, insofern er an dem Prozess des Lebens den ihm als verstehendem Wesen gemäßen Anteil nimmt.[84] Rolf Kühn spricht von der *„Urintelligibilität des sich selbst-gebenden Lebens in seiner originären Selbstaffektion und Passibilität".*[85]

Wie Michel Henry so spricht auch Rolf Kühn von dieser Erfahrung als Ermächtigung. Menschen finden sich in einer ihnen nicht verfügbaren, geprägten Leibsituation vor, der sie nicht einfach ausgeliefert sind, sondern in der sie sich ermächtigt fühlen, gestalterisch zuzugreifen. In dieser Erfahrung sind sich Menschen als die gegeben, die die Erfahrung machen, etwas zu können. Im lebendigen und spontanen Zugriff auf die Welt erfahren sich Menschen als lustvoll sich selbst Übergebene, als Lebendige. Das Wesen des Menschen als diese „leiblich vermögende Innerlichkeit" tritt zutage in der Spontaneität des Weltbezuges. Sie ist „das erste effektive phänomenologische Erscheinen".[86] Die Gegebenheitsmetapher dient Rolf Kühn dazu, eine letzte Unverfügbarkeit der menschlichen Ermächtigung zum Zugriff auf Welt, Sein und Selbst zu signalisieren. Am

---

[83] Rolf Kühn, Leiblichkeit als Lebendigkeit. Michel Henrys Lebensphänomenologie absoluter Subjektivität als Affektivität, München 1992, S. 23–25.
[84] Rolf Kühn, Gabe als Leib in Christentum und Phänomenologie, Würzburg 2004, S. 19f.
[85] A.a.O., S. 175.
[86] Ders., Die Offenbarungsmächtigkeit des Leibes, in: ThG 50 (2007), S. 242–251, hier S. 248.

Anfang des Menschseins steht auch in der phänomenologischen Selbstbetrachtung keine Selbstsetzung, sondern das *passible* Sichvorfinden in der Welt, das als solches auf eine aktive Macht verweist, der sich der Lebendige in seiner Vorfindlichkeit verdankt.

Das Urwort dieser Situation ist das Wort von der Inkarnation in Joh 1, 14. Es kennt zum einen *das eine Wort*, in dem anders als in den unendlichen hermeneutischen Auslegungsprozessen das eine Leben selbst ganz gegenwärtig ist und das in die Fremdheit des menschlichen Fleisches hinein ausgesagt ist, um in diesem Fleische die „Ebenbildlichkeit mit Gott als *Sohnschaft*" zu verwirklichen.[87] Das menschliche Ich gründet in der göttlichen Aussage an das Fleisch. In der Annahme dieser Aussage wird die Wahrheit des menschlichen Ichs lebbar.

Die Wahrheit des leiblichen Lebens ist nicht alleine seine Gegebenheit, sondern die intentionale Bejahung dieser Gegebenheit, in der sie überhaupt erst angenommen werden kann und in der überhaupt erst die Gabe vollendet werden kann. Menschliches Leben ist die phänomenale Entbergung des Lebens als Gabe, die in der lebensgeschichtlichen Annahme der Gabe als solche erst erkennbar wird. Das Verstehen des Lebens ist so an seinen Vollzug gebunden. Die Norm dieses Vollzuges ist an dem einen Wort Gottes, an dem fleischgewordenen Christus ablesbar. Sie ist aber eben auch dem Leben von seiner eigenen ursprünglichen Gesetzmäßigkeit her eingeschrieben. Es ist als geschaffenes Leben lebendig vom Anderen her, das in der Aussage auf den Anderen hin sich selbst als Leben entbirgt. Die Wahrheit des Von-Gott-ausgesagt-Seins entbirgt sich in der eigenen Aussage auf Gott hin, die Rolf Kühn mit dem paulinischen *paradídounai* interpretiert. Das Verb wird bei Paulus sowohl für die Hingabe des Gekreuzigten wie für die geschlechtliche Hingabe der Eheleute verwendet.[88] Die geistreiche Beobachtung eröffnet eine höchst bedeutsame Einsicht: Der neutestamentliche Hingabebegriff ist nicht vom Tod als seinem vermeintlichen *télos* her zu deuten, sondern vom Prozess des Lebens her als der Wirklichkeit, die durch die Aussage Gottes wird und die in der Hingabe des Menschen an das von Gott Ausgesagte verstehbar wird. Der zum Kreuzestod bereite Jesus übergibt sich nicht einem Tod, dessen theologischer Sinn durch die der Bibel fremde Konstruktion einer als Tauschhandel konzipierten Sühne erst nachträglich zu konstruieren wäre.[89] Der zum Kreu-

---

[87] Ders., Gabe als Leib in Christentum und Phänomenologie, Würzburg 2004, S. 14.
[88] A.a.O., S. 176f.
[89] Es ist erstaunlich, wie hartnäckig in Teilen der Theologie daran festgehalten wird,

zestod bereite Jesus übergibt sich dem selbst entbergenden Prozess des sich in ihm aussagenden göttlichen Lebens, dem gegenüber religiöses Vertrauen berechtigt ist.

Strukturell handelt es sich bei dieser todbereiten Hingabe an das sich entbergende göttliche Leben um einen der Selbsthingabe in der Ehe entsprechenden Vollzug. Auch in der Ehe nehmen Christen ihr Lebensschicksal mit seinen Verheißungen und mit seinen tödlichen Risiken im Vertrauen auf den sich in ihren Leben aussagenden Quell eines Lebens, das sich selbst als lebendig zu erfahren vermag, an. Wie in der Hingabe Jesu an das göttliche Leben, so ist in der bewussten Annahme des eigenen Lebens, wo es zum Quell neuen Lebens wird, die vertrauende Annahme der tödlichen Bedrohung eingeschlossen.

6. Neutestamentliche Phänomenologie des Lebens

Die Phänomenologie thematisiert die Lebenskontextualität menschlicher Erkenntnis. Erkennen ist kein standardisierter Vollzug unter gleichbleibenden Bedingungen. Erkenntnis steht im lebensgeschichtlichen Kontext sich wandelnder Individuen. Erkannt wird von diesen Individuen, was sich ihnen zeigt. Das phänomenhafte Erscheinen eines Erkenntnisgegenstandes ist unabhängig von seiner objektiven Existenz eine Frage seines In-den-Blick-Geratens. Was aber in den Blick gerät, ist zu einem guten Teil unverfügbar. So wird in der Phänomenologie das Erkennen zum Ereignis. Emmanuel Lévinas weitet diesen Gedanken aus. Er beschreibt die Erkenntnis des Anderen als eines solchen als ein Ereignis des Unendlichen, das sich in jener liebevollen Sehnsucht nach dem Anderen erschließt, die darum weiß, dass Erfüllung der Tod des Größten wäre, was die Sehnsucht eröffnet.[90] Dass insbesondere die erotische Überwältigung des normalen Erkenntnisbetriebes

---

die alttestamentlichen Sühnehandlungen im Jerusalemer Tempel (insbesondere Lev 16) und deren kritische Rezeption durch Paulus (Röm 3 und Röm 8) sei mithilfe des anselmischen Modells der *satisfactio condigna* zu interpretieren. Das Theorem der *satisfactio condigna* erhebt den Tod Jesu zum eigentlich Erlösenden, verschiebt mithin den liturgischen Erlösungstermin vom Ostermorgen auf den Karfreitag. Eingeschlossen in diese traditionsfeindliche Interpretation ist eine sachhafte und quantifizierende Grundvorstellung sowohl der menschlichen Schuld als auch der göttlichen Gnade, deren Scheitern am anselmischen Gottesbegriff (Cur deus homo II, 6) theoretisch nicht anders umgesetzt werden kann, denn in der Idee des göttlichen Todes als eines Aktes, durch den der unendliche Gegenwert einer als Tauschhandel gedachten göttlichen Verzeihung sichergestellt wird.

[90] Emmanuel Lévinas, Die Spur des Anderen. Untersuchungen zur Phänomenologie und Sozialphilosophie, München ⁴1999, S. 201f.

für Lévinas zum Modell des epistemologischen Einbruches des Anderen in die geordnete Welt des Transzendentalsubjekts wird, ist aufschlussreich. Der Andere bricht unvorhersehbar und gewaltsam in das Denken ein. Entgegen dieser gewaltsamen Erfahrung fundamental irritierter Erkenntnis der Welt beschreibt die Phänomenologie die Grundlagen dieser Irritation, indem sie nämlich die lebensweltliche Situiertheit jeder Erkenntnis über die Analyse der Phänomenalisierung ihres Gegenstandes prinzipiell thematisiert. Es ist nichts so Unwahrscheinliches und absolut Irritierendes, sondern der epistemologische Normalfall, dass wir sehen, was unserer Befindlichkeit entspricht.

Wenn Leben mit Rolf Kühn als die Wirklichkeit bestimmt wird, die sich als unverfügbare Gabe erschließt, so kann eine Bereitschaft zur Offenheit gegenüber dem unbeeinflussbaren Geber der Gabe als eine günstige Voraussetzung für die Wahrnehmung des Lebens überhaupt vermutet werden. Wenn Leben weiter kein objektiver Tatbestand ist, sondern das Ereignis des sich selbst als zum Leben ermächtigt vorfindenden Selbst, so ist die Offenheit für die Gabe des Lebens nicht nur Voraussetzung der Bewusstwerdung des Lebens, sondern Voraussetzung für das Ereigniswerden des Lebens.

Das Neue Testament thematisiert den Übergang von einer Form der Existenz, die gerade nicht Leben ist, zum Leben an verschiedensten Stellen. Wenn der Vater in Lk 15, 32 angesichts des Unverständnisses seines älteren Sohnes über die väterliche Freundlichkeit gegenüber dem jüngeren erklärt: „Aber jetzt müssen wir uns doch freuen und ein Fest feiern; denn dein Bruder war tot und lebt wieder; er war verloren und ist wiedergefunden worden", dann wird die ökonomische Verselbständigung des jüngeren Bruders rückblickend als tödliche Verweigerung gegenüber dem Leben interpretiert. Derjenige ist tot, der sein Leben nicht von Anderen zu empfangen bereit ist und sein Leben nicht den Anderen widmet. Die Gabe des Lebens wird wirksam im geteilten Leben, in dem Leben als unverfügbare Gabe erfahrbar wird, die auf den göttlichen Geber verweist.

Leben erschließt sich nicht als biologische Selbstverständlichkeit, sondern in einer bestimmten Sicht auf Welt, Mitwelt und Selbst, in der die Wirklichkeit des Lebens als Gabe phänomenologisch erscheint. Ein großer Teil der neutestamentlichen Verkündigung ist Bild- und Gleichnisrede. Sprachbilder werden in der klassischen Rhetorik als illustrierendes Beiwerk der Aussage interpretiert. Dem widerspricht die eigenartige Emphase, mit der Jesus selbst seine Bildreden abschließt: „Wer Ohren hat, der höre." (Mk 4, 9; par., passim.). Die Bildrede will nicht das Selbstverständliche dem vielleicht Begriffsstutzigen illustrieren. Sie fordert zu einem ganz ungewöhnlichen, zuhöchst verfremdenden Blick auf die Wirklichkeit, zum Bruch mit den alltäglichen Wahrnehmungsgewohnheiten auf: In Mk 4, 3–8 ist dies der außerordentliche Erfolg eines Bauern, der gelinde gesagt agrarökonomisch unvernünftig agiert. Leben als Wachstum und Gewinn, so die Pointe der Geschichte, sind nicht das Resultat sparsamen Wirtschaftens, sondern resultieren aus einer verschwenderischen Großzügigkeit, die am Beispiel der göttlichen *Grandezza* gelernt werden kann, wo Menschen Ohren und Augen öffnen für die allenthalben gegenwärtige Wirklichkeit des Lebens.

Im Lichte einer phänomenologischen Deutung des Lebens erscheinen auch die Wachstumsgleichnisse des Neuen Testamentes in einem anderen Licht. Sie laden dazu ein, die tragende und alles entscheidende Wirklichkeit des Lebens als unverfügbar zukommende entgegenzunehmen. Damit aber verweisen sie die Wahrnehmung des Lebens als Gabe auf die Wahrnehmung des Gebers des Lebens.

Michel Henry lädt zur Wahrnehmung des Lebens als des immer neu sich gebenden Könnens *(pouvoir)* einer Selbsterprobung im Fleische ein, die nur gelingt, wo sie ihr Gegebensein aus der Selbstgebung Gottes anerkennt. Wenn in Joh 3 der Pharisäer Nikodemus auf Jesu Wort von der Notwendigkeit des Neugeborenwerdens ausgesprochen begriffsstutzig regiert, indem er auf die objektive Unmöglichkeit der Wiederholung des Vorganges der Niederkunft verweist, so zeigt er sich aus phänomenologischer Perspektive nicht einfach als metaphorischer Analphabet, sondern er thematisiert stellvertretend für die Leser des Evangeliums die grundlegende Versuchung eines jeden Menschen, von einer lebensbezogenen Innenperspektive auf Welt und Leben hinüberzuwechseln zu einer objektivierenden Außenperspektive. Von dieser allerdings gilt bei Michel Henry, dass sie durch Angst tötet. Das Johannesevangelium kehrt demgegenüber die Perspektive um: Nicht das Angstbild einer tödlichen falschen Sicht auf das Leben stellt Jesus in den Vordergrund, sondern die Einladung, an der durch Jesus von Gott her erschlossenen Perspektive auf das Leben als empfangene göttliche Schenkung teilzuhaben.

Das Neue Testament rückt die lebenserschließende Kraft einer veränderten Haltung zu Welt, Mitwelt und Gott in den Kontext einer dramatischen Entscheidung zwischen Leben und Tod. Den Kern dieser Entscheidung bezeichnet Paulus als „*pístis*". Der Begriff bringt eine eigenartige Situation zum Ausdruck: Im Glauben sucht ein Mensch Stand in dem, was nicht in seiner Macht steht. Der Hebräerbrief artikuliert diese eigene Situation nachgerade definitorisch: „Glaube ist Feststehen in dem, was man erhofft." („*éstin ... pístis elpizoménōn hyóstasis*": Hebr 11, 1). Von diesem Glauben erklärt Paulus, er sei die subjektive Voraussetzung des von Gott her angebotenen rechten Verhältnisses zu Gott als der Situation, in der Leben sich ereignet (Röm 1, 17; Gal 3, 11). Leben *wird*, wo Menschen den Ursprung des Lebens in ihrem Leben zulassen. Während der Hebräerbrief den Bezugspunkt des Glaubens im eschatologsichen Entgegenkommen Gottes erblickt, sieht Paulus den Inhalt des Glaubens in dem konkreten Leben Jesu Christi. Für ihn ist der Glaube als „*pístis Iesoû Christoû*" definiert (Röm 3, 22).

Die Auferstehung Jesu kann insofern als ein epistemologisches Ereignis verstanden werden, weil dieses Ereignis seine eigene *epistemē* ermöglicht, indem es die erkenntnisermöglichenden Erfahrungen vermittelt, die seine Wahrnehmung allererst ermöglichen. Bezeichnen soll er ein Ereignis, das die Voraussetzungen der Wahrnehmung und des Verstehens verändert. In Bezug auf das Leben ist die alltägliche Erfahrung diejenige, die Michel Henry „*pouvoir*" nennt, das Grundgefühl einer Ermächtigung gegenüber dem eigenen Sein und der Welt, das im Subjekt der neuzeitlichen Verfügung über die Welt als dem Material des descartschen *Ego* seinen Ausdruck findet. Der epistemologische Bruch besteht in jener Erfahrung, die dieses Subjekt des *pouvoir* dazu veranlasst und befähigt, das eigene Leben nicht allein im eigenen Walten zu erblicken. Angesichts der faktischen Ausgeliefertheit eines Menschenlebens insbesondere angesichts des unausweichlichen Todes führt eine Haltung der Selbstbehauptung zwangsläufig in die Verzweiflung an der Unverfügbarkeit.

II. Gabedenken

1. Die Gabe im Denken von Marcel Mauss

Der französische Soziologe und Ethnologe Marcel Mauss (1872–1950), Neffe und Schüler des berühmten Emile Dürkheim (1854–1917), misst den eigenen ethnologischen Studien anthropologische, soziologische und philosophische Relevanz deshalb bei, weil er davon ausgeht, dass in allen menschlichen Gesellschaften gewisse grundlegende Rituale wirken, die auch in sogenannten zivilisierten Kulturen für das soziale Leben konstitutiv sind und bleiben. Sie mögen je nach dem ethnologischen Kontext in je anderen Gestalten vollzogen werden, haben jedoch immer dieselbe grundlegende soziale Bedeutung: „Es gibt keine nicht-zivilisierten Völker. Es gibt nur unterschiedliche Zivilisationen".[91]

---
[91] Marcel Mauss, Minuit, Œuvres II, Paris 1974, S. 229f.

Wo immer Menschen leben, können sie soziale Verbände nur da bilden, wo es ihnen gelingt, eine Praxis des Austausches untereinander in Gang zu setzen. Die von Helmut Schoeck beschriebenen afrikanischen Kulturen, in denen Menschen nachts essen, um durch die neidischen Blicke ihrer Stammesgenossen keinen Schaden zu leiden, kann als Kontrastbild des von Marcel Mauss gemeinten Zusammenhanges herangezogen werden. Nur wo Menschen aus der angstgeleiteten Fixierung auf die nur eigene Existenzsicherung heraustreten und sich öffnend auf andere Menschen beziehen, kommt eine Dynamik des Austausches in Gang, durch die auf mittlere Sicht im Durchschnitt alle einen Gewinnzuwachs haben. Nur wo der einsame Genießer Gäste zu sich einlädt, kann er hoffen selbst auch einmal am Überschuss der anderen teilhaben zu dürfen. Dieser Gewinnzuwachs wiederum ist die Möglichkeitsbedingung dafür, dass sich Austauschbeziehungen verfestigen und über den durch sie gewonnenen Mehrwert das Rückgrat entstehender gesellschaftlicher Strukturen bilden können. Der ökonomischen Dynamik wirtschaftenden Austausches als Möglichkeitsbedingung politischer Assoziation geht eine kulturelle Einübung des Tauschens voraus.

Wo Menschen kulturell das Tauschen einüben, können sie allerdings nie sicher sein, dass am Ende des Austauschprozesses für sie selber eine persönlich nutzbare Steigerung ihres Wohlstandes erreicht werden wird. Vielleicht geht es ihnen auch nur wie jenem Hans im Glück, der ein Vermögen durch eine Reihe verschiedener Tauschakte in Nichts verwandelt. Der Eintritt in die Welt des Tauschens und damit in die Welt wirtschaftlichen und gesellschaftlichen Austausches, die Überwindung der starren Fixiertheit auf das Eigene setzt die Bereitschaft zum Verlust voraus. Dies gilt umso mehr, als eine Tauschdynamik nur da zustande kommt, wo Menschen nicht zu kurzfristig auf die Kompensation eigener Vorleistungen im Prozess des Tauschens hoffen. Der Eintritt in die Welt des wirtschaftenden Interagierens geschieht deshalb kulturell als Einübung des geschenkhaften Gebens, das hingibt, ohne mit einer unmittelbaren Gegenleistung zu rechnen, und das gerade so eine reziproke Verbundenheit erzeugt, die sich auf lange Sicht mehr bezahlt macht als die unmittelbare Erwiderung des Gegebenen. Die Gabe als Geschenk ist der basale Akt menschlicher Gemeinschaftsbildung, menschlicher Tausch- und Wirtschaftsbeziehung und mithin das Rückgrat jener ökonomischen Dynamik, die umfassendere politische Gebilde überhaupt erst tragen kann.

Das Geschenk ist keine Bezahlung und keine Anzahlung. Es wird freiwillig und großzügig gegeben. Und doch wohnt ihm, wie Marcel Mauss beschreibt, die Kraft inne, bei Beschenkten das Bedürfnis nach einer Gegengabe zu erzeugen. „Eine nicht erwiderte Gabe erniedrigt auch heute noch denjenigen, der sie angenommen hat."[92] Die großzügige Vergeltung einer empfangenen Gabe, die die ursprüngliche Gabe übertrifft, ist eine Frage der Ehre, des Ansehens, des Prestige.[93] Anders als bei der Bezahlung ist bei der Gegengabe das Übermaß des Gebens von konstitutiver Bedeutung. Im Übermaß der Gegengabe nimmt der Gebende die erfahrene Großzügigkeit des ursprünglich Gebenden seinerseits auf und beantwortet sie seinerseits mit Großzügigkeit, ohne die Gabe durch eine äquivalente Erwiderung zur Bezahlung herabzuwürdigen. Durch dieses Übermaß wird die Spirale wirtschaftlicher Dynamik in Gang gesetzt und angetrieben. Das Übermaß der Gabe wirkt beim Beschenkten wie ein Kredit. Der Beschenkte wird diesen Kredit um seiner Ehre willen nicht nur zurückzahlen, sondern auch seinerseits auf ein Übermaß der Rückzahlung achten, das Mauss mit dem Begriff des Zinses deutet.[94] Anders als beim Zins aber ist der Gläubiger nicht nur Leistungsverpflichteter gemäß einem rechtlich geregelten Rahmen. Er reproduziert vielmehr den nicht kodifizierten Rahmen der eigenen Leistungsverpflichtung durch sein eigenes Handeln, mit dem er die Großzügigkeit des ursprünglichen Gebers erwidert. Während der Zins den Gläubiger zum bloßen Dienstpflichtigen erniedrigt, ist derjenige, der in der Welt des Gebens und Nehmens eine Gabe erwidert, durch das Übermaß seiner Erwiderung selbst Begründer einer Dienstverpflichtung des ursprünglichen Gebers ihm gegenüber. Geschenke stiften eine kulturelle Situation wechselseitiger Obligation, die menschliche Gesellschaften als solche zusammenbindet: „Geschenke und Wohltaten halten die menschliche Gesellschaft zusammen."[95]

Durch das Übermaß werden die, denen vergolten wird, ihrerseits zu Empfängern, die Gegengaben erbringen. Gelegenheiten zur übermäßigen Vergeltung, zu „edler Verschwendung", sind vorzugsweise Einladungen zu Festen, Banketten und Opferfeiern. Eine besonders extreme Form „edler Verschwendung"[96] bezeichnet Mauss mit dem nordamerikanisch-indianischen Begriff „*Potlatsch*". Es sind bezeichnenderweise reiche Stämme, deren Stammesglieder beim *Potlatsch* mit den Mitteln der hemmungslosen Verschwendung um Ansehen und Einfluss konkurrieren und dabei

---

[92] Marcel Mauss, Die Gabe. Form und Funktion des Austausches in archaischen Gesellschaften, Frankfurt 1990, S. 157.
[93] A. a. O., S. 84.
[94] A. a. O., S. 82 f.
[95] Seneca, De benefitiis, 1, 4, 2.
[96] Mauss, Die Gabe, S. 162.

ganz außerordentliche Mengen persönlichen Eigentums vernichten. Diesem ökonomisch scheinbar höchst unvernünftigen Handeln mag dabei immer noch die Grunderfahrung schenkender Menschen zugrunde liegen, dass nichts geeigneter ist, die eigene Prosperität gegen die Wechselfälle des Lebens abzusichern als Großzügigkeit gegenüber anderen, auf deren Hilfe man hoffen kann. Die Vernichtung von Wohlstand ist darüber hinaus geeignet, das Wohlstandsgefälle zwischen den Stammesangehörigen auszugleichen und so eine gewisse ökonomische Gleichrangigkeit als Möglichkeitsbedingung der Gabeökonomie zu erhalten. Paul Dumouchel beschreibt in Anlehnung an Marshal Sahlins ein entsprechendes Prinzip archaischer Ökonomien als das Bestehen auf Gleichrangigkeit der ökonomischen Partner, das die Weigerung, aus Transaktionen Vorteil zu schlagen einschließt.[97]

Der Opferbegriff von Marcel Mauss und Henri Hubert wurde anhand alttestamentlicher Texte zum Tempelopfer entwickelt. Die Tötung eines Menschen spielt dementsprechend keine Rolle. Auch bei den Tieropfern folgen Hubert und Mauss einer ausgesprochen religiösen Interpretation, die sich von der Opfertheologie des Buches Levitikus leiten lässt. Das Opfer ist eine *konsekratorische* Handlung, durch die die Opfergabe *(victima)* aus dem alltäglichen Verwertungskontext herausgenommen wird. Sie erhält in diesem symbolischen Geschehen eine neue Bedeutung als Darstellung religiös-moralischer Haltungen[98]. Die Opfergabe zur Darstellung der religiösen Innerlichkeit unterscheidet sich auf den ersten Blick unüberbrückbar von Girards Deutung des kultischen Opfers als kultische Wiederholung einer gemeinschaftsstiftenden Tötungshandlung, durch deren kathartische Pazifierung die innergemeinschaftlichen Aggressionen der Opfergemeinde befriedet werden, wodurch Gemeinschaftsbildungen überhaupt erst ermöglicht werden.[99] Allerdings lässt sich Girards Grundgedanke

---

[97] Paul Dumouchel, Die Ambivalenz der Knappheit, in: ders./ Jean-Pierre Dupuy, Die Hölle der Dinge. René Girard und die Logik der Ökonomie, Münster 1999 (ursprünglich französisch: L'enfer des choses. René Girard et la logique de l'economie, Paris 1979).

[98] Marcel Mauss und Henri Hubert entwickeln ihren Begriff des Opfers anhand alttestamentlicher Texte (dies., *Essai sur la nature et la fonction du sacrifice*, in: Année sociologique 2 (1899), S. 29–138). Ihre Opferdefinition (a.a.O., S. 14) benennt dementsprechend die religiöse Dimension, die im Sinne von Moralität und der Innerlichkeit verstanden wird, die konsekratorische Dimension, die als Ausgliederung der *victima* aus dem säkularen Verwertungszusammenhang gedeutet wird, und die Dimension der Preisgabe eines Wertes.

[99] René Girard, Das Ende der Gewalt, Analyse des Menschheitsverhängnisses, Freiburg ²2009.

einer politisch-funktionalen Interpretation des kultischen Opfers gerade aufgrund der soziologischen gabetheoretischen Überlegungen von Marcel Mauss mit dessen Modell des Opfers als kultischer Gabe verbinden. Im Kult geben Menschen das hin, so Mauss, woran sie interessiert sind. Gemeinschaftsstiftend ist auch dies. Zum einen wird nämlich auf diese Weise durch Wohlstand verursachte Ungleichheit vernichtet, ähnlich wie beim *Potlatsch*. Zum anderen wird die Grunderfahrung des allseitig Gewinn bringenden Gebens durch deren kultische Darstellung als göttliches Prinzip erkannt und feierlich bestätigt. Das kultische Mahl wird zur ersten Erfahrung der allseitigen Wohlfahrt in einer Ordnung allseitiger Gebebereitschaft. Sowohl Girards Interpretation des Opfers als archaische Gewaltpazifierung als auch die Deutung des Opfers als zivilisatorische Performation und Einübung der gesellschaftskonstituierenden Gabementalität deuten die kultisch-religiöse Praxis als Grundlage sozialer Gemeinschaftsbildung.

Dass die kultische Güterzernichtung als Gabe an die Gottheit auch die Tötung von Menschen einschließt, kann mit Girard als kanalisierte Aggressionsbefriedigung gedeutet werden. Dieser Deutungsansatz aber muss nicht exklusiv verstanden werden gegenüber der Deutung auch des Menschenopfers als einer Gabe. Girard beschreibt für alle an der Opferhandlung Beteiligten eine Vernichtungsaggression gegen das Opfer als konstitutiv für das Opfergeschehen und seine reinigende Wirkung. Zugleich aber ist das Opfer Vollzug der gesamten politischen und kultischen Gemeinschaft. Notwendig schließt die festliche Rekonstitution dieser Gemeinschaft im Ereignis des Opferkultes auch die Angehörigen der Geopferten ein. Der Mythos von Iphigenie stellt deren Vater Agamemnon angesichts der Opferung seiner Tochter in *Aulis* keineswegs als aggressionsblind[100] gegen die eigene Tochter dar. Die Opferung wird von ihm lediglich als eine offensichtlich von den Göttern geforderte Bedingung zur erfolgreichen Ausfahrt der griechischen Flotte nach Troja erfüllt. In einer ähnlichen Zwangslage sehen wir im Alten Testament den Richter Jiftach. Nach erfolgreicher Schlacht gegen die Ammoniter ist es sein Töchterchen, das einzige Kind (Ri 11, 34), das ihm zur Pauke tanzend als erstes aus dem Haus entgegen zieht (Ri 11, 29–35). Der Alte zerreißt seine Kleider (V. 35), als er der Tochter die schreckliche Wahrheit

---

[100] Wutblindheit der Opfernden ist nach Girard die Ursache ihrer Unfähigkeit, die Differenz zwischen der vermeintlichen Übermacht aller Konkurrenten und der Ohnmacht des Opfers wahrzunehmen: René Girard, Das Heilige und die Gewalt, Zürich 1987, S. 9–22.

entdecken muss, dass er JHWH schwor, das erste ihm bei seiner Heimkehr aus dem Haus entgegen Kommende zu opfern. Ohne den Grundgedanken Girards, das Menschenopfer sei kompensatorische Aggressionsbefriedigung, zu bestreiten, ist es doch einleuchtend, dass das Opfer für einige im Kultverband ausschließlich Gabe ist. Auch wenn die Opfergemeinde den Tod des Mädchens als schauervolle Reinigung von ihrem Neid auf den erfolgreichen Anführer erlebt, für Jiftach selbst ist sein Opfer die totale Gabe, die nicht mehr partiell und prinzipiell durch Gegenleistung aufwiegbar ist.

Marcel Mauss spricht von der Möglichkeit einer „totalen Leistung vom agonistischen Typ".[101] In der totalen Gabe wird der Verzicht auf jede kalkulierende Erwartung eines Ausgleiches für die eigene Gabe sinnenfällig. Jiftach verliert mit seinem einzigen Kind die eigene Zukunft. Seine Opfergabe ist Hingabe des eigenen Lebensglücks und Lebensplans. Ausgerechnet diese intensive Form der Gabe, die den Gebenden in gewisser Weise irreversibel vernichtet, ist nach der Schilderung im Buch Josua die Quelle kollektiven Erfolges. Sieht Girard den Segen des Opfers immer gebunden an die Überwindung der Aggression, so scheint hier eine Synthese der Gabetheorie und Aggressionstheorie möglich: Nicht alleine am Opfer tobt sich die Aggression der Gemeinschaft aus, sondern auf subtilere Weise an den Überlebenden, die das Opfer für alle zu erbringen haben. Mag der Tod der *victima* eine schauervolle Katharsis bewirken, die weiterlebendem Angehörigen der *victima* werden zu mimetisch verehrten, heldischen Vorbildern einer intensiven Gabebereitschaft. Deren Heilsmittlerschaft resultiert aus der Notwendigkeit, die sozial förderliche Dynamik bereitwilligen Gebens immer wieder dadurch zu sozialisieren, dass die Versuchung der primären Vorsorge für das eigene Selbst und den engeren Sozialverband aufgebrochen wird zugunsten der Orientierung am größeren Sozialverband.

Hingabe als besonders intensive Form der totalen Gabe ist in der neueren deutschen Geschichte durch den Missbrauch des Hingabegedankens in der militärischen Propaganda des späten neunzehnten und der ersten Hälfte des zwanzigsten Jahrhunderts stark desavouiert worden. Durch seine Missbrauchsgeschichte ist der Hingabebegriff auch hinsichtlich seiner theologischen Brauchbarkeit problematisch geworden. Hierüber wird noch zu handeln sein.

Vor der Radikalisierung des Gabegedankens in dem Akt der agonalen Selbsthingabe liegt bei Marcel Mauss die Wahrnehmung

---

[101] Die Gabe, S. 25.

der Gabe als einer zutiefst lebensförderlichen Haltung von Menschen zueinander. Mauss deckt mit dem Gabegedanken die menschliche und religiöse Tiefenstruktur menschlicher Zuwendung zueinander, menschlichen Wirtschaftens und menschlicher Sozialverbände auf. Immer geht es um Gabe und Gegengabe, um Schenken und Empfangen.

2. Die Ökonomie der Gabe bei Paul Ricœur

Marcel Mauss stieß das Nachdenken über die Bedeutung des Gebens für das Menschsein des Menschen im Ausgang von ethnologisch-soziologischen Beobachtungen an. Sein Denken führt allerdings bis an die Schwelle einer Anthropologie des Gebens. Gabe und Gegengabe werden als kulturkonstituierende anthropologische Grundvollzüge erkannt. Der Gedanke der konstitutiven Bedeutung des Gebens für das Menschsein wird in der französischen, phänomenologisch verfahrenden, philosophischen Anthropologie des zwanzigsten Jahrhunderts in den weiten Kontext einer Ontologie des Gebens gerückt.[102]

a. Die Ökonomie der Gabe

Paul Ricœur (1913–2005) verwendet die Formel „*l'économie du don*" um eine ontologische Tiefenstruktur des Gebens und der Gabe zu benennen.[103] Diese Tiefenstruktur des Seins erschließt sich in der Phänomenologie der Liebe. In der Erfahrung der Liebe wird das Wesen des Seins als sich schenkende Gabe erkannt, der Menschen da entsprechen, wo sie in lobpreisender Liebe annehmen, was ihnen aus primordialer Überfülle zukommt, ohne vom Menschen aus erzeugbar zu sein. Mit der Erfahrung des Seins als Geschenk ist die Erfahrung der Schöpfung als sich mitteilender göttlicher Liebe gegeben. Aus ihr erwachsen das Zutrauen zum Sein, die Verpflichtung ihm in seinem Gabecharakter durch die eigene Großzügigkeit zu entsprechen und die eschatologische Zuversicht, dass das im Geben und Nehmen sich manifestierende

---

[102] Kathrin Busch, Geschicktes Geben. Aporien der Gabe bei Jacques Derrida, München 2004; Michael Gabel (Hg.), Von der Ursprünglichkeit der Gabe. Jean-Luc Marions Phänomenologie in der Diskussion, Freiburg 2006; Stefan Oster, Mit-Mensch-Sein. Phänomenologie und Ontologie der Gabe bei Ferdinand Ulrich, München 2004; Kurt Wolf, Philosophie der Gabe. Meditation über die Liebe in der französischen Gegenwartsphilosophie, Stuttgart 2006.
[103] Paul Ricœur, Liebe und Gerechtigkeit, Tübingen 1990, 21–39; ders., La lutte pour la reconnaissance et l'économie du don, Paris 2002.

Sein in seiner Güte eine universal bestimmende Wirklichkeit ist, die auch den eigenen Tod überdauert und in die sich das Ich im Tod bergen kann.[104]

In ethischer Hinsicht muss Liebe als das beschriebene metaethische Verhalten des Menschen gegenüber der primordialen Fülle des Seins zum korrigierenden und inspirierenden Prinzip ethischen Handelns gemäß den klassischen Prinzipien distributiver und kommutativer Gerechtigkeit werden. Erst wo verteilende und ausgleichende Gerechtigkeit als menschliche Antwort auf eine ursprüngliche Abhängigkeit eines jeden Menschen verstanden werden, wird Gerechtigkeit geübt aus der Grundhaltung der absichtslosen Begünstigung eines jeden um seiner selbst willen.[105] Die Goldene Regel (Mt 7, 12) bedarf der Antithesen der Bergpredigt (Mt 5, 17–6, 4), um nicht im Sinne einer bloßen „Entsprechungslogik" *(logique de correspondence)* nach der Grundregel „Tit for Tat"[106] missdeutet zu werden. Als Entsprechungslogik führt die Goldene Regel zu lebensfeindlichen Schlussfolgerungen. Das umgangssprachliche „*Wie-du-mir-so-ich-dir*" vermittelt eine Ahnung von dem zerstörerischen Potential einer rein formalen Gleichbehandlungsregel. Alltäglich erfahrbar wird es in vielen Paradoxien gleichheitsorientierten Wohlfahrtsdenkens, wenn etwa Gutes unterdrückt wird, weil die theoretische Gewährung des fraglichen Gutes an alle unmöglich ist.

Die Antithesen der Bergpredigt rücken das Ideal der Gleichbehandlung in den Kontext einer Theozentrik, die mit der Forderung der Feindesliebe (Mt 5, 43–48) die Frage nach einer innerweltlichen Reziprozität verneint. Wer gut am Anderen handelt, kann nicht darauf hoffen, dadurch die Grundlage der eigenen Wohlfahrt zu legen. Die theologische Tradition löst das sich hier abzeichnende Problem mit Immanuel Kant[107] individualeschatologisch: Der Ausgleich für die unerfüllte Gerechtigkeitsforderung wird zum Gegenstand eschatologischer Hoffnung des Einzelnen. Paul Ricœur fokussiert nicht diesen Ausgleich aus der Perspektive des Einzelnen, der angesichts einer umfassenden und nicht auf vordergründigen Ausgleich zielenden Gerechtigkeitsforderung Unrecht zu erleiden bereit ist. Er fragt vielmehr umfassender nach den erkenntnistheoretischen Voraussetzungen einer geistigen Grundhaltung, die der Hoffnung auf das eschatologische Handeln Gottes bedarf.

---

[104] Paul Ricœur, Liebe und Gerechtigkeit, 59ff.
[105] A.a.O., S. 39.
[106] Robert Axelrod, Die Evolution der Kooperation, München ⁵2000, S. S. 25–49.
[107] Immanuel Kant, Kritik der praktischen Vernunft, A 223–229.

Diese Voraussetzung bezeichnet Ricœur mit dem Begriff „Logik der Überfülle" *(logique de surabondance)*.[108] Diese „Überfülle" motiviert in den Antithesen der Bergpredigt die dort umschriebene Grundhaltung einer jedes Messen und Verrechnen ablehnenden Affirmation des Anderen, die deshalb „ekstatisch" genannt werden kann, weil sie den Sinn ihrer selbst nicht mehr aus einer funktionalen innerweltlichen Tauschlogik ableiten kann. In den Antithesen der Bergpredigt wird vielmehr die Transzendenzgegründetheit jeder wirklich lebensförderlichen Gerechtigkeitspraxis deutlich. Transzendenzgründung allerdings ist aus sich heraus noch kein hinreichender Grund für die lebensfördernde Hermeneutik des Reziprozitätsgrundsatzes. Die bloße Ekstase ist selbst zu unbestimmt, als dass mit ihr eine inhaltliche Präzisierung des formalen Gerechtigkeitsdenkens im Sinne der wohlwollenden Lebensförderung zustande kommen könnte. Der Begriff der „Überfülle" erfüllt bei Ricœur genau diese Funktion. Der erkenntnistheoretische Ursprung dieses Begriffs ist jedoch nicht der ethische Kontext der Frage nach dem rechten Handeln, sondern der schöpfungstheologische der liebenden und dankbaren Annahme der Welt als einer sich schenkenden Fülle, die als die Grundwirklichkeit des Seins überhaupt und in diesem Sinne als Schöpfung erscheint und die so Menschen in den dankbaren Lobpreis hineinzieht, der jedes ethische Handeln erst zu einem wirklich lebensfördernden Handeln des Gönnens, der Güte und des Wohlwollens zu qualifizieren vermag. Der Begriff der Fülle bezeichnet somit bei Ricœur die in der religiösen Tradition im Schöpfungsbegriff vermittelte ontologische Möglichkeitsbedingung menschlicher Großzügigkeit und menschlichen Wohlwollens.

Mit der Betonung der primordialen Bedeutung der Erfahrung und Artikulation von Fülle steht Ricœurs Denken in einer kritischen Spannung zu einer banal gewordenen Auffassung menschlicher Transzendentalität in Neuzeit und Moderne: Es fällt nicht schwer, menschliches Denken und Handeln in Neuzeit und Moderne als ekstatisch zu kennzeichnen. Der Begriff des Fortschritts macht Nietzsches Vision vom Übermenschen zu einer Allerweltserwartung. Mit Nietzsches Übermenschen aber teilt der Fortschritt in allen Lebensbereichen seine mangelhafte inhaltliche Bestimmtheit. Was sollte den Fortschritt denn auch bestimmen, ist er doch wesentlich Sichausstrecken nach dem, was noch nicht ist, nach der nicht realisierten Möglichkeit. Genau diese intrinsische Negativität begründet die destruktive Seite des Fortschritts, in dessen Namen immer wieder das Lebensfeindliche mit Sinnverheißung auf-

---

[108] Paul Ricœur, Liebe und Gerechtigkeit, S. 57f.

geladen wird. Bezeichnenderweise wartet auf Nietzsches Übermenschen am Gipfel seines als Aufstieg gedeuteten Lebens nichts anderes als die absolute Negativität des Untergangs in Tod und Vergessen.[109] Aus der Negativität einer Transzendenz auf das, was als Möglichkeit wesentlich bestimmt ist durch sein (Noch-)Nichtsein, lässt sich keine Haltung absichtsloser Bejahung der Welt und jedes anderen Menschen ableiten. Hier liegt der metaphysische Grund dafür, weshalb die sogenannte Lebensethik sich thematisch primär mit der Ausweitung der Tötungslizenzen gegenüber Menschen beschäftigt.[110] Ohne Orientierung an der Erfahrung primordialer Fülle gerät menschliche Gerechtigkeitslogik in den Sog des verwalteten Mangels, ja letztlich, in den Sog des zugeteilten Anteils am Tode.

Der ontologisch vorrangigen Fülleerfahrung entsprechen existentiell vielfältige Erfahrungen von Mangel. Mit ihnen kommt die Differenz zu Bewusstsein zwischen der lobpreisenden Zustimmung zum Leben und zum Sein einerseits und der manifesten Lebenswidrigkeit der Welt. Ricœur deutet das Mangelbewusstsein des Einzelnen als die existentielle Erfahrung, mit der sich der Übergang des einzelnen Menschen zum Wesen der Geselligkeit verbindet[111]: Indem ich deine Not erkenne und mich zur Hilfe bereit finde, erkenne ich deine und meine prinzipielle Gleichheit in einer konkreten und personalen Weise an. Die abstrakte kantische Rede von der einen Menschheit bekommt so einen konkreten Erfahrungs- und Vorstellungshintergrund und mit ihm bricht die Aufforderung zu einem konkreten entsprechenden Handeln in

---

[109] Friedrich Nietzsche, Also sprach Zarathustra, Vorrede (ders., Werke (München 1967) II, 277–291).

[110] Julian Nida-Rümelin weist die Vorstellung zurück, die Lebens- oder Bioethik sei durch ihren methodischen Utilitarismus gekennzeichnet. Kennzeichnend sei nicht die Methode, sondern das Thema, das Nida-Rümelin mit Fragen umschreibt wie: „Ist Sterbehilfe unter bestimmten Bedingungen moralisch zulässig?" (ders., Wert des Lebens, in: ders. (Hg.), Angewandte Ethik. Die Bereichsethiken und ihre theoretische Fundierung. Ein Handbuch., 2. aktualisierte Ausgabe, Stuttgart 2005, S. 887–912, hier: S. 887). Die Umschreibung eines Themas mithilfe von Fragen aber impliziert eine methodische Vorentscheidung, da die Frage ja bereits anzeigt, unter welcher Perspektive und Zielsetzung das Thema behandelt werden soll. Die in den Fragen beschlossene Konzentration auf legitime Grenzen und Abschlüsse des Lebens ermöglicht die im Titel des Nida-Rümelinschen Aufsatzes vollzogene Deutung des Lebens als eines endlichen Gutes, nach dessen „Wert" in einer prinzipiell ökonomiefähigen Weise gefragt werden kann. Paul Ricœur lässt dagegen die Wahrnehmung des menschlichen Lebens in der Erfahrung der unverfügbaren Fülle wurzeln, einer Wirklichkeit, angesichts derer bereits die schenkende Gesellschaft der Renaissance die Frage nach dem Preis verweigerte.

[111] Paul Ricœur, Das Selbst als ein anderer, München 1996 (Original: Soi-même comme un autre, Paris 1990), S. 234f.

das Leben eines Menschen ein. Die konkrete Erfahrung der Gleichheit und der Appell, dieser Gleichheit als Fürsorgender zu entsprechen, lassen das kantische Gebot der Achtung vor der Autonomie des anderen Menschen in mit der Konkretheit der Fürsorge aktuell und konkret werden. Die Mangelerfahrung wird so zum Schlüssel einer Überwindung des Mangels in der wechselseitigen Fürsorge, so dass sich im Mangel die größere Fülle erschließt, die im Übergang zum Leben in der sorgenden Bezogenheit aufeinander beschlossen ist.

b. Geben und Nehmen im Prozess der Suche des Menschen nach sich selbst

In seinem 2006 erschienenen Werk „Wege der Anerkennung" deutet der ein Jahr zuvor verstorbene Paul Ricœur die Gabeökonomie auf der Grundlage des grundlegenden menschlichen Strebens nach Anerkennung: Die Anerkennung der anderen als Triebfeder menschlicher Sehnsucht und menschlichen Handelns wird im weitgehend merkantilisierten Gütertausch durch symbolische Akte erreicht. Im Unterschied zu Waren sind diese symbolischen Akte „ohne Preis"[112]. Nichtkäufliche Güter wie moralische Würde, leibliche Unversehrtheit sowie die Schönheit von Leibern, Gärten, Blumen und Landschaften deutet Ricœur von der Phänomenologie der Gabe her.[113] Ihr nichtkäuflicher Wert wird von Menschen begriffen in der Erfahrung der Gabe. Die Gabe verpflichtet. Andererseits verschmähen wir die schnelle und absolute äquivalente Gegengabe, durch die die Gabe zur Ware, der Beschenkte zum Käufer und der Schenkende zum Händler erniedrigt würde. Zwischen Geben und Empfangen einerseits und Empfangen und Erwidern andererseits schiebt sich die Dankbarkeit.[114] Sie nimmt dem Austausch von Gaben den Charakter des Mechanischen, das dem Warentausch eignet. Aber auch der Charakter des Magischen, den Ricœur in der Beschreibung der Gabewirkung bei Marcel Mauss erblickt, weist er zurück: Nicht die „magische Energie"[115] der geschenkten Sache bewirkt die Gegengabe. Die Gegengabe ist nur da Gabe, wo sie die

---

[112] Ricœur knüpft mit der Bestimmung *„sans prix"* an Marcel Henaffs „L'univers du don (in: ders., Le Prix de la vérité. Le don l'argent et la philosophie, Paris 2002) an. Hennaff kennzeichnet mit der Formel „sans prix" eine Tauschbeziehung, die keine Handelsbeziehung des Äquivalententausches ist (Paul Ricœur, Wege der Anerkennung,. Erkennen, Wiedererkennen, Anerkanntsein, Frankfurt a. M. 2006, S. 291–293).
[113] A. a. O., S. 296.
[114] A. a. O., S. 303.
[115] A. a. O., S. 282f.; S. 294.

empfangene Gabe als solche gelten lässt. Was die Gabe als solche qualifiziert, ist nicht das Gegebene, sondern die Geste des Gebens. Nicht auf der Ebene der Ökonomie als Äquivalententausch, sondern auf der Ebene der symbolischen Kommunikation findet sich die Wahrheit der Gabe als solche. Die Gabehandlung wird deshalb zeremoniell dem unmittelbaren Alltagsgeschehen enthoben. Erst in einer Sphäre des Zeremoniellen wird die symbolische Dimension der Gabe erkennbar. Neben der zeremoniellen und symbolischen Seite der Gabe kennt Ricœur die festliche Dimension.[116] In einer gewissen Abgehobenheit zum alltäglichen Warentausch (Zeremonialcharakter) wird durch gelingende Geschenkhandlungen für Beschenkten und Schenker eine verbindende und beide tragende Grundwirklichkeit beider Leben kommuniziert (Symbolcharakter) und bestätigt (Festcharakter). Ricœur sieht in dieser die sozialen Tauschprozesse grundierenden fundamentalen gesellschaftlichen Wirklichkeit das Ereigniswerden dessen, was Hegel in seiner Rechtsphilosophie „Anerkennung" nennt und was Ricœur identifiziert mit der „Liebe" in den Jenaer Schriften Hegels: Ereignis wird sie, wo im familiären Herkunftszusammenhang Eltern sich nicht mehr nur als erotische Subjekte erleben, sondern als Subjekte einer ehelichen *agápē*, in der sie sich wechselseitig anerkennen und zugleich damit das aus ihnen hervorgehende Kind. In der Anerkennung des Gezeugten und Geborenen als Sohn oder Tochter statt bloß als beziehungslose Leibesfrucht liegt der psychologische Ermöglichungsgrund für die Selbsterkenntnis des Sohnes oder der Tochter innerhalb des Abstammungszusammenhanges. Das Ich begreift sich als herkünftiges Kind seiner Eltern und erfährt sich darin überhaupt erst als Ich und zu eigenen Anerkennungsakten ermächtigt.[117]

Die Grundwirklichkeit der Anerkennung *(reconnaissance)* findet Ricœur sprachlich artikuliert in 1 Kor 13, 5: Die *agápē*, die *nicht das Ihre sucht (ou zētêi tà èautês)*, ist im überlieferten biblischen Text gegeben. Insofern der Text menschliches Bewusstsein spiegelt, kann er für die anthropologische Deutung des Menschen herangezogen werden.[118] Anders als beim platonischen *éros*, der ja gerade durch seine Begierde nach dem Schönen und Unbefriedigtsein als Halbgott qualifiziert ist[119], schließt die *agápē* die „Empfindung von Entbehrung aus".[120] Sie ist gerade dadurch der Ermöglichungsgrund einer in der Gabe vollzogenen Anerkennung des

---

[116] A.a.O., S. 304f.
[117] A.a.O., S. 244.
[118] A.a.O., S. 278f.
[119] Platon, Symposion, 202, a-e.
[120] Paul Ricœur, Wege der Anerkennung, S. 276.

Anderen, die nicht nach sich selbst fragt und die in allen gelingenden Gabezusammenhängen aktualisiert wird.

Der Grund der *agápē* trägt alles nicht-merkantile Tauschen, das nicht auf die Autonomie als wechselseitige Unverschuldetheit der Subjekte abzielt, sondern im Gegenteil die Verschuldung im Modus der Dankbarkeit riskieren kann, weil ein Überschuss an Großzügigkeit den Gedanken an eine gesteigerte Vergeltung nicht zwanghaft werden lässt. Die Dankbarkeit, die auf Großzügigkeit antwortet, agiert aus der zeitlichen und emotionalen Distanz, die die Gegengabe beim Geber und Empfänger nicht als äquivalente Bezahlung erscheinen lässt.

Ein Markttotalitarismus, der nur die äquivalente Bezahlung als Modell des Tausches akzeptiert, lässt nach dieser Analyse die agierenden Personen als Betrogene zurück. Zwar gelingt auf dem Markt der materielle Tauschhandel. Der symbolische Tausch aber, in dem Menschen nicht nur die Versorgung mit Waren garantiert bekommen, sondern sich wechselseitig erleben als Menschen, die einander Anerkennung gewähren, wird an den Warenhauskassen vermieden.

c. Die Phänomenologie der primordialen Fülle in der Diskussion

Ricœurs Denken führt auf verschiedenen Wegen der phänomenologischen Analyse alltäglicher menschlicher Interaktionen des Schenkens, der Fürsorge, der ökonomischen Interaktion zur Entdeckung der Bedeutung einer Wirklichkeit sich schenkender Fülle, die Menschen in ihren Interaktionen in symbolischen Repräsentationen bezeugen, ohne dass diese Wirklichkeit für sie selber verfügbar würde. Ja, die gewahrte Unverfügbarkeit der primordialen Fülle erscheint sogar als die Möglichkeitsbedingung gelingender Gabe. Nur wo Menschen in ihrem alltäglichen und ökonomischen Sich-aufeinander-Beziehen hinlänglich eine Haltung des absichtslosen Wohlwollens symbolisieren, ermutigen sie andere Menschen aus einer Haltung ängstlicher Existenzsicherung hinauszutreten und sich großzügig auf andere zu beziehen. Dass auf diese Weise ein Prozess in Gang kommt, an dessen Ende eine tatsächliche Vermehrung des Wohlstands steht, ist ebenso richtig, wie es richtig ist, dass dieser Prozess da gar nicht erst in Gang kommen kann, wo alle Beteiligten vor ihrem Sichbeziehen auf den Anderen das Ausmaß der Rendite ihrer Interaktion bereits abschätzen wollen können.

Die Untersuchung von Natalie Zemon Davis zur gesellschaftskonstituierenden Bedeutung des Schenkens in der französischen

Renaissance[121] wird von Paul Ricœur zur historischen Illustration des Unterschieds zwischen Handel und Schenken herangezogen. Zeigt sich der kluge Ökonom in seiner Fähigkeit den Preis zu drücken, so erweist die Freigiebigkeit des Schenkers ihn als klugen Verwalter jener Güter, die nicht käuflich sind und die Menschen nur im freiwilligen und großzügigen Teilen füreinander erschließen. Natalie Zemon Davis zeigt, wie in der Renaissancegesellschaft zunehmender Ökonomisierung die Kultur des Schenkens als kultureller Schutzwall um die Wirklichkeit jener lebenswichtigen Güter, die nicht vermarktet werden können, errichtet wird. Kann man einen Arzt angemessen bezahlen für den umfassenden Einsatz, dem er sich für die Gesundheit seines Patienten hingibt? Kann man die Kreativität einem Künstler angemessen vergelten? Ist die Lebensleistung eines Gelehrten mit Tauschleistungen aufwiegbar? Oder verlangen all diese Berufe nicht eine Kultur der Achtung und großzügigen Anerkennung, die den so Honorierten das Gefühl gibt, dass ihr einmaliger und deshalb nicht adäquat bezahlbarer Einsatz als solcher anerkannt wird? Im Scheitern der Praxis des Schenkens manifestiert sich der Sieg des Äquivalententausches als des Prinzips der Ökonomie. Das Schenken scheitert, wo die Gabe erkennbar auf eine Gegenleistung hin erbracht wird, wo es nicht gelingt in einer mehr und mehr von der Rationalität des sparsamen Mitteleinsatzes erfassten Welt, durch Schenken eine kulturelle Sphäre seliger Verschwendung zu markieren, in der Widmungen, Stiftungen und Zuwendungen die Bezogenheit des Lebens auf eine ursprüngliche Fülle als dessen eigentliche Wahrheit hervortreten lassen. Natalie Zemon Davis benennt als geistige Grundlagen der Kultur des Schenkens zum einen die biblisch verbürgte Überzeugung verdankter Existenz, der Menschen ihrerseits mit Freigebigkeit entsprechen. Zum anderen sieht sie eine Quelle der Freigebigkeit im Humanismus, der das antike Ideal der alle verbindenden Eudämonie propagiert.[122]

Gelingendes Schenken hat mit der Fähigkeit zu tun, zur religiös vermittelten Sphäre der primordialen Fülle ein zustimmendes Verhältnis aufzubauen. Der religiöse Ort einer solchen Zustimmung ist das Fest, das die Erfahrungen verschwenderischer Hingabe

---

[121] Natalie Zemon Davis, Die schenkende Gesellschaft. Zur Kultur der französischen Renaissance, München 2002.
[122] Nikomachische Ethik, 1097, b 20–1098, a 15: Des Menschen höchstes Gut ist die Glückseligkeit *(eudaimonía)*, die in der lebenslänglichen Tätigkeit der Seele gemäß ihrer besten und vollkommensten Befähigung besteht. Dieser guten Selbstverwirklichung der Seele dient jede gerechte soziale Ordnung, deren Ziel mithin darin bestehen muss, jedem zu geben, wessen er bedarf, um seinerseits Bestmögliches zu geben.

und unverfügbarer Freude verbindet und beidem als Pflicht und Gnade religiösen Sinn gibt. Im Neuen Testament wird die Ausnahmesituation des Festes, für das eine gesellschaftliche Sphäre des Schenkens und der empfangenen Lebensfülle zu reservieren ist, zur umfassenden, das ganze Leben in seiner heilschaffenden Ausrichtung deutenden Metapher.[123] Diese Extensionalisierung des Festbegriffes geht mit einer Interiorisierung der das Fest tragenden affirmativen Haltung zur primordialen Lebensfülle einher. Diese vollzogene Zustimmung zur göttlichen Lebensfülle wird zum Grund einer radikalisierten Praxis des Schenkens. Ihr neutestamentlicher Name ist „Glaube". Glaube zeichnet sich gerade dadurch aus, dass er an seiner empirischen Außenseite erkennbar wird als der Grund absichtsloser Zuwendung.[124]

Gegen die Vorstellung, es gäbe überhaupt im Leben so etwas wie eine absichtslose Zuwendung oder es gäbe Bereiche des Lebens, die für eine solche Praxis des Schenkens reserviert wären, erhebt sich der Protest jener Interpreten von Marcel Mauss, die die ökonomische Funktionalität der von Mauss beschriebenen Gabedynamik zum Schlüssel der Gabeinterpretation nehmen. Die von Natalie Zemon Davis beschriebenen missratenen Gaben – in Anlehnung an Searles „*failed speech acts*" könnte man von „*failed gifts*" sprechen – sind für die Anthropologin Mary Douglas alles andere als Fehlschläger. Im Vorwort der englischsprachigen Ausgabe des Marcel Mauss-Klassikers „*Le don*" interpretiert sie die

---

[123] Mary J. Marshall interpretiert die Beschimpfung Jesu als „Fresser und Weinsäufer/*phágos kaì oinopótēs*" (Mt 11, 9; Lk 7, 34) im Lichte der antiken Gastfreundschaftsrituale und des anhand der *didaché* rekonstruierten Lebensstils der urchristlichen Wanderpropheten und kommt zu dem Schluss: Die Beschimpfung bezieht sich nicht auf die Maßlosigkeit Jesu beim Essen und Trinken, sondern darauf, dass Jesus dem Typ des ungeladenen Gastes bei Festmählern (*áklētos*) zuzurechnen ist, der zwar auf die alte Traditionen und Religionen übergreifende Tradition der Gastfreundschaft gegenüber Fremden bauen kann, sich durch sein Erscheinen aber in den Verruf des *parásitos* bringt, auf dessen Abwehr in spätantiker Zeit angesichts sozialprestigeträchtiger Einladungen literarische Satire und architektonische Umsicht zielten. Wenn Jesus sich dennoch der Großzügigkeit seiner Gastgeber zumutet, wendet er sich gegen den Zeitgeist des privatisierenden Exklusivismus der Mähler und stützt sich als Wanderprediger existentiell auf die ältere religiöse Tradition der *philoxenía*, der Gastfreundschaft gegenüber Fremden, Ausländern und Feinden. Ihr spricht er sühnende und heilschaffende Wirkung zu. Durch sie qualifizieren sich auch Sünder und Zöllner für das Reich Gottes (dies., Jesus: Glutton and Drunkard?, in: Journal for the Study of the Historical Jesus 3. 1 (2005), S. 47–60): Der großzügige Gastgeber gegenüber dem Fremden zeigt sich als Mensch innerhalb der göttlichen Heilsmacht.

[124] Das zweite Kapitel des Jakobusbriefes setzt genau diese Überzeugung in seiner paränetischen Argumentation voraus: Wer glaubt, glaubt nicht richtig, wenn er anderen nicht unabhängig von deren Möglichkeiten Wohlwollen zu erwidern mit einer Haltung tätigen Wohlwollens begegnet.

von Mauss beschriebene Kraft der Gabe, eine Gegengabe zu evozieren, radikal anders als Paul Ricœur: „*There should not be any free gift. What is wrong with the so-called free gift is the donor's intention to be exempt from gifts coming from the recipient.*"[125] Die aus der Sicht von Nathalie Zemon Davis und Paul Ricœur als fehlgeschlagen zu beurteilende Gabehandlung ist kein Fehlschläger, sondern der donatorische Normalfall. Eine Gabe wird gerade da richtig verstanden, wo sie als Aufforderung zur Gegengabe inszeniert und genau so auch vom Empfänger der Gabe beantwortet wird. Gaben intendieren immer Zwecke. Ihre Rationalität besteht in der Proportionalität zwischen Einsatz für einen intendierten Zweck und ihre auf diesen Zweck bezogene Wirkung. Nur sichert die gesellschaftliche Praxis von Gabe und Gegengabe die Freiheit und Selbständigkeit von Geber und Gabe. Wo die Gegengabe vom Geber zurückgewiesen wird, erzeugt der Geber einen Ungleichheitsdruck auf den Beschenkten, eine Situation, die Mary Douglas als „*grave violence*"[126] interpretiert.

Was Douglas als Gewaltcharakter am Geschenk interpretiert, ist nach Jacques Godbout der eigentliche Zweck des Geschenkes.[127] Der *homo donator* ist nicht einfach der *homo oeconomicus*. Nicht die Reziprozität des geldvermittelten Äquivalententausches mit seiner Rationalität des gedrückten Preises beschreibt die Handlungslogik des Schenkens. Schenken ist aus der Sicht des *homo oeconomicus* ein irrational großzügiges, mindestens höchst risikoreiches Tun. Der Eingang des Gegenwertes steht nicht im primären Interesse des Schenkenden. Das Ausbleiben eines Gegenwertes ist vielmehr das Handlungsziel, das den großzügigen Schenker motiviert. Durch das Ausbleiben des Gegengeschenkes wird der Beschenkte beim Schenkenden verschuldet. Was Mary Douglas als Gewalt bewertet, ist pragmatisch lediglich die Erzeugung von Abhängigkeit. Je nach Handlungssituation lassen sich mit Godbout fünf verschiedene Grundtypen der Erzeugung von Abhängigkeit durch Geschenke unterscheiden: Im Solidaritätsmodell wird die Verschuldung des Beschenkten verschleiert mit der indoktrinierten Vorstellung, es gebe eine Verpflichtung der Gemeinschaft gegenüber dem Beschenkten. Im „agonistischen" Typ des Schenkens unter Gleichen wird die empfundene Schuld durch ein gleichwertiges Gegengeschenk ausgeglichen. Klassisch

---

[125] Mary Douglas, No free gifts, Foreword to Marcel Mauss, The Gift, New York and London 1990, S. VII.
[126] A.a.O.
[127] Jacques T. Godbout, Homo Donator versus Homo Oeconomicus, in: Antoon Vandevelde, Gifts and Interests, Leuven 2000, S. 23–46.

für Godbouts Geschenktheorie ist das hierarchische Geschenk, das den Beschenkten gegenüber einem hierarchisch höher Stehenden dauerhaft verpflichtet. Ebenfalls klassisch ist der Handlungstyp des wechselseitigen Schenkens unter Gleichen als Zelebration einer wechselseitigen Verschuldung als Basis des gesellschaftlichen Zusammenlebens. Auch die Gabe gegenüber Fremden erklärt Godbout als Form der Verschuldung, allerdings nicht des beschenkten Fremden, sondern eines Dritten, auf den die Gabe eigentlich abzielt.[128]

In der Kontrastierung der Gabephilosophie Paul Ricœurs mit dem Gabedenken in der Anlehnung an Marcel Mauss fällt ein entscheidender Unterschied ins Auge. Autoren wie Godbout legen so etwas wie einen sozialen Energieerhaltenssatz zugrunde: Aus einem geschlossenen (sozialen) System entweicht nichts von der Kraft, die bei der freiwilligen Übereignung eines Dings an einen anderen freigesetzt wird. Diese Kraft der geschenkten Sache, Mauss benannte sie mit dem Maori-Begriff „*hau*"[129], bewirkt in irgendeiner Weise eine Rückkehr des Geschenks zum Schenker. Wo diese Rückkehr nicht reziprozitätsbegründend geschieht, verursacht sie einen sozial instrumentalisierbaren Verschuldungszusammenhang. Nur wo das geschlossene System unter der Leitidee einer transzendenten Fülle aufgebrochen wird, kann es so etwas geben wie eine *ver*-gebene Gabe[130]. Godbouts Beispiel vom Handlungsmuster „Solidarität" erscheint als typisch hierfür: Wenn der Schenker sich selbst suggerieren kann, dass in einem anonymen, nicht mehr überschaubaren Umverteilungszusammenhang die ihm geschenkte Gabe letztlich doch geschuldet ist, kann er sich der Dankbarkeit und der Gegengabe entziehen. Godbout erklärt mit diesem Muster auch das Verhalten von Menschen, die Wohltaten privater Hilfsorganisationen empfangen. In solchen Fällen kommt es oft zur Wahrnehmung der Wohlfahrtseinrichtun-

---

[128] A. a. O., S. 42f.
[129] Marcel Mauss, Die Gabe. Form und Funktion des Austausches in archaischen Gesellschaften, Frankfurt 1990, S. 32–36.
[130] Aus der Sicht derjenigen Gabetheoretiker, die in der Gegengabe den Sinn des Gabehandelns, den im Geben investierten Wertes erblicken, ist eine Gabe ohne Gegengabe ein vernichteter Wert, eine verlorene, und in diesem Sinne *ver*-gebene Gabe, ein *datum perditum*, ein verschleudertes Gut. Diese Bedeutungsdimension entspricht auch der Wortgeschichte des christlichen Hochwertwortes der Vergebung. Das Grimmsche Wörterbuch nennt als die ursprüngliche Bedeutung des Verbums „vergeben" „fortgeben, hinweggeben" (Bd. 25, Sp.381–432, hier: Sp. 381). Die übertragene Bedeutung des Vergebens von Schuld ist spezifisch kirchlich und entwickelt sich nach dem Grimmschen Wörterbuch aus der Ursprungsbedeutung, weil der Vergebende sein Strafverfolgungsrecht aufgibt (d. h. „vergibt").

gen als staatlicher Veranstaltungen, denen man deshalb keinen Dank schuldet, weil staatliche Einrichtungen keine Wohltaten verteilen, sondern ein Gerechtigkeitsdefizit beseitigen und damit ein Ziel verfolgen, dessen Wert oberhalb der Sphäre des eigenen Wohlergehens angesiedelt ist.[131]

Paul Ricœur kann zu einer anderen Analyse des Geschenks kommen, weil die Wirklichkeit des Schenkens bei ihm nicht analytisch auf ein systemisches Gleichgewicht hin ausgelegt wird. Das wiederum ist möglich, weil bei Ricœur der Akt des Schenkens sich aus einer wie anonym auch immer vollzogenen Beziehung zum primordialen Grund des Lebens und der Welt speist. An der Frage, ob der Phänomenologie eine Metaphysik des abgeschlossenen sozialen Kosmos zugrunde gelegt wird oder eine Metaphysik, die den handelnden Menschen immer auch in einer gründenden Beziehung zur primordialen Fülle überhaupt sieht, entscheidet sich die Frage, ob man eher zu einer Interpretation von Marcel Mauss neigt, die den Gedanken der geschlossenen Vergeltungszusammenhänge zur Leitidee macht, oder ob man einer *ver*-gebenden Großzügigkeit eine unverfügbare ontologische Gegründetheit zuspricht.

3. Gabedenken in der Theologie

Das Gabedenken seit Marcel Mauss beschreibt eine ursprüngliche Form des zwischenmenschlichen Tausches von Waren als eines Austausches in Beziehungen. Zwar sind beim Geben und Nehmen die Gaben möglicherweise lebenswichtig, lebenswichtiger aber sind allemal die verlässlichen Beziehungen. Sie zu pflegen ist die primäre Funktion des Gebens und Nehmens. Erst im geldvermittelten Äquivalententausch gelingt die vollkommene Entkopplung des Austausches von Werten einerseits und der sozialen Beziehung andererseits: Gleichgültig wie nahe oder fern, wie sympathisch oder unsympathisch, wie verpflichtet der Geber dem Nehmer oder umgekehrt, die Gleichheit vor dem fixen Preis verdrängt die Relevanz jeder Beziehungsdimension aus der Tauschinteraktion. Es bleiben als interaktionsbestimmende Momente alleine Ware und Preis.

Man kann diese Entwicklung hin zum geldvermittelten Äquivalententausch mit Max Weber als Rationalisierungsschub beschrei-

---

[131] Der amerikanische Sozialethiker John Rawls sieht in einem wissenschaftlich zu begründenden System an wohlstandsausgleichender, staatlicher Verteilungsgerechtigkeit die Möglichkeitsbedingung eines demokratischen, kooperativen Gemeinwesens, das die Gleichberechtigung seiner Bürger nur durch eine grundlegende Gleichheit ihrer ökonomischen Möglichkeiten garantieren kann (ders., Gerechtigkeit als Fairneß. Ein Neuentwurf, Frankfurt 2003, S. 76).

ben. Die Modernisierungsrhetorik wird bis heute überall bemüht, wo neue Bereiche einer rationalen Abrechnung zugeführt werden. Nach der erfolgreichen Kommerzialisierung des medizinischen Systems, in dem nun weder Genesung noch Gesundheit der Patienten honoriert werden, sondern technische Einzelleistungen des Arztes, die für sich genommen jeweils kaum eines Arztes bedürfen, erleben wir derzeit die Kommerzialisierung der Wissenschaft. Auch hier soll die geldwerte Abrechnung einer vorgängigen Leistung folgen. Wie in der Medizin führt dies zur Förderung immer neuer Untersuchungen zweifelhafter Relevanz aber optimaler Abrechenbarkeit. Eine Alternative zu diesem Verfahren wäre die Bezahlung gemäß Mutmaßung über die sich zukünftig erweisende Relevanz der Arbeit, was wirklich innovative Forscher in die Armut treibt. In Wirklichkeit nämlich ist die Vermutung, alle zwischen Menschen ausgetauschten relevanten Leistungen seien käuflich, eine irrationale Ideologie, die der Faszination durch Mangel und Geiz folgt.

Damit ist in der Tat die Theologie aufgerufen, das humane Gedächtnis der Wahrheit eines Austausches der Gaben, der nicht geldvermittelter Äquivalententausch ist, zu bewahren und zur Geltung zu bringen. Dabei allerdings fällt eine bemerkenswerte konfessionelle Differenz der Akzentsetzungen auf. Während die katholische Tradition im weitesten Sinne recht unbefangen Wert und Schönheit des Gebens, ja sogar des Opfers als Hin-Gabe zur Geltung bringt, arbeitet die evangelische Gabe-Theologie an der Analyse der Ambivalenz des Gebens.

a. Schönheit und religiöser Wert der Gabe

Innerhalb der angelsächsischen theologischen Bewegung „*Radical Orthodoxy*" findet eine bemerkenswerte theologische Auseinandersetzung mit ökonomischen Fragen statt.[132] *Radical Orthodoxy* verbindet Theologinnen und Theologen, die im Horizont einer postmodernen gesellschaftlichen Situation jenseits der modernen Bemühungen von Theologie, sich dem jeweiligen gesellschaftlichen *mainstream* zu vermitteln, im Gegenteil danach streben, das Eigene und Besondere einer theologischen Weltdeutung zur Geltung zu bringen. Das moltmannsche Identität-Relevanz-Dilemma wird hier gänzlich zur Identitätsseite hin aufgelöst, worin allerdings unter den besonderen Bedingungen der Postmoderne als ei-

---

[132] Grundlegende Titel: John Milbank, Theology and social theory. Beyond secular Reason, Malden (USA)/Oxford (UK)/Carlton (Australia) ²2006; D. Stephan Long, Divine Economy. Theology and the Market, New York 2000.

ner Konkurrenz verschiedener *prima facie* gleichwertiger Weltdeutungen die Chance gesteigerter Relevanz der christlichen Weltdeutung liegen mag. Inhaltlich greift *Radical Orthodoxy* auf für die christlichen Theologien klassische Texte der Patristik und der Scholastik zurück, die einer unbefangenen *relecture* im postmodernen Kontext unterworfen werden.

D. Stephen Long untersucht das Verhältnis der Theologie zu der Realität des globalen Marktes als ihrem unausweichlichen Lebenskontext.[133] Drei Typen der theologischen Marktinterpretation werden von ihm unterschieden: Für den ersten Typus stehen stellvertretend der katholische Philosoph und Diplomat Michael Novak sowie die evangelischen Theologen Max Stackhouse und Philip Wogamam[134]. Der erste Typus kann als eine theologische Modernisierungstheologie verstanden werden, die insbesondere die Funktionalität theologischer Inhalte für eine im weberschen Sinne moderne Gesellschaft betont. Der moderne Markt verlangt nach individueller Freiheit und Wachstum. Er begünstigt ein pluralistisches Nebeneinander unter dem Dach möglichst unspezifisch verbindender letzter Überzeugungen. Diese zu liefern hat sich die Liberale Theologie zur Aufgabe gestellt.[135] Sie ist damit wesentlich supra-konfessionell oder „*post-confessional*".[136] Gegenüber der theologischen Tradition verhält sich die theologische Moderne selektiv. Nur die Inhalte, die innerhalb des dominanten ökonomischen Paradigmas integrierbar sind werden aufgenommen: Die Theologie konzentriert sich auf die Schöpfungslehre und die theologische Anthropologie inklusive der Erbsündenlehre.[137] Insbesondere das nominalistische Freiheitsverständnis moderner Theologie wird von D. Stephen Long entsprechend einer allgemeinen Überzeugung der Autoren von *Radical Orthodoxy* als verhängnisvoll empfunden. Es begreift die menschliche Freiheit notwendig in Konkurrenz zur göttlichen Verfügungsfreiheit. Es kann unter einer nominalistisch grundierten Freiheitstheorie eben nicht mehr erklärt werden, warum die Autonomie des Geschöpfes an der in Jesus Christus hervortretenden göttlichen Norm des Menschseins ihre Grenze finden soll. Die Konkurrenz zwischen

---

[133] D. Stephan Long, Divine Economy, S. 261: „Any theology that suggests, our life can be autarchic and free from exchanges can only be falsely utopian. Any theology that denies it exists within a structure of economy exchange simply has no awareness of the conditions for its own possibility."
[134] A.a.O., S. 9–65.
[135] A.a.O., S. 78.
[136] A.a.O., S. 69.
[137] A.a.O., S. 73. 262.

göttlicher Freiheit und menschlicher Autonomie wird entweder ignoriert oder sie wird unentwegt problematisiert, etwa in den nicht enden wollenden Theodizeediskursen der Gegenwart. Die in manchen deutschen Ohren wohlklingende Rede von der Autonomie menschlicher Freiheit wird in Amerika nicht im Kontext lehramtlich kultivierter Unmündigkeit interpretiert, sondern vielmehr im Kontext der erfahrenen Destruktivität ungebändigter menschlicher Freiheit im Felde der Ökonomie.

Die befreiungstheologischen und feministischen Ansätze in der Theologie nimmt Long als „*emergent tradition*" wahr. Sie definieren sich durch ihren Antikapitalismus. Dessen analytische Begründung allerdings empfindet Long als unzulänglich.[138] Wer dem Kapitalismus ausschließlich vorhält, er produziere Ungerechtigkeit und Unterdrückung für die Mehrheit der Menschen, muss sich der kapitalistischen Gegenargumentation stellen, der Kapitalismus hebe *in the long run* das Einkommen aller Menschen, so dass der Weltwährungsfond die effizienteste Maßnahme zur Überwindung der Verteilungsungerechtigkeit darstelle.[139] Wer dagegen mit einer theologischen Präoption für die Themen der Eschatologie argumentiert, setzte sich der Gefahr des Utopismus aus.

Long fragt statt dessen nach einer spezifisch theologischen Kritik des Kapitalismus, die sich nicht von wünschenswerten politischen Zielen entweder konservativ-marktkonformer oder links-marktkritischer Provenienz leiten lässt, sondern von einer ernsthaften Erforschung der eigenen geistesgeschichtlichen Tradition des Christentums, eben von *Radical Orthodoxy*. Nicht ein univok anthropologisch-theologischer Freihcitsbegriff soll im Zentrum der Theologie stehen, sondern die aus der inkarnatorischen Christologie gewonnenen Kategorien. Damit aber rückt Theologie notwendig in Distanz zu einer Moderne, die Inkarnation nicht anders denn als antiken Mythos denken kann. Sie ist angewiesen auf die Kirchen als Zeugnisgemeinschaften des inkarnierten Gottes in der Geschichte. Der Inkarnationsgedanke wird von Long ökonomisch übersetzt als Füllegedanke: An die Stelle des fundamentalen christologischen und soteriologischen Freiheitsbegriffes, dessen Univozität zum Verlust der „*logic of incarnation*" führe[140], will Long den ökmonomiekritischen Gehalt des Inkarnationsgeschehens in der Offenbarung einer „*fullness in which God is made known for us*" erblicken.[141] Der Kirche als Bekenntnis-

---

[138] A.a.O., S. 173.
[139] Ebd.
[140] A.a.O., S. 264.
[141] A.a.O., S. 265.

gemeinschaft obliegt das lebensverwandelnde Zeugnis einer in den Ablauf der Welt einbrechenden Wirklichkeit, die hinsichtlich ihrer ökonomischen Intuition erfahren wird als Erschließung einer unvorsichtigen Gabefreudigkeit, die Gebebereitschaft erzeugt. Die sich so erschließende *„plenitude invites to participate in God's own perfections, in a simplicity of life that rejoices in cooperation and gift rather than in conquest, competition and acquisition.*"[142] Einen anderen Einstiegspunkt in eine Theologie der Anteilhabe christlich inspirierter Menschen an der göttlichen *fullness/plenitude* sieht Long in der Schöpfungstheologie. Der Hinweis leuchtet in einem gewissen Sinn ein, bedenkt man die kritische Leistung christlichen Schöpfungsglaubens in den Kontexten von Friedens- und Ökologiebewegungen. Hier hat der Schöpfungsgedanke seine befreiende Kraft angesichts destruktiver Mangelobsessionen erwiesen. Paradoxerweise folgt die Zerstörung der Natur in der ökologischen Krise ebenso wie die Bedrohung des Friedens im Wettrüsten einem irren Mangelbewusstsein, das den eigentlich lebensbedrohlichen Mangel an wirklich unentbehrlichen Ressourcen, also die wahre Not, erst heraufführt, um die vermeintliche Not des Mangels an Konsumgütern und befürchteter Bedrohung zu überwinden. Ganz im Sinne des scholastischen Grundsatzes *„gratia non destruit sed supponit naturam"* will *Radical Orthodoxy* mit seiner Aufmerksamkeit auf die *divine plenitude/fullness in creation and incarnation* keineswegs einer Weltvergessenheit der eschatologischen Ekstase auf das jenseitig-künftige Gottgeheimnis das Wort reden. *Radical Orthodoxy* sieht vielmehr die Kirchen als Wächter des wahren Realismus, die durch die Hinordnung auf Gott als Ursprung und inhärierendes Geheimnis der Welt davor bewahrt werden, in einer optischen Täuschung die Abwesenheit bestimmter mehr oder weniger schätzenswerter Wirklichkeiten als alles beherrschenden und zwingenden Mangel zu erleben. *Radical Orthodoxy* sieht in diesem Realismus die gnoseologische Partizipation an den Transzendentalien von Wahrheit, Güte und Schönheit. Insbesondere Letztere begründet den missionarischen Charme des Projekts: Ein realistischer, gemeinschafts- und teilensorientierter Umgang mit den Gütern der Welt erweist sich als die Option, die ein Mehr an glücklicher Lebensentfaltung unter Nutzung der Güter dieser Welt für mehr Menschen ermöglicht. Ein unbefangener Blick wird dieses Gut als schön bewerten und es freudig als Wahrheit bestätigen.

Die göttliche Urgabe in der Schöpfung und die göttliche Selbstgabe in der Inkarnation begründen eine kirchliche Kultur des Lebens aus der Annahme von Gaben und der Weitergabe von Ga-

---

[142] Ebd.

ben.[143] Die einfache und unmittelbare Reziprozität des Gebens wird von Long gegen die Vorstellungen von abstrakter Verpflichtung, Verschuldung und Opfer gestellt. Die Eucharistie will diese Lebensorientierung mit jeder vollzogenen Feier zum Lebensinhalt der Feiernden machen: Alle leben aus dem hingegebenen Leben Christi und erfahren sich in der Annahme dieser Gabe berufen, ihrerseits zum schenkenden Lebensquell für andere zu werden.

Diese eucharistietheologische Anwendung des inkarnations- und gnadentheologisch begründeten Gabegedankens entspricht der Bedeutung, die der Gedanke der Hingabe in der ökumenischen Verständigung über das Abendmahl bekommen hat: Das Opfer des Abendmahles ist *offere* im Sinne der Hingabe für die anderen.[144] Opfer *in diesem Sinne* kann allerdings auch die Haltung sein, die die feiernde Gemeinde bei der Eucharistiefeier einnimmt, insofern sie die jesuanische Lebenshaltung des Lebens aus der Hingabe für die andern als ihre eigene annimmt und sich von ihr prägen lässt.[145]

Die Gabetheologie der *Radical Orthodoxy* erschließt den Gedanken göttlicher Fülle als einer gnadenhaft sich durch Gott selbst über die Vermittlung der Kirche erschließende Lebenshaltung, die die ursprüngliche Schönheit und Güte der Schöpfung in der Erfahrung der Anwesenheit des inkarnierten Gottes in der Welt erlebbar macht. Menschen werden in die göttliche Fülle hineingezogen als in einen Prozess, in dem verwandelte Praxis aus einer erleuchteten Weltsicht erwächst, die selbst wieder verändernd auf menschliche Praxis einwirkt. In pointierter Absetzung von den Ansätzen Liberaler Theologie und der Befreiungstheologie handelt es sich hier um einen theologisch-esoterischen Ansatz, dessen theoretischer Nachvollzug die Bereitschaft zur Partizipation an der ihm gemäßen Praxis voraussetzt. Als Einstiegstor in die veränderte Praxis wird im Anschluss an Hans Urs von Balthasar die Faszination des Ästhetischen benannt.[146] Unter der inkarnatorischen Erfahrung der sich vermittelnden göttlichen Fülle verändern Menschen ihr Leben, die sich auf die Schönheit eines entsprechenden Lebensentwurfes einlassen können.

---

[143] A.a.O., S. 268.
[144] Der Begriff „*offere*" bildet das abschließende Diskussionsangebot, das 1983 der Ökumenische Arbeitskreis evangelischer und katholischer Theologen zur Frage der Deutung des Todes Jesu als Opfer unterbreitet (Karl Lehmann/Edmund Schlink (Hg.), Das Opfer Jesu Christi und seine Gegenwart in der Kirche. Klärungen zum Opfercharakter des Herrenmahles, Freiburg/Göttingen 1983, S. 190–195).
[145] Lothar Lies, Eucharistie in ökumenischer Verantwortung, Graz 1996, S. 221–234.
[146] D. Stephan Long, Divine Economy, S. 251.

Der ästhetisch, ekklesiologisch-elitäre Charakter der Argumentation führt in *Radical Orthodoxy* allerdings nicht zu einer heilsexklusivistischen Konzentration auf den kirchlichen Binnenraum. Im Gegenteil: Beabsichtigt ist die angebothafte Positionierung der christlichen Weltsicht im öffentlichen Raum, in dem nichtchristliche Gesprächspartner in der Erfahrung der Schöpfung und des teilenden Miteinanders durchaus Erfahrungen mit der Wirklichkeit der Gabe machen können, die ihnen die verführerische Schönheit des Gedankens näher zu bringen vermag, dass die erfahrene Wirklichkeit der Gabe nicht nur ein glückliches mehr oder weniger privates Erlebnis ist, sondern das der Welt von Gott her eingestiftete Wesen sowohl ihres uranfänglichen Seins als auch ihrer Vollendung. Eine gemeinschaftliche Lebenserfahrung wird auf diese Weise zum Ereignisort der *potentia oboedientialis*, die den Menschen vor die Alternative stellt, die Fülle des angstfreien Gebens und Nehmens als Lebensprinzip zu akzeptieren und Leben in dem Maße zu geben wie zu empfangen oder aber in der gegenteiligen Orientierung den Glauben zurückzuweisen in der angstgetriebenen Behauptung der eigenen Lebensmöglichkeiten.

b. Die Ambivalenz der Gabe

Bis hierher wurde von der Darstellung von Marcel Mauss angefangen der Gedanke einer verpflichtenden Reziprozität des Gebens als eine Form ritueller und gesellschaftsbildender menschlicher Gemeinschaft interpretiert. Nicht die absolute Gratuität des Geschenkes aus der zweckfreien Großzügigkeit des Schenkers heraus wurde bisher als der wesentliche Aspekt des Schenkens angesehen, sondern vielmehr der soziale Prozess fröhlicher wechselseitiger Verschuldung durch die Annahme von Geschenken, die eines Tages zu einem Ausgleich kommt in der Erwiderung der Geschenke. Je undurchsichtiger der Zusammenhang zwischen Geschenk und Erwiderung ist, desto mehr wird das Geschenk als beglückende Gabe erlebt, unabhängig davon, dass hinter allen Geschenken die soziale Regel von Verschuldung und deren Überwindung in der Erwiderung steht. Insofern die Erwiderung etwas großzügiger ausfällt als das Geschenk, verpflichtet sie erneut. Insofern ein Geschenk angenommen wird, wird die Verpflichtung zur Erwiderung angenommen und mit ihr das Beziehungsangebot, das mit jedem Schenkungsakt unterbreitet wird.

Radical Orthodoxy sieht in der Logik des Geschenkaustausches eine Analogie zum göttlichen Handeln an seiner Schöpfung. Auch dies Handeln zielt auf den Aufbau einer Beziehung und somit auf eine Reziprozität. Deshalb kann John Milbank als einer der führenden Autoren der Bewegung eine kluge Diskussion der Frage, ob Reziprozität nicht die Gratuität des Geschenks zerstöre, mit dem Urteil abschließen: „... *gifts are characterized by reciprocity involving time delay and non identical repetition. This understanding is compatibel with Christian love, agape. Agape is not, unilateral pure gift but ‚purified gift exchange'*"[147]. Am Geschenk ist theologisch nicht das subjektive Bewusstsein des Schenkenden entscheidend. Dieser cartesischen Perspektive stellt Milbank seine ontologische Perspektive entgegen: Entscheidend ist, dass das Gute lebendigen Austausches in Beziehungen geschieht.

Der finnische Lutheraner Risto Saarinen setzt sich pointiert von einer bruchlosen Anknüpfung an Reziprozitätskonzepte der Gabe ab. Nicht der Gabeprozess interessiert ihn, sondern das Bewusstsein des Gebers. Ein Geben, das auf Gegengabe zielt, ist eine Karikatur der Gabe, ein *„giffe-gaffe"*, wie John Milbank im Anschluss an eine Predigt von Erzbischof Hugh Latimer aus dem Jahre 1549 die Haltung der vergeltungserwartenden Gabe nennt.[148] Sie wirkt nicht Beziehung stiftenden, sondern Beziehungen vergiftend, was sich in der etymologisch verschiedentlich greifbaren Nähe zwischen Gabe und Gift, als geronnenes kulturelles Bewusstsein ablesen lässt.[149] Jeder auf Erwiderung der Gabe abhebenden Gabetheorie setzt Saarinen den in Jesus Christus handelnden Gott als das Urbild der absoluten Gabe entgegen. Gott selber ist der paradigmatische Geber, dessen Liebe-Sein sich als Geben manifestiert: „*God is love and as love God is the giver.*"[150] Gottes Geben trägt und ermöglicht jedes menschliche Nehmen (Joh 3, 27) und übersteigt in der Gabe des Sohnes[151] jede Erwartbarkeit und jedes Maß. Gottes unbedingte Liebe kennt keine Reziprozitätserwartung. Wo Menschen ihr entsprechen, reagieren sie nicht auf das Gute, das den Anderen liebenswert macht, sondern sie erschaffen durch ihre Liebe den Anderen als Liebenswerten und bil-

---

[147] John Milbank, Can a Gift be Given? Prolegomena to a Future Trinitarian Metaphysic, in: Modern Theology 11 (1995), S. 119–161, hier: S. 125.
[148] A.a.O., S. 119.
[149] Das englische „*gift*" ist nicht zufällig im deutschen Gift. Auch die griechische und lateinische „*dosis*" meint die Gabe als Geschenk, aber auch als Arznei- oder Giftgabe.
[150] Risto Saarinen, God and the Gift. An Ecumenical Theology of Giving, Collegeville/Minnesota 2005, S. 36.
[151] Risto Saarinen deutet die *paradidômi*-Aussagen als *passivum divinum* (a.a.O., S. 40f.), als steigernde Vollendung der *paredôken*-Aussage aus (Röm 8, 32): Gott hat seinen eigenen Sohn gegeben (*paredôken*), indem er durch ihn hingegeben wurde (*paradidômi*), woraus die Gewissheit erwächst, dass er uns alles geben wird *(charízetai)*.

den darin die göttliche Liebe als kreative Liebe ab.[152] Vergebung deutet Risto Saarinen als „*negative giving*": Die Gabe besteht in der Beseitigung der Leben einschränkenden Dimension einer Wirklichkeit, die als solche nicht eliminiert oder vergessen, wohl aber hinsichtlich eben dieser behindernden Mächtigkeit aufgehoben wird. Sklavenbesitzer, Kreditgeber und Herrscher geben durch Sklavenbefreiung, Entschuldung und Amnestie dem Sklaven, Schuldner oder Gefangenen nichts, was das natürliche Positivum des freien Lebens übersteigt. Sie beseitigen lediglich ein negatives Hindernis.[153] In dezidierter Absetzung zum Gabe-Konzept von *Radical Orthodoxy*, wie es John Milbank in seiner Versöhnungslehre entwickelt hat, betont Risto Saarinen: Es geht weder um das teilweise Vergessen des Geschehenen noch um Sanierung des Schadens[154]. Abseits jeder ontologischen Vorstellung von Vergebung mit und durch Ausgleich will Saarinen in der negativen Gabe eine absolute Prärogative Gottes sehen, deren wirklichkeitsverändernde Mächtigkeit nur in der Gerichtsmetapher angemessen ausgesagt werden kann.[155]

Gottes Stellung als der eigentliche Geber aller Gaben ist so strikt einmalig, dass jeder Gedanke an menschliches Geben als Fortsetzung oder Entsprechung zu göttlichem Geben aufgegeben werden muss. Wo Menschen sich von Gottes Geben inspirieren lassen, nehmen sie vor allem die radikale Vergeblichkeit des göttlichen Gebens wahr und üben die Gabemaxime der Bergpredigt ein: „Die linke Hand wisse nicht, was die rechte tut!" (Mt 6, 3)

Während Risto Saarinen stark den verschuldenden Charakter des zwischenmenschlichen Schenkens gegenüber der absoluten Gratuität göttlicher Gnade kontrastiert, gelangt Magdalene Frettlöh von einer ebenfalls sehr lutherisch-offenbarungstheologischen Phänomenologie des Dankens zu einer wertschätzenderen Erfahrung menschlicher Erfahrungen des Empfangens von Gaben und des respondierenden Dankes, den sie von der versklavten Form pflichtschuldiger Dankbarkeit unterscheiden will. Anmutig kann nur danken, wer sich zum Dank weder verpflichtet noch genötigt

---

[152] A.a.O., S. 56f.
[153] A.a.O., S. 67f.
[154] John Milbank hatte im Anschluss an Augustinus das Untertauchen der Schuld hinsichtlich ihres schädigenden und belastenden Gehaltes im Vergessen des Gedächtnisses dargestellt, aus dessen Erinnern die Schuld als Anlass der Dankbarkeit und als Motiv geläuterten Lebens aufsteigt, wodurch der solchermaßen vergessende und erinnernde Schuldner einen Überschuss erlangt und verteilt, der zur ontologischen Heilung der Welt insgesamt beiträgt (ders., Being Reconciled. Ontology and Pardon, London 2003, S. 44–60).
[155] Risto Saarinen, God and the Gift, S. 78.

sieht, sondern wem das Danken mit der empfangenen Gabe geschenkt wird.[156] „Dankbarkeit" als pflichtschuldiges Ritual wird demgegenüber mit Nietzsche als „mildere Form der Rache"[157] bewertet. Das Neue Testament bezeuge demgegenüber einen Überfluss an freudiger *cháris* [158]als seine eigentliche Botschaft. Diese göttliche *cháris* umschließt und ermöglicht das menschliche *charísma* als je eigene Entsprechung zum Wohlgefallen ermöglichenden Wohltun Gottes. Die menschliche *eucharistía* ist anerkennender Lobpreis der göttlichen *cháris*. Gegen jede Gabeökonomie betont Magdalene Frettlöh, hier ganz an der Seite Risto Saarinens, die absolute Souveränität und Gratuität des göttlichen Gebens, das nicht einbindbar ist in eine umfassende Ontologie der Entsprechung und des Austausches. Nicht eine stabile Ordnung des Seins, die Menschen zu bewahren und der sie zu entsprechen haben, entspricht der Wirklichkeit Gottes. Jenseits solcher Wiederbelebung der *analogia entis*, ist es die Erfahrung des Dankes selbst, die Gott für den Menschen erschließende Wirklichkeit. In ihr erlebt sich ein Mensch jenseits des normalen Austausches von Gaben und der gesellschaftlichen ökonomischen Begegnungen als überwältigt von dem ihm widerfahrenen Guten, das in seiner Güte in dieser Erfahrung überhaupt erst zu Bewusstsein kommt. Die Erfahrung der unverdienten Gnade wird so zur Gotteserfahrung auf dem Weg einer *analogia gratiae*. Allerdings anerkennt Magdalene Frettlöh auch vorchristliche Formen echter Dankbarkeit, etwa in der von Dieter Hentrich beschriebenen Erfahrung der Dankbarkeit: „Es gibt eine solche Erfahrung der Dankbarkeit, die spontan und diesseits jeder möglichen Berechnung aufkommt und die einem Gelingen gilt, das von keiner Wohltat hatte eingeräumt werden können. Sie hat als eine Grundstimmung zur Welt und zum eigenen Leben verstanden werden können."[159]

Dass es der lutheranischen Perspektive obliegt, bei der Analyse der Gabe deren Gratuität als befreiende Heilserfahrung zu betonen, führt bei evangelischen Autoren zu einer starken Abgrenzung gegenüber dem Gabedenken im Gefolge von Marcel Mauss.[160] Ge-

---

[156] Magdalene L. Frettlöh, „Und höchst anmutig sei das Danken." Gabetheologische und -ethische Perspektiven auf den Dank als *Ereignis*, in: NZSTh 47 (2000), S. 198–225, hier: S. 204f.
[157] A.a.O., S. 200 mit Verweis auf: Friedrich Nietzsche, Allzumenschliches I.
[158] Frettlöh erinnert an Gadamers Hinweis auf die Etymologie von *cháris* aus *chárein*, also der hulderfüllten Anmut aus dem Sichfreuen (a.a.O., S. 205).
[159] A.a.O., S. 219, mit Verweis auf Dieter Hentrich, Bewußtes Leben. Untersuchungen zum Verhältnis von Subjektivität und Metaphysik, Stuttgart 1999, S. 153.
[160] Hans Joas deutet die Reformation als den großen Einschnitt in der „Geschichte des christlichen Symbolismus", der mit einer „Radikalisierung des Gabeverständnis-

rade die Gratuitätserfahrung und die Absetzung der Gabe gegenüber dem Handel erschließt deren heilshafte Tiefenstruktur. So berechtigt dieser Hinweis ist, so sehr baut er illegitimerweise Mauss und seine Schule zu Antipoden auf. Mauss selbst begreift ja das Gabehandeln bereits als eine soziale Alternative zum ökonomischen Handeln. So richtig der Hinweis auf die Gratuitätserfahrung ist und so sehr er die Einmaligkeit und Besonderheit göttlichen Gnadenhandelns herausstellt, so sehr führt der Hinweis auf die absolute Einmaligkeit und Besonderheit der göttlichen Gabe in die praktische Ratlosigkeit. Wie soll denn erklärt werden können, dass Eucharistie auf die charismatische Gabe hindrängt, wenn der natürliche Zusammenhang der Gabe weckenden Gabe in der gnadenhaften Erfahrung des *ver*-gebenden Gottes um dessen absoluter Zwecklosigkeit willen vollkommen ausgesetzt sein soll? Besteht nicht auch die Gefahr, dass der ganz natürlich aufsteigende Impuls, der erfahrenen Großzügigkeit mit eigener Großzügigkeit zu entsprechen, so nachhaltig sistiert wird, dass das Bekenntnis zum gebenden und vergebenden Gott vermittelbar werden kann mit einer ökonomischen Praxis, deren Gesetze als vollkommen inkompatibel mit der Erfahrungswelt der Gnade interpretiert werden? Gefährdet der Purismus des Schenkens nicht gerade die subversive Intuition des Schenkens in einer kapitalistisch bestimmten Welt? Verdrängt er die Wirklichkeit des Schenkens nicht in die Sphäre der Religion, der äußerstenfalls noch im Privaten entsprochen wird?

Saarinen und Frettlöh warnen im Kontext eines ökumenischen theologischen Gespräches vor einer Gaben- und Opferrhetorik, die nicht dem eucharistischen Sichfreuen *(chárein)* dient, sondern mit einer Opfer- und Dankbarkeitsrhetorik die Überfülle des göttlichen Schenkens verdunkelt. Dass es die Gefahr dieser Rhetorik gibt, berechtigt die Warnung zu entsprechender Vorsicht. Allerdings lässt sich der von Milbank und Long zu Grunde gelegte Analogiezusammenhang auch als eine *analogia iustitiae* reformulieren: Wenn Menschen – wie explizit auch immer – in artikulierten religiösen Augenblicken ihres Daseins ihr Leben ergriffen als unverfügbar ihnen zugekommenes Gut *(bonum)* erfahren, dessen Sinn *(veritas)* und Schönheit *(pulchritudo)* sie in die Anonymität eines

---

ses" einhergeht: Insbesondere die Gnadentheologie Calvins schließe jede Reziprozität so radikal aus, dass die Analogie zwischen menschlichen Gabebeziehungen und göttlichem Gnadenhandeln absolut zerbrechen musste (Ders., Die Logik der Gabe und das Postulat der Menschenwürde, in: Christof Gestrich (Hg.), Gott, Geld und Gabe, Berlin 2004, S. 16–27, hier: S. 22f).

eben diese transzendentalen Eigenschaften begründenden Zusammenhanges verweist; und wenn Menschen in die Weite ihrer Herkunft und Hinkunft hinein – wie anonym auch immer – Dank artikulieren, so bleibt diese Selbstpositionierung im Horizont einer letzten transzendenten Gründung nicht ohne den mit ihr eng verbundenen Wunsch, jedem Menschen möge diese Erfahrung von Schönheit, Sinn und Güte geschenkt sein. Genau dies aber begründet die Tätigkeit des eucharistischen Dankes. Ob tatsächlich ein „Moratorium des Dankens" nötig ist, um den freiwilligen, ereignishaften Charakter des aufbrechenden Bedürfnisses, dem Anderen gut zu tun in Ansehung dessen, was einem selbst an Gutem widerfuhr, zu retten, wie Magdalene Frettlöh vorschlägt[161], bleibt dahingestellt.

Radikaler noch als Magdalene Frettlöh aporetisiert der Bonner Dogmatiker Josef Wohlmuth die Gabe[162]: Im Anschluss an Jacques Derrida bestimmt Wohlmuth Gabe als die jeder Reziprozität entgegengesetzte Wirklichkeit: Wo Ökonomie stattfindet, da herrschen Tausch und Zuteilung, „Geldumlauf, Schuldentilgung und Abschreibung". Nur wo dieser Kreis des Gebens und Nehmens durchbrochen wird, ist Gabe in dem von Wohlmuth intendierten, emphatischen Sinne möglich. Das Gabeereignis rückt somit in die Nähe von Tod und Transzendenz, wird zum Handeln jenseits der Grenze des alltäglichen Geschäfts. Isaaks Opferung erscheint so als Paradigma reiner Gabe: Abraham ist konsequent zu geben bereit und zerstört doch durch seine Gabe selbst jede Chance auf irgendeine annähernd adäquate Gegengabe.[163] Das Gabeereignis führt so nicht alleine in die Erfahrung der unverfügbaren Transzendenz Gottes. Es qualifiziert diese Transzendenz in einer außerordentlich schroffen Form Negativer Theologie: Gott führt in das große Schweigen, in dem die eigene Lebensgabe alleine sich ereignen kann. Aus dem unergründlichen Schweigen Gottes empfängt der Mensch völlig unerwartete Gaben, die ihn zum Empfangenden machen, der nicht zurückgeben kann. Wohlmuths puristisches Bemühen um die ursprüngliche Transzendenz der Gabe hilft, naiv-optimistische Vorstellungen von Gabekreisläufen zu konfrontieren mit der unleugbaren Erfahrung der eigenen Begrenztheit, des eigenen Todes und der Tatsache, dass jede wirkliche Gabe in die ab-

---

[161] Dieter Hentrich, Bewußtes Leben, S. 153.
[162] Josef Wohlmuth, „Geben ist seliger als nehmen." (Apg 20, 35). Vorüberlegungen zu einer Theologie der Gabe, in: E. Dirscherl/S. Sandherr/M. Thomé/B. Wunder (Hg.), Einander zugewandt. Die Rezeption des christlich-jüdischen Dialogs in der Dogmatik, Paderborn 2005, S. 137–159.
[163] A.a.O., S. 141–143.

solute Unverfügbarkeit hinein gegeben wird. So einleuchtend Wohlmuths Rekonstruktion der Gabe an Gott als Lebenshingabe ist, so klar ist allerdings auch, dass Josef Wohlmuth hier eine im strengen Sinne religiöse Gabe in den Vordergrund rückt, von der her die Unverfügbarkeit jedweder echten Gabe und damit ihr Verwiesensein in das Geheimnis Gottes deutlich erkennbar wird. Wo allerdings nicht nur methodisch, sondern ontologisch zwischen der religiösen Gabe und der ökonomischen Gabe unterschieden wird, da wird der Ökonomie jede Chance abgesprochen, an der Wirklichkeit der religiösen Gabe zu partizipieren. Im Alltag wird an Gaben Verschiedenes wahrnehmbar. Auch im ökonomischen Alltag kann die Unverfügbarkeit der Gabe als Lebenshingabe in das Geheimnis bewusst werden, so wie umgekehrt auch im sakramentalen Vollzug der Kirche nicht alleine das Bewusstsein der schweigenden Selbsthingabe an das Geheimnis dominiert, sondern eben auch die Hoffnung, Gott möge zum Quell werden für die Lebendigkeit des Lebens. Wohlmuth bezeichnet sehr scharf eine Gefahr ökonomischen Missbrauchs der Gabeerfahrung und die Einsamkeit des Gebers vor der Unverfügbarkeit Gottes. Wo allerdings diese Erfahrungen nicht als transzendentale Bestimmung der Gabe aufgefasst werden, sondern als zeitliche Momente ihres Vollzugs, da muss neben dieser Dramatik der Gabe Raum bleiben für die Ökonomie der Gabe.

Der Gabediskurs macht deutlich, wie gefährdet die Erfahrung der Gabe als solche ist. Zugleich aber wird erahnbar, wie sehr die Erfahrung der Gabe im aufrichtig empfundenen Dank die Mangelobsession der Weltwahrnehmung mit dem Bedürfnis umfassender Gerechtigkeit durchbricht.

c. Gabe als Freude am Leben

Das Gabedenken von Marcel Mauss findet eine Rezeption, die die Reziprozität des Gebens als sozial zwanghaftes Geschehen interpretiert, dessen westlich-zivilisatorische Gestalt mit dem Handlungsmuster des Sichrevanchierens gegeben sei.[164] Diese Interpretation ist recht einseitig, weil es die Bedeutung des verschleierten unmittelbaren Vergeltungszusammenhanges bei Mauss unberücksichtigt lässt. Das erwiderte Geschenk wird so zu einer von der Bezahlung kaum unterscheidbaren Aktion. Hinter dieser Denunziation des Schenkens schlummert ein offenbarungstheologischer

---

[164] Johanna Krafft-Krivanec, Der Sinn des Schenkens. Vom Zwang zu geben und der Pflicht zu nehmen, Wien 2004, S. 34f.

Purismus, der die göttliche Gabe absolut abheben will von jedem menschlichen Geben. Diesem entspricht umgekehrt eine absolute Geringschätzung der menschlichen Natur, in der nichts Gutes zu erkennen sein soll. Tatsächlich leistet eine entsprechende Theologie der Ausschließlichkeit geldvermittelten Äquivalententausches Vorschub: Wenn schon alles menschliche Geben zwanghaft Revanche einfordert, dann wird Leben planbarer, wenn der Preis von vorneherein feststeht. Der geldvermittelte Äquivalententausch erscheint als Rationalisierungsgestalt eines seiner gnadenhaften Tiefenstruktur beraubten Zusammenhanges von Gabe und Gegengabe, der in seiner Säkularisiertheit nicht mehr als geheimnis- und gnadenvolles Geschehen der Begegnung von Menschen im Horizont ihrer Gottesbeziehung erscheint, sondern als toter Mechanismus des ‚*Tit vor Tat*‘, der bedient werden muss.[165] Je atheistischer das öffentlich-politisch-ökonomische Leben gedeutet wird, umso puristischer wird das Privat-Religiöse gestaltet. Damit verbunden ist aber die theologische Deutung der Gabe als einer Handlung, die jede Erwiderung ausschließt. Die Trennung zwischen Ökonomie und Gnade soll absolut sein. Die göttliche Gnade wird so nicht nur reingehalten von jeder Analogie, sondern auch von jeder erkennbaren lebensgestaltenden Kraft. Das Leben gehorcht dem Markt. Ausgerechnet auf dem Markt hat die Gnade wegen ihrer strikten Einseitigkeit und Opferabstinenz nichts zu suchen. Dass die Gnadentheologie dem Menschen das antwortende Verhalten mittels der sozialen Handlungsmuster *(social patterns)* und Kategorien, die sein Leben am wirkmächtigsten bestimmen, verbietet, zwingt die Religion in eine Sphäre, die dem wirklichen Leben entfremdet ist. Dort hat sie die Chance, einer möglichst reinen Artikulation ihres eigentlichen, gnadenhaften Gehaltes. Zugleich aber droht ihr dort die soziale, politische Ineffizienz als Frucht profunden Unverständnisses. Niklas Luhmann zum Beispiel als moderner, in der Welt des Äquivalententausches lebender und denkender Zeitgenosse deutet die gnadentheologische Kons-

---

[165] Der Exponent der entsprechenden Sicht sozialer Zusammenhänge ist Max Weber. Religion und Gesellschaft werden rational erklärt, wo sie mithilfe der Kategorien der Geldwirtschaft rekonstruiert werden. Die Geldwirtschaft aber ist als ein System abseits jedes Gedankens an sittliche, ethische oder religiöse Gehalte zu erklären als Kampf um den günstigsten Preis (Max Weber, Rationalität der Geldwirtschaft, in: ders., Wirtschaft und Gesellschaft. Grundriß einer verstehenden Soziologie, Tübingen ⁵2002, Erster Teil, II, § 13). Dem Protestantismus spricht Weber das Verdienst zu, die Religion radikal verjenseitigt zu haben und ihrem Widerstandspotential gegen die rationale Gestaltung von Wirtschaft und Gesellschaft dadurch „den Garaus" gemacht zu haben (ders., Die Kulturreligionen und der Kapitalismus, in: a.a.O., Zweiter Teil, IV, § 12).

truktion göttlicher Reziprozitätsverweigerung als „ausgeklügelte Bosheit", weil sie den Menschen in einer Weise dauerhaft verschuldet, aus der ihm keine Befreiung möglich sei.[166]
Tatsächlich schießt diese Denunziation des natürlichen Gebens und Nehmens über das Gerechtfertigte hinaus. Auch im sozialen Konnex erwartbarer Erwiderung ist jede Gabe ein riskantes Handeln, das vom Geber verlangt, sich mehr oder weniger bewusst auf das Risiko einzulassen: Wird der andere wirklich erwidern? Wird er in einer Weise erwidern, die nützlich ist? Wird er durch übersteigerte Erwiderung den ursprünglichen Geber überfordern? Anders als unter den Bedingungen des marktförmigen Äquivalententausches sind in der Welt der Gabe die Planungsbedingungen des eigenen Lebens wegen mangelnder Konstanz und Vorhersagbarkeit wenig berechenbar. Man kann diesen Befund auch als Priorität der Beziehung deuten: Nicht die Planungssicherheit des Subjekts in seiner Welt individueller Lebensgestaltung ist die entscheidende sinngebende Bezugsgröße des Lebens, sondern das austauschende Mitsein mit den anderen Menschen. Da wo dieses Mitsein von einer Grundintuition der Reziprozität durchdrungen ist, können weder Beschämung noch Ruin des Anderen sinnvolle Handlungsziele sein. Das implizierte Ziel jeder Interaktion muss der Fortbestand der allseitigen Interaktionsmöglichkeit sein. Dem Potlatsch wurde genau in diesem Sinne die Funktion zuerkannt, der Vernichtung solcher Überschüsse zu dienen, die die relative Gleichheit der gesellschaftlichen Interaktanten gefährden. Der Prozess von Geben und Nehmen hat den Vorrang vor dem Besitz des Einzelnen. Das Ziel der schenkenden und tauschenden Wirtschaft ist nicht der individuelle Reichtum, sondern das Funktionieren des Austausches der Menschen untereinander. Dieser hat eine existenzsichernde ökonomische Seite, die aber in der Welt der Gabe immer gebunden ist an eine soziale Seite der freien Interaktion.
Die Wertschätzung dieser natürlichen Ordnung der Gabe muss nicht ausschließen, dass man auch wahrnehmen kann, wie der Gabezusammenhang zur Nötigung und Demütigung missbraucht wird. Die Erkenntnis aber der sündhaften Korruption einer natürlichen Institution beeinträchtigt den realen Wert dieser Institution, vernichtet ihn jedoch nicht vollkommen. Wo dagegen die Institution selbst als sündhafte Wirklichkeit verkannt wird, droht das Missverständnis, das gerechte Leben sei eine Frage der gerechten Institution und nicht des gerechten Gebrauches natürlicher Institutionen. Gefährlich ist dieses Missverständnis deshalb, weil es die Illusion

---

[166] Niklas Luhmann, Funktion der Religion, Frankfurt 1977, S. 209f.

hervorrufen kann, es gäbe ein gerechtes Leben alleine schon durch die Ablehnung anthropologisch verankerter und ethnologisch bezeugter Institutionen. Abgesehen von den missions- und religionentheologischen Implikationen einer solchen Denunziation universal menschlicher Institutionen, blockierte eine solche Lesart die Rezeption der kritischen Potentiale des Gabedenkens für die Welt des kapitalistischen Wirtschaftens. Ja, der geldvermittelte Äquivalententausch möchte gar als die Form der Wirtschaft erscheinen, bei der die Ablösung des Warentausches von jeder zwischenmenschlichen Sittlichkeit zu ihrer eigentlichen und ursprünglichen, erbsündigen Wahrheit der ökonomischen Selbstbehauptung komme. Die Hässlichkeit des kapitalistischen Warentausches „*sans rêve et sans merci*" wäre lediglich seine Ehrlichkeit, mit der er das Grundgesetz jeder Tauschinteraktion abbildet. Diese Ehrlichkeit ermögliche dem Subjekt, sich rational auf die Bedingungen einzustellen und dadurch für sich wenn nicht günstigere, so doch berechenbarere Umstände zu finden.

Der gesamten ökonomischen Sphäre würde die religiöse Würde abgesprochen. Sie würde zu einem reinen Ringen der Subjekte um Existenzsicherung und Behauptung ihrer Dominanz über andere. Die Verquickung von Dominanz und Sicherheit öffnet das Assoziationsfeld der konkurrenzorientierten biologischen und mikroökonomischen Anthropologien. Eigentum, Besitz, Dominanz würden zu den leitenden Werten einer Ökonomie, in der keinerlei Gabentausch, wohl aber marktförmiger Warenaustausch unter der Idee maximaler Steigerung des Eigentums regierte. Demgegenüber bringen die ethnologischen und anthropologischen Erkenntnisse zur Tiefenstruktur der Gabe in Erinnerung, dass menschliches Leben im Fluss der Güter und Lebensmittel zwischen den Menschen gewonnen wird. Nicht der Besitz, sondern der Austausch der Gaben realisiert deren lebensermöglichende Potenz.

Wo hingegen der maximale Gewinn des Einzelnen aus geld-rationalen wirtschaftlichen Interaktionen zum Fixpunkt ökonomischer Rationalität erhoben wird, droht ein doppelter, bereits von Hegel beschriebener Stillstand: Der ökonomisch Überlegene schöpft selbst keinen Wert mehr, weil er von der Wertschöpfung der anderen Menschen profitiert. In dem Maße, in dem die Unterlegenen nicht mehr profitieren oder gar nicht mehr ihr Leben sichern können, steigen auch sie aus dem ökonomischen Prozess aus, der auf diese Weise vollends zum Erliegen kommt.[167] Öko-

---

[167] G. W. F. Hegel, Die Wahrheit der Gewißheit seiner selbst, in: ders., Phänomenologie des Geistes, Kapitel B.

nomie, die auf den Profit des einzelnen Wirtschaftssubjektes hin konzipiert wird, scheitert. In ihr wird Geld nicht als Mittel des erleichterten Tausches gesehen, sondern als absoluter Wert, dessen Sicherung und Mehrung Selbstzweck ist. Eine lebensförderliche Wirkung kann das Geld aber nur entfalten, wo sein Tausch gegen die realen Güter des Lebens funktioniert. Dieser Tausch aber hängt von der Bereitschaft der an ihm beteiligten Menschen ab, sich auf diesen Tausch einzulassen. Diese Bereitschaft ist unter einer Ökonomie der radikalen Ungleichheit gefährdet. Wo sie durch Gewalt, Zwang und Unterdrückung sichergestellt wird, kann bestenfalls ein minimales Funktionieren erreicht werden, aber nicht jene leichtläufige Dynamik, die alleine wirtschaftlichen Erfolg als den schnellen und allseits befriedigenden Austausch von Gütern des Lebens ausmacht.

Ökonomisch gesehen handelt es sich beim Potlatsch um die gezielte, kulturell gebotene Vernichtung langfristig ökonomisch destruktiver Eigentumsüberschüsse. Motiviert werden sie durch den in Aussicht gestellten gesellschaftlichen Prestigegewinn: Das Opfer des individuellen Reichtums zu Gunsten des Funktionierens der alle betreffenden Ökonomie wird motiviert durch die Aussicht, in der sozialen Gemeinschaft an Wertschätzung zu gewinnen. Individueller ökonomischer Verlust ermöglicht gemeinschaftlichen ökonomischen Gewinn und wird deshalb mit kollektiver Achtung belohnt. Die Freude am Geben ist so ein realer gesellschaftlich und ökonomisch funktionaler Prozess, durch den das gesellschaftliche, ökonomische und letztlich auch das individuelle Leben ermöglicht wird. Der beschriebene Zusammenhang kann aus der Perspektive eines Betriebswirtes, der einen maximalen Gewinn seines Unternehmens erwirtschaften will, nicht in den Blick kommen. Aus volkswirtschaftlicher Perspektive ist er unvermeidlich. Die westlichen Gesellschaften kompensieren die gesellschaftsfeindliche Dynamik der Vermögensakkumulation durch staatlich geregelte Vermögensumverteilung. Was in einer Ökonomie der Gabe freiwillig und freudig geschieht, wird hier mit fiskalischem Zwang durchgesetzt, was notwendig bremsend wirken muss auf die Dynamik des Austausches.

Die katholische Soziallehre rückt das ökonomische Handeln der Menschen in den umfassenden Zusammenhang der geschöpflichen Ordnung und gewinnt auf diesem Weg kritisch korrektive Maximen zu staatlichen Eingriffen in die wirtschaftliche Freiheit. So erfolgreich dieses Verfahren in der Vergangenheit war, als so beschränkt in seiner Wirksamkeit erweist es sich im Zusammenhang der Internationalisierung der Märkte. Mindestens ergänzend ist deshalb nach einer spezifisch religiösen Funktion der Kirche im Zusammenhang wirtschaftlichen Handelns zu fragen. Spezifisch religiös ist die gemeinschaftsstiftende Artikulation und Gestaltung machtvoll verbindender menschlicher Impulse und die damit verbundene Bewältigung ihrer zerstörerischen Funktion. Paradigmatisch ist hier die von Girard beschrieben Opferfunktion: Kollektive Neidaggression wird religiös kanalisiert. Aber auch der von Mauss beschriebene Potlatsch gehört hierher: Kollektive Furcht vor dem Zerbrechen der grundlegenden Gemeinschaft in ökonomischer Schichtenbildung wird religiös in Zeremonien der ekstatischen Vernichtung von Überschüssen bewältigt. Der so erreichte Effekt ist durchaus der Funktion des Kathedralenbaus in den wohlhabenden Städten des Hochmittelalters vergleichbar: Ökonomisch gefährliche weil die Tauschordnung verzerrende Überschüsse werden dem Sakralbau geopfert, der als Frucht des Gemeinschaftswillens diesen Gemeinschaftswillen in seiner religiösen Symbolik zum Ausdruck bringt.[168]

Wo die Bibel nicht nur offen ist für die allgemeine religiöse Funktion, sondern diese Funktion reflektiert und bewusst wahrzunehmen einlädt, ermöglicht sie die Verknüpfung der negativ-abwehrenden Funktion der Religion, die das Gemeinschaftsgefährdende apotropäisch zu bannen vermag, mit der positiven Funktion der aktiven Förderung des gemeinschaftlichen Lebens. Die reziproke Gabe wird in diesem Zusammenhang tatsächlich durch die *ver*-gebene Gabe, auf deren Rückkehr der Geber nicht mehr hofft, überwunden. In der Tat liegt hierin eine qualitative Steigerung des von Marcel Mauss beschriebenen Gabemechanismus, die sich zu letzterem verhält wie die gnadenhaft gesteigerte menschliche Natur zur geschaffenen Natur des Menschen. Die übernatürliche Großzügigkeit ist als Gnadengabe unverfügbar und deshalb weder ökonomisch noch politisch berechenbar. Daraus folgt aber mitnichten ihre politisch und ökonomische Irrelevanz. Weite Teile des ökonomischen und politischen Lebens wären ohne eine unverfügbare, machtvolle Großmut der beteiligten Menschen gar nicht möglich. An diesem Punkt wird anschaulich, dass Staat und Wirtschaft aus Quellen schöpfen, deren Gabe sie nicht selbst generieren können.[169] Die Pflege solcher unverfügbarer, lebenswichtiger Gaben gehört zu den kardinalen Funktionen der Religion als *cul-*

---

[168] Für die großen Bauleistungen des Mittelalters war das Spenden- und Stiftungswesen unerlässlich (Norbert Ohler, Die Kathedrale, Religion, Politik, Architektur. Eine Kulturgeschichte, Düsseldorf 2002, S. 177–193).
[169] Ernst-Wolfgang Böckenförde, Recht, Staat, Freiheit, Frankfurt ²1992, S. 112f.

tus.[170] Die biblischen Religionen erfüllen diese Funktion durch die Verbindung des *cultus* mit der *memoria* der Heilsgeschichte. Dadurch gestalten sie den *cultus* als Anleitung zur bewussten Stellungnahme und Selbstpositionierung. Hierher gehört zum einen die traditionelle Denunziation des Habgier *(avaritia)* und des Neides *(invidia)*. Hierher gehört jedoch auch das positive Zeugnis vom Angewiesensein jedes Menschen auf die unverfügbare Gebefreudigkeit der Menschen, die sich getragen weiß in dem unverfügbaren, großzügigen Geben Gottes. Das Christentum erfüllt seine ökonomische Funktion, indem es das lebensermöglichende, alltägliche Geben Gottes als Grundlage jedweden wirtschaftlichen und politischen Handelns zu Bewusstsein bringt und Menschen dadurch ermuntert, sich dem Prozess von Geben und Nehmen ohne eigennützige Fixierung freudig zu überlassen. Die dabei erlebte Freude ist die Freude an dem Leben, das durch den Gabenwechsel erhalten wird. Leben erscheint in einer wirklich humanen Perspektive eben gerade nicht als das individualistische Schachern um das eigene Überleben, sondern als eine Hochform der Evolution, die nur in der freudigen Kooperation aller Menschen überhaupt möglich wird. Freudige Kooperation aber kann nicht erzwungen werden. Sie bedarf des Beworbenwerdens einer Kultur des Gebens, die das Nehmen nicht scheut, weil im Vertrauen auf Gottes Gnade die Zuversicht besteht, dass Nehmen nicht zwangsläufig zu gieriger Selbstbehauptung führt.

Auf bemerkenswerte Weise bestätigt Thomas von Aquin diese positive Sichtweise des naturhaften menschlichen Austausches von Gaben in seiner Lehre von den sozialen Tugenden: Das Geld wird dort als „*materia propria*" der Tugend der „*liberalitas*" zugeordnet.[171] Unter den Bedingungen des mittelalterlichen Zinsverbotes erscheint das Zahlungsmittel als das genaue Gegenteil dessen, als was es sich in der kapitalistischen Zinswirtschaft zeigt: Geld erleichtert in technischer Hinsicht die Ablösung des Besitzes vom Besitzer und ermöglicht so die Tugend der Freigiebigkeit. Die gerne und mit Leichtigkeit gegebene Gabe ist der eigentliche Sinn der Geldwirtschaft, denn: „Der Gebrauch des Geldes besteht in

---

[170] Der lateinische Begriff des *cultus* erinnert daran, dass das priesterliche Tun verstanden werden konnte in Analogie zur pflegenden Tätigkeit des Landmannes als Bedingung ertragreicher Felder: So wie der Bauer sich sorgfältig mühen musste zur rechten Zeit, die rechten Tätigkeiten auszuführen, so sehr hatte er doch ebenso wenig wie der Priester, für den dasselbe galt, die Gewissheit des Ertrages für seine Mühen, wohl aber begründete Aussicht darauf.

[171] Sth II–II, q. 117, a. 3: „*Obiectum autem sive materia liberalitatis est pecunia, et quidquid pecunia mensurari potest, ut dictum est.*"

dessen Verausgabung."[172] Die Anhäufung von Geld bezieht ihren Sinn aus dessen Verausgabung so wie die Mehrung von Kraft und Tugend aus der guten mit Kraft und Tugend vollführten Tat.[173] Für Thomas erscheint also das Geld tatsächlich als ein der Habsucht *(avaritia)* entgegenwirkendes, weil innerlich der Freigiebigkeit *(liberalitas)* verwandtes technisches Mittel der Besitzverwaltung, deren Tugend jedoch die Verausgabung ist. Noch Kant folgt Thomas in der Grundlinie seiner Realdefinition des Geldes in der Metaphysik der Sitten: „Geld ist eine Sache, deren Gebrauch nur dadurch möglich ist, das man sie veräußert."[174] Geiz wird konsequenterweise als Laster erkannt. Die geldbezogene Tugend ist bei Kant nicht mehr wie bei Thomas von Aquin die Freigebigkeit, sondern die „gute Wirtschaft", die den Mittelweg zwischen Geiz und Verschwendung bezeichnet.[175] Allerdings beurteilt Kant die kapitalistische „Vermeidung alles unbefangenen Genießens" für eine Verfehlung vor der eigenen Menschenwürde, weil durch diese nach Max Weber[176] zentrale Geisteshaltung des Kapitalismus der Mensch zum Mittel seines eigenen Besitzes erniedrigt würde, obwohl doch der Zweck des Besitzes gerade darin besteht, dem Besitzer Sittlichkeit und Glückseligkeit zu ermöglichen.

d. „unlimited love"

Der amerikanische Theologe Stephen G. Post verfolgt einen empirischen Ansatz zur Erforschung eines Phänomens, das er mit dem Begriff der grenzenlosen Liebe bezeichnet.[177] Sein Projekt zur „*unlimited love*" erforscht jene menschliche Grundhaltung, aus der eine dankbare und freudige, feiernde Zustimmung zum fremden Leben, Mitleid, Vergebung, Fürsorge, Gefährtenschaft und die Bereitschaft zur fördernden Zurechtweisung und Ermahnung des Anderen erwachsen.[178] Ausdrücklich in Frontstellung gegen die Anthropologien der „*selfishness*" richtet sich die grundlegende Vermutung von Post, die *kénosis* sei die eigentlich humanisierende Größe im menschlichen Leben: „*In the giving of self lies the un-*

---

[172] Sth II–II, q. 117, a. 4: „*Usus autem pecuniae est in emissione ipsius; [...]*"
[173] Ebd.
[174] Immanuel Kant, Metaphysik der Sitten, AB, S. 122.
[175] A.a.O., AB, S. 90.
[176] Max Weber, Die protestantische Ethik und der Geist des Kapitalismus, hg. v. Dirk Kaesler, München 2004, S. 78 (Erstausgabe: S. 35f.).
[177] Stephen G. Post, Unlimited Love. Altruism, Compassion and Service, Radnor (Pennsylvania) 2003.
[178] A.a.O., S. 4–7: Post nennt die Haltungen und Handlungen von: celebration, compassion, forgivness, companionship, correction.

sougth discovery of self. [...] In essence the paradoxical law is simple: to give is to live."[179] Unter Berufung auf den vor der kommunistischen Revolution aus Russland geflohenen Harvard-Soziologen Pitirim A. Soroko (1889–1968) beschreibt Post das gemeinte Liebesphänomen als eine Wirklichkeit, die die menschliche mit der kosmischen Dimension verbindet.[180] Im Anschluss an Soroko deutet Post die alltäglichen Vielgestalten des absichtslosen Wohlwollens, das Menschen Menschen entgegen bringen, als „*inflow from a higher source that far exceeds that of human beings*".[181] Dieser in der Geschichte allenthalben zu greifenden Kraft der Liebe, die Aggression beendet, Feinschaft überwindet, geistige Krankheit heilt, die leiblich stärkt, soziale Bewegungen in Gang setzt und ethisches Leben ermöglicht, bezeugen Soroko und Post als empirisch fassbare Wirklichkeit. Zwischen der legitimen Selbstliebe und der Liebe zu anderen Menschen entdeckt Post eine grundlegende Harmonie, von der er sogar vermutet, dass sie sich in ihren medizinischen Auswirkungen messen lässt: „*I would hypothesize that living a life of love will, in the generalizable epidemiological sense, reduce morbidity and enhance longevity. Good care of the self for the sake of God and neighbor is probably more effective and enduring than the care of self for the sake of self, which is less than fully meaningful.*"[182] Wie viele empirische Belege für die nicht nur sozial, sondern auch individuell heilsame Wirkung einer Haltung universal lebensbejahender Liebe Post auch anführen mag, die theologische Deutung des Zusammenhanges als messbarer Wirkung der zur Liebe befähigenden göttlichen Urliebe bleibt bezweifelbar. Der von Post bekämpfte Ansatz einer fundamentalen *selfishness* vermag ja in seiner Anthropologie altruistisches Verhalten als pseudoaltruistisch-genegoistisch motiviertes zu integrieren. Insbesondere die bildreiche Sprache von der kosmisch-göttlichen Quelle und die Energiemetapher zu Benennung der göttlichen Effizienz[183] behindern den von Post erhobenen wissenschaftlichen Anspruch. Dieser bezieht sich im Rahmen der verfolgten empirischen Methode eben tatsächlich nur auf die messbaren Wirkungen eines bestimmten, sich religiös artikulierenden Verhaltens. Die Frage, ob die gemessenen Wirkungen tatsächlich

---

[179] A.a.O., S. 3.
[180] A.a.O., S. 27 unter Berufung auf: Pitirim A. Sorokin, Altruistic Love. A Study of American Good Neighbors and Christian Saints, Boston 1950.
[181] A.a.O., S. 34f.
[182] A.a.O., S. 43.
[183] A.a.O., S. 34: „*[...]some human beings do, through spiritual and religious practices, participate in a love energy that defines God.*"

auf eine göttliche Energie zurückgehen oder ob die religiöse Metaphorik lediglich die traditionelle Benennung eines intersubjektiven Phänomens darstellt, kann mithilfe der Methodik von Stephen G. Post nicht entschieden werden. Wo allerdings das beschreibbare Phänomen gesteigerter Lebensfreude und Lebensdauer in der Praxis dankbarer, freudiger und helfender Annahme, also wo die „*enormous power of creative love*"[184] mithilfe der soziobiologischen Modellvorstellung interpretiert wird, stellt sich dasselbe Problem. Auch der Ausschluss einer metaphysisch-theologischen Deutung durch eine Biologie, die auf dem Axiom der naturalistischen Interpretation aller beobachtbaren menschlichen Phänomene aufbaut, lässt sich letztlich nicht schlüssig begründen. So wie der religiöse Ansatz die unmittelbare Selbsterfahrung respektiert, dass ein Lebewesen seine qualitative Steigerung durch eine ihm zunächst nicht natürliche Zuwendung zum anderen Menschen erlebt und damit die von Post behaupteten positiven Wirkungen auf die Gesellschaft und den Einzelnen, fordert die Soziobiologie zur Entmythologisierung dieser Selbsterfahrung auf. Die vermeintliche Liebe sei nur Eigennutz, der allerdings als sein eigenes nicht mehr sich selbst habe, sondern die eigenen Gene. Diesen Gedanken zu denken, ist allerding, wenn es eine biologische Disposition zum Altruismus gibt, zutiefst unnatürlich und strukturell dem Verhalten des *free-riders* ähnlich. Auch der *free-rider* sieht ja ein, dass die Beobachtung der Spielregeln durch alle die Grundlage des allseitigen Erfolges ist. Er versucht lediglich durch trickreiche Umgehung der grundsätzlich bejahten Spielregeln einen Extraprofit zu ergaunern.

Demgegenüber akzeptiert Stephen G. Post die epistemologische Situation seriöser: Er kann empirisch konstatieren, dass eine Grundhaltung der Liebe allseitig vorteilhaft ist, ohne den Versuch zu unternehmen, die erlebte und erfahrene aufzuheben in der vermeintlich klugen Herleitung des erhofften Zusammenhanges aus der Evolutionsgeschichte, die jedoch gleichzeitig mit der Destruktion der Unverfügbarkeitserfahrung verbunden ist, indem nämlich die Illusion der naturalistischen Rekonstruktion und damit der Beherrschung aufgebaut wird. In Wirklichkeit aber wird nichts beherrscht. Es wird nur die naive Haltung zerstört, die alleine Grundlage der von Post beschriebenen Wirkung sein kann. Die naturalistische Rekonstruktion der grundlegenden Altruismuserfahrung erscheint so als naiver denn ihre theologische Deutung.

Man kann den hier gemeinten Zusammenhang auch in einer systematisch-theologischen Sprache rekonstruieren: Stephen G.

---

[184] A. a. O., S. 35.

Post weist auf, dass es der ekstatischen Natur des Menschen entspricht, auf eine Zukunft hin zu handeln, die außerhalb der eigenen menschlichen Verfügbarkeit steht. Aus der umfassenden menschlichen Lebenserfahrung kann der Handelnde hoffen, dass seine altruistische Orientierung *in the long run* auch zu seinem Vorteil sein wird. Dieser innerhalb einer weisheitlichen Denkfigur erwartbare Vorteil aber ist nicht planbar und nicht machbar. Er zwingt zu einer Haltung des glaubenden Vertrauens, dessen Notwendigkeit zwar aufweisbar ist, nicht jedoch seine Berechtigung. Dieser Haltung entzieht sich eine Theorie, die auch den Impuls, vertrauen zu wollen genetisch so rekonstruiert, dass ein grundlegender Genegoismus nicht nur als der naturale Ursprung, sondern auch als das letzte intellektuell beschreibbare Ziel erscheint. Eine solche theoretische Rekonstruktion des Altruismus als Egoismus erschwert genau die Haltung, die auch die Evolutionsbiologie als die erfolgreichere beschreibt: ein Verhalten nämlich, das insofern ekstatisch ist, als es den Sinn, das Ziel und den Erfolg des eigenen Vertrauens nicht in der eigenen Gestaltungsfreiheit findet, so dass sich ein Mensch am Ende vor die Wahl gestellt sieht, entweder protokollarisch wie Post festzuhalten, dass *„unlimited love"* schließlich die für alle erfolgreichste Lebensstrategie ist, oder auf der Grundlage einer an Tieren gewonnen empirischen Basis den kühnen theoretischen Versuch zu unternehmen, alles altruistische Verhalten als genetisch disponierte Form des Genegoismus zu deuten. Letztere Option allerdings würde die Entscheidung für eine altruistische Lebenshaltung, die auch die Soziobiologie bezeugt, erschweren bis verunmöglichen.

Wer an dieser Stelle einwendet, durch ein solches Argument werde die Religion als ein soziobiologisch rekonstruierbarer Trick des Genüberlebens rekonstruiert, verkennt, dass die Frage, welche Theorie die angemessene Metatheorie menschlichen Handelns ist, durch die Feststellung einer Konvergenz zwischen Soziobiologie und Theologie in keiner Weise entschieden ist. Gegen den biologischen Versuch spricht, dass er die Grunderfahrung des für die menschliche Selbstbestimmung offenen Horizontes, den die Soziobiologie selbst mit ihrer der eigenen genetischen Disposition zum automatischen Altruismus widersprechenden Interpretation dieses Altruismus als Egoismus voraussetzt, nicht mehr affirmativ thematisieren kann. Damit aber ergibt sich der Grundwiderspruch eines vollkommen determinierten Wesens, das die eigene Determination durchschauen kann, um ihr gegenüber keine andere vernünftige Alternative zu haben, als die, dieser Disposition als durchschauter dennoch gehorchen zu müssen. Damit aber wird genau die Freiheit vorausgesetzt, deren Bestreitung die Mitte aller naturalistischen Ansätze bildet.

Das Angebot von Stephen G. Post ist demgegenüber ernster zu nehmen, als die bisweilen naiv wirkende Sprache nahelegt. Es basiert auf der Grundidee, die Situation menschlicher Selbsterfahrung wirklich ernst zu nehmen und ihr auch da nicht in eine naturalistische Metatheorie hinein auszuweichen, wo empirische Methoden der Beschreibung menschlichen Handelns verwendet werden.

4. Die Lebensfülle als Gabe Jesu

a. Der sozialgeschichtliche Kontext Jesu

Israel war zu Zeiten Jesu ein in agrarischer Hinsicht modernes, dynamisches Land mit einer Kultivierung der Fläche von 97 %. Seit dem 1. Jh. v. Chr. konzentriert sich der Besitz agrarischer Fläche in der Hand immer weniger Besitzender. Die guten Erträge begünstigen das Bevölkerungswachstum, das in Krisenzeiten immer wieder zu Hungersnöten führt. Die dynamische Gesamtsituation eröffnete beträchtliche Möglichkeiten der fiskalischen Wohlstandsabschöpfung. So chancenreich diese Situation war, so gefährlich war sie allerdings auch für diejenigen, die wenig oder gar nichts besaßen. Ihnen blieb nur der Versuch, durch gesteigerte Anstrengung auf dem dynamischen Markt ihr Auskommen zu finden oder aus dem Wirtschaftssystem auszusteigen. Die Aussteiger hatten die Wahl zwischen der kriminellen (Räuber) oder der politisch motivierten Gewalt (Zeloten). Oder aber sie wandten sich dem charismatischen Wanderpredigerdasein zu.[185]

Man kann für dynamisch sich entwickelnde Ökonomien eine beträchtliche Anzahl von Menschen annehmen, die mit der verschärften Marktsituation im Kontext wachsender Ungleichheit nicht zurecht kommen. Die Evangelien zeugen von zahlreichen Phänomenen sozialer Desintegration: Neben den genannten Aussteigern wären die zahlreichen Besessenen, Bettler, Prostituierten und Aussätzigen zu nennen, die für sich keinen Platz im ökonomischen System fanden.

Der gespannten ökonomischen Situation entspricht eine zerbrechende sozio-kulturelle Identität der Gesellschaft: Die ökonomischen Profiteure sind für die konservativen religiösen Eliten inakzeptabel, sei es weil sie als Zolleinnehmer der Besatzungsmacht

---

[185] Darstellung nach: Gerd Theißen, Die Jesusbewegung. Sozialgeschichte einer Revolution der Werte, Gütersloh 2004, S. 139–162.

ihr Geld verdienen, sei es weil sie als Tempelaristokratie ihre Macht durch Kollaboration mit den Heiden sichern, sei es weil sie als Bewohner der neu entstehenden und wachsen Städte für die agrarisch geprägten Traditionen immer weniger Verständnis aufbringen.[186]

Die zahlreichen Spannungen lassen das jesuszeitliche Israel an verschiedenen Stellen als Sozialverband scheitern: René Girard hat vorgeschlagen, die Hinrichtung Jesu vor diesem Hintergrund als Symptom einer Gesellschaft in der mimetischen Krise, also als Ausbruch einer gewaltigen mimetisch genährten Aggression eines jeden gegen jeden, zu interpretieren.[187] Die Kräfte der sozialen Kohärenz unterliegen einer gewaltigen Konkurrenzdynamik, die jeden gegen jeden aufbringt, so dass in einer spontanen Wiederholung des Gründungsmordes eine Pazifierung der Aggression eines jedes gegen jeden und die Erneuerung der sozialen Eintracht aller mit allen gesucht wird.

b. Praxis und Verkündigung Jesu

In seiner Verkündigungspraxis allerdings strebt Jesus nicht aktiv auf einen solchen lösenden Gewaltkonflikt zu. Hier erscheint er eher als Vertreter einer konservativen ländlichen Sozialordnung des friedlichen Austausches. Als solcher verhält sich Jesus gegenüber dem Geld als Mittel der Wohlstandsakkumulation ebenso ablehnend wie gegenüber denjenigen, die durch ihren Wohlstand aus der agrarischen Ordnung des gleichberechtigten Gebens und Nehmens aussteigen, um von den Renten und Erträgen ihrer Güter zu leben.

In Predigt und Praxis Jesu erfährt das individuelle Motiv geschenkten göttlichen Lebens eine fundamentale Entkonditionalisierung: Vom Anfang seines öffentlichen Wirkens an ist Jesus der Heiler, also der, der die Unversehrtheit und Unbeschädigtheit des Lebens wieder herstellt. Anlässlich des ersten synoptischen Krankenheilung (Mk 1, 29–34) brachte man am Abend „alle Kranken und Besessenen (*pántas*) zu Jesus und er heilte viele (*polloùs*)" (v. 32f.). Matthäus und Lukas korrigieren diese Darstellung: Jesus heilte *alle* (Mt 8, 16; Lk 4, 40). Das Motiv des unterschiedslosen Heilens findet erzählerische Entfaltungen: Jesus heilt die Tochter einer kanaanäischen Frau, nachdem er sich zuvor im Zwiegespräch über die Legitimität von Heilungen an Nichtisraeliten

---

[186] A.a.O., S. 163–186.
[187] René Girard, Das Ende der Gewalt, Analyse des Menschheitsverhängnisses, Freiburg ²2009.

von der Kanaanäerin hat besiegen lassen (Mk 7, 24–30). Penetranz und rhetorische Geschicklichkeit der fremden Frau werden von Jesus gelobt und Matthäus importiert gegenüber dem markinischen Text mit treffsicherem Gespür für die jesuanische Semantik den Begriff des Glaubens (Mt 15, 28): Auch an anderen Stellen nennt Jesus das unmittelbare Verlangen der Menschen nach unbeschädigtem Leben „Glaube", ohne das explizit religiöse Vollzüge der Heilungswilligen erkennbar wären (Mk 5, 34; 10, 52; parr.). Ja, selbst da, wo ein Mensch geltende religiöse Vorschriften bei seinem Streben nach Heilung missachtet wie die blutflüssige Frau im Markusevangelium (Mk 5, 21–43), lobt Jesus ihre Verhalten als Glauben. Markus komponiert aus der Heilungserzählungserzählung von der Blutflüssigen und der Erweckung eines toten Mädchens eine theologisch tiefsinnige Einheit: Während Jesus den Tabubruch der Blutflüssigen aufdeckt und ausdrücklich gutheißt (Mk 5, 34), stirbt das Töchterchen des Synagogenvorstehers, zu dessen Rettung Jesus eigentlich unterwegs ist. Der scheinbare Sieg der religiösen Tradition wird erzählerisch dann in einem zweiten, übersteigernden Höhepunkt der Erzählung mit der Totenerweckung der Kleinen endgültig widerlegt: Nicht die tabuisierende Angst von der lebensschwächenden und beschädigenden Wirkung des Unreinen wird in der Geschichte bestätigt. Vielmehr führt der zeitweise Anschein, es verhalte sich gar so, zu einer umso gründlicheren Widerlegung und Überwindung der ängstlich konservatorischen Logik dem Leben gegenüber.

Ein Streitgespräch des Markusevangeliums thematisiert Jesu neue Haltung zur Reinheit explizit: Jesus weist die Vorstellung einer Verunreinigung durch mangelnde Observanz gegenüber Reinheitsvorschriften zurück und deutet den Begriff der Reinheit konsequent im Sinne einer internalisierten Ethik: Nichts, „was von außen in den Menschen hineinkommt", kann ihn „unrein machen" (Mk 7, 18). Unrein wird ein Menschen durch die Korruption seiner Motive (Mk 7, 21).

Aber auch diese im ursprünglich-prophetischen Sinne eigentliche Lebensbeschädigung durch ethische Verunreinigung nimmt Jesus nicht als Grenze seiner Macht wahr. Das Motiv des Sündermahls zeigt, dass Jesus auch da unwillig ist, sich eindeutig abzugrenzen, wo an der sozialfeindlicher Gesinnung des sozialen Gegenübers kein Zweifel besteht. An der moralisch-korrumpierenden Wirkung der Teilhabe an den Festen sozial rücksichtsloser Menschen wie des Zolleintreibers Levi (Mk 2, 13–17) und seines lukanischen Kollegen Zachäus (Lk 19, 1–9) kann kein Zweifel bestehen. Doch die lukanische Erzählung geht anders aus, als die Lebenserfahrung uns lehrt: Nicht der Gerechte wird in die Kreise des Wohllebens verstrickt, sondern der Sünder bekehrt sich durch die Bereitschaft des Gerechten, auf die verständliche und kluge Abgrenzung gegenüber dem Sünder zu verzichten.

Klaus Berger hat diese Lebenshaltung Jesu mit dem Begriff der „offensiven Reinheit" charakterisiert[188], der einem *Oxymoron* gleichkommt: Das Reinheitskonzept ist begriffslogisch ein defensives Konzept. Reinheit ist der pflegliche Umgang mit einem raren Gut, einer knappen Ressource. Reinheit als Beachtung bestimmter Regeln im Umgang mit bestimmten Dingen und Personen zielt darauf, einen als lebensförderlich empfundenen Ordnungszustand herzustellen. Ethik, unter der defensiven Idee der Reinheit verstanden, bedeutet die Bewahrung des Guten durch Vermeidung des Bösen. Beiden Ideen gegenüber verhält sich Jesus ablehnend. Seine Jüngergruppe diffundiert religiös gesehen in die Ununterscheidbarkeit, wo sie mit ungewaschenen Händen ihr Brot isst (Mk 7, 1–4), wo sie am Sabbat munter kauend und Ähren abreißend durch die Felder zieht (Mk 2, 23–28). Wo ihr Meister den Kontakt zu Kranken, Nichtjuden und Sündern nicht nur nicht meidet, sondern sogar Mahlgemeinschaft mit ihnen sucht, droht er die Unterscheidung zwischen Rein und Unrein als Unterscheidung zwischen Gut und Böse einzuebnen.

Was Berger veranlasst, dennoch von Reinheit als Ziel der Praxis Jesu zu sprechen, ist die Tatsache, dass Jesus durch seine verweigerte Observanz gegenüber dem Reinheitsideal das Ziel der Reinheit, nämlich das unbeschädigte, unversehrte, in seinen Kräften gesteigerte Leben in Gemeinschaft mit den anderen Menschen und in Unmittelbarkeit zum Gott Israels, nicht verfehlt, sondern gerade besser erreicht als die Vertreter des traditionellen Reinheitsdenkens. Wo das Neue Testament darauf reflektiert, wie es denn möglich ist, dass derjenige, der nicht bewahrt, sondern der gefährdet, mit umso größeren Erfolg das befördert, was er gefährdet, da kommt der spezifisch neutestamentliche Gottesbegriff ins Spiel. Er lässt sich am treffendsten mit dem Begriff der Fülle wiedergeben: Das Neue Testament verwendet das Begriffsfeld von Fülle, Leere, Erfüllung und Entleerung um Gott in seinem Verhältnis zur Welt zu thematisieren: Der Philipperbriefhymnus greift auf die Metapher der Entleerung (*kenósis*) zurück, um die Menschwerdung Gottes als ein das innere Leben Gottes selbst betreffendes Ereignis zu beschreiben (Phil 2, 6–11). Die Selbstgefährdung Gottes, der aus seinem göttlichen *plērōma*, seiner erfüllten Herrlichkeit,

---

[188] Klaus Berger, Theologiegeschichte des Urchristentums, Tübingen 1994, S. 140f.

heraustritt, endet im Philipperbrief jedoch nicht in einer tristen *Gott-ist-tot-Theologie* mit einem moalischen Stellvertretungsappell an die Menschen: Die *Kenosis* Gottes ist vielmehr Moment an seinem Herrschaftsantritt über die ganze Schöpfung, die am Ende bekennt: „Jesus Christus ist der Herr zur Ehre Gottes des Vaters." (Phil 2, 11). Der Kolosserbrief deutet die Menschwerdung als Einwohnung Gottes mit seiner Fülle (*plērōma*) in dem Menschen Jesus (Kol 1, 19; 2, 9). Der Epheserbrief beschreibt sie als Wirkung des Geistes Gottes bei den Christen, die sich von der Liebe Gottes leiten lassen als progressive Erfüllung mit dem göttlichen *plērōma* (Eph 3, 19). Das Johannesevangelium bekennt Jesus als die innergöttliche Quelle von Gnade und Wahrheit (Joh 1, 17), aus deren *plērōma* „alle" empfangen haben (Joh 1, 16).

Der Füllebegriff dient neutestamentlich nicht zur Bezeichnung der innergöttlichen Vollkommenheit, sondern zur Bezeichnung der aus der Innergöttlichkeit heraustretenden, ökonomischen Vollkommenheit. Der Begriff umfasst Gottes Effizienz in der Christologie, im Gnadenwirken des Geistes und dessen eschatologische Perspektive: Im Johannesevangelium bezeichnet Christus mit dem Begriff des *plērōma* die eschatologische Perspektive seines eigenen Wirkens im Blick auf die Jesusbewegung: „Der Dieb kommt nur, um zu stehlen, zu schlachten und zu vernichten; ich bin gekommen, damit sie das Leben haben und es in Fülle haben." (Joh 10, 10). In seinen Abschiedsreden wird die Fülle des göttlichen Lebens zur Programmatik des seine kosmische Herrschaft antretenden Christus: „Aber jetzt gehe ich zu dir. Doch dies rede ich noch in der Welt, damit sie meine Freude in Fülle in sich haben." (Joh 17, 13)

Der Deutungsbegriff der Fülle hat einen präzisen Anhalt in der Metaphorik des Neuen Testamentes. Die Wachstums- und Erntemetaphorik der Reich-Gottes-Gleichnisse spricht von der Wirksamkeit Gottes in Welt und Menschheit als einem machtvollen Wachstumsprozess (Selbstwachsende Saat: Mk 4, 26–29), in dem aus dem Unscheinbaren Unerwartetes wächst (Senfkorn: Mk 4, 30–32). Nicht einmal der nachgerade verrückt sich gebärdende Bauer, der sein kostbares Saatgut auf Wege, auf Felsen und unter Dornengestrüpp vergeudet, kann der Wachstumskraft der Wirklichkeit Gottes unter den Menschen schaden (Mk 4, 1–9), ja, sein pointiert unökonomisches, verschwenderisches Verhalten scheint der spezifischen Wachstumsdynamik des Reiches Gottes in besonderer Weise zu entsprechen: Das Reich Gottes wächst nicht aus der Logik der sparsamen, ökonomischen Mangelverwaltung, sondern aus der entgegengesetzten Logik einer Vergeudung des Überschusses.

Zur Wahrnchmung des Überschusses laden andere Texte des Neuen Testamentes ein. Die für die Jesusgruppe wahrscheinlich signifikante Zeichenhandlung der Mahlgemeinschaft findet bei Matthäus (22, 1–10) und Lukas (15, 15–24) im Gleichnis vom großen Festmahl seine Aufnahme: Grundlage ist der großzügig einladende Gastgeber, dessen Großzügigkeit allerdings blockiert wird durch das Krämerverhalten der Geladenen, die ihre alltäglichen Geschäfte dem Festmahl vorziehen. Ganz ähnlich blockiert sich der ältere Sohn im Gleichnis vom verlorenen Sohn (Lk 15, 11–32), der der Festfreude über das wiedergewonnene Leben seines Bruders seine ökonomische Aufrechnung von Verdienst und Missverdienst gegenüberstellt.

Die bisher genannten Beispiele zeigen bereits an, dass es eine Frage der Wahrnehmung ist, ob Menschen sich von einer *ökonomisch-religiös-ethischen Faszination des Mangels* beherrschen lassen oder ob sie der jesuanischen Inspiration der Überfülle folgen. Eine Reihe von Gleichnissen thematisieren genau dieses Wahrnehmungsthema: Das Gleichnis vom reichen Kornbauern (Lk 12, 13–21) führt einen mangelobsessiven Reichen vor und entlarvt ihn als Toren (V. 20). Im Stile weisheitlicher Lebensregeln ermuntert Jesus zu einer Haltung der Nachlässigkeit gegenüber dem ökonomischen Sorgen (Lk 12, 22–34; parr.). Der Eintritt in die diesseitige Wirkmächtigkeit des anbrechenden Gottesreiches verbindet sich mit einem Perspektivwechsel, der es als klug und geraten erscheinen lässt, Sicherheit und Wohlstand zu riskieren um eines unvorstellbar wertvollen, aber doch recht unanschaulichen Gutes willen, das Matthäus in den Bildern vom verborgenen Schatz im Acker und der wertvollen Perle anspricht (Mt 13, 44–46).

Einen Perspektivwechsel dürften auch die Hörer Jesu anlässlich der Speisung der Fünftausend (Mk 6, 35–42) durchgemacht haben, als sie offensichtlich bereit waren, ihren sorgsam gehüteten Mangel an ausreichend Lebensmittel mit allen zu teilen, um so am Ende einen beachtlichen Gesamtüberschuss zu erzielen.

c. Die Füllebotschaft in Leiden und Sterben Jesu

In der theologischen Diskussion verbindet sich die Frage, wie bewusst Jesus die tödliche Auseinandersetzung in Jerusalem gesucht hat, traditionell mit der Frage, ob Jesus seinen Tod als Sühneopfer verstanden habe. Das führt in die eingeschränkte Alternative: Entweder hat Jesus seinen Tod als Sühne gedeutet und sein Leben Gott bewusst als Opfer darbringen wollen, oder der Tod Jesu war ein ausschließlich kontingentes Ereignis, das Jesus sicher nicht heraufführen wollte.

Gegen letztere Deutung spricht: (1) Es war auch für Jesus absehbar, wie gefährlich es war, als galiläischer Messiasprätendent ausgerechnet zum Pesach nach Jerusalem hinaufzuziehen. (2) Die Zeichenhandlung des letzten Abendmahles mit ihrem bewussten Bezug auf das Sterben Jesu vor seiner Verhaftung kann schwerlich zur Gänze ein nachösterliches *vaticinium ex eventu* sein. Wenn wir also davon ausgehen, dass Jesus zumindest um seine Selbstgefährdung in Jerusalem wusste und am Abend seiner Verhaftung einer klare Vorstellung von seinem bevorstehenden Tod hatte, dann stellt sich anlässlich der berechtigten Reserve gegenüber dem Opferbegriff die Frage, ob es die Möglichkeit einer nicht-sakrifiziellen Deutung des Todesbewusstseins Jesu gibt. Wir haben keine Anhaltspunkte dafür, dass Opferlogik im Leben Jesu eine Rolle spielte. Im Gegenteil: Jesus identifiziert Reinheits- und Opferdenken miteinander und setzt diesem traditionellen religiösen Komplex unter dem Namen der Barmherzigkeit das eigene Füllekonzept offensiver Reinheit entgegen: Als die Pharisäer Klage führen, dass Jesus mit Zöllnern und Sündern isst (Mt 9, 11), zitiert Jesus zustimmend Hos 6, 6: „Barmherzigkeit will ich, nicht Opfer." (Mt 9, 13).

Was legitimiert die Identifikation von Reinheits- und Opferdenken? Die Logik der Reinheit folgt wie die Logik des Opfers einem religiösen Verknappungsdenken: Heilvolles, gesundes und integres Leben ist ein rares Gut. Es muss durch die defensive Strategie der Reinheitsvorsorge bewahrt werden. Dieser Verknappungslogik folgt auch das Opferdenken. Seine sehr modern-konsequentialistisch klingende Grundmaxime bringt nach dem Johannesevangelium der Schwiegervater des Hohen Priesters Kaiaphas auf den Begriff: „Es ist besser, dass ein einziger Mann für das Volk stirbt." (Joh 18, 14): Leben ist ein rares Gut. Es kann für die einen nur gewonnen werden um den Tod der andern. Gegen diese allgemein religiöse Grunüberzeugung vom „Leben für Leben", die die Tiefenstruktur allen Opferns bildet, hatte Jesus sein Konzept des Lebens für alle gestellt, darin die Vision der alttestamentlichen Lebensfülle aufnehmend.[189]

Die hermeneutische Schlüsselfrage, die sich an diesen Befund anschließt, lautet: Bestätigt Jesus durch seine Lebensgeschichte die

---

[189] Ralf Miggelbrink, Opfer. Systematische Theologie und die Rezeption eines religionsgeschichtlichen Schlüsselbegriffes, in: Trierer theologische Zeitschrift 112 (2003), S. 97–112; Erlösung durch Opfer? Der eucharistietheologische Opferbegriff im Lichte neuerer Beiträge zur Opferforschung, in: Ignacy Bokwa/ Piotr Jaskola/ Ulrike Link-Wieczorek (Hg.), Nicht getrennt und nicht geeint. Der ökumenische Diskurs über Abendmahl/Eucharistie in polnisch-deutscher Sicht, Frankfurt a.M./Opole (PL) 2006, S. 71–84.

Opferlogik verknappten Lebens oder widerlegt er sie? Die neutestamentlichen Texte oszillieren zwischen beiden Möglichkeiten: Auf der einen Seite deutet der Hebräerbrief klarer als alle anderen Texte den Tod Jesu als Opfer (Hebr 9, 11–14). Auf der anderen Seite betont eben dieser Hebräerbrief, dass mit diesem Opfer das Opfern und seine Logik an ihr Ende gekommen sind (Hebr 9, 12).

Wie aber lässt sich der Tod Jesu als auch aus seiner Sicht notwendig interpretieren, wenn keine theonome Opferforderung unterlegt wird? Opfer sind eine religiöse Notwendigkeit. Traditionellerweise wird in den heidnischen Opfern der undeutliche Typos des Opfers Jesu gesehen. Dabei wird eine authentische religiöse Inspiriertheit der heidnischen Opferreligionen unterstellt. Die Opfer fordernden Götter sind unzulängliche Deutungen des einen das Opfer seines Sohnes fordernden Gottes. Eine nicht-sakrifizielle Deutung des Todes Jesu verweigert den Opferreligionen die Anerkennung, dass in ihnen so viel authentische religiöse Einsicht vorliege. Das Opfer hat keine theonomen Ursachen, sondern anthroponome: Im Opfer und seinen Göttern manifestiert sich nicht der Gott Jesu Christi, sondern menschlicher Neid, menschliche Konkurrenz, menschlicher Hass auf den Menschen, mithin der gesamte Komplex menschlicher Verknappungslogik. Das Opfer ist eine Gestalt der Ökonomie: Lebensglück um den Preis geopferter Lebenszeit in den Gestalten von Sparen, Neiden oder entgeltbestimmter Arbeit.

Alle Gestalten des Sakrifiziellen arbeiten mit dem Schauder des Todes, so wie alle Gestalten der ökonomischen Partialisierung des Lebens mit der Angst vor dem Tod arbeiten und mit der dieser Angst entsprechenden Grundhaltung der Sorge. Jesus stellt dem sein „Sorgt euch nicht!" (Mt 6, 34) entgegen. Wie glaubwürdig aber ist dieses „*Mē merimnēsete*"? Die Bereitschaft, diese Grundbotschaft Jesu in den bewusst in Kauf genommenen eigenen Tod hinein zu bezeugen, wird zum Ernstfall einer Haltung des Vertrauens auf Gott als machtvoll gegen die vermeidlich objektiven Zwänge des Lebens. Kein objektiver Zwang scheint unausweichlicher als der des Sterbenmüssens. Der Tod bildet die dunkle und bedrückende Folie aller menschlichen Sorge. Die Kürze des Lebens gibt dem Streben nach Daseinserfüllung das Verzweifelte.

Eine Theologie der Lebensfülle Gottes muss eine österliche Theologie der Auferweckung Jesu Christi sein. Damit ist sie eine Theologie, die die Einmischung Gottes in den normalen Lauf der Welt thematisiert und sich der neuzeitlichen Grundversuchung einer quasi-deistischen Theologie entgegenstellt. Für das neutestamentliche Zeugnis von Jesus Christus ist die Auferstehungerfahrung zentral. Sie besteht in der Gewissheit, dass Jesus Christus durch seine Ermordung nicht widerlegt, sondern bestätigt wurde, dass seine Botschaft weiterwirkt und dass er selber von Gott in eine Geltung und Macht eingesetzt wurde, die seinen irdischen Wirkungsbereich bei weitem übersteigt.

Die neutestamentlichen Textzeugen zeigen sich an dem leiblichen Leben Jesu nach seiner Auferstehung nur insofern interessiert, als es gilt den Eindruck abzuwehren, die Auferstehung habe etwas mit Gespensterschau zu tun. Entscheidend ist für die neutestamentlichen Textzeugen die Bestätigung von Person und Botschaft Jesu und die Gewissheit, dass diese Person und Botschaft, die voneinander gar nicht trennbar sind in machtvoller Weise die Herrschaft über die Geschichte antreten. Der Zugang zu dieser Wahrheit bleibt denen vorbehalten, die sich in vertrauender Weise mit ihrer Existenz auf das Zeugnis Jesu und seine Botschaft vom Gott der Lebensfülle in einer Welt des verweigerten und knauserig verwalteten Lebens einlassen, die sich in ihrer Praxis, in ihrem Denken und Fühlen von dieser Botschaft der Lebensfülle bestimmen lassen. Paulus nennt den Eintritt in diese Sphäre wirkmächtig erfahrener Lebensfülle „Glauben": Wer glaubt, ist mit Christus gekreuzigt und begraben in der Taufe, mit der sein neues Leben im Geist begann (Röm 6–8). Im Geist, also in der Art die Welt anzusehen, verstehen und in ihr bewusst sich zu verhalten ereignet sich, was dem Fleisch (*sárx, bâsâr*) in seiner passiven Preisgegebenheit an die Ordnung der Welt nicht möglich ist. Im inspirierten Geist kann die Gemeinschaft der Christen die in der Auferstehung Jesu Christi an Jesus wirksam tätige Lebensmacht Gottes als das Prinzip ihres neuen Lebens erfahren und gelangt gerade in dieser Erfahrung der Überwindung von Todesverhaftung und Gewalt die unmittelbare Evidenz der Auferstehungswirklichkeit als der begründenden Wirklichkeit des christlichen Glaubens überhaupt.

d. Auferstehung als Erfahrung der Fülle

Das Kreuz ist nicht die ursprüngliche und primäre Gestalt göttlich-pleromatischer Zuwendung zur Menschheit. Das Kreuz ist die Gott aufgezwungene Vermittlungsgestalt des *plērōma* unter der Herrschaft seiner Zurückweisung. Die Zurückweisung des göttlichen *plērōma* folgt der dem *plērōma* entgegengesetzten Grundidee des fundamentalen Mangels, der jeden zu jedem in die Konkurrenz zwingt. In den Evolutionstheorien wird der Mangel als eine letzte Gegebenheit des biologischen Lebens interpretiert: Leben ist die tätige Selbstbehauptung in der Ursituation des Mangels, die im Prozess der gelingenden Selbstbehauptung niemals aufgehoben werden kann, weil jeder Akt der Überwindung des Mangels neue Bedürfnissituationen und mithin neuen Mangel heraufführt. Monistische Theorien neigen dazu von der Soziobiologie über die Ökonomie eine einheitliche Metaphysik des Mangels zu postulieren: Leben gelingt, wo Menschen die Grundüberzeugung bejahen, dass Leben als individuelles dem Mangel abgerungen werden muss. Auch die Grundbeobachtung der Mimetischen Theorie, dass Mangelwahrnehmung sich häufig der mimetischen Orientierung auf den anderen Menschen verdankt, lässt sich in dieser Naturphilosophie des Mangels integrieren: Mangelwahrnehmung ist umso notwendiger intersubjektiv, je mehr das Lebewesen, das den Mangel erfährt, zu seiner Lebensbewältigung auf seinesgleichen angewiesen ist. Die Angewiesenheit auf die anderen Menschen erzeugt die aufgeregte Nervosität angesichts der Handlungsweisen und Erfolge der anderen, die Girard als den Kern der mimetischen Orientierung ausmacht: Verfügt der andere über Mittel, die ihm mehr Erfolg versprechen, als ich habe? Löst sich der andere aus der Abhängigkeit von mir und zwingt mich gar in seine Abhängigkeit?

Girard hat Recht, dass die Passionserzählungen sich wie Antitexte zu dem Grundtext der Konkurrenzorientierung lesen. Sie schildern einen Menschen, der selbstbewusst und entschieden die Rolle des Unterlegenen akzeptiert. Girard deutet dieses Geschehens als eine Variante der ubiquitären religiösen Opferhandlungen, in denen Menschen die destruktive Dimension ihrer Konkurrenz durch kanalisierte Gewaltbefriedigung überwinden und auf diese Weise sozial kooperationsfähig werden. Die Variante des Opfermechanismus besteht in der Passionserzählung darin, dass die Aufmerksamkeit der Leser nicht auf die Tötungshandlung als solche, sondern auf die Haltung des Getöteten gelenkt wird. Nicht Befriedigung wird so erzeugt, sondern zum einen Scham und Mitleid, zum anderen staunende Bewunderung. Dass der Leidende als solcher zum Ort der Theophanie wird, zum *hilastērion* der sühnenden göttlichen Deszendenz (Röm 3, 25), ist innerhalb der Girardschen Opfertheorie nicht einmalig, sondern vielmehr erwartbar. Ja, sogar seine postmortale Vergöttlichung gehört in das Programm des Gründungsmordes und seiner opferzeremoniellen Anamnesis.

Die von Girard immer wieder an der Jesusgestalt und ihrer Passion festgemachten Erfahrung einer grundstürzenden Veränderung menschlicher Orientierung weg von der konkurrenzorientierten Gewaltfixierung hin zu empathiefähigem Mitleid mit den Opfern lässt sich alleine aus dem Drama der Passion nicht verstehen. Dass der Literaturwissenschaftler Girard Textsignale in den

Passionsberichten wahrnimmt, die das Denken und Empfinden des Lesers hinführen zur Wahrnehmung göttlicher Herrlichkeit, Schönheit und Stärke im Antlitz des geschundenen, verurteilten und hingerichteten Jesus entspricht einer sensiblen Lektüre der Passionserzählungen. Wenn der historisch-kritische Exeget nach dem Wahrheitsgehalt dieser Textsignale fragt, so wird er auf das *Ereignis x* in der Geschichte verweisen, das die Neutestamentler „Auferstehungsereignis" nennen und von dem sie annehmen, dass seine Existenz aus den beobachtbaren Folgen dieses Ereignisses historisch erweisbar ist. Das Auferstehungsereignis kann als ein epistemologisches Ereignis interpretiert werden, das bei den Anhängern Jesu zu einer vollkommenen Veränderung ihrer Weltsicht führte: Bis in unsere Tage besingen die Osterlieder die unwahrscheinliche Wendung des Schmerzes in Freude, des Todes zum Leben. Diese neutestamentlichen Einsichten sind geeignet ein naiv-faktizistisches Verständnis des historischen Auferstehungsereignisses abzuwehren. Sie verweisen jedoch letztlich immer auf das Auferstehungsereignis als ein Glaubensgeschehen. Man kann dieses Glaubensgeschehen historisch hinsichtlich seiner menschlichen Seite immer differenzierter ausmalen. Immer steht der Interpret vor der Entscheidung. Entweder führt er das erschließbare Geschehen vollkommen auf seine Tradenten zurück. Oder er solidarisiert sich mit der Deutung der neutestamentlichen Interpreten und nimmt eine wie immer geartete göttliche Effizienz als den Kern des Auferstehungsereignisses an.

Die Annahme eines handelnden göttlichen Eingriffs in das Weltgeschehen allerdings macht nicht nur für die historisch-kritische Methode Schwierigkeiten. Sie ist auch theologisch nur bedingt zu legitimieren. Für die historisch-kritische Methode ist das Auferstehungsereignis selbst methodisch deshalb unzugänglich, weil es per definitionem aus dem Rahmen der historisch denkbaren Ereignisse herausfällt. Als historische Ereignisse können nämlich nur Ereignisse im Rahmen der uns bekannten Naturgesetze erschlossen werden. Für die Systematische Theologie ist das Auferstehungsereignis deshalb nicht als ein historisch-faktisches Eingreifen Gottes in den Weltverlauf denkbar, weil ein solcher Eingriff die Freiheit der Geschöpfe, sich zu Gott zu bekennen aufheben würde. Auch würde die Frage provoziert, warum Gott, der in allen die Theodizeefrage provozierenden Fällen auf ein kausalmechanisches Eingreifen in den Weltlauf verzichtet, im Falle des hingerichteten Jesus eine Ausnahme macht.

Die neutestamentlichen Textzeugen der Auferstehung weisen einen Weg aus der skizzierten Sackgasse: Das Handeln Gottes am

Gekreuzigten erschließt sich nicht dem Fakten sichernden Blick des Historikers. Es ist geschichtliches Handeln, das nicht als Faktum beschreibbar ist. Glauben bezeichnet das Vertrauen, dass eine nicht kausalmechanisch beschreibbare Wirksamkeit Gottes in der Welt die entscheidend verlässliche Größe für die eigene Lebensorientierung werden und sich als solche bewähren kann. Die biblische Tradition umschreibt die nicht-kausalmechanische Wirksamkeit Gottes in Bezug auf Welt und Menschen mit der Windmetapher: Der scheinbar körperlose Wind bewirkt machtvoll beobachtbare Bewegung an Körpern. Für die Idee einer metamechanischen Wirksamkeit Gottes in und an der Welt war die abendländische Theologie vom Anfang an nicht aufgeschlossen: Die Konzentration auf die Schöpfungs- und die damit verbundene Ordnungsidee begründet jene Mechanikverliebtheit, die Nominalismus, Barock, Neuzeit und Moderne zur bestimmenden Größe des abendländischen Weltbildes wurde. Gleichzeitig damit aber entglitt der abendländischen Tradition mehr und mehr die Möglichkeit, überhaupt ein Handeln Gottes in der Welt denken zu können. Welt und göttliches Jenseits treiben ebenso auseinander wie Körper und Geist, wobei die Sphäre des Geistes ebenso wie die des Himmels immer unanschaulicher und damit für die auf das Mechanische fixierte Kultur immer uninteressanter wird.

Der pneumatischen Wirksamkeit Gottes in der Welt entspricht auf Seiten des Menschen, der diese Wirksamkeit wahrnimmt, die Haltung des Glaubens. Mit dem Maße der gläubigen Bindung des Lebens an die bestimmende Macht Gottes wird die menschliche Freiheit als sich gegenüber Gott behauptende Autonomie vollendend aufgehoben in die liebende Hingabe an die Wahrheit und Schönheit Gottes, die alleine als guter Bestimmungsgrund menschlicher Freiheit bejaht werden kann. Gott wird im Maße des Glaubens zur lebensbestimmenden Wirklichkeit und sein pneumatisch-vermitteltes Wirken in der Welt ist keine Infragestellung menschlicher Freiheit durch den alles dominierenden Schöpfergott, sondern Erfüllung der menschlichen Freiheit als das Sichgeben ihres Grundes und Ziels. Wo allerdings die Haltung des Glaubens aufgegeben wird, muss Gottes pneumatisches Handeln im Maße des Zweifels in die Zweideutigkeit hinein gezogen werden, weil es als im Modus des Zweifels eindeutig Erkennbares die Wirklichkeit des Glaubens als freie Bindung der über sich verfügenden Person aufheben würde.

Das *Ereignis x* der Auferstehung, das die Auferstehungsberichte in ihren literarischen Gestaltungen umkreisen, ist Glaubensereignis, insofern es nur in der Haltung der freiwilligen Selbstverfügung an Gott als den Ursprung alles Guten und Schönen erkannt wird als göttliches Handeln in der Welt. Als solches ist es *meta-historisch* im Sinne einer kategorialen Nichterfassbarkeit. Insofern es allerdings historische Wirkung zeigt, ist es historisch.

Die freiwillige Selbstverfügung auf die Wirklichkeit Gottes in der Haltung des Glaubens schließlich ist Angleichung des Verfügenden an die Wirklichkeit Gottes selbst. Diese Angleichung an die Wirklichkeit Gottes selbst wird bereits in den durch Jesus vermittelten göttlichen Heilungswundern als eine die Selbsterfahrung des Lebens steigernde Wirkung erlebt: Glaube heilt, indem er lebendig macht. Dem entspricht die altkirchliche Prädikation des sich schenkenden, geistigen Ursprungs des Glaubens mit dem Begriff des „*zōopoión*"[190], des Lebendigmachers. Das Wesen der menschlichen und der göttlichen Lebendigkeit erschließt sich in der Erfahrung des im Glauben bewusst werdenden Auferweckungshandelns Gottes: Gottes Auferweckungshandeln an Jesus von Nazareth ist keine Gott äußerliche, aus anderen Gründen notwendige Handlung, sondern Wesens-, ja Selbstoffenbarung Gottes, die deshalb nur in der Haltung der Selbsthingabe an Gott und sein Wesen überhaupt erkennbar ist. Erkannt wird sie in dem vielfältigen Spiegel der Auferstehungsgeschichten als eine sich in die Lebensgeschichten der Menschen hinein durchsetzende verwandelnde Wirksamkeit, die Menschen aus Resignation, Trauer und Vereinzelung in die geistgetragene Bewegung aufeinander hin zieht. In der Auferstehung wird das göttliche Leben intensiver noch als die Wirksamkeit des sich in die Lebensgeschichten hinein inkarnierenden Gottesgeistes offenbar. Als solcher zieht er die Menschen in ihrer differenzierten Lebendigkeit mit all ihren Gestalten und Geschichten zueinander hin und auf diese Weise in jene *communio*, die wahrhaftig göttliche *ekklesía* in der Welt ist. Göttliches Leben wird in der Auferstehung, deren geschichtliche Wirksamkeit sich als Kerygma von der Auferstehung erweist, erfahren als die nicht-kausalmechanische, sondern pneumatische Wirksamkeit Gottes, durch die er sich selbst in Welt und Geschichte hinein vermittelt. Göttliches Leben erscheint so als Selbstvermittlung des eigenen Seins in das gewollte und bejahte Andere der Welt. Analog ist menschliches Leben in Abgrenzung zu der beschriebenen Lebensvergessenheit zu bestimmen als Verwirklichung der geistigen Identität des eigenen Seins in die Fremdheit der Welt hinein. Die Andersheit der Welt ist Menschen dabei in der unmittelbaren Erfahrung der eigenen Inkarnation gegeben, in der sie als lebendige Leiber ihre eigene Einkehr in die Menschheitsgeschichte erleben. Diese Einkehr ist einerseits souveräne Herr-

---

[190] DH 150.

schaft unter der Idee der Selbstbehauptung der eigenen Besonderheit in der Geschichte gegenüber allen anderen Menschen. Sie kommt jedoch zu ihrer eigenen Wahrheit nicht in dieser Selbstbehauptung, die sich im Wesentlichen aus den Ideen der Subjekthaftigkeit und des Individuums speist. Zu ihrer eigenen Wahrheit als ihrem Leben kommt sie nur in der Selbsthingabe an die in der eigenen Inkarnation offenbar werdenden Wahrheit des Lebens selbst, das sich in die Fremdheit des Leibes, der Geschichte und der darin verborgenen Verbundenheit aller Menschen hinein geben will.

Die in der Grunddynamik des Lebens selbst erschlossene Hingabe des Geistigen an die Sphäre des Leibes, der Welt und der Geschichte bildet sich in der Geschichte des Auferstandenen ab: Die Hingabe des Inkarnierten an die Wirklichkeit der gegen den inkarnierten Gott ablehnenden Welt (Joh 1, 11) wird überboten durch die Hingabe des Auferstandenen an die sich seiner pneumatischen Präsenz in der Geschichte Öffnenden (Joh 1, 12).

e. Innergöttliches Leben: Trinitarische Reflexion

Wenn sich Leben der christologisch-pneumatologischen Betrachtung im Vorangegangenen erschließt als Selbstoffenbarung im Fremden und wenn idealerweise diese Selbstoffenbarung im Fremden realisiert erscheint einerseits in der göttlichen Inkarnation und andererseits in der pneumatischen Gegenwart des Auferstandenen in der Geschichte, so drängt sich die Frage nach dem innergöttlichen Ursprung der so erschlossenen ökonomischen Wirksamkeit Gottes auf. Die Anwendung des trinitätstheologischen Grundaxioms fordert die Annahme einer identischen innergöttlichen Gründung des ökonomisch Offenbaren. Wenn weiter Hingabe an das Fremde als die Grundstruktur göttlicher Selbstoffenbarung erscheint, so liegt es nahe, mit dem Hingabebegriff den Gehalt des Liebesbegriffes erfüllt zu sehen und die lebendige Selbstmitteilung Gottes in Gestalt und Geist als Moment der innergöttlichen Liebe zu deuten. Diesen Weg ist Hans Urs von Balthasar gegangen: Lebendigkeit offenbart göttliche Herrlichkeit, deren Inbegriff sich in der leidensbereiten Selbsthingabe des Sohnes an den Vater offenbart als Liebe.[191] Nicht wenige halten deshalb heute den Satz „Gott ist die Liebe." (1. Joh 4, 16) für die letzte Weisheit theologischer Gotteslehre.[192] So nachvollziebar das

---

[191] Hans Urs von Balthasar, Theodramatik, Bd. 3 (Einsiedeln 1980).
[192] Nachgerade klassisch rekonstruiert Matthias Haudel das gesamte Feld des entsprechenden theologischen Denkens in der Gegenwart (ders., Die Selbsterschließung

theologische Anliegen ist, so fundamental wichtig ist es, angesichts der Spitzenleistung theologischer Gotteslehre deren erkenntnistheoretische Prämissen nicht außer acht zu lassen. So sehr der sich selbst mitteilende Gott von sich aus die unverstellte Schau des inneren göttlichen Lebens ermöglicht, so sehr bleibt doch der schauende Mensch im Bann seiner Endlichkeit und seiner Sünde, die ihm beide nur ein beschränktes Verstehen der innergöttlichen Wirklichkeit ermöglichen, das allerdings im Raum des göttlichen Geistes im Modus von Wachstum und Fortschritt positiv erlebt werden kann. Wäre dem nicht so, wäre für den endlichen Menschen die unendliche Wirklichkeit Gottes niemals heilvoll. Als sich in die Endlichkeit aussagende ist die unendliche Wirklichkeit Gottes der Grund des Verstehensfortschritts im Leben des Menschen. Der menschliche Weg vor und mit Gott ist wesentlich Weg der Ewigkeit im Modus der Endlichkeit und so Weg der transzendenten Bewegung selbstüberschreitender Vervollkommnung, die aber gerade hinsichtlich ihres sie ermöglichenden Formalprinzips nicht erschöpfend apriorisch begriffen wird. Im Blick auf die gemeinten Liebestheologien lässt sich der gemeinte Sachverhalt knapp zusammenfassen in der Formel: Gott ist die Liebe. Was aber Liebe ist, erschließt sich den auf Gott bezogenen Menschen, nur in einem lebenslangen Lebens- und Lernprozess, in dem die göttliche Liebe sich in die endliche Gestalt geschichtlich kontingenten Menschseins hinein aussagt. Wo dieser Lebenszusammenhang ausgeblendet wird, droht der Theologie die Lebensvergessenheit des Idealismus, den Hans Jonas als eine der beiden Gestalten einer Philosophie des Todes deutet, dessen andere Gestalt der Materialismus ist. Beide Gestalten der Philosophie des Todes verdrängen die Lebendigkeit des Lebens, die Vielfalt der Lebensgeschichten und die Perspektive ihrer göttlichen Erwählung zugunsten eines letztlich doch menschlich-kontingenten Begriffs der Vollendung, der entweder materialistisch als vorgegebenes Gesetz der Materie gedacht wird oder idealistisch als in der Abstraktheit der intellektuellen Idee hinlänglich bestimmtes Gesetz des Seins.

Das christliche Beten richtet sich in der großen Länge seiner liturgischen Tradition nur äußerst selten an den trinitarischen Gott und nie an die sich in der Trinität offenbarende Liebe, sondern täglich an den göttlichen Vater, den Sohn und den Heiligen Geist. In der Aufzählung der göttlichen Hypostasen liegt die abgekürzte

---

des dreieinigen Gottes. Grundlage eines ökumenischen Offenbarungs-, Gottes und Kirchenverständnisses, Göttingen 2006).

Erzählung der heilsgeschichtlichen Erschließung und Gegenwart dieser göttlichen Wirksamkeit, die nicht auf den Begriff gebracht wird, sondern die erzählt werden muss, um im Leben derer, die sich auf die beziehen, eine Wirksamkeit entfalten zu können, die analog ist zum Leben derer, die von der Wirksamkeit des Vaters, des Sohnes und des Heiligen Geistes Zeugnis geben.

III. Lebensfülle als anthropologische Grunderfahrung

Der philosophische Ansatz der Phänomenologie und sowohl die ethnologische als auch die philosophische Betrachtung des sozialen Phänomens der Gabe führen jeweils zu Wahrnehmungen von Phänomenen der Fülle. In der phänomenologischen Perspektive zeigt sich der Füllebegriff mit demjenigen des Lebens verbunden. Das ist erstaunlich, weil in der biologischen und ökonomischen Perspektive der dem Füllebegriff entgegengesetzte Begriff des Mangels als der Schlüssel zum Verständnis der Wirklichkeit des Lebens genommen wird. Die Tatsache, dass Leben sich als die Selbstbehauptung räumlich, zeitlich und konditional begrenzter Entitäten ereignet, stützt die mangelfixierte Deutung des lebendigen Daseins. Der Ausweg, die Lebenswirklichkeit von den Phänomenen ihres unmittelbaren Vorkommens abzulösen, indem die geistige Transzendenzerfahrung zum Anlass genommen wird, die Inadäquatheit von Selbstbewusstsein und Geist einerseits sowie leiblicher Gebundenheit andererseits zu postulieren, ist der christlichen Theologie nur zu vertraut. In diesem Punkt fand sie sich von Anfang an mit der großen Linie des Platonismus verbunden: Wahrheit und Wirklichkeit des Lebens lägen jenseits von dessen konkreter Erfahrung. Sie erschließen sich vielmehr in der Verlängerung der innerweltlichen Verstehensleistungen als solcher: So wie beim Verstehen die Begriffsbildung von den für den Begriff irrelevanten Besonderheiten des verstandenen Gegenstandes abstrahieren muss, so wird das leibliche Leben in seiner räumlichen, zeitlichen und konditionalen Enge kurzerhand als für das Leben im eigentlichen Sinne irrelevant gedeutet. Die von nun an notwendige Unterscheidung zwischen dem bloß physischen Leben und dem wahren, eigentlichen Leben wirkte seit der Patristik systembildend auf die Theologie: Das Leben in Fülle ist das geistige Leben, insbesondere da, wo es sich von den Fesseln der Sinnlichkeit befreit im reinen *frui* der göttlichen Wirklichkeit realisiert. Die phänomenologische Perspektive wendet sich gegen eine solche Entwichtigung der Schöpfung zugunsten der Eschatologie und gegen die Entsinnlichung der Eschatologie zugunsten einer rein geistigen Vollendung in einer intellektuellen Schau, deren Intuitivität keine sinnliche Vermittlung mehr verträgt.

Nicht nur wird im Schöpfungsbekenntnis die erfahrene, körperliche Welt als Welt göttlichen Ursprungs und damit göttlicher Würde bekannt, auch das Bekenntnis zu einer Erlösung, die sich als göttliche Annahme der von sich aus widergöttlichen Wirklichkeit des Fleisches in der Inkarnation ereignet, steht der platonisch-christlichen Weltflucht entgegen. Eschatologisch spiegelt sich die Widerständigkeit des Christentums gegen seine rein platonische Interpretation in dem vor allem patristisch scharf formulierten Bekenntnis zur *resurrectio carnis*. Auch die Sakramententheologie insgesamt mit ihrem Grundprogramm der leiblich-sinnlich vermittelten Heiligung widerstrebt der Entwertung des Leibes zur vergänglichen Materie, an der lediglich interessant wäre, was aus ihr im Resultat an Einsicht und Idee zu gewinnen wäre. Innerhalb der Sakramentenlehre ist es noch einmal insbesondere die Ehetheologie mit der durch sie behaupteten Heiligung der Vorgänge von Zeugung und Gebären, die jeder Vorstellung widerstrebt, das göttliche Leben sei vor allem oder ausschließlich in der Linie der intellektuellen Selbsterfahrung als leibtranszendentes Leben zu suchen, entgegensteht. Mit dem Bekenntnis zur Heiligbarkeit von Zeugen und Gebären werden die Akte der leiblichen Verendlichung, der Einkehr in Zeit, Geschichte und Kontingenz zu Wirklichkeiten der Gottesgegenwart aufgewertet. Die Frömmigkeit des Mittelalters entspricht dieser Perspektive durch ihre Interpretation des Inkarnationsmysteriums mit dem besonderen Fokus auf die genetischen und familiären Bedingungen der Inkarnation.

Entgegen der klaren platonischen Trennung zwischen der endlichen Welt der materiellen Verhaftung und der unendlichen Welt geistiger Freiheit drängt die christliche Theologie immer wieder auf Gestalten einer Repräsentation göttlicher Unendlichkeit in menschlicher Endlichkeit. Als Oberbegriff der verschiedensten Repräsentations- und Performationsformen göttlicher Unendlichkeit unter den Bedingungen leiblicher Endlichkeit bietet sich der biblisch bezeugte Begriff der Fülle an. Der Begriff der Fülle soll hier über sein Gegenteil, den Begriff des Mangels, näher bestimmt werden. Insofern es sich bei dem Begriff des Mangels um einen ökonomischen Begriff handelt, wird dadurch bereits deutlich, dass auch der Füllebegriff als ein Begriff, der menschliches Handeln bezeichnet, interpretiert wird. Der ökonomische Begriff des Mangels bezeichnet nicht die tödliche Knappheit der reinen Abwesenheit des Lebensnotwendigen. Eine solche Knappheit wäre ökonomieverunmöglichend. Sie führt im unglücklichen Fall tatsächlich zum Tod oder – im glücklichen – zu einer ökonomiefreien Hilfsbereitschaft. Für die Benennung der Situation einer ökonomieverunmöglichenden Knappheit bietet sich der Begriff der Not an. Mangel bedeutet nicht Not. Mangel beinhaltet eine Knappheitserfahrung, die einem irgendwie realistischen Begehren entspricht. Das schließt die grundsätzliche Erreichbarkeit des Begehrten ein. Nur unter dieser Bedingung kann Knappheit erlebt werden als ein Mangel, der Begehren zu mobilisieren vermag. Analog dazu bezeichnet der Füllebegriff nicht wie derjenige der Masse das bloße Vorhandensein von Gütern und Ressourcen im Überschuss. Wie die Not so ist auch die Masse ökonomieverunmöglichend. Anders als die Not verunmöglicht die Masse darüber hinaus jedes sinnvolle Handeln. Menschen reagieren deshalb auf Situationen der Gegebenheit einer nicht mehr sinnvoll handelbaren Masse, indem sie die entsprechende Dimension des Lebens ausblenden, die Masse also ignorieren. Fülle bezeichnet demgegenüber eine Wirklichkeit, die wie die ökonomische Knappheit aus einem Zusammenspiel zwischen objektiv vorhandenen Gütern und Ressourcen einerseits und menschlichen Empfindungen und Handlungsoptionen andererseits überhaupt erst entsteht.

Der Mangel ist hinsichtlich der menschlichen Handlungspräferenzen als ein Kind des konkurrierenden Begehrens zu verstehen. Prinzipiell gegebene Dinge werden knapp dadurch, dass mehrere Menschen deren Besitz erstreben. Die Mimetische Theorie lehrt das konkurrierende Begehren als eine wesenhafte Bestimmung des Menschen, also als ein Anthropologikum, zu verstehen: Weil Menschen prinzipiell universal weltoffen sind, ist ihr Begehren nicht nur modulierbar. Es bedarf vielmehr der Modulation, um die dem begehrenden Willen gemäße Entschlossenheit entwickeln zu können, ohne die kein Begehrender jemals in den Besitz des Begehrten gelangen würde.

Fülle ist hinsichtlich der menschlichen Handlungspräferenzen als ein Kind benevolenten Begehrens zu verstehen. Benevolentes Begehren reagiert auf die Grundsituation des konkurrierenden Begehrens mit dessen zeitweisen oder teilweisen Zurückweisung als individueller oder kollektiver. Die Ethnologie und Historiographie der Gabe liefert zahlreiche Beispiele für solche zeitweisen oder teilweisen Zurückweisungen des konkurrierenden Begehrens und damit des Geldes als des bevorzugten Mittels zur gewaltfreien Regelung von Begehrenskonflikten. Die philosophische Rezeption des Gabedenkens berührt sich eng mit den Ansätzen einer Phänomenologie des Lebens. Das ist deshalb einleuchtend, weil ein definierender Angang an die Wirklichkeit des Lebens immer in der Gefahr steht, die Resistenz des Lebensbegriffes gegenüber der Erfahrung von Sachen und damit gegenüber den Gesetzen des mangelorientierten Umganges mit Sachen zu ignorieren.[193] Ein phänomenologischer Angang dagegen wird der Tatsache gerecht, dass Menschen ihrem Leben gegenüber insofern kein sachhaftes Verhältnis haben können, als im Ereignis des Lebens sich einerseits der Gegenstand des willkürlich menschlichen Waltens gibt *(pouvoir)* sich aber andererseits gerade das Ereignis dieses Verfügens der reflexiven Erfassung durch den Lebendigen anbietet. Wo mit letzterem akzeptiert wird, dass Menschen nicht nur *da sind*, sondern dass sie *sich selbst gegeben* sind, verändert sich auch die Deutung des Lebens hinsichtlich der Kategorien von Mangel und Fülle.

Die reflexive Erfassung des Selbst, wo sie das Selbst unter der Idee der unterlegenen Konkurrenz, also des Mangels begreift, beinhaltet eine freie Entscheidung des reflektierenden Menschen, mit der sich ein Mensch als durch die Mangelrelation determiniert setzt. Die vielfältig biblisch bezeugte und ethnologisch durch die Gabephänome illustrierte Gegenkonzeption bietet die Deutung des eigenen Lebens unter der grundlegenden Idee gewährter Teilhabe an fremder Fülle an. Wo dies geschieht, begreifen Menschen sich als Individuen, die in der unvergleichlichen Einmaligkeit ihres Lebens sich selbst zutiefst missverstünden, wo sie sich im Prozess der konkurrierenden Begegnung zunächst am fremden Begehren orientierten, um sich sodann konsequenterweise Mangel zuzusprechen.

Die Entdeckung einer grundlegenden, wahrhaft basalen Fülle kann auf sehr verschiedene Weise das reflektierende Ich erfassen. Dies kann durchaus in den Bahnen einer idealistischen Philosophie geschehen. Für eine Philosophie des Lebens bietet der Idealismus belastbare Entwürfe. Ihnen allen ist gemeinsam, dass sie die empirische Wirklichkeit zugunsten einer intelligiblen Welt des Geistes aufgeben. Letztere erscheint als zutiefst lebendig, weil als prozesshafte, bewegte Partizipation am Verstehen der geistigen Welt. Wo gerade diese Wirklichkeit als die Referenzgröße des Lebensbegriffes erkannt wird, liegt die richtige Erkenntnis zugrunde, dass anders als in der biologischen Welt nicht der konkurrenzorientierte, physische *struggle for survival* die Bewegung des Lebendigen ausmacht, sondern der intellektuelle, im Falle seines Gelingens von Anteil nehmender und gewährender *benevolentia*

---

[193] Der Illustration dieser Einsicht diente in diesem Band die Darstellung im ersten Teil über die Mangelobsession.

getragene Prozess des Austausches im Trachten nach Wahrheit und Erkenntnis.

Der phänomenologische Ansatz ist mit dem idealistischen nicht inkompatibel. Ihm liegt allerdings die große Abneigung gegen eine Trennungsmetaphysik zugrunde, die der physischen Welt der Gegenstände und des Leibes ebenso wie der biologischen Betrachtung des Lebens die philosophische Relevanz abspricht. Genau diese Abneigung aber ergibt sich aus der antignostischen Grundunterscheidung des frühen Christentums, mit der die christliche Dogmatik die kardinalen Aussagen des in die Geschichte leiblich selbst eingehenden transzendenten Gottes auslegt.

Dieser zweite Teil unserer Untersuchung führte vor Augen, wie eine Anthropologie denkbar ist, die nicht aufruht auf der Vorstellung der Trennung von Geist und Materie, von Leben und Erkenntnis, von Dasein und Verstehen. Im Begriff des Lebens verbindet sich vielmehr die menschliche Souveränität über die Gegenstände der Welt mit der Erfahrung eigener Kontingenz. Besonders im theologischen Zusammenhang zwingt sie dazu, das Inkarnationsereignis nicht alleine als eine instrumentelle göttliche Strategie, sondern als eine Grundstruktur des Verhältnisses von Gott und Welt ernst zu nehmen. Inkarnation betrifft das göttliche Handeln gegenüber der Welt. Darin liegt eine beträchtliche Aufwertung von Welt, Zeit und Endlichkeit beschlossen. Sie betrifft aber auch das menschliche Handeln in und an der Welt. Am Urbild der christologischen Vollendung der Anthropologie wird nicht der absolute Souverän erkannt, sondern ein Mensch in Zeit und Geschichte, der das eigene Ausgeliefertsein an die Konkretheit der eigenen Endlichkeit weder als eigene Herrschaft über Zeit und Endlichkeit noch als verzweifeltes Ausgeliefertsein an diese Größen missdeutet. Vielmehr nehmen Christen die je eigene Zeit und Endlichkeit als den raumzeitlichen Kairos des eigenen Sichaufgegebenseins an.

Das Gott-Mensch-Verhältnis erscheint so phänomenologisch als eine Gabeökonomie, in dem die Grundsituation des In-der-Welt-Seins als Selbstgegebenheit wahrgenommen wird, die bejaht und angenommen wird, wo die sich selbst Gegebenen ihr Leben als antwortende Gabe vollziehen. Im dritten Teil soll die bis hierher entwickelte Deutungslinie ausgezogen werden auf die Gegenstände theologischer Selbstdeutung des Menschen im engeren Sinne, das heißt in Beziehung auf die klassischen Topoi christlicher Selbstauslegung.

C. Theologie der Lebensfülle Gottes

Auf zwei Wegen soll im folgenden Kapitel nach spezifisch theologischen Entsprechungen zu den Ansätzen von Lebensphänomenologie und Gabeökonomie gefragt werden. Der erste Weg (I. Geisttheologie) besteht in der Skizze einer ökonomischen Pneumatologie, die den Begriff des Lebens von der bewegten und bewegenden Intersubjektivität menschlicher Geistigkeit her deutet als ein Geschehen der göttlich-menschlichen Vermittlung, dessen Sinn und Ziel nicht in einem Endzustand des kognitiven Selbstbesitzes zu sich selbst gekommenen Begreifens besteht, sondern in der intersubjektiven Bewegung zwischen Menschen, die in ihrem Geistsein finalisiert sind auf die Lebendigkeit der Begegnung, die Veränderung ermöglicht und Selbstwerdung in der Entselbstung.

Der zweite Weg (II. Inkarnationstheologie) fokussiert die sich bereits im ersten Teil abzeichnende theologische Anthropologie der Begegnung als der spezifisch menschlichen Gestalt des Lebens unter dem Aspekt der Leiblichkeit des Daseins als der konkreten Gestalt jener Endlichkeit im Horizont göttlicher Unendlichkeit, die überhaupt erst eine in der Zeit gestreckte Entfaltung des unendlichen göttlichen Lebens in der Pluralität der verschiedenen Lebensgestalten denkbar macht.

Der dritte Teil skizziert ansatzhaft entlang traditionellen dogmatischen und fundamentaltheologischen Traktatthemen, welche veränderten Perspektiven sich aus der in den ersten beiden Kapiteln des dritten Teils ergeben.

I. Geisttheologie

1. Die Geistferne neuzeitlichen Subjektdenkens

a. Subjekt- und Freiheitsdenken in Neuzeit und Theologie

Das neuzeitliche Subjektdenken entwickelt den Begriff des Menschen von der Erfahrung des verfügenden Verfahrens mit der Welt her. Der Subjektbegriff wird so zum erfogreichsten anthropologischen Schlüsselbegriff der Neuzeit. So sehr die Freiheit des verfügenden Subjekts auch in der neueren Theologie als Wert bekannt wird, so eigenartig verschlossen bleibt dieses Subjekt nach außen. Es scheint, als sehe sich der neuzeitliche Mensch hinlänglich bestimmt durch seine Eigenschaft in der Welt spontan und selbstreflektiert Zwecke setzen zu können. Dieser selbstbewusste, neuzeitliche Mensch musste Infragestellungen hinnehmen. Insbesondere die Psychoanalyse stellte den geschlossenen Kern der Autonomie in Frage. Die kantische Unterscheidung zwischen empirischer Freiheit und der transzendentalen Idee der Freiheit hilft aus der sich hier abzeichnenden Not[1]: Auch die tatsächlich nicht Freien, sondern in psychologisch beschreibbaren Determinationszusammenhängen Stehenden müssen sich als Handelnde notwendig unter der Idee der Freiheit verstehen und tun dies auch da, wo sie etwa selbst die faktischen Determinationen ihres psychischen Apparates analysieren und beschreiben. Eine bis in die Gegenwart hinein wirksame Verheißung der Psychoanalyserezeption liegt in der Vorstellung, die Erkenntnis der eigenen Determinationen ermögliche ein Mehr an Freiheit, sich gegenüber den Determinationen als erkannten verhalten zu können. Nicht anders verhält es sich bei der Marxschen Beschreibung determinierender ökonomischer Prozesse. Auch deren Verstehen zielt ja auf die Möglichkeit ihrer sinnbestimmten Veränderung, durch die Menschen mehr und mehr dem Reich der Zwecke und Zwänge ent-

---

[1] Immanuel Kant, Kritik der reinen Vernunft, A 532–538/B560–566: Kant löst die Dritte Antinomie der reinen Vernunft zwischen der Position der absoluten Spontaneität und absoluten Natur in ihrer kausalen Determiniertheit bekanntlich durch die transzendentalphilosophisch als unausweichlich aufgewiesene Unterscheidung zwischen der vorauszusetzenden, aber unbegriffenen Welt der Dinge an sich einerseits und der begriffenen Welt der Erscheinungen, in der alleine die Kategorien von Kausalität und Freiheit einen Sinn ergeben, der nicht objektiv physico-philosophischen, sondern transzendental-intelligiblen Charakters ist: Gerade der die Determiniertheiten der physischen Welt Erforschende verhält sich als Erforscher und Interpret gegenüber der erforschten und gedeuteten Welt unter der transzendentalen Idee der Freiheit. Jedwedes Erkenntnishandeln an der Welt, das Determinationszusammenhänge aufdeckt, bestätigt die intelligible Freiheit als seine Voraussetzung.

wachsend Anteil gewinnen am Reich der Freiheit. Auch René Girards Mimetische Theorie verfolgt dieses Ziel: Der Mensch soll begreifen, dass er machtvoll hingezogen wird zu einem mimetischen Neid gegenüber allen Mitmenschen, der der eigentliche Kern seines Interesses am anderen ist und der eigentliche Kern der metaphysischen Unruhe in ihm selbst. Ziel dieses Begreifens ist aber die Überwindung dieser unheilvollen Dynamik im Frieden der Gelassenheit und der metaphysischen Abstinenz.

Lediglich da, wo im Grund vorneuzeitlich das Gewicht der Institutionen höher bewertet wird als die Freiheit des Subjekts, herrscht Ablehnung gegenüber dem neuzeitlichen Freiheitspathos. Carl Schmitt etwa sieht den Menschen in den machtvollen Zwängen seiner notwendig politischen Existenz.[2] Niklas Luhmann beschreibt den Menschen als Aktanten in einer Welt institutioneller Spielregeln, die dem freien Menschen zwar die theoretische Möglichkeit eines Ausstiegs aus dem entsprechenden Spiel lassen.[3] Tatsächlich aber wird diese Ausstiegsmöglichkeit in der Regel nicht realisierbar sein, wenn der in einem System etwa wie dem der katholischen Kirche Aufgewachsene in seiner Selbstorganisation weitgehend mit dem normierenden System verknüpft ist. Insbesondere angesichts der über Generationen wirksamen Normierung von Menschen gemäß den detaillierten Handlungserwartungen der katholischen Kirche können sich katholische Christen vor die Alternative gestellt sehen, eine restaurative Position einzunehmen und sich im Namen eines katholischen Parallelkosmos von der Neuzeit mit ihrem Freiheitsideal zu verabschieden. Für die Hierarchie mag diese Option verführerisch sein, weil sie vermeintlich die Problemhaltigkeit geistlicher Führung unter den Bedingungen freier Selbstbestimmung des neuzeitlichen Subjekts minimiert. Anders als im neunzehnten Jahrhundert, als die Neuscholastik für knapp hundert Jahre mit dem Programm einer katholischen Restauration sehr erfolgreich war, ist das Freiheitsbewusstsein in den Staaten des zwanzigsten Jahrhunderts seit Generationen so fest verankert, dass der Rückzug in die Philosophie und „Theologie der Vorzeit"[4] heute kaum eine Bewegung von der Größenordnung des Ultramontanismus begründen kann, sondern lediglich zu häresio-schismatischen Ab-

---

[2] Carl Schmitt, Politische Theologie. Vier Kapitel zur Lehre von der Souveränität. Berlin 1922.
[3] Niklas Luhmann, Einführung in die Theorie der Gesellschaft, Heidelberg 2005.
[4] Joseph Kleutgen, Die Theologie der Vorzeit, 5 Bde., Münster 1867–1870; ders. Die Philosophie der Vorzeit, 2 Bde., Innsbruck ²1878.

spaltungen führte. Dieser „Zwang zur Häresie"[5] wird nur da klug vermieden, wo Rückgriffe auf vorneuzeitliches Systemwissen neuzeitkonform realisiert werden. Das ist etwa bei der gegenwärtigen Bewegung „*Radical Orthodoxy*" der Fall.[6] Patristische und Mittelalterliche Theologie werden hier als Versatzstücke der Kirchengeschichte geborgen und in einer quasi-historistischen Methode in das Denken der Gegenwart eingebaut. Möglich wird eine solche Gestaltungsfreiheit durch die postmoderne Lockerung des modernen Systemzwanges. Weil die Postmoderne die strenge rationale Systematik neuzeitlichen Denkens selbst als Faktor der Unfreiheit denunzieren konnte, wurde der Rückgriff auf vormoderne Theoreme möglich. Die normative Stellung der subjekthaften Freiheit wird dadurch aber keinesfalls in Frage gestellt.

Insofern die Inspiriertheit durch den Geist als Selbstauslieferung des Subjektes an fremde Inhalte gedeutet werden kann, steht unter einem streng neuzeitlichen Verständnis die christliche Inspirations- und damit auch die Offenbarungsvorstellung unter Heteronomieverdacht. Die postulierte Identifikation mit den inspirierten Inhalten wird neutestamentlich als Einswerdung mit Christus (Gal 3, 27) gedeutet, die zugleich die Einzelnen zu einer Gemeinde verbindet, die wie ein Herz und eine Seele (Apg 4, 32) und wie ein gemeinsamer Leib (1 Kor 12) ist. Die Wirkkraft dieser mentalen Einstimmung auf die Inhalte Jesu und die Gemeinschaft mit der in seinem Namen versammelten Gemeinde *(ekklesía)* ist das Werk des Geistes Christi, des Geistes Gottes, des Heiligen Geistes (1 Kor 12, 13). Damit aber ist eine bedeutsame Einschränkung des neuzeitlichen Ideals individueller Subjektivität vorgenommen: Die freie Selbstbestimmung findet Orientierung und Ziel nicht in materialen Inhalten, auf die alle Christen einzuschwören wären, sondern in der formalen Angleichung an Jesus Christus, seiner Gemeinde und ihrer Tradition, durch die die Motivationsstruktur des Menschen so tiefgreifend verändert wird, dass Christen von sich sagen können, sie seien zu neuen Menschen geworden (Kol 3, 10).

Entgegen einer ängstlich bewahrenden Vorstellung von Autonomie als Ausschluss jedweden fremden Einflusses, bezeugt die christliche Tradition das Gelingen der Autonomie in der Erfahrung gelingender Prägung und Beeinflussung, die durch die theologische Reflexion in ihrer sittlichen und religiösen Wertigkeit

---

[5] Peter L. Berger, Der Zwang zur Häresie. Die Religion in der modernen Gesellschaft, Frankfurt 1980.
[6] Zum Programm der Radical Orthodoxy: James K. A. Smith, Introducing Radical Orthodoxy. Mapping a Post-secular Theology, Grand Rapids 2004.

noch einmal bedacht und erläutert werden kann, die im Ursprung aber eben nicht auf einen Reflexionsprozess zurückgeht, sondern auf einen Angleichungsprozess.[7] Freiheit als die Fähigkeit zum autonomen Sichentschließen vollendet sich im richtig orientierten Entschluss. Dieser ist angesichts der Individualität jedes Menschen nicht inhaltlich determiniert, wohl aber der von Jesus vorgezeigten Richtung des Entschließens nachgeprägt. Freiheit vollendet sich als christlich sich entschließende in der analogen Anwendung des Beispiels Jesu Christi. Wo sich Freiheit dieser Perspektive verweigert, verfehlt der freie Mensch frei den Sinn seiner Freiheit, die eben nicht um der Autonomie des Subjekts als eines letzen Wertes willen ist, sondern um der freien Entschließung zum Guten und Wahren willen. Mit einem solch normativen Verständnis von Freiheit muss sich die Neuzeit schwer tun, weil zwar auch sie in ihren besten Traditionen den Grundsatz kennt, dass die Freiheit sich im Gehorsam gegenüber der richtigen Einsicht vollendet und nicht als Willkür. Dass aber diese Einsicht in die Wahrheit noch einmal durch eine formale Partizipation an einer anderen Person (Christus) oder einer Personengemeinschaft *(ekklesía)* begründet sein soll, macht Schwierigkeiten. Zwar wird man aus einer theologischen Perspektive dem Verdacht der mentalen Unfreiheit immer entgegenhalten, dass jedwede Entschließung in der Gemeinschaft mit Christus und der Kirche von der Vernunft als gut und wahr ratifiziert werden muss, um bestehen zu können. Es bleibt jedoch die Befürchtung, die Freiheit des Subjekts werde beeinträchtigt durch die Bindung an ihm zunächst einmal äußere Bezugsgrößen.

b. Theologische Kritik des Subjektdenkens

Auf katholischer Seite hat insbesondere Thomas Pröpper das neuzeitliche Subjektdenken über die Selbsterfahrung des frei verfügenden Subjekts interpretiert und als Angelpunkt einer neuzeitadäquaten Theologie der Freiheit eingeklagt.[8] Insbesondere von evangelischer Seite ist der Versuch einer freiheits- und subjektivitätstheoretischen Grundlegung der Theologie zurückgewiesen worden. Ingolf U. Dahlfert hat sowohl gegen Thomas Pröpper als auch gegen Klaus Müller deren Subjekt- und Freiheitsdenken als

---

[7] Phil 3, 10: „Christus will ich erkennen und die Macht seiner Auferstehung und die Gemeinschaft mit seinen Leiden; sein Tod soll mich *ihm angleichen (symmorphizómenos)*." Die Christen sind *symmimētaí*, die in der Nachahmung des Apostels mit ihm und untereinander geeint den Christus nachahmen (Phil 3, 17).
[8] Thomas Pröpper, Evangelium und freie Vernunft, Konturen einer theologischen Hermeneutik, Freiburg 2001.

unzulässige philosophische Vereinfachung kritisiert[9]: Menschen sind sich nicht ohne weiteres als in der Subjekt-Objekt-Relation Entscheidende und Gestaltende gegeben. Epistemologisch weist Dalferth die Annahme eines Ich im Erkennen und Handeln zurück: Das Ich *ist* nicht, sondern *wird* in den Situationen von Erkennen und Handeln, die deshalb nicht angemessen unter Rückgriff auf ein vermeintlich stabiles und identisches Ich beschrieben werden können.[10] Die intersubjektive Abhängigkeit und Eingebundenheit des Ich sieht auch Dalferth. Sie bildet ein weiteres Argument gegen den Subjekt-Objekt-Subjektivismus Pröppers. Allerdings weist Dalferth die von Karl Otto Apel und Vittorio Hösle verfolgte selbstreflexive Letztbegründung zurück.[11] In seiner spekulativen Kritik der subjekttheoretischen Begründungsversuche weist Dalferth die unterstellte Finalisierung jeder Subjektivitätsphilosophie auf ein grundlegendes Absolutum zurück.[12] Schließlich wendet er in seiner „existentialontologischen Kritik" des theologischen Subjektdenkens den Ertrag all jener Philosophien und Humanwissenschaften, die den Entwicklungs- und Prozesscharakter der sprachlich und interaktiv ermöglichten Icherfahrung analysiert haben, gegen die vereinfachende Vorstellung eines der Reflexion immer irgendwie zugänglichen Ichbewusstseins.[13] Das theologische Gefälle dieser philosophischen Kritik ergibt sich aus der protestantischen Skepsis gegenüber irgendeinem beschreibbaren, dem Offenbarungsereignis logisch vorausliegenden menschlichen Selbststand gegenüber Gott. Der Mensch *ist* nicht und ist sich nicht gegeben, bevor er nicht in sprachlich vermittelten Prozessen als angesprochener und ansprechender *wird*. Wo sich ein Individuum unter den Begriffen von Ich-Sein und Subjekt-Sein wahrnimmt und ausdrückt, nimmt es gerade nicht seine Besonderheit und Andersheit an sich wahr, sondern seine formale Gleichheit mit allen anderen unter der Hinsicht freien Entscheidens und Handelns.[14] Diese von Descartes aus mächtig gewordene Selbstwahrnehmung unter der Kategorie der Subjekthaftigkeit erscheint seit Hegel als naive Verkürzung der wirklichen Zusammenhänge des Selbstseins, die der

---

[9] Ingolf U. Dalferth, Die Wirklichkeit des Möglichen. Hermeneutische Religionsphilosophie, Tübingen 2003.
[10] A.a.O., S. 416.
[11] A.a.O., S. 418f.
[12] A.a.O., S. 419f.
[13] A.a.O., S. 420–425.
[14] Ingolf U. Dalferth, Subjektivität und Glaube. Zur Problematik der theologischen Verwendung einer philosophischen Kategorie. Neue Zeitschrift für Systematische Theologie und Religionsphilosophie, 36 (1994), S. 18–58, hier: S. 31f.

Wittgenstein der Philosophischen Untersuchungen in dem Zusammenhang ihrer sprachlichen Vermitteltheit wahrzunehmen gelehrt hat.[15] Das theologische Interesse an der subjekttheoretischen Begründung einer anthropozentrischen Wende in der Theologie deutet Dalferth als ein instrumentalisierendes Fremdinteresse: Nicht die Subjekttheorie interessiert, sondern deren Scheitern als Aufweis der Notwendigkeit des Glaubens weise der Theologie mit Schleiermacher und Kierkegaard den Weg.[16] Dem entspricht nach Dalferth nun eine in der Tat zentrale, der Theologie immanente Einsicht: Die Frage nach dem Wesen und Sein des Menschen kann nicht isoliert schöpfungstheologisch beantwortet werden und mithin nicht in einer Isolation des Problems auf eine rein philosophisch argumentierende Fundamentaltheologie. Die Frage nach dem Sein und Wesen des Menschen ist vielmehr die Frage nach einer anthropologisch konzentrierten Zusammenfassung der Heilsgeschichte zwischen Gott und den Menschen. Als die dramatische Spitze und Mitte dieser Heilsgeschichte erkennt Dalferth die Rechtfertigungsfrage. Kann es denn eine christliche Anthropologie und eine an sie anschließende anthropologisch gewendete Theologie geben, die nicht ausgeht von der zentralen Erfahrung menschlicher Sündhaftigkeit und Verworfenheit und dem unterbrechenden göttlichen Richter- und Schöpferwort der Rechtfertigung? Gibt es einen anderen Ausgangspunkt für Theologie und Anthropologie als alleine das Zueinander von *„Deus iusificans vel salvator"* und vom *„homo reus ac perditus"*?[17] Nicht die Selbstdefinition des Subjekts in der Reflexion seines freien Handelns an den Gegenständen der Welt führe zu einem angemessenen Anfangspunkt der Theologie, sondern die Selbsterkenntnis des Menschen *„coram deo"* als einer heilsgeschichtlichen Relation, in die ein Mensch sich weder denken noch einsetzen kann, die er vielmehr nur als von Gott geschaffene und gewährte annehmen kann.[18] Das Grundproblem der Theologie sei soteriologischer und nicht epistemologischer Art.[19] Wer sich selbst im Horizont des soteriologischen Geschehens begreift, nimmt nicht zunächst so etwas wie ein selbstidentisches Subjekt wahr, sondern grundlegende Differenzen: (1) Mein Selbstverständnis ist nicht identisch mit dem Verständnis,

---

[15] A.a.O., S. 42f.
[16] A.a.O., S. 35f.
[17] A.a.O., S. 39.
[18] Eilert Herms, Der Beitrag der Dogmatik zur Gewinnung theologischer Kompetenz, in: ders., Theorie für die Praxis. Beiträge zur Theologie, München 1982, S. 50–75, hier: S. 52f.
[19] Ingolf U. Dalferth, Subjektivität und Glaube, S. 50.

das der andere von mir hat, schon gar nicht mit dem Verständnis, das Gott von mir hat. (2) Mein Verständnis von Gott ist nicht identisch mit dem im Heiligen Geist eröffneten Verständnis Gottes von sich selbst.[20] Diese grundlegende Unterscheidung zwischen der Erkenntnis eines Ich und eines Du wird theologisch noch einmal präzisiert als die Unterscheidung zwischen Gesetz und Sünde einerseits sowie Evangelium und Gnade andererseits.[21] Wo die Fremdperspektive Gottes für das Ich konstitutive Bedeutung erlangt, wird die Selbsterfahrung ambivalent, weil der sich Erfahrende sich von sich selbst distanzieren und seine Sicht des Selbst und der Welt kritisch betrachten kann. Die Selbstorientierung bezieht sich nicht mehr auf ein irgendwie geartetes Innen des Subjekts, sondern auf das *extra me* der Christusgestalt. Die Selbsttätigkeit wird zur Selbstübergabe an das Handeln Gottes am Menschen.[22] Die selbstbewusste Reflexion des handelnden Subjekts als des Dreh- und Angelpunktes einer vermeintlich besonders neuzeitfähigen Theologie des Subjekts wird von Ingolf Dalferth zurückgewiesen um der Offenheit werdender Menschen willen, die in ihrer Angewiesenheit auf alle anderen Menschen das Geschenk beginnender und die Zusage sich vollendender Entwicklung von Gott her und auf Gott hin erfahren. Das selbstbewusste „*God makes creatures make themselves.*" wird mindestens ergänzt um die Einsicht: „*God makes more of us than we can ever make of ourselves.*"[23]

c. Vermittlung von Subjektdenken und heilsgeschichtlichem Denken

Die Vermittlung zwischen einer dem modernen Subjektdenken verpflichteten Theologie der Freiheit einerseits und einer Theologie, die empirische Subjektivität in ihrer vielfältigen Bestimmung und Determination als den Ort einer mindestens ambivalenten Erfahrung des Selbst beschreibt, das im Lichte der christlichen Gottesbotschaft mit der Rechtfertigungszusage vor allem die Erfahrung der eigenen Erlösungsbedürftigkeit macht, ist im theologischen Denken Karl Rahners angelegt. Karl Rahners Erkenntnistheorie beschreibt in einer transzendentalen Reflexion den Prozess subjekthaften Erkennens als ermöglicht durch den das erkennende Wesen als ganzes erfassenden *excessus* des Erkennenden auf die an sich absolut erkennbare, für den Menschen aber

---

[20] A.a.O., S. 52.
[21] Ebd.
[22] A.a.O., S. 53.
[23] A.a.O., S. 54.

nur in Spuren erahnbare Wirklichkeit Gottes.[24] Die Subjekthaftigkeit wurzelt damit in der vollkommenen Verwiesenheit auf die Wirklichkeit, die sich dem verstehenden und verfügenden Zugriff des Subjekts entzieht. Verfügen kann der Mensch als Verfügter, erkennen als dem Geheimnis Ausgelieferter, hoffen und vertrauen als Glaubender. Das Subjekt gründet nicht nur als geschaffenes nicht in sich, sondern vermag als erkennendes reflexiv nur seine Verwiesenheit auf das Geheimnis schlechthin zu erfassen. In einem transzendental-ontologisch beschreibbaren Sinne sind Menschen wesenhaft die nach dem unverfügbaren Wort Gottes sich ausstreckende, „Hörer des Wortes".[25]

Die Neuausgabe von „Hörer des Wortes", die 1963 von Johann Baptist Metz besorgt wurde,[26] verändert allerdings den Grundansatz von „Hörer des Wortes" fundamental, wie insbesondere Hansjürgen Verweyen kritisch hervorgehoben hat[27]: Indem Rahner in den sechziger Jahren von einer universalen transzendentalen Selbstmitteilung Gottes im Geiste an jeden Menschen ausgeht, indem er also ein gnadenhaftes, übernatürliches Existential als Ermöglichung des Glaubensaktes auch in solchen Menschen, die mit der biblischen Offenbarung und ihrer kirchlichen Tradition nicht in Berührung geraten sind, annimmt, beendet er das Programm einer der Theologie als Offenbarungsreflexion logisch vorausliegenden Fundamentaltheologie mit ihrer Aufgabe einer *philosophischen* Letztbegründung des Christentums. Philosophie und Theologie werden ununterscheidbar. Genau darin sieht Rahner das Programm einer mystagogischen Theologie, die auf einem philosophischen Denkweg die Verwiesenheit allen verstehenden Subjektseins in die unbegreifliche und verfügende Wirklichkeit Gottes hinein aufzeigt und dabei getragen ist von der gläubigen Gewissheit und hoffenden Zuversicht, dass diese Wirklichkeit Gottes sich jedem Menschen als dessen Heil vermitteln will. Die in der Geschichte geschehenen, biblisch bezeugten Vermittlungen Gottes an Menschen sind gelungene Realisationen dessen, was als göttlich verbürgte Möglichkeit immer zu jeder Zeit allen Menschen von Gott her angeboten ist. Einerseits ist hierin eine Entwichtigung

---

[24] Karl Rahner, Geist in Welt. Zur Metaphysik der endlichen Erkenntnis bei Thomas von Aquin, München ²1957, S. 156–209.
[25] Ders., Hörer des Wortes. Zur Grundlegung der Religionsphilosophie, München 1941.
[26] Beide Ausgaben sind zugänglich gemacht in: Karl Rahner, Sämtliche Werke, Bd. 4 (hg. v. Albert Raffelt, Freiburg 1994).
[27] Hansjürgen Verweyen, Gottes letztes Wort. Grundriß einer Fundamentaltheologie, Regensburg ³2000, S. 122–129.

der biblischen Botschaft eingeschlossen, weil die geistige Eröffnung eines Menschen auf die Wirklichkeit Gottes nicht abhängig ist von der vorhergehenden Mitteilung der Offenbarungsgehalte. Das Wort Gottes in der Heiligen Schrift ist nicht Bedingung der Mitteilung des heiligen Pneumas Gottes. Andererseits erlangt die biblische Botschaft eine ganz andere Breite der Bedeutung. Sie ist nämlich nicht nur für die bedeutsam, die in ihr Gottes Offenbarung sehen. Sie wird vielmehr allen Menschen angeboten als Sammlung exemplarisch gelungener Fälle der theologischen Selbstauslegung von Menschen im Horizont der auf sie einwirkenden Wirklichkeit Gottes, die eben grundsätzlich auf jeden Menschen einwirkt.

Karl Rahners transzendentale Mystagogie[28] kann gelesen werden als der Versuch, das Subjekt zu gründen in seiner Verwiesenheit an das unverfügbar andere Gottes, dessen Wirkung auf alle Menschen in der biblischen Offenbarung und deren aktiver kirchlicher Tradition die klassische Interpretation gefunden hat, die jedem, der die Erfahrung der eigenen Transzendentalität im praktischen Interesse zu deuten trachtet, angeboten werden kann. Einerseits bestätigt Rahner den Ansatz beim Subjekt als dem gegenüber der Welt handelnden. Er bestätigt damit den Ansatz beim Grundgedanken der Freiheit. Allerdings stellt diese Freiheit keinen letzten Wert in sich dar. Sie betont vielmehr die Verwiesenheit allen menschlichen Denkens, Erkennens auf die Wirklichkeit Gottes, die ihr überkategorial zwar im Heiligen Geist angeboten ist, deren Auslegung jedoch den einzelnen Menschen auf die biblische Tradition und deren kirchliche Tradition verweist. Die Freiheit des sich selbst setzenden Menschen ist keine letzte Instanz im Rahnerschen Denken. Vielmehr entspricht er der intellektualistischen Grundintuition seiner thomistischen Herkunft, indem er davon ausgeht, dass die menschliche Selbstsetzung an eine zu erkennende Norm gebunden ist. Diese Norm denkt Rahner als individuell, aber nicht abhängig vom Individuum. Die ignatianische Theologie hält für diese Wirklichkeit die Formel vom göttlichen Individualwillen bereit. Sie ermöglicht es, davon zu sprechen, ein Mensch müsse in intellektuellem Bemühen in seinem Leben finden, was die zu realisierende Norm der Freiheit dieses individuellen Menschenlebens ist. Nicht das Dekret des die eigene Freiheit zu einer autarken Größe erhebenden Ichs, sondern dessen demütige Offenheit gegen-

---

[28] Karl Rahner, Frömmigkeit früher und heute, in: ders., Schriften zur Theologie, Bd. 7 (Einsiedeln 1966), S. 11–31; ders., Atheismus und implizites Christentum, in: ders., Schriften zur Theologie, Bd. 8 (Einsiedeln 1967), S. 187–212.

über einer intellektuell im Lichte der Gottesbeziehung gedeuteten Lebenswelt ist die letzte Definition des Subjekts, das so gerade nicht mehr als opake, geschlossene Größe der Selbstbehauptung erscheint, sondern als ein System, dessen Offenheit für die Wirklichkeit Gottes sich in seiner suchenden Offenheit für andere Menschen im Horizont der göttlichen Heilszusage realisiert.

Rahner entwirft einen theologischen Idealismus des Subjekts, der aber gerade die konstitutive Abhängigkeit dieses Subjekts von der ihn sowohl intellektuell als auch voluntativ verpflichtenden Wirklichkeit Gottes in den Mittelpunkt des Denkens rückt. Wo die Wirklichkeit Gottes als sich offenbarend, inkarnatorisch-heilsgeschichtlich vermittelnd gedacht wird, impliziert diese theologische Intersubjektivität der Gründung des Subjekts im unverfügbaren Anderen seiner selbst eine geschichtliche Intersubjektivität der suchenden und kommunizierenden, der aufnehmenden und deutenden Aufmerksamkeit auf die anderen als Mittler jener zuletzt wieder streng subjektiven Einsichten in die historische Gestalt der praktisch absolut verpflichtenden Wahrheit, die als solche göttlich genannt werden muss, obwohl sie menschlich erkannt und umgesetzt wird. Rahners Subjekttheologie ist eine Theologie der Intersubjektivität der Subjekte, die als solche sowohl die Kirche begründen kann, wie sie andererseits zur kritisch-normativen Instanz gegenüber jeder konkreten Kirchlichkeit wird, die weder durch Intersubjektivität getragen wäre noch solche ermöglichte.

d. Wesenhafte Intersubjektivität und ihre Folgen

Wo allerdings Freiheit und Unabhängigkeit identifiziert werden, folgt das Denken dem Mythos der Opazität des Subjekts, dem Leibniz mit seiner Monadologie eine intellektuelle Gestalt gegeben hat. Was ein Mensch ist, ist in metaphysisch-radikalem Sinne wirklich nur *seines*. Die christliche Überzeugung von der Inspiration und dem Wirken des Geistes geht statt dessen von einem hohen Maß nicht nur unvermeidlicher, sondern auch wesenshaft notwendiger Beeinflussung menschlichen Wahrnehmens, Denkens und Empfindens durch andere Menschen aus.

Hier liegt einer der starken Anknüpfungspunkte zwischen Christentum und Mimetischer Theorie. Girard spricht von einer interdividuellen Psychologie *(psychologie interdividuelle)* statt von Individualität, weil ihn seine Beschäftigung mit literarischen Quellen zu der Überzeugung geführt hat, dass Menschen zunächst und konstitutiv viel mehr bei den anderen als bei sich selbst sind. Empfindend, wahrnehmend und denkend sind Menschen immer miteinander beschäftigt.[29] Girard sieht die Interdividualität als einen gewaltförmigen Unheilszusammenhang. Wenn die Interdividualität aber zur menschlichen Natur gehört, dann kann sie durch Offenbarung und Erlösung wohl befreit, als Naturkonstante aber nicht eigentlich beseitigt werden. Für letztere Hypothese spricht, dass die Evangelien ausgerechnet das heilserschließende Handeln der Jünger Jesu als eine Form mimetischen Handelns beschreiben. Die Nachahmung ist als Nachfolge nicht mehr Ursache des Unheils, sondern Quelle des Heils. Entscheidend für den Unterschied ist, dass das Vorbild ein Objekt der Begierde erschließt, das keine gewaltverursachende Konkurrenz auslösen kann. Wenn es Jesu Leben ist, den Willen Gottes zu tun (Joh 4, 34), dann kann der Wille des Nachfolgenden nur durch den Willen Gottes bestimmt sein. Konsequenterweise erklärt Jesus im Markusevangelium all jene, die den Willen Gottes tun, zu seinen engsten Verwandten (Mk 3, 35). Der Wille Gottes aber ist kein individueller Partikularwille, der sich auf ein partikulares Gutes bezöge, um das Gott und Mensch in Konkurrenz geraten könnten.[30] Universal ist der göttliche Wille, indem er jenseits jedes partikularen Begehrens die Vielfalt der menschlichen Willen ermöglichend trägt. Nicht die Aufgabe der partikularen menschlichen Willen in ihrer Unterwerfung und Resignation ist der Zielpunkt der Interaktion von Gott und Menschen, sondern die Befreiung und Erlösung der menschlichen Partikularwillen in deren Orientierung auf ihren universalen Ursprung als ihr Ziel. Der menschliche Wille in seiner mimetischen Fixierung drängt in die mimetische Konkurrenz, die zur Gewalt führt. Der erlöste Wille zielt auf den universalen Grund des Seins und aller menschlichen Freiheit und führt so zur Bejahung des Anderen in seiner Fremdheit.

Die wirkmächtige Gegenwart Gottes als des Grundes der Verbundenheit in der Verschiedenheit, mit der sowohl Freiheit und Individualität als auch versöhnte und friedvolle Bezogenheit aufeinander ermöglicht werden, bezeichnet die biblische Tradition mit dem Begriff des göttlichen *pneûma*. Die bereits seit Tertullians juridischer Zuspitzung der westlichen Theologie wirksame Konzentration des theologischen Denkens auf das eine menschliche Subjekt in seiner sittlichen Verantwortung vor Gott, seinem Ver-

---

[29] René Girard, Livre III: Psychologie interdividuelle, in: ders., Des choses cachées depuis la fondation du monde. Recherches avec J.-M. Oughourlian et Guy Lefort, Paris 1978, p. 307ff.

[30] Eine entsprechende Fehlinterpretation liegt bei all solchen Missverständnissen des Opfers vor, die den geistlichen Wert eines Opfers in dem Verzicht des Opfernden auf ein Gut zugunsten des göttlichen Besitzes dieses Gutes erblicken.

sagen vor Gott (Sünde) und seiner Erlösung, die spätestens seit
Anselm von Canterbury mit Hilfe des Leitbegriffes der *satisfactio*
ebenfalls konzipiert wurde, blieb für die Intersubjektivität des
Heilsgeschehens wenig Raum. Die Pneumatologie wird bereits
bei Petrus Lombardus zu einer Subdisziplin der immanenten Trinitätslehre.[31] Die wenigen Pneumatologien in der neueren katholischen Theologie ergänzen die immanent-trinitarischen Überlegungen zum Gottesgeist durch empirische Erfahrungen zu dem,
was die Bibel als Wirken des Gottesgeistes beschreibt. [32]Den ausgezeichneten Versuch einer wirklich ökonomischen Pneumatologie stellt Michael Welkers Buch „Gottes Geist" dar.[33] Um die Kluft

---

[31] Petrus Lombardus, Sententiarum Libri IV, I, dist 10, cap. 34.

[32] Bernd Jochen Hilberath, Pneumatologie, Düsseldorf 1994; ders., Pneumatologie, in: Theodor Schneider, Handbuch Dogmatik, Bd. 1 (Düsseldorf 1992), S. 445–554. Erwin Dirscherl konzipiert seinen theologiegeschichtlichen Überblick zur Pneumatologie exklusiv von der immanenten Trinitätslehre her (ders., Der Atem des sprechenden Geistes. Theologiegeschichtliche Stationen der Rede vom Heiligen Geist, in: Bernhard Nitsche (Hg.), Atem des sprechenden Gottes. Einführung in die Lehre vom Heiligen Geist, Regensburg 2003, S. 72–101).

[33] Michael Welker, Gottes Geist. Theologie des Heiligen Geistes, Neukirchen ²1993. Welker gliedert seine Darstellung heilsgeschichtlich-genetisch. Er beginnt mit den ambivalenten Erfahrungen der israelitischen Frühzeit, denen er unter den Kategorien (1) Rettung aus Not und Sünde, (2) „sagenhafte Integrationsfiguren", (3) Herrschaftskritik und „Unterbrechung des eingespielten Erfahrungsflusses", (4) Erkenntnis von „bösen Geistern" eine theologische Dignität beimisst (S. 58–108). Die gesamte weitere Darstellung folgt dem eschatologischen Dreischritt von prophetischer Verheißung des Geistes (Teil 2), messianischer Gegenwart (Teil 3) und eschatologischer Universalität im Reich des Auferstandenen (Teil 4). Den Abschluss bildet eine beachtliche häresiologische Auseinandersetzung mit der geschichtsmächtigen Pneumatologie der abendländischen Philosophie und Theologiegeschichte: In ihr sieht Welker von Aristoteles bis Hegel alle geistige Wirklichkeit im Banne der Selbstbezüglichkeit des Subjekts. Was im Gottesbegriff des Aristoteles (*ho theòs noûs estín*, Metaphysik, XII, 7) in der Idee des absoluten Seins entwickelt wird, interpretiert Hegel als jene absolute Subjektivität, deren lebendige Bewegtheit im geistigen Prozess der Selbstherausvorbringung im anderen seiner selbst wohl gesehen, letztlich aber dann doch auf das Selbst hin finalisiert gedacht wird. Dieser letzten Selbstbezüglichkeit stehe die „Selbstlosigkeit" des Geistes entgegen (S. 259–279). So außergewöhnlich zustimmungswürdig der ökonomische Ansatz Welkers ist, so sehr ist bei dieser Gegenüberstellung des abendländischen Geistes der Philosophie einerseits sowie des heilsgeschichtlich offenbaren Gottesgeistes andererseits zu bedenken, dass sie auf die Konzession des Irrationalen in Gott selbst hinausliefe. Wie soll man denn eine prinzipielle „Selbstlosigkeit des Geistes" denken, wenn denn doch Geist als Einsicht in Wahrheit und Sein zu denken ist und damit schwerlich verstanden werden kann in Analogie zu einer begehrenden menschlichen Person, für die die Überwindung einer selbstsüchtigen Fixierung einen Wert darstellt? Auf die Wahrheit kann auch in der menschlichen Interaktion nicht um intersubjektiver Höflichkeit willen verzichtet werden. So wichtig es heilsgeschichtlich-empirisch ist zu gewärtigen, dass in einer sündenverstrickten Welt keineswegs alle Bewegungen des göttlichen Geistes eine geschichtliche Gewähr dafür haben, in die Ruhe des erkennenden Beisichseins zu führen, so unabdingbar ist doch metaphysisch die Voraussetzung zu machen, dass eschatologisch

zwischen den biblischen Erfahrungsberichten und der spekulativen Trinitätslehre zu überwinden, wäre die Begründung der Einsicht einer wesenhaften Intersubjektivität des Menschen zwingend notwendig. Von der Begründung einer wesenhaften Intersubjektivität des Menschen her würde die von Girard beschriebene Interdividualität auch philosophisch denkbar. Es würde aber eben auch eine positive Gestaltung der anthropologischen Voraussetzung einer konstitutiven Abhängigkeit jedes menschlichen Subjekts von jedem anderen menschlichen Subjekt beschreibbar. Der Anknüpfungspunkt für eine solche positive Gestaltung menschlicher Intersubjektivität ist mit dem biblischen Zeugnis des die *ekklesía* verbindenden göttlichen *pneûma* gegeben. Ihre wirkmächtigste philosophische Rezeption fand die biblische Lehre vom göttlichen *pneûma* in der Phänomenologie des Geistes.

Georg Wilhelm Friedrich Hegel überwand sehr gründlich die Vorstellung des opaken Subjekts. Wie Girard nimmt Hegel das wesenhafte Bei-Anderen-Sein des Menschen wahr. Anders als Girard bewertet Hegel diese Gegebenheit nicht als Sünde, sondern eben als das einzig fassliche menschliche Wesen. Wer das wesenhafte Beim-Anderen-Sein des Menschen wirklich als für den Menschen konstitutiv denkt, hat keine Möglichkeit, es als sündhaft zu denken. Andernfalls rutschte die Schöpfungstheologie zwangsläufig in eine mindestens dualistische Mythologie ab. Wenn dagegen die Göttlichkeit der Schöpfung bezeugt wird, dann muss die empirisch und spekulativ begründbare Einsicht in die Bezogenheit jedes Menschenwesens auf alle anderen Menschen theologisch positiv zu würdigen sein. Bereits in der Christologie ist die Frage nach dem Zusammenhang aller Menschen das zentrale Problem bei der Deutung der Erlösungstatsache. Hier muss dargestellt werden, wie die Freiheitstat eines einzigen Menschen für das Verhältnis aller anderen Menschen zu Gott bedeutsam sein kann. Die klassische abendländische Antwort darauf vermeidet die Situation der geistigen Abhängigkeit aller Menschen voneinander, indem sie sowohl die Schuld als auch ihre Sühne als sachhafte, von den Subjekten ablösbare, eben – wie Kant formulierte – „transmissible Verbindlichkeiten"[34], deutet. Statt vom prinzipiell erfahrbaren heilshaften Verhältnis der Menschen zu Gott spricht eine an sachhaften Süh-

---

Geist, insofern er Erkenntnis der Wahrheit ist, zu eben dieser Erkenntnis gelangt. Dass diese Erkenntnis bleibend ein Moment von Dualität und Begegnung, also von gelebter Intersubjektivität, einschließt, beinhaltet im Begriff der *communio* nicht notwendig Entfremdung und bleibende Unversöhntheit, der eine tugendhafte Selbstlosigkeit sinnvollerweise entspräche.

[34] Immanuel Kant, Die Religion innerhalb der Grenzen der bloßen Vernunft, A 95.

nevorstellungen hängende Theologie ausschließlich von dem erfahrungsjenseitigen Verhältnis Gottes zu allen Menschen.

Den angemessenen Ort, über die schöpfungsgemäße Intersubjektivität des Menschen zu handeln, bilden die Lehrstücke vom Heiligen Geist (Pneumatologie) und von der Kirche (Ekklesiologie). Für beide Lehrstücke ergibt sich aus ihrer engen Vernetzung mit der Schöpfungslehre eine wichtige Konsequenz: Die Lehre vom Heiligen Geist kann nicht als esoterische Geheimdisziplin über das innere Leben Gottes oder bestimmte amtlich beglaubigte göttliche Effizienzen im Rahmen der Sakramentenlehre konzipiert werden. Entgegen solchem Geist-Provinzialismus muss eine an der ambivalenten Schöpfungsgegebenheit intersubjektiven Wesensvollzugs des Menschen anknüpfende Pneumatologie den Geist als unabdingbare Dimension des soteriologischen Geschehens interpretieren. Insofern dieses soteriologische Geschehen allen Menschen gilt, muss in der Pneumatologie die universale Wirksamkeit Gottes gedacht werden. Daran schließt eine Ekklesiologie an, die die Kirche immer als nachläufige Objektivation der vorgängigen Aktivität des Gottesgeistes in der Welt beschreibt und die im Hauptsatz von Lumen Gentium 1 ihre unbedingte Norm hat: Eine Kirche, die nicht Zeichen und Werkzeug der Wirksamkeit Gottes in der Welt ist, verfehlte ihre *ratio essendi*. Die Wirksamkeit Gottes in der Welt aber zu bedenken, ist Aufgabe der Pneumatologie.

2. Ansätze zu einer ökonomischen Pneumatologie

a. Hegels Geistdenken und eine ökonomische Pneumatologie

Die oben beschriebene Opazität des Subjekts hängt in der westlichen Theologie- und Philosophiegeschichte eng zusammen mit der Fokussierung der effizienten Kausalität. Unsere gesamte technische Zivilisation lebt von der faszinierenden Erfahrung mechanischer Wirkursächlichkeit im weitesten Sinne. Die barockscholastische Reflexion auf die Ursachenketten, die die göttliche Ursache mit allen innerweltlichen Ereignissen und mit dem Denken und Entscheiden des Menschen verbindet, führt immer wieder an den Punkt, an dem das Vorhandensein einer Verantwortung begründenden menschlichen Freiheit nicht mehr verbunden werden kann mit der Vorstellung einer effizient alle innerweltlichen Ereignisse, Entscheidungen, Gedanken und Vorstellungen begründenden Kausalität Gottes. Entweder wird der Mensch als Marionette Gottes gedacht oder die Augustinische Überzeugung von der Gnadenabhängigkeit allen heilshaften Entscheidens und Tuns ist nicht haltbar. Über die Jahrhunderte und bis heute laborieren Verkündigung und Seelsorge an dieser nicht gelösten Aporie abendländischen Gnadendenkens.

Die Phänomenologie des Geistes ermöglicht einen anderen Blick auf göttliche Effizienz. Sie überwindet die Opazität eines Subjekts, das nur frei ist, wo es in der absoluten Geschlossenheit seines Selbstseins Entscheidungen fällt, die erst mit ihrem Ausgesprochen- oder Umgesetztwerden in die Wahrnehmbarkeit der Welt hinaustreten. Sie begreift stattdessen die intersubjektive Bezogenheit, in der Freiheit entsteht und sich verwirklicht, als jene geistige Wirklichkeit in Bezug auf die und von der her überhaupt erst menschliches Denken und Erkennen möglich wird. Alles Erkennen und Wissen als Grundlage des Entscheidens besteht in einem Prozess des Verstehens, in dem das verstehende Subjekt als solches erst entsteht, indem es sich als solches verwirklicht.[35] Insofern Hegel mit der Beschreibung der formalen Logik des Geistprozesses zur absoluten Erkenntnis aufzusteigen wähnt[36], dispensiert er nicht alleine auf pantheistische Weise die Theologie,

---

[35] Georg Wilhelm Friedrich Hegel, Phänomenologie des Geistes, hg. v. Eva Moldenhauer und Markus Michel, Frankfurt ⁴1980, S. 23: „Die lebendige Substanz ist ferner das Sein, welches in Wahrheit Subjekt ist, [...] nur insofern es die Bewegung des Sichselbstsetzens oder die Vermittlung des Sichselbstanderswerdens mit sich selbst ist."

[36] In seiner Religionsphilosophie dringt Hegel über das historische Erscheinen der Religionen zu deren begrifflicher Wahrheit vor. Insofern das Christentum als „die absolute Religion" aber lediglich „der Vorstellung nach" bietet, was die Philosophie als den „Begriff der Religion" zu erkennen vermag, übersteigt die Philosophie an Erkenntnisgehalt die Religion (ders., Philosophie der Religion, 2 Bde. hg. v. Eva Moldenhauer und Markus Michel, Frankfurt ⁴1986, hier: Bd. 2, S. 188–205). Diese Erkenntnis der Philosophie ist die Erfassung des formalen Prinzips der göttlichen Wirklichkeit des Geistes, der „das Andere" setzt, um es in der offenbarenden Mitteilung an das Andere wieder aufzuheben „in seiner ewigen Bewegung" (ebd. S. 193). Das scholastische Schema von *exitus und reditus Dei* (Marie Dominique Chenu OP, das Werk des heiligen Thomas von Aquin, hg. v. Otto Hermann Pesch, Köln 1960, S. 346) findet hier eine geistphilosophische Adaption. Liest man diese Rekonstruktion mit einem christlichen Vorverständnis, muss der Akzent auf den „*reditus*" fallen, also auf die Hegelsche Aufhebung als Rückkehr der Schöpfung zu Gott. Insofern dieses eschatologische Geschehen dann aber notwendig innerhalb des Hegelschen Denkens bereits dem Begriffe nach antizipiert zu denken wäre, würde es als eschatologisches Geschehen ebenso geleugnet wie die Andersheit Gottes aufgehoben wird in das begriffliche Verstehen der Philosophie. Der Prozess, den Hegel als den eigentlich göttlichen beschreibt, käme im menschlichen Begreifen zum Stehen. Hierin hat die katholische Hegelkritik immer eine illegitime Aufhebung der Differenz von Gott und Welt und einen gnostisierenden Übergriff des endlichen Menschen auf die Unendlichkeit Gottes erblickt. Umgekehrt liefe die vollkommene Leugnung einer eschatologischen Zielgerichtetheit der göttlichen Offenbarung, die in der Setzung der Differenz durch Gott und deren Aufhebung in der Offenbarung den ewigen Prozess des göttlichen Lebens erblickte, ebenfalls auf eine Aufhebung der Differenz von Gott und Welt, diesmal aber mit pantheistischem Akzent hinaus.

sondern auch durch das absolute Subjekt des Wissens die konkrete, von ihm selbst entdeckte Intersubjektivität. Der absolute Geist als vom Menschen erkannter ist eben absolute menschliche Erkenntnis, bei der nicht mehr einzusehen ist, welche Bedeutung die konkrete Intersubjektivität noch für sie haben kann. Setzt sich hier der Philosoph nicht als die die Gottheit begreifende Instanz, die in ihrer Absolutheit keiner Begegnung und Infragestellung mehr bedarf? Vittorio Hösle macht mit Recht darauf aufmerksam, dass Hegels System in seinen wesentlichen Einsichten verfehlt wird, wo eine selbst in den Kategorien Objektivität und Subjektivität verhaftete Rezeption bei Hegel nur eine Philosophie absoluter Subjektivität erkennt, und nicht die der Geistphilosophie wesentliche Intersubjektivität in das Zentrum der Deutung rückt.

Als den explizitesten Ort der Intersubjektivitätsphilosophie bewertet Hösle die Religionsphilosophie Hegels. Gottes Wirken ist „Geist zu Geist", vermittelt durch die zwischenmenschliche Interaktion von Geist zu Geist.[37] Den Abschluss der Geistphänomenologie bildet bei Hegel die Kontrastierung eines von der Rechtfertigungslehre inspirierten, ethisch akzentuierten Intersubjektivitätsbewusstseins, das Ich und Du nicht wie abgeschlossene Dinge denkt, sondern als „flüssige Kontinuität des reinen Wissens". Wer sich dieser Kommunikativität in der Selbstbehauptung verschließt, bleibt vom Geist und der Rechtfertigung ausgeschlossen. Bekehrung aber und „Brechung des harten Herzens" geschieht dort, wo die reine Seele die Bewegung des Schuldbekenntnisses nachvollzieht, durch die das vergötterte Selbst wieder integriert wird in die Bewegung des Geistes selbst.[38] Die selige Erkenntnis der eigenen Schuld ist die Bekehrung des subjekthaften Selbstbewusstseins in seiner Überheblichkeit hin zur demütigen Beziehung auf jedes andere Bewusstsein, in dem sich Erkenntnis und Wahrheit ereignen mag. Geist kann von Hegel aus beschrieben werden in einer großen Nähe zum lutherischen Rechtfertigungsdenken als die dem Denken offenbare Realität der intellektuellen, sittlichen, künstlerischen und religiösen Verwiesenheit des Menschen mit seinen besten Kräften der Selbstsetzung auf die ihn bei weitem überragende Wirklichkeit des Anderen, die Menschen über sich hinausführt, indem sie sie ins Unrecht setzt und die Anerkenntnis dieses Unrechts als Weg seiner prozesshaf-

---

[37] Vittorio Hösle, Hegels System. Der Idealismus der Subjektivität und das Problem der Intersubjektivität, Hamburg ²1998, S. 648.
[38] Georg Wilhelm Friedrich Hegel, Phänomenologie des Geistes, hg. v. Eva Moldenhauer und Markus Michel, Frankfurt ⁴1980, S. 490–492.

ten Überwindung weist. Insofern diese Wirklichkeit *des* Anderen nicht anders vermittelt wird als durch *die* anderen, ist Intersubjektivität als zwischenmenschliche für die Selbstverwirklichung des Menschen als Geist absolut konstitutiv.

In seiner Religionsphilosophie verknüpft Hegel die Phänomenologie des Geistes mit einem spekulativen Begriff der Religion und des in der absoluten Religion sich der Vorstellung darbietenden Wesens Gottes: Gott erscheint als die Wirklichkeit, die das andere konstituiert, um in der Bewegung des Geistes die Andersheit des Anderen aufzuheben. Wo dieser Prozess immer von seinem eschatologischen Ziel aus gedacht wird, was sich aus dem Anspruch der absoluten Philosophie, die Wahrheit auf den Begriff zu bringen, ergibt, wird der gemeinte göttliche Prozess der Selbstvermittlung zum Anderen seiner selbst überstiegen durch den Begriff des absoluten göttlichen Subjekts, das den ganzen Prozess in seinem Begreifen umfasst. Damit aber läuft Hegels Geistphilosophie am Ende doch wieder auf eine Philosophie des absoluten Subjekts hinaus.

Betrachtete man den hegelschen Geistprozess nicht von seinem Ende her, sondern in dem Moment, der der menschlichen Situation einzig gegeben ist, nämlich als innerweltliches Geschehen, so erschließt er absolutes Wissen nur in Verkennung des offensichtlichen Prozesscharakters der geistigen Bewegung. Statt des absoluten Wissens erscheint der Geist als Bewegung, als *exitus* aus der Opazität des Ich, dessen *reditus* Rückkehr zu einem Bewusstsein ist, das seine Vorläufigkeit und damit die Notwendigkeit des erneuten *exitus* begreift. Wo nun anders als bei Hegel die damit erkannte notwendige Intersubjektivität der geistigen Bewegung nicht verdrängt wird durch die Idee eines absoluten Bewusstseins, wird die Flüssigkeit des kommunikativ-bezüglichen Ich zu einer letzten anthropologischen Einsicht. Hegels eigene Verknüpfung dieses Gedankens mit der Rechtfertigungslehre eröffnet die Möglichkeit, diese Situation als die Menschen konkret einzig angemessene innerweltliche Situation der Gottesbeziehung zu deuten. Jede Fiktion eines absoluten Wissens über die Gottheit sistierte gerade jenen geistigen Prozess, der als die offenbarende Selbstvermittlung der Gottheit im Geiste erkannt wird.

b. Theologische Ansätze zu einer ökonomischen Pneumatologie

Die oft beklagte Geistvergessenheit der westlichen Theologie[39] ergibt sich aus der Erfahrungsjenseitigkeit der objektivierenden Kategorien von Schöpfung, Verschuldung, Sühne und Gericht, mit deren Hilfe seit Tertullian im lateinischen Denken vorzugsweise die Heilsgeschichte begriffen wurde. Diese objektivierenden Kategorien entsprechen dem Selbstbild des Menschen als einer in sich abgeschlossenen Größe, die durch ihr Ureigenes definiert, durch die eigene Schuld beschädigt und durch die zugeeignete Sühne entschuldet wird. Eine in die Geschlossenheit des menschlichen Subjekts verwandelnd hineinwirkende Gegenwart Gottes, eine heilsgeschichtliche Gegenwart des göttlichen Pneumas ist unter diesen Voraussetzungen nicht gut vorstellbar. Wo sie theologisch reflektiert wird, führt sie unausweichlich in die Aporie von Gnade und Freiheit.[40] Der Mensch muss *geist-los* sein, damit sowohl seine Schuld als auch sein Verdienst ihn persönlich so individuell qualifizieren, dass sowohl das drohende Gericht als auch die gewährte Entschuldung ihn betreffen können.

Erst durch die Überwindung der hermetischen Anthropologie des geschlossenen Subjekts mit ihrem Fokus auf Freiheit, Verant-

---

[39] Bernd Jochen Hilberath, Pneumatologie, in: Theodor Schneider (Hg.), Handbuch Dogmatik, 1. Band (Düsseldorf 1992), S. 445–554, hier: S. 445.

[40] Das für die abendländische Theologie grundlegende, durch die Synode von Orange (529: DH 373) bekräftigte Zeugnis, die menschliche Bekehrung *(initium fidei)* und Heiligung seien vollkommen abhängig von der Gnade Gottes, führt bereits bei Augustinus zu dem Problem der doppelten Prädestination (De praedestinatione sanctorum; De dono perseverantiae, beide Werke: 428/29), die Anselm von Canterbury durch den Beweis der Koexistenz von freiem Willen und göttlicher Vorherbestimmung mit dem Erfordernis der göttlichen Gerechtigkeit zu versöhnen trachtete (Anselm von Canterbury, De concordantia, I, 1–3). Das Problem eskaliert, als im Barockzeitalter das Modell mechanischer Kausalursächlichkeit für das Verhältnis von Gott und Welt bestimmend wird und Jesuiten in der Spur ihres spanischen Mitbruders Luis de Molina (1535–1600) sowie Dominikaner im Gefolge ihres spanischen Vordenkers Domingo Bañez unterschiedliche Systeme der kausalmechanischen Vermittlung von menschlicher Freiheit und göttlicher Prädestination entwickeln. Die Unauflösbarkeit des Gegensatzes zwischen der als freie Selbstbestimmung gedachten Person und der Vorherbestimmung der inhaltlichen Selbstbestimmung der Person durch eine göttliche Wirkung kann jedoch durch die Zwischenschaltung von Zweit- und Drittursachen nicht überwunden werden, so dass die Systeme von Molinismus und dominikanischem Thomismus jeweils entweder die menschliche Freiheit (Molinismus) oder die göttliche Prädestination höher gewichten, was 1607 zur höchstlehramtlichen Anerkennung der Aporie als solcher führt in dem Verbot nämlich Papst Pauls V. an Jesuiten und Dominikaner, die wechselseitigen Verketzerungen (DH 1997) weiter fortzusetzen. Schöne Übersichten über die Gnadensysteme von Molina und Bañez sowie deren Weiterentwicklungen bei: Georg Kraus, Gnadenlehre. Das Heil als Gnade, in: Wolfgang Beinert (Hg.), Glaubenszugänge. Lehrbuch der katholischen Dogmatik, Bd. 3 (Paderborn 1995), S. 159–308, hier: S. 255–258.

wortung, Gericht und ein rein imputatives Verständnis von Rechtfertigung wird eine Wirkung des Geistes auf Menschen denkbar, die nicht mechanisch-kausal und ergo freiheitsaufhebend zu denken ist, sondern die der grundsätzlichen menschlichen Situation der geistigen Selbstkonstitution in einem liquiden Prozess der Begegnung und des Austausches mit anderen entspricht. Liegt die Stärke des Subjektdenkens in seinem Bewusstsein für Freiheit und Verantwortung, so liegt die Stärke eines intersubjektiven Denkens in der Wahrnehmung der des Menschseins als eines interaktiven Prozesses von Austausch und Abgrenzung von Geben und Nehmen, in dem das Subjekt sich nicht selbst als ein *absolutum* behauptet, sondern sich als Moment eines umfassenderen geistigen Prozesses erfährt und bejaht. Das Ich *wird* vom fremden Anderen her und sagt sich auf fremdes Anderes hin aus. Das menschliche Sein ist nicht der substanzhafte Selbstbesitz metaphysischer Unwandelbarkeit, sondern der geistige Selbstbesitz unverfügbarer Herkünftigkeit und verfügender Hingabe.

Craig S. Keener untersucht die Rolle und Bedeutung des Gottesgeistes in der Apostelgeschichte und den Evangelien.[41] Der Geist erscheint im Matthäusevangelium als die *differentia specifica* zwischen der endzeitlichen Heilsgemeinde des anbrechenden Gottesreiches einerseits und den übrigen Gruppierungen im Israel des ersten Jahrhunderts.[42] In der Kraft des in ihm wirksamen Gottesgeistes erwartet Jesus die sich durchsetzende Gerechtigkeit Gottes und den Anbruch seiner Königsherrschaft. Der Geist als Gottes Kraft, die in Jesus wirkt, unterscheidet Jesus von politischen und magischen Heilbringern.[43] Der Geist Gottes ist im Johannesevangelium der Geist der Reinheit, der mit dem Tod Jesu als der wahren Quelle der Reinheit verbindet. Die reinheitsspezifische Wirkung der Lebensbewahrung wird nicht über die Reinheitsvorschriften und -rituale erreicht, sondern nur über die Orientierung an Jesus Christus als der Quelle des Geistes der Reinheit, der Heiligkeit und damit des Lebens.[44]

Jürgen Moltmanns ökonomische Pneumatologie rückt die Lebenserfahrung ins Zentrum der Geisterfahrung: Der Geist Gottes macht lebendig, ist „Lebensspender", „*zōopoión / vivificans*", wie es seit dem Konzil von Konstantinopel (381) im kirchlichen Glaubensbekenntnis heißt. Die im Geist gewirkte Lebenserfahrung will Moltmann dezidiert nicht im Sinne einer auf Transzendenz oder

---

[41] Craig S. Keener, The spirit in the gospels and acts, Peabody (Massachusetts) 1997.
[42] A. a. O., S. 27.
[43] A. a. O., S. 117.
[44] A. a. O., S. 162f.

Innerlichkeit abhebenden Unterscheidung des gottgeschenkten (eigentlichen) Lebens von den Lebendigkeitserfahrungen des Alltags trennen. Die wahre Spiritualität manifestiere sich vielmehr in der „vollen und ungeteilten Liebe zum Leben"[45]: „Wenn ich Gott liebe, dann liebe ich die Schönheit der Körper, den Rhythmus der Bewegungen, den Glanz der Augen, die Umarmungen, die Gerüche, die Töne dieser bunten Schöpfung", formuliert Moltmann in direkter Absetzung zu Augustinus.[46] „Überschwengliche Freude" begleitet diese „ungeheure Lebensbejahung" und begründet Frieden im „Einklang mit Gott".[47] „Diese Übereinstimmung mit Gott heißt Heiligung".[48] Sie ereignet sich als „Wachsen im Glauben".[49]

Michael Welker[50] lässt seine chronologische Rekonstruktion der biblischen Erfahrungen des Gottesgeistes in ihrer Uneindeutigkeit (Teil 1), prophetisch-messianischen Konkretion (Teil 2), jesuanischen Präsenz (Teil 3) und eschatologischen Universalität (Teil 4) in eine summierende Phänomenologie des biblischen Geistwirkens als des Modells der Ökonomie des Gottesgeistes münden (Teil 5): Der Geist wirkt das „intime, vertrauensvolle Verhältnis, [...] zu der Person Gottes", das in die „überwältigende Fülle der Gegenwart Gottes hineinzieht"[51], in der „Gott inmitten der Schöpfung", „unter irdischen Lebensverhältnissen" erfahrbar wird als bergende Gemeinschaft, die zu würdevollem Leben stärkt[52]. Die Ubiquität Gottes wird im Geist nicht als entwürdigende Dauerdependenz erschlossen, sondern als geschenkte Teilhabe an der göttlichen Herrlichkeit in lebensfördernder Vertrautheit.[53] Als solche zielt sie auf die Befreiung aller Menschen aus Unterdrückung, auf Gerechtigkeit und Frieden. Darin wirkt der Geist zu einer „völlig unforcierten Emergenz des Reiches Gottes"[54].

Bernhard Cooke nimmt die in Worten, Symbolen, Gedanken, Ritualen, in Liebe und Erotik erfahrene Kraft *(power)* der leiblich

---

[45] Jürgen Moltmann, Die Quelle des Lebens. Der Heilige Geist und die Theologie des Lebens, Gütersloh 1997, S. 87; grundlegend dafür: ders., Der Geist des Lebens. Eine ganzheitliche Pneumatologie, München 1991, S. 95–110. Die Lebensbejahung einer Spiritualität des konkreten Lebens wird hier als göttlich gewirkte Auferstehung, als Teilhabe am „Morgenglanz der Ewigkeit" (S. 107) bestimmt, mit der Menschen der Todesmacht ihrer sündhaften Selbst-und Fremdversklavung entkommen.
[46] A.a.O., S. 89 in direkter Negation zu den Bekenntnissen des Augustinus (X, 6, 8).
[47] A.a.O., S. 37f.
[48] A.a.O., S. 53.
[49] A.a.O., S. 39f.
[50] Michael Welker, Gottes Geist. Theologie des Heiligen Geistes, Neukirchen ²1993.
[51] A.a.O., S. 304.
[52] A.a.O., S. 306.
[53] A.a.O., S. 307.
[54] A.a.O., S. 310.

vermittelten Veränderung des geistigen Selbst durch die vollkommen geistige Wirklichkeit Gottes („*God is spirit*"[55]) als Ausgangspunkt für die analoge Beschreibung der Wirksamkeit Gottes in seinem heiligen *pneûma*. Als zentrale Metapher für die Erreichung einer geistigen Veränderung durch eine leibliche Vermittlung deutet Cooke die Umarmung. Der Geist wirkt in einer göttlichen Umarmung *(divine embrace)* auf die Menschen, die ihre Abneigung vor der Abhängigkeit von Gott überwinden können, um sich der Neugründung in einer gewaltlosen, nicht nötigenden, aber einladenden und mit sanfter Kraft bewegenden Beziehung zu öffnen und so mehr und mehr gewandelt zu werden und in den Stand gesetzt zu werden, selbst der Welt im Angesicht ihrer drohenden Zerstörung das Angebot einer stärkenden und wandelnden Umarmung dienend unterbreiten zu können.

Die zitierten Autoren setzen sich von einer rein immanenten Betrachtung der Geistwirklichkeit als eines inneren Geheimnisses des göttlichen Lebens ab. Sie wollen den Geist als eine auch gegenwärtig erfahrbare ökonomische Wirklichkeit der christlichen Lebenserfahrung deuten. Dabei verfahren sie überwiegend bibeltheologisch. Das ist verständlich, weil die biblischen Zeugnisse für die Wirksamkeit des Gottesgeistes einerseits beredt sind und andererseits immer noch zu wenig berücksichtigt werden. Insbesondere Jürgen Moltmann weist einen spekulativen Weg über eine rein positive, biblische oder erfahrungsbezogene Rede vom Heiligen Geist hinaus. Der Geist erweist sich als Lebensquelle darin, dass er einstimmen lehrt in den göttlichen Ursprung des Lebens. Der Geist lehrt Zustimmung zu Gott als Zustimmung zur göttlichen Schöpfung. Moltmanns Absetzung von einem spirituellen Rückzug in die Innerlichkeit in der dezidierten Hinwendung zur Diesseitigkeit des Lebens ist in keiner Weise als Vitalismus misszuverstehen. Es geht weder um die gierige Steigerung des sinnlichen Genusses noch um obsessive Gesundheitspflege. Sinnlicher Genuss und Gesundheit sind vielmehr Medien der Teilhabe an der lebensbegründenden Bewegung Gottes, durch die die Welt *wird*. Diese Teilhabe ist, so Moltmann, aber nicht rein und abgelöst von dem sie vermittelnden Medium von Welt und Schöpfung zu haben, wie das Denken der Innerlichkeit und Spiritualität lehrt. Sie bleibt vielmehr mit der Welt verbunden, die im Lichte des Geistes überhaupt erst als Schöpfung erscheint, als zustimmungswürdiges, Gott offenbarendes Leben nämlich, das im göttlichen

---

[55] Bernhard Cooke, Power and the Spirit of God. Toward an experience-based pneumatology, Oxford 2004, S. 179–189, hier: S. 181.

Geist vom Menschen erkannt und bejaht wird. In dieser Erkenntnis und Bejahung, die eine Entscheidung und Selbstpositionierung einschließen, wird die Welt als Gottes Schöpfung überhaupt erst vollendet, weil sie als das von Gott geschenkte und ausgegossene Leben nicht sein könnte, ohne dass die zur Freiheit fähige Schöpfung in die Schönheit und Zustimmungswürdigkeit der im Lichte des Schöpfungsgedankens gedeutete Welt einstimmen würde.

c. Dramatische Pneumatologie

Aus den vorangegangenen Überlegungen erschließen sich Perspektiven einer dramatischen Pneumatologie. Der Geist wird nicht einfach nur als die Einladung zur Zustimmung zum Leben und zur Welt erlebt. Diese Einladung zur Annahme des Geistes als des Lebensprinzips steht vielmehr in einer Situation des vorausgesetzten Widerspruchs. Spürbar ist das in der neutestamentlichen Metapher der Geistbegabung als Neugeburt (Joh 3; Tit 3, 5–7; 1. Petr 1, 3–4). Eine traditionelle Deutungslinie des hier angezeigten Gegensatzes folgt der Logik der biblischen Gegensatzpaare von Fleisch *(sárx)* und Geist *(pneûma)*, Welt *(kósmos)* und Reich Gottes/Reich der Himmel. Die Fortsetzung dieser Gegensatzpaare mit denen von weltlich und geistlich, sinnlich und spirituell hat theologische und kirchliche Tradition. Sie ordnet dem heiligen Pneuma die höhere Form des geistlichen Lebens mit dem Vorrang der intellektuellen Erkenntnis zu. Das Leben des Geistes wird semantisch so in das Erkennen des Intellekts aufgehoben. Das ewige Leben kann unter diesen Bedingungen nur als intellektuelle Schau gedacht werden. Dieser abendländische Intellektualismus zersetzt mit seiner Ignoranz gegenüber dem vitalen Leben nicht nur die theologische Würde des vitalen Lebens, sondern bereitet der im wörtlichen Sinne lebensgefährlichen Ignoranz eines postchristlichen Gnostizismus der Leib- und Lebensvergessenheit den Boden. Dieser abendländische Intellektualismus, dem Leiblichkeit und Welt immer nur schlechte und zu überwindende Größen sind, kann zu keinem Verständnis der Inkarnation kommen, das die Inkarnation nicht als rein instrumentelle, das göttliche Leben selbst auf Dauer und Ewigkeit nicht betreffende Wirklichkeit missverstehen muss.

Eine ökonomische Pneumatologie, die den Zusammenhang zwischen der erfahrbaren Vitalität und dem Wirken des göttlichen Geistes betont, muss sich nicht nur gegen die innerchristliche Ignoranz gegenüber der theologischen Würde des vitalen Lebens behaupten. Sie muss in der Wahrnehmung und Verteidigung der Würde der einfachen Tatsache des Lebens Widerstandspotentiale gegen die neognostischen Indienstnahmen des menschlichen Lebens entdecken. Dabei wird die biblische Frontlinie zwischen dem in der Taufe neugeborenen Leben der geisterfüllten Christusnähe einerseits und dem Alten, der Welt, dem untergehenden Äon, dem „verdrehten" *(skoliá: Phil 2, 15)*, „verdorbenen" *(ponērà)*, „treulosen *(moichalís)* Geschlecht *(geneà)* nicht auf die Frontlinie zwischen dem intellektuellen, inneren und geistlichen Leben einerseits und dem sinnlichen, äußeren und weltlichen Leben zu projizieren sein. Vielmehr verläuft die Frontlinie zwischen solchen Handlungen und Haltungen, die Leben in seiner ursprünglichen Vitalität gering achten, verzwecken und bedrohen einerseits und andererseits solchen Handlungen und Haltungen, die aus einer ursprünglichen Freude am Leben in seiner Lebendigkeit, Vielgestalt und selbstbewussten Andersheit geprägt sind.

In der sorgenden Achtung vor dem Leben in seiner Vielgestalt werden Menschen dem Ursprung dieser Vielgestalt angeglichen. Diese Angleichung an die wohlwollende Perspektive des Schöpfers steht in einer Spannung zur konkurrenzorientierten Haltung der Selbstbehauptung gegenüber dem Anderen, die Soziobiologie und Mikroökonomie als natürlich voraussetzen. In der Tat existiert mithin ein dramatischer Konflikt innerhalb der Anthropologie, dem das Neue Testament mit der Idee der Bekehrung zum göttlichen Geist entspricht. Die Bekehrung zu einem Geist der universalen Achtung vor dem Anderen ist freie Überwindung des Geschlechts *(geneà)* der Konkurrenz, dessen Konkurrenzorientierung sich tatsächlich genetisch behauptet und deshalb mit dem biblischen Begriff der *geneà* treffender benannt wird, als den biblischen Autoren bewusst gewesen sein dürfte. Die Dramatik des Geistes ist die anthropologische Dramatik zwischen genetischer Konkurrenz und universaler Affirmation der Anderen als solcher. Es ist die Differenz zwischen der wohlwollend liebenden Perspektive des Schöpfers selbst, erfüllt von seiner inneren Haltung, seinem Geist, im Gegensatz zu der Geist-Disposition des *selfish gene*. Als solche wird sie erlebt und gelebt, auch wenn die Theoretiker des eigennützigen Gens die Haltung der Affirmation der anderen Menschen selbst noch einmal als eine Strategie des eigennützigen Gens meinen dekuvrieren zu können. Wer sich allerdings diese Enttarnung des sogenannten „Altruismus" als eine subtil egoistische Strategie zueigen macht, zerstört dadurch die naturwüchsige Effizienz dieser evolutionsbiologischen „Strategie". Der naturwüchsige Altruismus kann nicht mehr funktionieren, wenn ein verstehendes Ich glaubt, ihn in eine Strategie des genetischen Egoismus aufgehoben zu haben. Die theoretische Enttarnung des eigennützigen Gens zwingt den Enttarnenden dazu, auch dem vermeintlich evolutionsbiologisch Determinierten gegenüber die Haltung der Freiheit einzunehmen, die mit jeder Einsicht in Notwendigkeiten deshalb verbunden ist, weil der Verstehende verstandenen Notwendigkeiten gegenüber die Haltung des freien Sichverhaltens einnimmt. Wo diese Freiheit unter Verweis auf aufgedeckte Determinationszusammenhänge zurückgewiesen wird, wird die aufgedeckte Determination nicht zum Anlass genommen, ein freies Selbstverhältnis zu verwirklichen. Vielmehr wird von der beschriebenen und aufgedeckten Determination auf die Universalität der Determination geschlussfolgert. Diese Verlängerung des Determinationsverdachts über das Verstandene und Beschriebene hinaus kann nicht begründen, warum überhaupt Determinationszusammenhänge aufgedeckt werden, wenn nicht im Interesse der Möglichkeit, sich ihnen gegenüber frei verhalten zu können. Dem Willen, diese Freiheit zu verhindern, ist nämlich mit einem Maximum an Nichtwissen eher entsprochen. Denn das Verkennen des Egoismus als Altruismus beruht auf Nichtwissen. Dessen Überwindung in der Aufklärung über das eigennützige Gen erschwert den naturwüchsigen Überlebensmechanismus, indem es den Menschen verführt, den unterstellten evolutionsbiologischen Mechanismus der genegoistischen Effizienz altruistischen Verhaltens mikroökonomisch abzukürzen und dadurch außer Kraft zu setzen. Die Determinationserkenntnis würde dann zu einer Legitimations- und Entlastungsfigur für ein freies Sichverhalten gegenüber einer naturalen Disposition, das mit der Leugnung der eigenen Freiheit des Sichverhaltens zugleich die Zerstörung der von der Determinationserkenntnis selbst aufgewiesenen biologischen Mechanismen des evolutiven Selbsterhaltes betriebe. Die menschenbildliche Benutzung der evolutionsbiologischen Hypothesenbildung führt also in einen doppelten Selbstwiderspruch hinein: Der sich im Prozess der Hypothesenbildung selbst als frei Erlebende würde durch die Bestreitung dieser Freiheit nicht nur die transzendentale Grundlage des eigenen Tuns bestreiten, sondern auch die biologische Grundlage des eigenen Seins. Der Mensch kann nicht darauf setzen, dass die Evolutionsbiologie den Menschen so eindeutig als Egoisten enttarnt, dass fortan jedes egoistische Verhalten als legitimiert gelten kann. Vielmehr zwingt sowohl die biologische Erkenntnis als auch die Reflektion auf die sie ermöglichende Fähigkeit des Menschen, mit jeder Gegenstandserkenntnis sein Selbstverhältnis neu zu setzen, also seine transzendentale Freiheit, den Menschen dazu, sich der Freiheit zu stellen, die die Erkenntnis der Determination eröffnet.

Damit aber ist im Prinzip kein anderes Verhältnis beschrieben als dasjenige, das die Bibel mit dem Gegensatz von Geist und Fleisch beschreibt. Im Lichte der biblischen Botschaft und der an sie anschließenden intersubjektiven Erfahrung des Geistes werden die Determinationen des Fleisches durch Geschlecht, Nation, Trieb und Sünde erkennbar. Im Lichte dieser Erkenntnis aber werden sie auch partiell und sukzessive, iterativ überwindbar. Das Christentum ist schwer vermittelbar mit einer Freiheitsphilosophie, die die Einschränkung und Gefährdung der empirischen Freiheit der Menschen methodisch ausblendet, weil das Christentum an der empirischen und wirklichen Freiheit des Menschen als der konkreten Gestalt der Verwirklichung transzendentaler Freiheit als personal qualifizierender interessiert ist. Gerade die Verwirklichung der konkreten Freiheit aber schließt die Aufmerksamkeit auf deren Gefährdung, Bedingtheit und Begrenztheit ein. Gerade im Lichte des Geistes und der Freiheit werden die Determinationen des Fleisches und der Sünde umso schneidender bewusst. Hier liegt eine der empirischen Wahrheitsdimensionen der ökumenisch so heiß diskutierten lutherschen Formel vom *„simul iustus et peccator"*.[56]

Je mehr ein Mensch sich den Determinationen des eigenen Lebens konfrontiert, umso mehr erfährt er sich darin als aufgerufen, sich diesen Determinationen als erkannten gegenüber zu verhalten. Je mehr ein Mensch sich als sich selbst aufgegeben annimmt, umso mehr erkennt er, inwieweit seine Freiheit bedingt, gefährdet und begrenzt ist. Die determinationstheoretische Prolongierung der Determninationserfahrung in den Bereich des Nichterfahrenen hinein ist lediglich eine Variante freier und entscheidungsgetragener Selbstpositionierung gegenüber erkannten Determinationen. Wer ihr folgt, entscheidet sich für das, was biblisch die *via carnalis* genannt werden kann. Ihr entgegen bezeugen die biblischen Schriften und die kirchliche Tradition einen dramatischen Weg, der einerseits durch entschiedenen Realismus hinsichtlich der Mächtigkeit des Fleisches gekennzeichnet ist, andererseits durch die glaubensgetragene Zuversicht, dass in der Erkenntnis

---

[56] Otto Hermann Pesch hat in seiner mustergültigen kleinen Untersuchung „Simul iustus et peccator. Sinn und Stellenwert einer Formel Martin Luthers. Thesen und Kurzkommentare" (in: Theodor Schneider/Gunther Wenz (Hg.), Gerecht und Sünder zugleich? Ökumenische Klärungen, Freiburg/Göttingen 2001, S. 146–167) herausgearbeitet, dass die katholische Akzeptanz der lutherschen Formel von deren nicht-substanzontologischem metaphysischen Verständnis, das von Luther vorausgesetzt, von katholischer Seite jedoch zunächst nicht selbstverständlich ist, abhängt (S. 159–167).

der Kontingenz des zur Gottferne Determinierenden das Wunder der Inkarnation des menschgewordenen Gottes in jedem Menschenleben Ereignis werden kann.

Die Innsbrucker Schule Dramatischer Theologie[57] verfolgt die inkarnatorische Dramatik des göttlichen Geistes in der Widerständigkeit kontingenter menschlicher Fleischlichkeit am Beispiel des Gewaltthemas. Das Gewaltthema ist einerseits offensichtlich ein in Genen und *mimésis* verankertes gottwidriges Moment der konkreten menschlichen Natur, andererseits ist das Gewaltthema ein zentrales biblisches Motiv, das als solches viel zu lange verdrängt wurde zugunsten der dogmatisch kompatiblen großen Themen einer heilsgeschichtlichen Theologie. Entgegen einer heilsgeschichtlichen Theologie der großen systematisierenden Kategorien des Geschichtsverlaufes bietet das Gewaltthema die Chance eines nachgerade empirischen Blicks auf die fortwährende Dramatik zwischen alltäglicher Gewalt und heilsgeschichtlicher Durchbrechung der Gewalt in ihrer Entlarvung, gewaltförmigen Bekämpfung und gewaltlosen Widerlegung. Zu den produktivsten Erträgen der Innsbrucker Dramatischen Theologie kann Raymund Schwagers Systematisierung des inkarnatorischen Heilswirkens Gottes in Jesus Christus mithilfe eines fünfaktigen Schemas gelten.[58] Schwager erfasst damit das notwendige Nacheinander eines universalen und unbedingten göttlichen Heilsangebotes (1. Akt: Das Reich Gottes), das die zur Konkurrenz und Gewalt disponierten Adressaten überfordert. Die Überforderung manifestiert sich in der Ablehnung und Bestreitung des göttlichen Angebotes, auf die der in der Geschichte wirkende Gott mit der Negation der Negation antwortet (2. Akt: Heilsablehnung und Gotteszorn). Die überraschende Wende bringt der dritte Akt, mit dem die kreative Kraft der göttlichen Liebe die Widerstände durch das Erleiden der Gewalt (3. Akt) überwindet (4. Akt), um so zum Zentrum einer neuen Sammlungsbewegung zu werden (5. Akt). In der dem je individuellen Lernprozess angemessenen biographischen Extension des Nacheinanders der einzelnen Akte beschreibt Schwager den

---

[57] Als Einführung: Ralf Miggelbrink, Mimetische Theorie, Dramatische Theologie, Forschungsprojekt „Religion–Gewalt–Kommunikation–Weltordnung". Ein Literaturbericht, in: Theologische Revue 100 (2004), S. 179–188; Raymund Schwager/Józef Niewiadomski (Hg.), Religion erzeugt Gewalt–Einspruch. Innsbrucker Forschungsprojekt „Religion–Gewalt–Kommunikation–Weltordnung", Münster 2003; Wolfgang Palaver, Einführung in die Mimetische Theorie. Im Kontext kulturtheoretischer und gesellschaftspolitischer Fragen, Münster 2003.
[58] Raymund Schwager, Jesus im Heilsdrama. Entwurf einer biblischen Erlösungslehre, Innsbruck ²1996.

Übergang von einem unvermittelten, die Menschheit überfordernden Heilsangebot Gottes hin zu einer Integration dieses Angebotes in einer Menschheit, die im geschichtlichen Prozess durch dieses göttliche Angebot verwandelt und so eigentlich zu dem verheißenen Heil geführt wird, das aus dieser Perspektive als Überwindung einer natürlichen Disposition erscheint, weshalb Raymund Schwager sehr affirmativ evolutionsbiologische Theorien zum Ursprung der Menschheit rezipieren kann, die die Bedeutung der gewaltförmigen Konkurrenz sehr stark betonen.[59] Sinnvoll kann das nur sein im Horizont einer Theologie, die mit dem alten schöpfungstheologischen Apriori scholastischer Tradition bricht und nicht mehr in der als Schöpfung theologisch gedeuteten Natur die Norm des Menschseins erblickt, sondern in der heilsgeschichtlichen Überwindung der Natur. Diese eschatologische Dynamik ist gekennzeichnet durch zwei innergeschichtliche Pole: Der eine Pol der Christologie gibt die vollendete Normgestalt, das Muster, vor. Den anderen Pol bilden die freien Aneignungsgestalten. Beide Pole sind gekennzeichnet durch die Wirksamkeit einer Kraft, die die *prima facie* so überaus bindenden Bedingungen der Evolution überwindet. Im Kontext der Christologie wird diese Kraft bezeugt eben als Kraft *(dýnamis)*, die die Auferweckung von den Toten bewirkt (Hebr 11, 9) und das Herrsein des an der Herrschaft Gottes teilhabenden Auferstandenen (Lk 20, 69; Apg 7, 56f.), wodurch er zur neuen eschatologischen Norm des Geschichtsverlaufes (Offb 21,6) wird. Das Gesetz der Evolution ist die Herrschaft des Mangels, in letzter Instanz immer des Mangels an Leben, eben des Todes. Die Überwindung der ehernen Gesetze der Evolution wird biblisch als die Herrschaft des Lebens bezeugt, die in den Heilungs- und Erweckungswundern Jesu ihren Ausdruck findet und die als das Werk des Heiligen Geistes bezeugt wird (Joh 6, 63).

Eine Phänomenologie des Geistes im Kontext einer dramatisch heilsgeschichtlichen Pneumatologie beschreibt das Wirken des Gottesgeistes als intersubjektiv wirksame Dynamik der Überwindung angstvoller Fixierung auf Mangel und Tod als des Wurzelgrundes einer konkurrenzorientierten und gewaltfinalisierten Deformation der wesenhaften Intersubjektivität des Menschen, die im Lichte des Geistes allererst erkannt wird als finalisiert auf eine Ekstatik des Lebens, die als solche auf das eschatologische Handeln Gottes als des Ursprunges allen Lebens hofft.

---

[59] Raymund Schwager, Erbsünde und Heilsdrama. Im Kontext von Evolution, Gentechnologie und Apokalyptik, Münster/Thaur 1997.

Bindet man so die dramatische Theologie als hamartiologische Kritik der Gewalt zurück an die Erkenntnis der Sünde überhaupt erst ermöglichende Erfahrung des in Gott erschlossenen Heils, gelingt es, die Fixierung auf das Gewaltthema als keineswegs beliebig oder bloß kontextuell aus der Situation der Siebziger Jahre des 20. Jahrhunderts entsprungen darzustellen. Gewalt als Gestalt der ängstlichen Fixierung auf den eigenen Tod und der neidischen Konzentration auf das vermeintliche Glück des Anderen sind notwendige Gestalten einer Lebenshaltung des Unglaubens, als jener Haltung der Verweigerung, die sich der unverfügbaren Gabe des göttlichen Lebens verweigert und sich darin als ontologisch sündhaft qualifiziert. Eine Argumentation von der Gabe des göttlichen Lebens her entspricht der traditionellen theologischen Überzeugung von der ontologischen Nichtigkeit des Bösen als der Abwesenheit der klassischen Seinsattribute des Guten, Schönen, Wahren, weil sie das Böse vollkommen von der Abwesenheit des Guten *(privatio boni)* her definiert. Sie vermeidet jedoch die traditionellerweise mit dieser metaphysischen Überzeugung verbundene Haltung der gottergebenen Passivität gegenüber Gewalt und Leiden. Sie wendet sich gegen Gewalt und Leiden. Dabei aber bleibt sie nicht der rebellierenden Negation verhaftet, sondern erfährt die eschatologische Wirksamkeit Gottes als die belastbare *dýnamis* einer Haltung der Überwindung des Bösen in der Öffnung für die noch in der Überwindung des Bösen wirksame Güte Gottes.

d. Ökonomische und immanente Pneumatologie

Wollte man nun dennoch den Versuch unternehmen, sich von der ökonomischen Pneumatologie zurückzutasten zu einer immanenten Pneumatologie, so wäre entscheidend, dass (1) der Prozess des Geistes nicht als selbstreflexiv abgeschlossener gedacht wird; (2) dass der Prozess des Geistes nicht in einem Begriff gedacht würde, der bei dem ihn denkenden Menschen eine absolute Subjektivität voraussetzen würde. Damit aber ist das Denken darauf verwiesen anzunehmen, was ihm als Phänomen entgegentritt, ohne dieses Phänomen noch einmal in einer letzten Synthese des Denkens begreifen zu wollen. Phänomenologisch fasslich ist die Flüssigkeit des geistigen Seins in seiner Bewegtheit und Bezogenheit auf andere. Eine Sistierung dieser Bewegung im absoluten Begreifen erscheint nur da als notwendig, wo die Bewegung als solche nicht als letzter Wert akzeptiert wird. Dort schießt der Gedanke von der erfahrenen Bewegung zu dem als notwendig unterstellten Ziel vor. Wo hingegen die Bewegung als solche als werthaft angenommen wird, bietet sich der Begriff des Lebens an. Das Subjekt erfährt sich in der Bewegtheit seines geistigen Seins als lebendig und bejaht diese Lebendigkeit als Wert. Die Mitteilsamkeit und Gemeinschaftswilligkeit Gottes erscheinen in ihrer phänomenologischen Fasslichkeit als Momente der Lebendigkeit Gottes, so wie analog die geistige Lebendigkeit eines Menschen sich in der Bewegung des Geistes auf das andere hin erweist. Anders als in der geistigen Welt des Menschen aber bezieht sich Gott nicht auf ein gegebenes anderes, sondern konstituiert von sich aus das andere seiner selbst, auf das er sich als Manifestation seiner Lebendigkeit beziehen kann.

Die Schwierigkeit eine Geistaktivität zu denken, die in Ewigkeit nicht darauf zielt, den Stillstand des Begreifens herbeizuführen, besteht darin, dass im Prozess menschlichen Erkennens genau dieser Stillstand des Begreifens im Begriff nicht nur geschieht, sondern auch als das *télos* des Verstehens erkannt wird. Der Forscher fragt und forscht, bis sein Forschen und Fragen im Begriff zur Ruhe kommt. Wo er weiter forscht, stellt er das bis dahin als begriffen Vorausgesetzte in Frage mit der Absicht, zu einem genaueren und differenzierteren Begriff zu gelangen. Immer aber wird unterstellt, dass ein absoluter Geist einen absoluten Begriff des zu Verstehenden bilden könnte. Dem entspricht die in der klassischen, eleatischen Philosophie unterstellte Ruhe der absoluten Erkenntnis. Wenn nun von einer phänomenologischen Pneumatologie her die Unabgeschlossenheit und Unabschließbarkeit der Geistaktivität gedacht werden kann, so muss die Erfüllung des geistigen Lebens anders als in der Analogie zum begrifflichen Verstehen denkbar sein. Eine solch andere Art des geistigen Verstehens wird in der Analogie der zwischenmenschlichen Liebe erahnbar, die einerseits nicht im Verzicht der geistigen und verstehenden Aktivität besteht und in der aber andererseits das Verstehen nicht in der begrifflichen Aufhebung des geliebten Anderen besteht. Karl Rahner hat an dieser Stelle den eigentlichen Ort des theologischen Geheimnisbegriffes gesehen. Der Geheimnisbegriff lädt nicht zur Resignation der Vernunft ein, schon gar nicht vor einer dekretierenden göttlichen und kirchlichen Macht. Der Geheimnisbegriff lädt vielmehr zur äußersten Aktivität der Vernunft ein, bezeugt jedoch von der Wirklichkeit Gottes einen Seinsüberschuss, der in keinem abschließenden Begriff adäquat aussagbar ist. Die Vernunft begreift vor Gott als ihrem Erkenntnisgegenstand je mehr und je neu. Die Vernunft ist das Gott gemäße Vermögen, das aber vor der Wirklichkeit Gottes in einer rezeptiven Überbeanspruchung steht, in der das Vermögen der Vernunft sich bestimmungsgemäß darin vollendet findet, dass alles Begreifen in einen je immer größeren Horizont hinein verweist.[60]

An die Stelle des Begriffes als Ideal des Verstehens treten in der eschatologischen Perspektive der Pneumatologie die Begriffe von Leben und Liebe, wenn denn Leben das Sichentfalten der ursprünglichen Fülle in die Diversität des Beziehungsfähigen ist, in der sich die Fülle geistig als solche erfahren und erkennen kann und, wenn weiter Liebe die Bejahung genau dieser Situation des sich im je Anderen je neu dem Verstehen erschließenden Seins ist.

e. Amtliche und spekulative Pneumatologie

Die bisher spekulativ entwickelten Perspektiven finden eine Bestätigung in den biblischen und lehramtlichen Aussagen zum Geist Gottes sowie in der theologischen Tradition.

(1) Gottes Geist wird biblisch als Prinzip des Lebens bekannt. Der Zusammenhang von Geist und Leben ergibt sich zunächst aus der alttestamentlichen Anthropologie: die bewegte Luft *(rûach)* verbindet den atmosphärisch gewaltig wirkenden Wettergott JHWH (Ps 147, 18) mit dem atmenden Menschen (Ps 104, 30), der im Augenblick seiner Erschaffung durch die *inspiratio spiraculi vitae* (Gen 2, 7) belebt wird: Alles was lebt, empfängt seinen Odem von Gott (Jes 42, 5). Der Bogen ist ausgespannt von den realen Wortbedeutungen Wind und Odem zu den Abstrakta von Leben und Geist. Das ermöglicht durchaus vitalistische Interpretationen des göttlichen Lebensprinzips: Simson kann in der Kraft der *rûach JHWH* einen Löwen bei lebendigem Leibe zerreißen (Ri 14, 6) und dreißig Männer in Aschkelon erschlagen (Ri 14, 19). Auch die mit solchen Handlungen verbundene Besinnungslosigkeit kann durchaus mit dem Geist Gottes in Verbindung gebracht werden (1. Sam 11, 6), so dass Gottes Geist gar als ein göttliches Mittel der Betörung erscheinen kann (1. Kön 22, 21). In der großen schriftprophetischen Tradition wird die bloße Vitalitätserfahrung durch eine inhaltliche Bestimmtheit des Gottesgeistes überwunden: Gottes Geist inspiriert zu Weisheit, Erkenntnis und Gottesfurcht (Jes 11, 2). Er tröstet, richtet auf und befreit (Jes 61, 2). Die *rûach JHWH* wird zum Medium der eschatologischen Gotteserkenntnis als dem Inbegriff der Heimkehr Israels (Jes 37, 14).

---

[60] Karl Rahner, Über den Begriff des Geheimnisses im katholischen Verständnis, in: ders., Schriften zur Theologie, Bd. 4 (Einsiedeln), S. 51–102.

Das Neue Testament knüpft an dieser so begründeten Vorstellung einer durch Gott gewirkten, gesteigerten Lebendigkeit an. Wenn es bei Markus heißt, Jesus sei vom Geist in die Wüste hinausgeworfen worden *(ekbállei eis tēn érēmon)*, so klingt darin noch etwas von der die Besinnung raubenden, gewaltigen Machtergreifung durch Gottes Geist an (Mk 1, 12). Sowohl Mt als auch Lk korrigieren diesen Sprachgebrauch: Der Geist führt *(anágein)* Jesus in die Wüste (Mt 4, 1), ja, Jesus geht „erfüllt vom Heiligen Geist" *(plērēs pneúmatos)*, „im Heiligen Geist" *(en tô pneúmati)* in die Wüste. Diese Linie dominiert im Neuen Testament: Das im Geist erschlossene gesteigerte Leben ist Leben unter der Führung Gottes. Die darin erschlossene Lebenssteigerung steht im Gegensatz zu vitalistischen Vorstellungen gesteigerten Lebens. Der Geist des Gekreuzigten kann nach Tod und Auferstehung Jesu nicht mehr einfach für vitale Lebenskraft stehen, sondern erschließt eine gesteigerte Form des Lebens, die sich abhebt von dem, was Menschen normalerweise als Lebenssteigerung empfinden. Sowohl das Johannesevangelium als auch Paulus sehen deshalb einen Gegensatz zwischen dem naturalen Streben des Menschen, benannt mit dem *pars pro toto* des Fleisches *(sárx)* und dem Streben des Geistes (Joh 3, 6). Entgegen der vitalistischen Evidenz erklärt der Evangelist aus der Perspektive des Auferstandenen: „Der Geist ist es, der lebendig macht; das Fleisch nützt nichts." (Joh 6, 63). Der Römerbrief nimmt die so vorgezeichnete Unterscheidung eines naturhaft-fleischlichen Strebens von einem geistigen Streben auf (Röm 8, 5). Das Leben in seiner materiellen Kontingenz von Essen, Trinken wird im Geist gesteigert im Sinne der mitmenschlichen Tugenden von Gerechtigkeit und Frieden, getragen von einer Freude im Heiligen Geist (Röm 14, 17). Die Umwertung der normalen Erwartung gesteigerten Lebens führt Paulus immer in Bezug auf das Wirken des Geistes für verschiedene Lebensbereiche aus: Seine Predigt war nicht rhetorisch gelungen, sondern Erweis *(apódeixis)* des Geistes und der Kraft (1 Kor 2, 4), der Geist Gottes ist, nicht der Geist der Welt (1 Kor 2, 12). Gerade die Erfahrung der Schwäche interpretiert Paulus als seine Stärke (2 Kor 12, 10).

Stärke und Leben des Geistes sind die durch ihn vermittelte Gerechtigkeit Gottes (Röm 8, 10; 1 Kor 6, 11), in der Menschen zu Kindern Gottes werden (Röm 8, 15) und die die Geheimnisse Gottes verstehen (1 Kor 2, 10). Dieser Geist bindet Christen als eine Gemeinde zusammen (Phil 1, 27). Die so im Geist gestiftete Gemeinschaft der Christen erweist sich aber gerade darin als geistige Gemeinschaft, dass sie nicht vordergründig harmonisch ist. Die Differenz der geistgewirkten Gaben (Charismen) macht eine

Parenese zur Anerkennung des jeweils Anderen in seiner Verschiedenheit notwendig: „Es gibt verschiedene Gnadengaben, aber nur den einen Geist." (1 Kor 12, 4)

Das Leben des Geistes wird neutestamentlich als eine solche Steigerung des normalen Lebens gedeutet, mit der das überwunden wird, was normalerweise als Steigerung des Lebens angesehen wird. An die Stelle tritt eine von Gott getragene Gemeinschaft mit Gott und allen Christen untereinander, die die bewegte Gegensätzlichkeit der Talente und Einsichten einschließt.

(2) Wesen und Werk des Geistes bestehen in der Liebe.
Wenn bisher der Geist Gottes als Geist göttlichen Lebens, das sich in der Hervorbringung und Kräftigung des Verschiedenen manifestiert, beschrieben wurde, so liegt darin die weitere Bestimmung des Geistes beschlossen als der göttlichen Wirklichkeit, in der das Verschiedensein des Verschiedenen gewollt ist. In der traditionellen Metaphysik des Thomas von Aquin scheint genau darin nicht der Begriff der Liebe erfüllt zu sein, zielt doch die Liebe auf das göttliche Gut, das als zuhöchst Wahres, Gutes und Schönes das natürliche Ziel des geistigen Strebevermögens *(appetitus intellectivus)* darstellt.[61] Genau dieses aber soll „*summe simplex*", „ganz einfach" sein.[62] Die fünffache Begründung der gemeinten *simplicitas* aber beinhaltet zugleich eine Begrenzung der Wortbedeutung: Gott ist absolut einfach, insofern Gott (1) nicht aus Form und Materie zusammengesetzt ist, (2) nicht später ist als seine Bestandteile und auch nicht von ihnen abhängig, (3) keine Ursache hat, die wie bei allem Zusammengesetzten eine nachträgliche Einheit herbeigeführt hätte, (4) nicht in Akt und Potenz zergliedert werden kann wie alle zusammengesetzten Dinge und (5) keine Differenz besteht zwischen irgendwelchen Teilen Gottes und Gott selber, wie dies jeder Mensch in seinem eigenen Leben erfährt.[63] Ganz wie es der natürlichen Theologie gemäß ist, handelt es sich bei der Bestimmung der Eigenschaft der *simplicitas* um den negativen Ausschluss solcher Elemente der innerweltlichen Erkenntnis, die der Ewigkeit, Aseität und Vollkommenheit Gottes widersprechen. Die *simplicitas Dei* ist bei Thomas also nicht als die nachgerade mathematische Einfachheit eines letzten Flucht- und Zielpunktes aller geistigen Bewegung gedacht. Die Einheit Gottes ist der selbst nicht mehr zerlegbare, anzunehmende Ursprung, der bei Thomas eben schöpfungstheo-

---

[61] Sth II–II, q. 24, a. 1, corp. art.
[62] Sth I, q. 3, a. 7, sed contra.
[63] Sth I, q. 3, a. 7, corp. art.

logisch als der Grund der vielfältigen innerweltlichen Diversität der Welt begegnet. Während die transzendentale Herleitung der Wirklichkeit Gottes dazu tendieren muss, vom Vielfältigen zum Einfachen voranzuschreiten, wobei jeder Schritt eben die Aufhebung einer Vielheit in einem ordnenden Begriff darstellt, so geht der schöpfungstheologische Begründungsgang auf den einen Ursprung als Ursprung der sich entfaltenden Vielfalt der Welt, die sich in der sinnlichen *conversio ad phantasma* erschließt. Gott erschließt sich ihr als die „*perfectio omnium perfectionum*", die alle geschöpfliche Vollkommenheit überbietend in sich fasst, insofern eben eine Ursache alle ihre Wirkungen in sich trägt.[64] Thomas selbst bemerkt die begriffliche Spannung zwischen einem platonisch verstandenen Begriff der absoluten Einfachheit und seiner schöpfungstheologischen Konzeption der göttlichen Allverursachung, die das Sein aller Dinge irgendwie in Gott erblickt und umgekehrt Gott in allen Dingen.[65] Auf zweifache Weise wird dieses Argument entwickelt: Als Ursache trägt Gott die Vollkommenheit alles Verursachten in sich. Als „*ipsum esse per se subsistens*" vereint Gott alle Vollkommenheiten des Seins.[66] Angesichts der Welterfahrung, dass Neues werden und entstehen kann, das vorher nicht war, muss für das verursachende Sein Gottes zugestanden werden, dass es nicht nur alle realen Dinge, sondern auch alle noch nicht und nicht mehr realisierten Wirklichkeiten umfasst.[67] Darüber hinaus rechnet Thomas sogar mit der Wirklichkeit möglicher, jedoch niemals verwirklichter Dinge. Indem Gott alle realen und möglichen Dinge hervorbringt, verwirklicht er die vollendete Form von Leben[68], wenn denn Leben Hervorbringen dessen ist, was das Lebendige ist.

II. Inkarnationstheologie

1. Die Inkarnation als dem Menschen gemäße Form göttlichen Handelns

Religionen stellen sich einer funktionalen Betrachtung als Institutionen der gesellschaftlichen Bewältigung von Spannungen dar: Die Spannung zwischen Herrschenden und Dienenden werden

---

[64] Sth I, q. 4, a. 2, corp.
[65] Sth I, q. 8, a. 1: „*Deus est in omnibus rebus, non quidem sicut pars essentiae, vel sicut accidens, sed sicut agens adest ei in quod agit.*"
[66] Sth I, q. 4, a. 2, corp.
[67] Sth I, q. 14, a. 9, corp.
[68] Sth I, q. 18, a. 3, corp.

durch den Mythos als Moment Leben ermöglichender göttlicher Ordnung gedeutet und so mit Sinn aufgeladen. Die Spannungen zwischen den mimetisch konform Begehrenden werden in der grandiosen Inszenierung des religiösen Opfers so hinreichend bewältigt, dass diejenigen, die sich nicht mögen, sondern einander beneiden, zu kooperativem Handeln fähig werden. Immer geht es im Kern darum, vorhandene Spannungen zu verschleiern oder deren Überbrückung mithilfe von Furcht (*phóbos*) und Mitleid *(eleós)*[69] zu erzwingen.

Der Inkarnationsbegriff erweist sich darin als spezifisch biblisch-christlicher Begriff, dass er eine vorhandene Spannung aufdeckt, die Verschleierung oder Leugnung der Spannung verhindert und die Versöhnung des Gegensätzlichen als göttliches Wunder bezeugt, das von Menschen nur angenommen aber nicht bewirkt werden kann.

Ursprung des theologischen Kunstwortes „*sárkosis*", das Irenäus mit „*incarnatio*" übersetzt, ist die Christologie des Johannesprologs: Der präexistente göttliche *lógos ist Fleisch geworden* (Joh 1, 14). Die steile antignostische Formulierung „*sárx egéneto*" verhindert jede abmildernde, mehr oder weniger doketische Interpretation, wie sie die Geschichte des lateinischen Begriffs „Inkarnation" für sich genommen zuließe: Der göttliche Logos ist nicht *ins Fleisch gekommen* oder gar nur *im Fleisch erschienen*. Die schöpfungsvermittelnde innergöttliche Wirklichkeit des Logos, deren traditionsgeschichtlicher Vorläufer am ehesten die spätalttestamentliche *chôckmah* gewesen sein dürfte[70], *wird* Fleisch im Sinne jener umfassenden *acceptatio* dessen, was Gott fremd ist, die im Kern alle nichtstaurologischen Erlösungslehren der Patristik verbindet.[71]

---

[69] Die Begriffe aus dem 6. Kapitel der Poetik des Aristoteles über die Tragödie sind wegen der Strukturparallelität von Tragödie und Opfer sachlich gemäß: Wie beim Menschenopfer, so stirbt bei der Tragödie ein Mensch. Der Mangel an blutiger Realität wird in der Tragödie durch einen sprachvermittelten Überschuss an psychologischer Realität so sehr kompensiert, dass der gespielte Tod der *dramatis persona* im Theater gar noch mehr Schrecken und Mitleid erregender wirkt als der reale Tod der *victima* im Tempel.
[70] Rudolf Schnackenburg sieht in der jüdischen Weisheitsspekulation „die treffendste Sachparallele" (ders., Das Johannesevangelium I, Freiburg 1972 [HTHKNT IV/1], S. 260); Ulrich Busse malt diese Sachparallele mythenfreudig aus (ders., Bildlichkeit, Diskurs und Ritual […], Leuven/Louvain 2002, S. 66f.).
[71] Die heilsschaffende *Annahme* wird patristisch in verschiedener Metaphorik entfaltet: Sie ist im Anschluss an Lk 1, 54 zunächst Gottes zupackendes Unter-die-Arme-Greifen (*antilambaneîn/suscipere*), das Irenäus als erneute Hinordnung der verirrten Menschen auf Gott deutet (*uti eum hominem qui extra Deum abierat adscriberet Deo*) Adversus haereses III, 10, 2. Der sich darin andeutenden rechtlichen Interpretation der Annahme entspricht deren Deutung als Adoptionsakt: Die göttliche Annahme

Ein naturhaftes Verständnis dieser Erlösungsvorstellungen als rein physische ist durch die theologische Grundkonzeption des Irenäus ausgeschlossen: Der geistige Gott erlöst den fleischlichen Menschen, indem er ihm dazu verhilft, das unverstellte pneumatische Wesen seines leiblichen Seins hervorzubringen. Die göttliche Fleischwerdung ist Moment an dieser göttlichen *paideía*, deren Ziel in der Hinordnung des ganzen Kosmos auf das in Jesus Christus erschienene, wahre Modell des pneumatischen Menschen besteht. Der wahre pneumatische Mensch unterscheidet sich von den falschen Vorstellungen der Gnosis zum *pneumatikós* darin, dass der Christ in seiner Geistigkeit leiblich bleibt: Nicht die Wirklichkeit des Leibes trennt von der geistigen Wirklichkeit Gottes. Vielmehr ist alles, was Menschen im Guten wie im Bösen denken und wirken, leiblich vermittelte und generierte Leiblichkeit. Lediglich die sündige Deformation des Leibes transformiert diesen in ein solches Fleisch, von dem Tod und Verweslichkeit Besitz ergreifen, weil das sündige Fleisch nicht in der Lage ist, der lebensspendenden Wirklichkeit des Geistes eine dauerhafte Realisationsmöglichkeit zu bieten. Der sündige Mensch gleicht sich dem Vieh an, indem er dem Unvernünftigen nachjagt. Dadurch verfällt er dem Schicksal des vergänglichen Fleisches.[72] Irenäus unterscheidet das schöpfungsgemäße Fleisch des Menschen, das prinzipiell unsterblich ist und diese Unsterblichkeit verwirklicht, wo in der *„commixtio et adunitio"* der menschlichen Seele mit dem Geist des göttlichen Vaters der Leib vom pneumatischen Lebensprinzip Gottes erfüllt ist.[73] Das sind die Menschen, „die ihre Seelen und Körper ohne Tadel bewahren" und die „auf den Nächsten Rücksicht nehmen".[74] Ihre Fleischlichkeit steht deshalb nicht im Wider-

---

des Menschen an Kindes statt *(adoptio)* bedeutet für Irenäus von Lyon jedoch nicht alleine einen Rechtsakt, durch den Gott den Menschen annimmt, als *wäre* er Gottes Kind. Die Annahme an Kindes statt bewirkt vielmehr eine ontologische Veränderung des Angenommenen, dessen Sterblichkeit von der Unsterblichkeit *aufgesogen* werde *(absorberetur:* Adversus haereses, III, 19, 2). An anderer Stelle wird diese Vergöttlichung durch Absorption als analog zur Durchsäuerung des Teiges durch den mit ihm verkneteten Sauerteig gedeutet (Adversus haereses, I, 9, 3), also als ein Verwandlungsprozess des einen durch das andere, in dem der Verwandelnde selbst vollkommen aufgeht. Dennoch bleiben diese ontologischen Vorstellungen, die das Missverständnis einer physischen Erlösungsauffassung nahelegen könnten, eingebettet in das pädagogische Grundmodell des Irenäus: Die vollkommene Annahme der Menschennatur nämlich vollzieht sich nicht anders denn als die Einkehr der geistigen Wirklichkeit Gottes in das menschliche Fleisch, die erst in der verständigen Annahme des göttlichen Geistes durch die Menschen zur Vollendung kommt.

[72] Irenäus von Lyon, Adversus haereses, 5, 8, 2.
[73] Irenäus von Lyon, Adversus haereses, 5, 6, 1.
[74] Irenäus von Lyon, Adversus haereses, 5, 6, 1.

spruch zur Geistigkeit ihrer pneumatischen Existenz, weil Gott als Schöpfer die menschliche Lebensform darauf festgelegt hat, fleischlich zu sein und damit geistig nur in der Weise der empfangenden und bewahrenden Geistigkeit. Die Leiblichkeit entspricht der prinzipiellen Passivität und Abhängigkeit des geschöpflichen Menschen, von dem sich ihm mitteilenden göttlichen *pneûma*.[75] Wo diese Abhängigkeit geleugnet wird, bauen Menschen auf das, was sie im Besitz haben, nämlich auf ihre Leiblichkeit. Das Fleisch des Leibes aber ist nicht Lebensprinzip, sondern Lebensmedium. Seine Verwechslung mit dem Lebensprinzip des göttlichen *pneûmas* ist tödlich.[76]

In der Ursündenfolge der Sterblichkeit ist demnach keine beliebige Verknüpfung eines moralischen Übels mit einem physischen Übel, sondern sachlogische Folge: Wo der Irrtum herrscht, Menschen lebten aus der Kraft dessen, worin sich ihr Leben manifestiert, statt aus der Kraft dessen, was sich in ihrem Leben manifestiert, zerstört dieser Irrtum die Grundlage dafür, dass sich im menschlichen Leib Leben manifestieren kann. Die Entscheidung, das Lebendige des Lebens als Ausfluss der Leiblichkeit des Menschen zu deuten,[77] wirkt in der Tat tödlich, weil unter diesem Apriori menschliches Leben nicht anders verstanden werden kann denn als der prinzipiell endliche Stoffwechselvorgang eines hoch differenzierten aber eben deshalb auch zerfallsdeterminier-

---

[75] „*Quoniam autem corpora nostra non ex sua substantia, sed ex Dei virtute suscitiantur [...]*" (Adversus haereses, 5, 7, 1).
[76] Irenäus von Lyon, Adversus haereses, 5, 9, 3–4.
[77] Der Begriff der *Entscheidung* mag in diesem Kontext erstaunlich voluntaristisch-dezisionistisch klingen, ist aber angesichts der Situation einer komplexen Theoriebildung, bei der zwar die einzelnen Komponenten der Theorie, nicht jedoch deren interpretatorische Integration auf verschiedenen Theorieebenen empirisch begründet werden können, durchaus angebracht: Es ist doch eine schlichte Entscheidung, den Sinn und die Bedeutung des Lebens in Analogie zu den Tieren statt in Analogie zu dem, was Menschen von sich selbst verstehen, vorzunehmen. Die „Analogie von unten her" arbeitet mit präzisen Begriffen, die aber möglicherweise das unterscheidend Wichtige nicht erfassen; die „Analogie von oben" dagegen kann nicht mit präzisen Begriffen arbeiten, weil das Selbstverständnis des Menschen sich immer von der Grenze des noch nicht Erfahrenen her aufbaut: An dieser Grenze bleibt nur die philosophische Sprache apriorischer Rationalität, die in notwendig formaler Weise alles denkbar Erfahrbare bedenkt, oder die religiöse Sprache bildhaften Sprechens, mit der Menschen über jene Wirklichkeiten in Austausch treten, die sie als bestimmend erfahren und deren transzendental-genetischer Charakter, in dem nämlich durch diese Wirklichkeiten das verstehende Subjekt erst konstituiert wird, verhindert, dass diese Wirklichkeiten zum Gegenstand empirischer Erfassung werden könnten: Das Auge sieht weder sich selbst noch die Wirklichkeiten, die es verändern. Das Protokoll der beobachtbaren Veränderungen ist gleichwohl für die rechte Interpretation des vom Auge erzeugten Bildes wichtig, auch wenn man nicht weiß, welche Wirklichkeit die protokollierbare Veränderung erzeugt.

ten Lebewesens, an dessen Sterben faktisch niemand Anstoß nimmt. Wie bei jedem anderen sich fortpflanzenden Stoffwechselwesen ist das Ende des individuellen Stoffwechsels die Möglichkeitsbedingungen der Existenz von Nachfahren, die selbst wiederum die Ausbeute der Ressourcen ihres Überlebens zugunsten der eigenen Nachfahren werden aufgeben müssen, wenn diese leben können sollen. Irenäus geht bei der Bestimmung von Leib und Leben nicht induktiv vor, indem er von den Eigenschaften des pflanzlichen und tierischen Lebens die Grenzen des menschlichen Lebens bestimmte. Er verfährt vielmehr introspektiv, indem er ausgehend von der menschlichen Selbsterfahrung die Antwort auf die Frage nach der Lebendigkeit des Lebendigen mit der Erfahrung des Geistes beantwortet, der nicht als abgeschlossenes Wissen oder Vermögen dem Menschen zu Gebote stünde, sondern der als unverfügbare Qualität der Weitung und Intensivierung des Lebens als *spiritus vivificans* erlebt wird.

Leben wird im Ausgang von der geistlichen Erfahrung eines Lebens in Beziehung auf die geistige Wirklichkeit Gottes nicht als die Selbstbehauptung des physischen Organismus interpretiert, sondern als die wesenhaft geistige Erfahrung der Vitalisierung *ab alieno*: Geist und Verstehen können nicht von der selbstbezogenen Subsistenz des Organismus her begriffen werden. Die Erfahrung des Geistes bezeugt, dass die menschliche Fähigkeit zu verstehen und zu lernen mit der Bereitschaft, sich Fremdem und anderem zu öffnen, erwacht und zunimmt. Man kann biologisch, diese Vitalisierung vom Anderen her als Moment einer durch die Selbsterhaltssorge motivierten Neugierde auf die Überlebensstrategien des Anderen interpretieren. Man kann auch die erheblich verkomplizierende Operation unternehmen, mit der Konstruktion der *Meme* zu den Genen analoge, aber nicht überlebensfinalisierte und nicht genetisch vererbte Einheiten des kulturellen Gedächtnisses heranzuziehen, um das geistige Interesse von Menschen an anderen Menschen zu deuten. Wo immer aber auf diese Weise die geistige Selbsterfahrung auf die Wirklichkeit des Organischen reduziert wird, zerstört diese Aufhebung einer ursprünglichen Erfahrung in einer solchen Theorie der universalen Selbstbehauptung, deren komplexe Umfassendheit jeden empirischen Beweis ausschließt, die ursprüngliche Erfahrung der Belebung vom Anderen her: Die Verweigerung gegenüber der Einsicht, dass Leben als menschliches sich aus der unverfügbaren Annahme dessen ereignet, was Menschen nicht von sich aus machen, ja, was sie nicht einmal von sich aus erhalten können, zerstört dieses Leben und wirkt so tödlich. Im Gegensatz zur Erfahrung des spezifisch menschlichen Lebens als des geistigen Lebens *vom Anderen her*, vermittelt die Erfahrung des Lebens als Selbstbehauptung dessen, was aus sich gar nicht leben kann, weil es zum Leben *aus dem Anderen* geschaffen ist, die Erfahrung des Todes als des Sterbens dessen, was auf die ihm gemäße Art nicht leben kann.[78]

Zugleich wird ein anderes Ärgernis des Erbsündendogmas auf diese Weise überwindbar: Ein Strafübel kann gerechterweise nur gegenüber denen verhängt werden, die in einem moralischen Sinne für das strafbegründende moralische Übel verantwortlich sind. Dass dies schwerlich für ein lange vergangenes, von anderen begangenes Übel gelten kann, hat Kant gültig festgestellt.[79] Wohl aber entspricht es der Erfahrung, dass Menschen durch die Sprech- und Denkgewohnheiten nachhaltig und möglichweise sogar genetisch vermittelt in ihrer freien Entscheidung zum Guten behindert werden, weil es ihnen schwerfällt, das Gute überhaupt als solches zu erkennen.[80] Irenäus von Lyon verfolgt in seiner Sündentheologie nicht die Spur, die Erbsünde als Schuld und die Erlösung als deren Kompensation zu deuten. Entgegen dieser in der lateinischen Tradition seit Tertullian dominanten Interpretation der Ursünde als Erbschuld vertritt Irenäus eher das Konzept einer Behinderung, Schwächung oder Erkrankung, die sich in der Unfähigkeit von Menschen, das Leben als ihnen von Gott zukommende

---

[78] Die hier angebotene Systematisierung der irenäischen Lehre vom Fleisch, dem Leben und dessen Verlust durch die Sünde wirkt anknüpfungsfähig an zeitgenössische Erbsündenmodelle: Die von Eugen Drewermann (ders., Strukturen des Bösen, 3 Bde., Paderborn ³1981) in das Zentrum der Erbsündenlehre gerückte Angst aufgrund des Verlustes eines auf Gott bezogenen Urvertrauens kann durchaus als inkludiert verstanden werden in der irenäischen Vorstellung der zerstörten Beziehung der Annahme des Lebens als einer göttlichen Gabe, die sich als fleischliche Selbstbehauptung manifestiert.

[79] Immanuel Kant, Die Religion innerhalb der Grenzen der bloßen Vernunft, A88/B 95: „Diese ursprüngliche […] Schuld […] kann aber auch, soviel wir nach unserem Vernunftrecht einsehen, nicht von einem anderen getilgt werden; denn sie ist keine transmissible Verbindlichkeit, die etwa wie eine Gesamtschuld (bei der es dem Gläubiger einerlei ist, ob der Schuldner selbst oder ein anderer für ihn bezahlt), auf einen anderen übertragen werden kann, sondern die allerpersönlichste, nämlich eine Sündenschuld, die nur der Strafbare, nicht der Unschuldige, er mag auch noch so großmütig sein, sie für jenen übernehmen zu wollen, tragen kann."

[80] Peter Hünermann sieht die „Einheit des Menschengeschlechts" nicht alleine als eine biologische Gegebenheit, sondern als „leibhaftig[en] Zusammenhang", in den hinein sich menschliche Freiheit verwirklicht, in dem sie sich aber auch umso mehr als gebunden und gefangen durch die vorausgehenden eigenen und fremden Verwirklichungen erfährt, je mehr sie in den Horizont der Freiheitsverheißung tritt, der durch den Glauben aufgeschlossen wird (Peter Hünermann, Erfahrung der Erbsünde? In: Concilium 40 (2004), S. 87–92, hier besonders S. 89). Einen sehr hilfreichen, systematisierenden Überblick über die Typen zeitgenössischer Erbsüneninterpretation liefert in demselben Heft Christoph Theobald (a. a. O., S. 93–113).

Gabe anzunehmen, manifestiert. Das sich selbst behauptende Fleisch, das eigentlich für die Gabe des göttlichen Lebens geschaffen ist, wird so zur vermeintlichen Quelle eines Lebens, das nicht empfangen wird, sondern das sich in der Selbstbehauptung mächtig wähnt. Wenn solchermaßen sich selbst schwächendes und gefährdendes Leben geheilt werden soll, so impliziert die Heilung die Umkehr zum Quell des Lebens. Es gilt nicht das Fleisch abzulegen, was unmöglich ist, sondern den Geist anzunehmen, in dem das Fleisch lebendig wird. Wo aber der Geist angenommen wird, da weicht nicht das Fleisch wohl aber die Begierde des Fleisches, aus sich zu leben.[81]

Annahme als das Kerngeschehen der Erlösung bedeutet bei Irenäus nicht die Privilegierung des Sünders durch seine adoptionsrechtlich veranlasste und wunderbar verwirklichte Aufnahme unter die Kinder Gottes. Diese göttliche Annahme ist die pädagogische Voraussetzung für einen mentalen Heilungsprozess, in dem das ursprüngliche Leben wiedergewonnen wird[82] als die göttliche Gabe, als die es überhaupt nur menschliches Leben ist. Dadurch dass Menschen fähig werden, sich dieser Gabe neu zu öffnen, wird die ursprüngliche göttliche Fülle des Lebens wiederhergestellt und Erlösung bewerkstelligt.

Das Grundparadigma der göttlichen *paideía* prägt auch die irenäische Christologie: Jesus Christus ist der Erlöser als „Haupt und Führer zum göttlichen Leben"[83]. Die vorrangige Betonung der pädagogischen Dimension der Erlösung lässt auch den irenäischen Zentralbegriff der *anakephalaíōsis / recapitulatio* im richtigen Licht erscheinen: Der Herrschaftswechsel der *Re-kapitulation* bleibt den Beherrschten nicht äußerlich, weil der neue Führer *(anágōgos)* ein solcher nicht in der Analogie zum herrschenden König, sondern zum leitenden *paidagōgós* ist. Als solcher führt der Lehrer Christus ein in die Kunst eines Lebens, das sich durch den lebensspendenden Geist Gottes bestimmen lässt, statt von dem verzweifelten Versuch, aus Leib und Körper die Fülle des Lebens zu begründen, nach der sich Menschen sehnen, weil Fülle ihre Bestimmung ist, die sie aber aus sich her nicht zu erreichen vermögen.

Hier liegt der eigentliche Kern des antignostischen Widerstandes für Irenäus von Lyon: Er kann nicht genug tun, den Wahnsinn, die

---

[81] Irenäus von Lyon, Adversus haereses, 5, 12, 3: „*[…] in Christo vivamus quoniam spiritales, deponentes non plasma Dei, sed concupiscentias carnis[…].*"
[82] Irenäus von Lyon, Adversus haereses, 5, 12, 6: „*[…] vita enim per curationem, incorruptela autem per vitam efficitur[…].*"
[83] Irenäus von Lyon, Epideixis, 39 (deutsch: Fontes Christiani 8/1 (Freiburg 1993), S. 60).

Verkehrtheit und den unsinnigen und blasphemischen Charakter der Valentinischen Spekulation immer wieder zu betonen. Nicht nur sind die Gnostiker grotesken Irrtümern verfallen. In ihren Versuchen der Kosmos-Deutung manifestiert sich vielmehr der Wille, die Gesetze des Universums zu durchschauen, um dadurch Leben und Macht zu erlangen. Blasphemisch muss Irenäus diese Absicht deshalb erscheinen, weil der von ihm bezeugte Führer zum Leben das Leben als unverfügbare Gabe des Schöpfergottes bezeugt, dessen Schöpfersein allerdings verbürgt, dass Gott die erfahrbaren lebensfeindlichen Mächte in der Welt, vor denen Menschen immer nur resignieren können, wirklich zu überwinden vermag. Gegen die esoterisch-individuelle Heilsvision eines asketisch zu erobernden Lebens für wenige stellt Irenäus aus seiner christlichen Überzeugung die Vision der von Jesus Christus als dem kosmischen Führer allen Menschen zugedachten göttlichen Lebensfülle, die in der Annahme der Weisheit Christi zu den Menschen gelangt.

Während das gnostische Konzept streng exklusivistisch ist, weist der für Irenäus zentrale Gedanke der *anakephalaíōsis / recapitulatio* den Weg eines kosmischen Inklusivismus und folgt darin der Spur der deuteropaulinischen Christusenkomien des Kolosserbriefes (1, 12–20) und des Epheserbriefes (1, 3–14): Der Logos ist eigentlich Schöpfer *(factor vere)*, aus dem nicht alleine nur alles entspringt, sondern der als Inkarnierter alles Geschaffene zusammenhält *(secundum invisibilitatem continet quae facta sunt omnia)* und der „in die gesamte Schöpfung hineingekreuzigt"[84] wurde, damit alles auf diese Weise unter ihm als neuem Haupt zusammengefasst werde *(uti universa in seipsum recapituletur)*.

Wer Irenäus als Vertreter einer physischen Erlösungslehre verstehen will, missdeutet sein in der aggressiven Diktion seines Hauptwerkes spürbares dramatisches Mühen um ein rechtes Erlösungsverständnis als Möglichkeitsbedingung wahrer Erlösung: Wahre Erlösung der Menschheit ereignet sich als die Annahme des göttlichen *pneûmas* durch leiblich verfasste Wesen, deren Leiblichkeit die ihnen zugedachte, schöpfungsgemäße Existenzform auch als Erlöste bezeichnet. So wie Irenäus die Bestimmung des Menschen vom Tier her ablehnt, so lehnt er eine Bestimmung des Menschen von Gott her ab, die nicht die Differenz zwischen Gott und Mensch achtete. Menschliches Leben ist erst im Werden, welches im Kern das Geschehen der Realisation des Göttlichen im Nichtgöttlichen ist. Menschen sind füreinander die einzig taugliche

---

[84] So die Übersetzung der originellen Formulierung „*ut in univera conditione infixus*" von Nobert Brox im Anschluss an Winfried Overbeck (Fontes Christiani, 8/5, 151).

Referenzgröße der Ermittlung einer Bestimmung menschlichen Lebens. Von der Erlösung her sind sie tatsächlich unter einem Haupt zusammengefasst. Im Horizont dieser Rekapitulation wird die rätselhafte Verbundenheit allen Fleisches als die Möglichkeitsbedingung der rettenden christopneumatischen Einheit aller Menschen erkennbar.[85]

2. Die Inkarnation als Gott angemessene Form des Handelns

Der Inkarnationsgedanke ist in der westlichen Theologie durch die Prädominanz des staurologischen Erlösungsverständnisses verdrängt worden. Besonders bemerkenswert ist, dass die zentrale Autorität römisch-katholischen Denkens, Thomas von Aquin, sich in der mittelalterlichen Streitfrage der absoluten Inkarnation gegen diese theologische Perspektive aussprach. So bestand die fatale Möglichkeit, die Menschwerdung Gottes als eine ursprünglich von Gott weder beabsichtigte noch notwendige heilsgeschichtliche Operation misszuverstehen, die erst durch den Abfall der Menschen von Gott um der göttlichen Sühne willen notwendig wurde.

Ein genauerer Blick auf die entsprechenden Stellen der Summa theologica macht allerdings deutlich, dass dem Aquinaten selbst eine solche Schlussfolgerung schwergefallen wäre:

Thomas von Aquin erklärt die Inkarnation als faktisch durch die Sünde der Menschen bedingt[86], konzediert jedoch die prinzipielle Möglichkeit der absoluten Inkarnation mit dem Hinweis auf die Macht Gottes *(potentia Dei)*[87]. Dieser Hinweis ist unbefriedigend, weil Gottes Macht weder der Willkür noch der Kontingenz unterworfen ist, sondern alleine bestimmt durch Gottes Willen, der seinem Wesen entspricht. Gerade vom thomasischen Gottesbegriff des *actus purus* her ist eine Bestimmung der „*potentia Dei*" als tatsächliche Potentialität ausgeschlossen.[88] Wohl wegen dieser spekulativen Schwäche formuliert Thomas seinen Obersatz von der faktisch bedingten Inkarnation vorsichtig, indem er den

---

[85] Im Horizont der Christuserfahrung entdeckt Paulus die hamartiologische Einheit der Menschheit unter der Sünde: Röm 5, 12–21.

[86] *Faktisch*, so Thomas, nennt die Hl. Schrift immer die Sünde als „*incarnationis ratio*" (Sth III, q. 1, a. 3, corp.). Augustinus wird dafür als weiteres Autoritätsargument angeführt (ebd., Sed contra). Eine in diesem Kontext zitierte „*glossa*" („*tolle vulnera, et nulla est causa medicinae*") pointiert im didaktischen Interesse das „Sed contra", verfehlt jedoch die Höhe des thomasischen Reflexionsniveaus und wird dementsprechend im corpus articuli nicht aufgenommen.

[87] „*Quamvis potentia Dei ad hoc non limitetur: potuisset enim, etiam peccato non existente, Deus incarnari.*" (Sth, III, q. 1, a. 3, corp.)

[88] Sth, I, q. 3, a. 7.

Gegnern der absoluten Inkarnation mit der Formulierung „*videtur*" zustimmt.[89]

Was in der Argumentation des Aquinaten zum Ausdruck kommt, kann beschrieben werden als *spekulative Zurückhaltung*. Thomas verweigert die Spekulation über die innergöttlichen Gründe der Inkarnation, die zu benennen wären, wollte man behaupten, die Inkarnation folge einer unbedingten innergöttlichen Notwendigkeit. Statt auf diese innergöttliche unbedingte Notwendigkeit rekurriert Thomas lieber auf das Offensichtliche, nämlich auf die bedingte Notwendigkeit der Inkarnation, die sich aus der kontingenten Sünde der Menschen ergibt. Wo Thomas nach der Finalursache der Inkarnation fragt, rekurriert er nicht auf eine spekulative Ergründung der inneren Bestimmungsgründe Gottes, sondern begnügt sich mit den vergleichsweise schwachen Argumenten aus dem Faktischen und der Autorität, um die Spekulation abzubrechen, mit der Feststellung: De facto ist Gott *wegen der Sünde* der Menschen Mensch geworden, was nicht ausschließt, dass er auch anders gekonnt hätte. Aber über diese andere Möglichkeit verweigert der Aquinate das Nachdenken, da, wo es um die Finalursache der Inkarnation geht: Es gibt keine andere Einsicht in die Motive des göttlichen Handelns als die, die aufgrund des faktischen Handelns Gottes offenbart ist.

Wo Thomas allerdings nicht nach dem Motiv der Menschwerdung fragt, sondern nach ihrer Konvenienz[90], steht die theologische Spekulation außerhalb des Verdachtes, göttliches Handeln hinsichtlich seiner Motive durch eine Rekonstruktion der göttlichen Antriebsstruktur erklären zu wollen. Konvenienzargumente leiten ein Handeln nicht als Notwendiges zwingend aus Zielsetzungen ab. Eine Konvenienzargumentation führt nicht in die Enge der zwangsläufigen Zweck-Mittel-Relation des So-und-nicht-anders. Sie argumentiert vielmehr auf der Grundlage einer vergleichenden, prinzipiell unbegrenzt viele Handlungsmöglichkeiten in den Blick nehmenden Wahrnehmung, indem sie nicht fragt: Was war zwingend zu tun zur Erreichung eines bestimmten Zwecks? Stattdessen fragt sie: Warum war dem Handelnden das, was er getan hat, innerlich gemäß? Diese andere Fragehaltung zielt nicht *spekulativ* auf die Rekonstruktion der inneren Antriebstruktur Gottes, sondern *doxologisch* auf die Wahrnehmung des faktischen göttlichen Han-

---

[89] „*Quidam enim dicunt quod, etiam si homo non peccasset, Dei Filius fuisset incarnatus. Alii vero contrarium asserunt. Quorum assertioni magis assentiendum videtur.*" (Sth III, q. 1, a. 3, corp.)
[90] Sth III, q. 1, a. 1: „*Utrum fuerit conveniens Deum incarnari.*"

delns im Vergleich mit anderen Handlungsmöglichkeiten. In dieser Perspektive kann es zu keiner Ableitung und zu keiner Einsicht in Zwangsläufigkeiten kommen, wohl aber zu einer *Wahrnehmung der Besonderheit* des göttlichen Handelns. Diese Wahrnehmung erkennt das Besondere in seiner Besonderheit, indem sie seine *Schönheit als innere Stimmigkeit* ins Auge fasst.

Unter der *doxologisch-ästhetischen Perspektive* der Konvenienzfrage zeigt sich Thomas sehr viel mutiger als unter der Perspektive der Motivfrage: Ganz unbefangen übernimmt er eine pseudodionysische Fassung des *bonum-difusivum-sui*-Topos: Es gehört zum Wesen des Guten sich selber an andere mitzuteilen.[91] Das staunende und lobende Schauen fragt nicht nach den *Gründen* des göttlichen Handelns, sondern nach dessen faktisch erkennbaren innerem Wesen, das wahrgenommen wird unter der ästhetischen Frage nach seiner inneren Stimmigkeit und Schönheit.[92] Unter dieser Perspektive erscheint die Mitteilung des eigenen Selbst als des Schönen und Guten an den Menschen für Gott zutiefst gemäß. Das schließt auch hier die spekulative Frage nicht aus, ob Gott anders hätte handeln können. Die ästhetische Fragestellung kann auf diese Frage keine Antwort geben. Wohl aber kann sie erklären, dass sich Gott selber in der Art, wie er handelt, erkennbar treu ist. Die Vollendung der Selbstmitteilung in der vollkommenen personalen Einung des sich mitteilenden Gottes mit dem empfangenden Menschen erscheint als innerlich vollkommen stimmiger Wesensvollzug Gottes.

Der Zweite Artikel der ersten Frage des 3. Buches der Summa illustriert als Zwischenschritt zwischen der ästhetischen Frage nach der Angemessenheit der Menschwerdung (Artikel 1) und der hypothetischen Frage nach der Möglichkeit einer nicht sündenverursachten Menschwerdung Gottes (Artikel 3) noch einmal das Problem des Überganges von einer ästhetischen Fragestellung zu der Frage nach notwendigen Konsequenzen: Musste Gott Mensch werden, um die Menschheit wiederherzustellen? Die Antwort kann nach dem Vorangegangenen nur lauten: Nein! Die faktische Menschwerdung Gottes lässt sich nicht aus innergöttlichen Notwendigkeiten ableiten. Wieder bemüht Thomas hier den nicht besonders argumentationsstarken Allmachtsbegriff: Gott kann immer auch anders. Dann aber argumentiert der Aquinate wiederum

---

[91] Ebd., corp. unter Berufung auf Kapitel 4 der Schrift „De divinis nominibus": „Pertinet autem ad rationem boni ut se aliis communicet."
[92] Nicht anders ist die Grundhaltung bei Pseudodionysius: Der Areopagite preist das Gute als eine dem menschlichen Geist gegenüberstehende letzte Wirklichkeit, die angemessen in der *Kategorie des Schönen* erfasst wird (ebd., cap. 7).

mit einem Konvenienzargument: Die Menschwerdung war zwar nicht notwendig, wohl aber besonders angemessen, wobei Thomas an dieser Stelle die Konvenienz von Zweck und Mittel betont: Die Menschwerdung war zur Erreichung des Zweckes der Wiederherstellung des Menschengeschlechts in besonderer Weise geeignet, so wie etwa ein Pferd in besonderer Weise zum Reisen geeignet ist. Nahe liegt an dieser Stelle, die Ausweitung des Arguments aus dem ersten Artikel der ersten Frage: Wenn die Rettung des Menschengeschlechts auch prinzipiell anders denkbar gewesen wäre, so war es doch Gott und seinem Mitteilungswillen in besonderer Weise gemäß, durch eine vollkommene Selbstmitteilung zu bewirken, was anders vielleicht auch hätte bewirkt werden können. Aber auch hier wiederum ist der Aquinate sehr vorsichtig, das faktische, heilsgeschichtliche Handeln Gottes nicht aus einer begrifflichen Aussage über das Wesen Gottes abzuleiten.

Die begrifflichen Aussagen über das Wesen Gottes stehen unter einem ästhetisch-doxologischen Vorzeichen, das sie ungeeignet erscheinen lässt, aus ihnen notwendige Ableitungen vorzunehmen.

Was Thomas auf diese Weise vermittelt, ist eine zweifache Grunderfahrung: Zum einen nimmt er die Eigenart des göttlichen Handelns in seiner Schönheit und Angemessenheit wahr und begreift es als Norm und Vorbild auch menschlichen Handelns, zum anderen verweigert er sich der spekulativen Ableitung einer inneren Notwendigkeit aus der Wahrnehmung der inneren Stimmigkeit, also dem Übergang von einer ästhetisch-doxologischen zu einer kausallogischen Sichtweise. Thomas folgt hier einer bemerkenswerten theologischen Diskretion, die staunend und lobend begreift, dass das göttliche Handeln schön und zutiefst stimmig ist, die es sich aber verbietet, daraus abzuleiten, was spekulativ nahe, ja geradezu auf der Hand liegt, nämlich die Schlussfolgerung: Gott musste so und so handeln und hätte gar nicht anders gekonnt.

Welchen Sinn macht diese theologische Diskretion? Magnus Striet klassifiziert den Aquinaten als „entschiedene[n] Vertreter Negativer Theologie in der Tradition des Pseudo-Dionysius"[93] und rekonstruiert die Notwendigkeit der Negativen Theologie als Konsequenz ihres kosmologischen Ansatzes mit der *via causalitatis*: Wer irgend geartete Rückschlüsse vom So-und-So-Sein der Welt auf Sein und Wesen Gottes unternimmt, bindet Gott entweder funktional in die Welt ein oder bedarf der Negativen Theologie als eines Korrektivs, mit dem der religiösen Unangemessen-

---

[93] Magnus Striet, Offenbares Geheimnis. Zur Kritik der negativen Theologie, Regensburg 2003, S. 76f.

heit einer Gott und Welt letztlich metaphysisch identifizierenden theologischen Redeweise entsprochen wird. Karl Rahner stimmt dieser Funktion Negativer Theologie explizit zu: Wer die *quinque viae* des Thomas behandelte, als würde Gott hier im *univoken Sinne* als Ursache von Weltzuständen aufgewiesen, so Rahner, verkennt ihren Sinn. Allerdings ist die Analogieforderung für Rahner mehr als ein Korrektiv, dessen Notwendigkeit sich aus einem verfehlten metaphysischen Ansatz ergäbe. Auch bei Thomas bedeutet Gotteserkenntnis nicht eine regionale Einzelerkenntnis im Felde alles Erkennbaren.[94] Gott bringt als besonderer Gegenstand des menschlichen Intellekts, als das absolute Formalobjekt der erkenntnisermöglichenden Dynamik menschlicher Intellektualität das Ganze dieses menschlichen Intellekts und der von ihm erkannten Welt vor dessen freies Sichentscheiden. Im Thematischwerden der Gotteserkenntnis ereignet sich die Erfahrung[95] der praktischen Tiefenstruktur aller intellektuellen Erkenntnis, die eben, weil sie Gott zu ihrem transzendentalen Formalobjekt hat, niemals nur bloßes Wissen, bloße Zurkenntnisnahme von etwas ist, sondern immer auch willentliches Sichverhalten gegenüber dem erkannten Gegenstand. Wo dieser „Gegenstand" aber Gott ist, da kommen mit ihm die Welt als Einheit und das Subjekt als Ganzes überhaupt erst zu Bewusstsein, da tritt mit dem Begriff des personalen transzendenten Gottes die Wirklichkeit in das Bewusstsein, vor der das Subjekt als radikal über sich selber verfügendes erstmalig seiner selbst inne wird.[96] Damit aber ist für Rahner unabweisbar: Gotteserkenntnis involviert das freie Sichverhalten in jener ungeahnten Radikalität, in der überhaupt erst die Einheit der Lebensgeschichte des Erkennenden zu Bewusstsein kommt. Wo aber dieses Bewusstsein ist, da kann es nicht gleichgültig zur Kenntnis genommen werden, da impliziert es immer den praktischen Appell, sich vor dieser Wirklichkeit auch faktisch zu verhalten und eine Setzung zu vollziehen, mit der der Mensch jener Absolutheit entspricht, die ihm mit dem Gottesbegriff als Wirklichkeit Gottes und Möglichkeit des Menschen zunächst zu Bewusstsein kommt. Es ist diese praktische und religiöse Tiefenstruktur der Gotteserkenntnis, derentwegen Rahner eine philosophische Gotteserkenntnis ablehnt, die nicht selbst der praktischen und appellati-

---

[94] Karl Rahner, Geist in Welt. Zur Metaphysik der endlichen Erkenntnis bei Thomas von Aquin, München ²1957, S. 393.
[95] Rahner kennzeichnet diese nicht partikulare Erfahrung oft mit dem Adjektiv „ursprünglich" (z. B. ders., Bemerkungen zur Gotteslehre in der katholischen Dogmatik, in: ders., Schriften zur Theologie, Bd. 8 (Einsiedeln 1967), S. 165–186, hier: S. 170f.
[96] Ebd.

ven Tiefenstruktur der Gotteserkenntnis zu entsprechen versucht. Das Analogiegebot ist für Rahner nicht eine negative Einschränkung nach Art eines Korrektivs, sondern vielmehr ein formales Entgrenzungsgebot, das dazu auffordert, die Gottesrede immer als transzendentale Rede *sui generis* zu behandeln.

3. Perspektiven einer inkarnatorischen Theologie des Lebens

a. Fleischliche Erlösung: Probleme und Vermittlungsversuche

Der nähere Blick auf Irenäus und Thomas ist geeignet, hartnäckige Missverständnisse aufzuklären: Inkarnationschristologie ist entgegen allem Anschein keine mythologieverdächtige „Christologie von oben", die der Konfrontation mit der Wirklichkeit Jesu ausweicht, indem sie den Menschen aus Nazareth primär als innergöttlichen Logos wahrnimmt, dessen Handeln, Verkündigen und Leiden keine Bedeutung für seine Erlösungsfunktion hätten. Der Durchgang durch Irenäus von Lyon hat stattdessen gezeigt, dass es bei der Theologie der Menschwerdung von Anfang an um Anthropologie geht. Der Fokus des theologischen Interesses liegt nicht auf der *theiōsis* der Menschen, sondern auf der spezifizierenden Deutung der erlösenden *theiōsis* als *sárkosis*: Der Mensch wird als leibliches Wesen im Leibe erlöst und vergöttlicht. Als solches ist er Gottes Schöpfung und auch in der Vergöttlichung von Gott unterschieden. Fleisch zu sein ist die eigentliche heilsfähige Bestimmung des Menschen.

Daraus ergibt sich zunächst die von Tertullian in seiner Schrift „De resurrectione carnis" entfaltete eschatologische Konsequenz, dass auch die Vollendung des Menschen im Rahmen seiner schöpferischen Grundsituation körperlicher Existenz zu verstehen ist. Wie Irenäus sichert Tertullian die Würde des menschlichen Leibes über den Gedanken der göttlichen Schöpfung. Zugleich sichert dieser Gedanke, dass die Schöpfung richtig als das verstanden wird, was sie ihrem Wesen nach ist: Setzung nämlich des von dem geistigen Gott wesenhaft Verschiedenen.[97] Die akzeptierende Annahme der schöpfungsgemäßen Verschiedenheit des Menschen von Gott durch den Menschen ist notwendige Bedingung des Ereigniswerdens göttlichen Heils im Leben eines Menschen. Die Leugnung der Leiblichkeit des Heils steht der Annahme des Heils deshalb entgegen, weil sie auf dem anthropologischen Grundmissverständnis beruht, Menschen wären eigentlich rein geistige Wesen, woraus sich eine nur graduelle und nicht wesenhafte Differenz

---

[97] Tertullian, De resurrectione carnis, cap. 5.

zur Wirklichkeit Gottes ergäbe. Dieses Grundmissverständnis hat ganz unmittelbare ethische Auswirkungen: Die Verächter des Fleisches sind *in praxi* seine größten Liebhaber[98]: Wer die Stellung des Geschöpfes missachtet und keine wesenhafte Differenz des Geschöpfes zum Schöpfer mehr anerkennt, kann das Fleisch des Lebens nicht seiner leiblich-körperlichen Bestimmung gemäß gebrauchen, sondern muss es mit der Dynamik des prinzipiell grenzenlosen Geistes strapazieren. Sehr zu Recht erblickt deshalb Tertullian den Zusammenhang, dass nicht die kleinen Versuchungen des biologischen Leibes das Wesen der Sünde ausmachen, sondern die großen Versuchungen des geistigen Selbstentwurfes.[99] Bis in die Anatomie hinein betont der Nordafrikaner die Untrennbarkeit des geistigen und leiblichen Prinzips menschlichen Lebens.[100] Dem anthropologischen Missverständnis der Leiblosigkeit des geistigen Lebens entspricht (1) das schöpfungstheologische Missverständnis des Ursprunges als eines emanativen Geschehens, (2) das eschatologische Missverständnis der Vollendung als Nivellierung jeder innerweltlichen Geschichte und Geltung und (3) das christologische Missverständnis schließlich der Doketen.

In der Konsequenz der patristischen Verteidigung der Leiblichkeit des Menschen und seiner Erlösung liegen weitere Lehrentwicklungen: Die ekklesiologische Metapher der Kirche als Leib Christi (1 Kor 12), deren Skopus ja ursprünglich auf die Gemeinde als die Integration unterschiedlicher Menschen abzielte, voranzutreiben bis hin zu jener „nicht unbedeutenden Analogie" zwischen der göttlichen und menschlichen Natur Christi einerseits und der Kirche, insofern sie zugleich diesseitig weltliche Organisation und ewiger Leib des menschgewordenen Gottes ist[101], entspricht in kühner Weise der patristischen Sicht der Leiblichkeit

---

[98] So Tertullian in einer eleganten Formulierung zu Beginn des elften Kapitels von „De resurrectione carnis": *„Hucusque de praeconio carnis adversus inimicos et nihilominus amicissimus eius."*

[99] Tertullian, De resurrectione carnis, cap. 15.

[100] De resurrectione carnis, cap. 15, 5: „Ob im Gehirn […] oder wo auch immer den Philosophen das beherrschende Sinneszentrum […] zu verorten gefallen mag, aus Fleisch ist alles Denken der Seele" – *„Sed etsi in cerebro […] vel ubiubi philosophis placet principalitas sensuum consecrata est […]caro erit omne animae cogitatorium."*). Der christliche Denker des Altertums setzt die Nachweise der modernen Hirnphysiologie über die leibliche Bedingtheit aller geistigen Operationen bereits voraus. Er bewertet sie allerdings nicht als Argument für einen metaphysischen Monismus, der die Existenz des Geistigen grundsätzlich leugnete, sondern bewertet sie als Hinweis darauf, dass es Geistigkeit im Menschen nur in leiblicher Vermittlung gibt.

[101] Lumen gentium, 8: „Deshalb ist sie in einer nicht unbedeutenden Analogie dem Mysterium des fleischgewordenen Wortes ähnlich. Wie nämlich die angenommene Natur dem göttlichen Wort als lebendiges, ihm unlöslich geeintes Heilsorgan dient,

der Erlösung durch Menschwerdung. Die sakramententheologische Grundidee der leiblich-zeichenhaften Realpräsenz göttlichen Heils in den menschlichen Lebensgeschichten wäre ohne die christologisch-soteriologische Grundüberzeugung der Leiblichkeit des göttlichen Heils nicht denkbar. Die Deutung schließlich der leiblichen Lebensgeschichte in ihrer geschlechtlichen und zeugungsfinalisierten Realisation als ein Ereignis heilswirkender göttlicher Gegenwart erscheint als die äußerste Entfaltung der in der Patristik grundgelegten Überzeugung, dass die Menschwerdung des Logos nicht alleine ein soteriologisch notwendiges Erscheinen Gottes in der Zeit war, sondern die Einkehr Gottes in das ihm wegen seiner Geschöpflichkeit, die im Realsymbol des Fleisches vergegenwärtigt ist, bleibend Andere und Fremde, das als solches von Gott verschiedenes, eigenes Leben ist. Der bis hierher entfaltete inkarnationstheologische Befund ermöglicht zwei entgegengesetzte Entwicklungsrichtungen der Anknüpfung:

(1) Die Einsicht in die Fleischlichkeit des Heils impliziert die Aussage der prinzipiellen Heilsfähigkeit des Fleisches. Diese Einsicht kann asketisch entfaltet werden. In der Logik einer asketischen Inkarnationsanthropologie ist die Heilsfähigkeit des Fleisches durch Überwindung der dem Fleisch eigenen Teleologie zu erweisen. Das Fleisch muss abgetötet werden, um das geistige Heil zur Erscheinung bringen zu können. Die Heilsfähigkeit des Fleisches besteht in der Möglichkeit seiner Überwindung zugunsten der göttlichen Geistigkeit. Die asketische Entfaltung konzentriert sich auf die großen *exempla* der heilsgeschichtlichen Indienstnahme des fleischlichen Menschseins durch die geistige Wirklichkeit Gottes. Insbesondere die Mariologie scheint hier die Bezugspunkte zu liefern: Das Wort wird Fleisch, allerdings im Schoß einer Jungfrau, die vom allerersten Anbeginn ihres eigenen Lebens für diesen Zweck erwählt war und aus dem Sündenzusammenhang allen menschlichen Lebens ausgenommen *(immaculata concepta)*[102], so dass deren Ausgenommensein aus dem Sterbenszusammenhang allen Fleisches lediglich als natürlich erscheinen muss *(corpore et anima ad caelestem gloriam assumptam)*[103]. Die Gefahr der asketischen Rezeption besteht in der privilegientheoretischen Betonung der radikalen Ausnahme, die den asketischen Ansatz in einen Selbstwiderspruch führt, und ihn dadurch jeder

---

so dient auf eine ganz ähnliche Weise das gesellschaftliche Gefüge der Kirche dem Geist Christi, der es belebt, zum Wachstum seines Leibes (vgl. *Eph* 4,16)."
[102] DH 2803.
[103] DH 3903.

anthropologischen Aussagekraft beraubt: Welchen Sinn macht es denn die durch eine privilegierte Ausnahme ermöglichte geistige Indienstnahme des Fleisches zum Vorbild zu nehmen, wenn die Überzeugung der göttlichen Privilegierung Mariens der Vorbildfunktion die Grundlage entzieht? In diesem Fall bleibt nur das negative Vorbild, an dem das verehrt wird, wessen Menschen sich selbst als prinzipiell unfähig erleben.[104] Dadurch aber wird prinzipiell getrennt, was die Inkarnationstheologie zu verbinden sucht. Der himmlischen Welt göttlich-durchgeistigter Leiblichkeit steht eine irdische Welt sündenverhafteter Leiblichkeit gegenüber, die nur auf das jenseitige Offenbarwerden eschatologischer Erhöhung hoffen kann. Askese kann unter diesen Bedingungen nur noch juridisch als zu erbringende Leistung gerechtfertigt werden. Möglich allerdings ist auch das Zurückrutschen in das von Tertullian spitz bezeichnete Muster der Leibverächter: Ist der Leib faktisch nicht heilsfähig, braucht man sich um seine Heilung keine Gedanken zu machen und lebt stattdessen ein fleischliches Leben in der Hoffnung auf eine jenseitige rein-geistige Rettung *sola gratia*.

(2) Die andere Linie der Rezeption des Inkarnationsdenkens folgt eher einer kosmisch-theologischen Spur: In der *acceptatio* der Welt durch die göttliche Fleischwerdung sei die ganze Welt, ihre Menschen und ihre Geschichte von Gott angenommen worden und so unaufgebbar von seinem Heilswillen umfasst. In der Perspektive der Christusenkomie des Kolosserbriefes erscheint in Christus Gottes Wille, „alles zu versöhnen" (Kol 1, 20). Die weihnachtlichen Inkarnationstheologien geben sich mit dieser inkarnatorisch vermittelten Heilszusage Gottes zufrieden und nehmen sie als heuristische Anweisung, in den konkreten Erscheinungen der Geschichte und der Kultur das Wachstum der gnadenhaften Vollendung der Welt durch Gott zu erkennen.[105] Derart begründete Kulturtheorien der Inkarnation berauben die biblisch-kirchliche Tradition der Möglichkeitsbedingung jedes nur denkbaren prophetischen-kritischen Einspruches. Die Theologie könnte nur

---

[104] Demgegenüber lehrt das 2. Vatikanische Konzil über Maria, die sei „*in fide et caritate typus et exemplar spectatissimum*" (LG 53, 1), „*typus [...] caritatis et perfectae cum Christo unionis [...] virginis tum matris exemplar praebens.*" (LG 63, 1).

[105] Schon das Stichwort der weihnachtlichen Theologie verweist auf die großen Exponenten anglikanischen Inkarnationsdenkens (Ulrike Link-Wieczorek, Inkarnation oder Inspiration? Christologische Grundfragen in der Diskussion mit britischer anglikanischer Theologie, 1998). Allerdings steht im 19. Jahrhundert auch die kulturprotestantische deutsche Theologie angefangen bei Johannes Weiß über Albert Schweitzer bis Ernst Troeltsch im Bann einer soteriologischen Kulturtheorie der durch die und seit der Inkarnation in die Geschichte eingeschriebenen Heilsdynamik, die sich als kulturelle Vervollkommnungsdynamik auswirke.

nachgängig zum Geschichtsverlauf dessen inkarnatorische Wahrheit aufzeigen. Die Differenz zwischen Fleisch und Gott wäre zugunsten des Fleisches aufgelöst, das einen Erlösungsanspruch reklamiert, der im konkreten Leben so erfahrungsjenseitig bleibt wie die Erlösungserwartung der radikalen Fleischverneiner.

b. Dramatische Theologie der Erlösung des Fleisches

Aus den bis hierher geschilderten Typen der Rezeption inkarnatorischen Denkens in der Theologie lassen sich zwei entgegengesetzte heuristische Aufforderungen ableiten: Im Modell der Fleischverneiner heißt die Anweisung: Suche in Gottes Heilstaten das Herrliche und Göttliche, das dein Leben übersteigt, nach dem du dich sehnst und das dir einst zuteil werden soll. Im Modell der Geschichtsoptimisten heißt die Anweisung: Suche in den kulturellen Entwicklungen und Leistungen das Sichdurchsetzen des *deus incarnatus in mundo*. Die Anweisung der politischen Theologie in der Tradition von Moltmann und Metz stellte diesem optimistischen Verfahren die prophetische Regel entgegen: Suche in den gesellschaftlichen Entwicklungen, was im Lichte der biblischen Heilsverheißung den Widerspruch herausfordert, um in der qualifizierten statt global asketischen Verneinung der bestehenden Zustände dem Reich Gottes zu entsprechen.

Die Existenz alleine verschiedener hermeneutischer Konzepte der theologischen Aufnahme des Inkarnationstopos ist selbst als Moment des inkarnatorischen Geschehens deutbar, das ja eine göttliche Annahme der kontingenten Individualität und Situation impliziert. Auf dieser Grundlage schlägt Anthony J. Godzieba eine eschatologische Hermeneutik der Inkarnation für den postmodernen Kontext vor. Die Voraussetzung ist die Deutung der Inkarnation im Horizont der Auferstehung und Verherrlichung Christi: Sie verbindet die in der Fleischwerdung implizierte theologische Würdigung des Besonderen, Individuellen und Unvergleichlichen, eben des Fleischlichen, mit dem die ganze Individualität einer Person gemeint ist, mit der eschatologischen Herrlichkeit des Auferstandenen, die inkarnationstheologisch als die Auferstehung des *corpus Christi mysticum* identifiziert wird, unter dem Godzieba allerdings nicht unmittelbar die Kirche als historisch greifbare Größe versteht, sondern vielmehr deren Zielperspektive einer Bekehrung allen Fleisches zum wahren Judentum.[106] Die Fruchtbarkeit des Inkarna-

---

[106] Anthony J. Godzieba, „Stay With Us ..." (Lk 24: 29) – „Come Lord Jesus" (Rev 22: 20): Incarnation, Eschatology and Theology's Sweet Predicament, in: Theological

tionsgedankens erblickt Godzieba in seiner Fähigkeit, die Einheit des Verschiedenen auszudrücken. Hierin liege seine erhebliche integrative Kraft angesichts der sich individualisierenden theologischen Zugangsweisen.[107]

III. Pleromatische Theo-logie

1. Ursprünge eines theologischen Begriffs

Zum theologischen *terminus technicus* avanciert der von dem griechischen Verb *pleróein* her gebildete Begriff des *plērōma* in den deuteropaulinischen Briefen an die Epheser (1, 23; 3, 19) und Kolosser (1, 19; 2, 9). Im Profangriechischen bezeichnet der Begriff *pleróein* zunächst die Anfüllung eines Hohlraumes. Schiffe werden so gefüllt mit Ladung und Mannschaft. Im übertragenen Sinn wird durch *pleróein* Vollständigkeit hergestellt von Gebäuden, Bürgerschaft oder auch Lebensjahren.[108] In diesem Sinne verwendet Paulus *plērōma* insbesondere im Römerbrief: Ganz Israel kommt *vollständig* zum Glauben (11, 12) und Heil (11, 25). Die Liebe ist die *Erfüllung* des Gesetzes (13, 10), und die Erde ist *erfüllt* (1 Kor 10, 26). In den deuteropaulinischen Briefen spezialisiert sich die Bedeutung von *plēroma*. Im Gegensatz zu *kénōma* bezeichnet *plērōma* nun als kosmotheologischer *terminus technicus* die Fülle, die Gott in sich selbst innehat unter dem Aspekt ihrer austeilenden Wirkung.[109]

Gottes heilschaffendes Wirken an seiner Schöpfung wird also in der räumlichen Metaphorik der Ausgießung, des Anfüllens und Erfüllens entfaltet. Die Metapher entspricht der schon in der Profangräzität belegten Verknüpfung von *pleróein* mit dem Genitiv solcher Begriffe, die geistige Gehalte bezeichnen. Wenn also der Kolosser-

---

Studies 67 (2006), S. 783–795, hier: S. 789f.: Der Autor folgt hier dem Gedanken von John Meier, dass Menschwerdung notwendig Gottes Einkehr in die der Konkretheit individueller Existenz entsprechende Konkretheit einer national und religiös situierten Geschichte ist, und schließt an Peter Hünermanns Aufforderung an, die Theologie des Judentums aus Nostra aetate 4 zum hermeneutischen Zentrum einer *relecture* des *nexus mysteriorum* zu erheben. Der Gedanke in seiner Unbestimmtheit führt ins Irgendwo zwischen unfruchtbarer Globalität und gefährlichem Antijudaismus. Nimmt man nämlich Godzieba Formel „*No true Jewshness, no true humanity.*" nicht positivistisch im Sinne des wirklichen Judentums als des wahren sind doch alle Tore zu einer Überbietungs- oder Ablösungstheorie in Bezug auf das Judentum wieder offen.
[107] A.a.O., S. 793–795.
[108] Josef Ernst, Pleroma und Pleroma Christi. Geschichte und Deutung eines Begriffs der paulinischen Antilegomena, Regensburg 1970, S. 1–6.
[109] John Hastings, Dictionary of the Bible, vol 4 (Edinburgh 1899), S. 1f.; Gerhard Delling, *plēroma*, in: ThWNT VI, 297–304.

brief die Identität Christi bestimmt als das Bewohntsein *(en autō eudókēsen)* durch das *plērōma* (Kol 1, 19; 2, 9), das von Christus auf die Christen übergeht (Kol 2, 10), dann könnte dies noch analog zum „Bewohntsein" durch Ideen und Überzeugungen, die den Bewohnten ganz erfüllen, verstanden werden, allerdings mit der wichtigen Präzisierung, dass Gott als der Bewohnende das eigentliche Subjekt der Inspiration ist, die Christus und die Seinen verbindet. Dieser Aspekt der göttlichen Aktivität im Prozess der Inspiration wird vom Epheserbrief betont: Gott schenkt aus der Fülle seiner Herrlichkeit *(3, 16: ploûtos tēs dóxēs)* und stärkt dadurch mit seiner Kraft *(dynámei krataiōthēnai)* durch seinen Geist *(dià toû pneúmatos)* den inneren Menschen *(tòn ésō ánthrōpon;* Eph 3, 16). Durch diese pneumatische Effizienz werden die Adressaten nach der Gebetsbitte des Epheserbriefautors „angefüllt bis zur ganzen Fülle Gottes" *(hína plērōthête eis pân tò plērōma toû theoû:* Eph 3, 19). Das Geschehen der Erfüllung erfährt in Eph 1, 23 eine ekklesiologisch-kosmische Deutung: Die *ekklēsia* ist Christi *sōma,* die Fülle *(tó plērōma),* durch die alles vollkommen erfüllt wird *(toû tà pánta en pâsin plēroumenou).*

Pneûma und *dýnamis* erscheinen so als soteriologische Wirkungen göttlicher *dóxa* und göttlichen *plērōmas,* wobei die letzteren beiden Begriffe eher den Aspekt des göttlichen Ursprungs, die ersteren eher denjenigen der menschlichen Wirkung bezeichnen. Möglicherweise hat die physische Metaphorik des *plērōma*-Begriffes seine gnostische Rezeption begünstigt. Durch sie werden die ethischen und personalen Akzente der Verhältnisses von Gott und Welt unterbelichtet, so dass Kreise, die das Geschehen zwischen Gott und Welt als durchschaubaren Mechanismus zu verstehen trachten, durch den Begriff angezogen werden mussten. „*Plērōma*" nimmt dementsprechend einen erheblichen Rang im gnostischen Denken ein. In *kosmo-gnostischen* Spekulationen wird das *plērōma* als Bezeichnung göttlicher Entitäten in verschiedener Beziehung zum Kosmos verstanden. Hinsichtlich der vermuteten Abstufungen göttlicher Energie werden verschiedene zählbare Stufen und Grade des *plērōma* unterschieden.[110] Der Be-

---

[110] In den Kosmologie der gnostischen Gruppe der Valentianer wird das *pleroma* als innerkosmischer Raum, Leib oder Bezirk vorgestellt, der als göttliche Emanation aus dreißig Äonen der Gottheit am nächsten steht und in der dualistischen Kosmologie der Valentianer dem *kénoma* entgegengesetzt ist. Die ihrer Seelen entkleideten Pneumatiker ziehen zum heilvollen Ende der Geschichte als *pneúmata noéra,* als verständige Geister, in das *plēroma,* in dem zuvor der alle göttlichen Äonen verbindende Erlöser *(sotēr)* und die Weisheit *(sophía)* als ihrem Brautgemach *(vymphōna)* zusammenkamen (Adversus haereses, 1, 7, 1; Josef Ernst, Pleroma, S. 42–44). Dieser eschatologischen Versöhnung im *plēroma* geht dessen abgeschwächte innergeschichtliche

griff bezeichnet allerdings auch in seiner gnostischen Verwendung in einer eigenartigen Spannung, die eben seine eigene Differenzierung oft hervorruft, zweierlei: Gottes immanente Fülle und deren innerweltliche Verwirklichung.

2. „plērōma und kénōsis"

Die Theologie stand seit der Mitte des zwanzigsten Jahrhunderts in der Faszination durch die göttliche Kenose. Das theologische Kunstwort „*kénōsis*" ist gebildet nach an einer kühnen Metapher aus dem Christushymnus des Philipperbriefes (2, 6–11): Der vor seiner Menschwerdung Gott gleiche Christus *entleerte sich (heautòn ekénōsen: 2, 7)*, um „wie ein Sklave und den Menschen gleich" zu werden. Menschwerdung wird hier als ein für das innere Leben Gottes selbst bedeutsames, ja gefährliches Ereignis gedeutet. In Jesus Christus *wurde*[111] Gott Mensch, indem er sich seines eigenen Gottseins begab, sich „entleerte", wie der Philipperbrief sagt.

Die Metapher von der Selbstentleerung Gottes, seiner „Kenose", wurde im 20. Jahrhundert auf zweierlei Weise interpretiert: Die Kenosemetapher wurde benutzt, um den Immanentismus des 19. und frühen 20. Jahrhunderts deutbar zu machen als eine im Handeln Gottes selber gründende *„Säkularisation"*[112]. Wenn Gott

---

Präsenz in den untereinander abgestuften verschiedenen Emanationsgestalten des *plērōma*, unter ihnen *noûs, lógos, alētheía, zoē* voraus.

[111] Karl Rahner hat mit der Emphase der *wurde*-Aussage ein absolutes Verständnis der göttlichen Immutabilität zurückgewiesen und erklärt, mit der *kénōsis* Gottes sei im Glauben eine *génesis*, ein Werden Gottes gegeben (ders., Zur Theologie der Menschwerdung Gottes, in: ders., Schriften zur Theologie, Bd. 4 (Einsiedeln 1960), S. 137–172, besonders: S. 149f.). Die Konsequenz einer absoluten Selbstauslieferung Gottes mit der Implikation des Pantheismus, der Aufhebung der Differenz von Gott und Welt und damit eines metaphysischen Dualismus vermeidet Rahner, indem er die Kenose als zwar dem Wesen Gottes gemäß, aber als dennoch aus der überlegenen Seinsfülle Gottes konzediert und bleibend von der Macht Gottes umfasst interpretiert. Zwar gibt Gott sein Wollen und Wesen in der Selbsthingabe an Welt und Menschen. Diese intentionale und auch fühlende Selbstmitteilung Gottes, die die Möglichkeitsbedingung der Rede von einem göttlichen Leiden bietet, ist weder Preisgabe des göttlichen Seins noch der ihm entsprechenden Macht.

[112] Johann Baptist Metz erklärte 1968, die Deszendenz Gottes in die Welt und seine Transzendenz über die Welt wüchsen „im gleichen Sinne" (ders., Zur Theologie der Welt, Mainz 1968, S. 24f.). Das Heilsereignis in Jesus Christus deutete er als die „Annahme" der Welt durch Gott und „ ... was Gott annimmt, vergewaltigt er nicht. Er saugt es nicht in sich hinein, er vergöttlicht es nicht in einem schlechten Theopanismus" (ebd., S. 23), sondern setzt es gerade als das gegenüber Gott andere frei und in Geltung und begründet so „die Verweltlichung der Welt" (ebd. S. 31) mit ihren Aspekten von „Versachlichung der Natur", „Entzauberung der »Mutter Erde«", Aufhebung ihrer Tabus", durch die die Welt zum „Experimentierfeld des Menschen" (S. 33) wird. Christliche Existenz vollzieht den *„descensus Christi"* nach, indem sie sich einlässt auf

selber in der Geschichte sich seines Gottseins begeben hat, so ist die Verweltlichung der Welt und das Verschwinden ihres göttlichen Gegenübers in der Menschwerdung Gottes bereits grundgelegt. In der Zurückdrängung kirchlicher Herrschaft seit der Aufklärung, im methodischen Atheismus der Naturwissenschaften, der im 19. Jahrhundert zunehmend die Grenzen des bloß Methodischen sprengte und zum weltanschaulichen Atheismus wurde, vermochten Theologen verspätete Manifestationen zu erblicken jener Entschiedenheit Gottes, nicht Gott sein zu wollen, von der der Christushymnus spricht. Darüber hinaus wurde die biblische Rede von der *kénōsis* Gottes als religiöse-theologische Antwortmöglichkeit auf die in der *Shoah* unerträglich gewordene Frage nach dem Verhältnis des allmächtigen Gottes zum unschuldigen Leiden in der Welt empfunden.[113]

In beiden genannten Fällen wurde der theo-logische *kénōsis*-Begriff als biblische Korrektur des Allmachtsbegriffes und des ihm entsprechenden Gottesbildes interpretiert: Der biblisch bezeugte Gott ist eben nicht der triumphale Pantokrator, sondern der Ursprung der Welt, der sich selbst erniedrigte, um dem Menschen die Souveränität über die Welt zu überlassen, der sich, wie Bonhoeffer formulierte, aus der Welt herausdrängen ließ bis in die Verlorenheit des verlassenen Gekreuzigten.[114] Im letzten Viertel des zwanzigsten Jahrhunderts wirkte das Bild des leidenden Gottes faszinierend auf Theologie und Verkündigung. Darüber geriet nicht selten in Vergessenheit, dass Bonhoeffer an den Stellen,

---

die „Weltlichkeit der Welt". Die Differenz von Gott und Welt wird in dieser „Theologie der Welt" nur noch thematisch als im Glauben bejahte ursprüngliche Annahme und Umfassung der Welt durch den zu ihrem Heil deszendierenden Christus, worin Metz später selbstkritisch den Preis einer „eigentümlichen Weltlosigkeit" des Glaubens erblickt, letztlich die „Selbstauflösung christlicher Vernunft in die abstrakt emanzipatorische Vernunft der Neuzeit" (ders., Glaube in Geschichte und Gesellschaft. Studien zu einer praktischen Fundamentaltheologie, Mainz 1977, S. 23). Metz konnte sich mit seiner Säkularisierungsthese von 1968 berufen auf Friedrich Gogartens Werk „Verhängnis und Hoffnung der Neuzeit" (München-Hamburg 1966).
[113] In den sechziger und siebziger Jahren betonen verschiedene Vertreter von Gott-ist-tot-Theologien den Kreuzestod Jesu als das Ende eines Theismus der Weltüberlegenheit und Allmacht Gottes. „Der leidende Gott alleine kann helfen." Das war eine der starken, nach dem Krieg ungeheuer wirksamen Intuitionen Dietrich Bonhoeffers im Tegler Gefängnis: „Die Bibel weist den Menschen an die Ohnmacht und das Leiden Gottes." (Dietrich Bonhoeffer, Widerstand und Ergebung. Briefe und Aufzeichnungen aus der Haft. Hg. v. E. Bethge, München 1970, S. 394). Der jüdische Philosoph Hans Jonas erklärt angesichts der Shoah die Unvereinbarkeit der göttlichen Attribute von absoluter Güte und absoluter Macht mit der Verstehbarkeit Gottes (Der Gottesbegriff nach Auschwitz. Eine jüdische Stimme, Frankfurt 1987, S. 37).
[114] Bonhoeffer, Widerstand und Ergebung, S. 394: „Gott läßt sich aus der Welt herausdrängen ans Kreuz."

an denen er am stärksten vom Leiden, der Selbstauslieferung und Ohnmacht Gottes spricht, gerade darin eine Manifestation der helfenden Macht Gottes erblickt: „Gott ist ohnmächtig und schwach in der Welt und gerade so und nur so ist er bei uns und hilft uns [...] Die Bibel verweist den Menschen an die Ohnmacht und das Leiden Gottes; nur der leidende Gott kann helfen."[115] Diese Hilfe Gottes ist dabei nicht paradoxal gemeint, sondern dialektisch. Bonhoeffer bestreitet nicht die Existenz göttlicher Hilfe als einer lebensbestimmenden und lebensverwandelnden Wirklichkeit. Er plädiert nicht für die Leere eines postchristlichen Nontheismus, sondern für die Überwindung (Antithese) des Theismus der Weltregentenschaft Gottes (These) als der falschen theologischen Rede von der Macht Gottes. Zur richtigen theologischen Rede von der Macht Gottes (Synthese) aber dringen Menschen nur über den atheistischen Weg der Verneinung eines falschen Theismus durch. Knapp bringt Bonhoeffer diesen Zusammenhang in die Formel: „Vor und mit Gott leben wir ohne Gott."[116]

Bonhoeffer ging es mitnichten um ein Christentum, das die Macht seines Gotteszeugnisses selbst nicht mehr ernst nehmen mag als eine Welt und Geschichte bestimmende Wirklichkeit. Es ging ihm darum, die Welt und Geschichte bestimmende göttliche Wirklichkeit als die Wirklichkeit der leidensbereiten Hingabe für den anderen Menschen zu verstehen und nicht als eine Wirklichkeit herrscherlicher Überweltlichkeit. Die Macht Gottes manifestiert sich nicht in der souveränen Verfügung der jenseitigen Ursache innerweltlichen Geschehens, sondern als die Wirklichkeit, die zur leidensbereiten Hingabe für andere Menschen inspiriert und die solche Hingabe ermöglichend trägt. Oft verwendet Bonhoeffer die einem wirklich atheistischen Ansatz vollkommen zuwiderlaufende Metapher der göttlichen Hände[117], um die stützende und tröstende Zugewandtheit des zur Liebe inspirierenden Gottes auszudrücken und damit eine Form der Wirksamkeit Gottes anzudeuten, die nicht allein als Wirksamkeit einer Idee missverstanden werden darf. Gottes inspirierende Anwesenheit stößt nicht alleine an, sondern trägt eine von ihm inspirierte Praxis so zuverlässig, dass sie die eschatologische Hoffnung auf ihre endgültige Überlegenheit begründet.

---

[115] A.a.O., S. 394.
[116] Ebd.
[117] „Nicht nur die Tat, sondern auch das Leiden ist ein Weg zu Freiheit. Die Befreiung liegt im Leiden darin, daß man seine Sache ganz aus den eigenen Händen geben und in die Hände Gottes legen darf. In diesem Sinne ist der Tod die Krönung der menschlichen Freiheit." A.a.O., S. 407.

Bonhoeffer ging es nie darum, Schwächefaszination theologisch zu sanktionieren. Seine Gefängnisbriefe zeugen im Gegenteil von einem Mann, der sich mit einem gewissen aristokratischen Stolz seiner Bedeutung als Verkündiger des in der Schwäche starken Gottes auch in den banalsten Alltagssituationen durchaus bewusst war.[118] Es ging aber eben auch nicht darum, Stärke als eine Wirklichkeit des göttlichen Parallelkosmos zu glauben. Gottes Stärke vermittelt sich sehr konkret im Handeln und Leiden der durch ihn inspirierten Menschen und wird sich eschatologisch mit der Sicherheit durchsetzen, mit der Glaubende sie als die tragende Wirklichkeit des eigenen Lebens erfahren und bekennen. Diese positive Dimension der *kénōsis*-Tradition ist im letzten Vierteljahrhundert oft verdrängt und vergessen worden. Die entscheidende Referenzstelle allen Kenosedenkens in der Christusenkomie des Philipperbriefes dagegen verbindet das Bekenntnis zur selbstgewählten Entäußerung des Gottgleichen *(kénōsis)*, zu seiner Selbsterniedrigung *(tapeínosis)* und seinem Gehorsam bis zum hingenommenen Schmachtod am Kreuz *(hypēkoos méchri thanátou:* Phil 2, 8) mit dem Zeugnis seiner göttlichen Erhöhung *(autòn hyperýpsōsen)* und Vergöttlichung in der Verleihung des Namens „über allen Namen" (Phil 2, 9*: tò ónoma hypèr pân ónoma)*: In der Erniedrigung offenbart sich die Macht Gottes in der Besonderheit ihres Wirkens. Die Selbsterniedrigung Christi, seine *tapeínosis*, wird für die Christen zum Vorbild einer Denkungsart, die für sich das Niedrige sucht, der *tapeinophrosýnē* (2, 3), in der Christen Anteil gewinnen an der sich im Leben Jesu offenbarenden Macht der Ohnmacht. Paulus argumentiert mit dieser Figur, wo er seine eigenen Narben, Folterspuren, seine Schwäche und Verfolgung als Muster der Nachahmung empfiehlt (1 Kor 4, 16: *mimētaí mou gínesthe)*, weil seine eigene Erfahrung als apostolischer Bote ihn lehrte: „Wo ich schwach bin, da bin ich stark." *(asthenô, tóte dynatós eimi*: 2 Kor 12, 10).

Diese in der Verbindung von Erniedrigung und Erhöhung sich andeutende Einheit von *kénōsis* und *plērōma* Gottes macht Bertram Stubenrauch zum Angelpunkt einer weitreichenden These zum Gott-Welt-Verhältnis: Gottes pleromatische Selbstoffenbarung in der Welt ist notwendig weltlich und deshalb, weil dem Maß und Wesen der Welt entsprechend, kenotisch. Gottes *plērōma* erscheint so in einer Epiphanie der Verhüllung „mit den Mit-

---

[118] Man denke nur an die erste Strophe des Gedichtes „Wer bin ich?" von Juli 1947: „Sie sagen mir oft, ich träte aus meiner Zelle gelassen und heiter und fest wie ein Gutsherr aus seinem Schloß." (a.a.O., S. 381).

teln der Welt".[119] In einer wesenhaft von Gott unterschiedenen Welt kann sich Gott in der Wahrheit seiner Wirklichkeit nur mitteilen, indem er sich in sein eigenes Verkanntwerden hineinbegibt. „Denn die Erniedrigung des Sohnes ist die Weise, in der Gottes Fülle welthaft zum Tragen kommt. [...] Gott will ohne Welt und ohne den Menschen nicht mehr verstanden werden. Seine Erniedrigung wird zum Pleroma des Menschen, zu dessen eschatologischer Erfüllung."[120]

Für die theologische Prinzipienlehre ergibt sich aus dieser Grundverhältnisbestimmung die Deutung der Wahrheit als Begriff zur Bezeichnung solcher sprachlicher Akte, in denen die Identität einer religiösen Gemeinschaft als der „innere Sinn" der sie tragenden Offenbarungsgewissheiten artikuliert wird.[121] Das Verhältnis von Wahrheit und Gewissheit wird dabei nicht konsenstheoretisch gedeutet, so als gälte es, Wahrheit aus der Vermittlung der vielen Gewissheiten zu ermitteln. Wahrheit wird vielmehr inkarnatorisch gedacht als die göttliche Wahrheit, die sich kenotisch in die Vielfalt der Gewissheiten gibt, aus der Menschen gleichwohl wieder verbindende Formeln der Annäherung an die ursprüngliche Wahrheit bilden müssen, damit in der Vielfalt der Zeugnisse die Einheit ihres göttlichen Ursprunges erkannt und das Missverständnis vermieden wird, als wäre das eine Bezeugte nicht die Einheit des göttlichen Ursprunges, sondern die Vielheit menschlicher Erfahrungen, die erst nachträglich kommunikativ zu hinlänglichen Einheiten des Konsenses verbunden werden müssten. Umgekehrt ist der eine Ursprung aller Aussagen, die Wahrheitsanspruch erheben können, nicht anders als in der kenotischen Gestalt auslegungsbedürftiger Erfahrungen gegeben. Daraus resultiert die Angewiesenheit der theologischen Vernunft auf das Vernehmen Gottes[122], das zugleich die unverfügbare Herkünftigkeit der Wahrheit und mit ihr die Unbegreiflichkeit Gottes und also die Analogiezität aller theologischen Aussagen respektiert[123]. Worin aber liegt die pleromatische Wahrheit einer ökonomischen Präsenz Gottes, die von Stubenrauch vornehmlich als kenotisch spezifiziert wird? Hier knüpft Stubenrauch in seiner theologischen Prinzipienlehre an die Auferstehungswirklichkeit an: Im Kerygma der Auferstehung ist das *plērōma* des

---

[119] Bertram Stubenrauch, Dialogisches Dogma. Der christliche Auftrag zur interreligiösen Begegnung, Freiburg 1995 (=QD 158), S. 29.
[120] Ebd.
[121] A.a.O., S. 37.
[122] A.a.O., S. 41–43.
[123] A.a.O., S. 46–51.

Auferstandenen im Denken der Menschen und also kenotisch gegenwärtig; dabei aber verwandelnd, befreiend und erlösend und also pleromatisch.[124] Dabei sei diese Gegenwart des erhöhten Christus nicht im Wort der Verkündigung über den Auferstandenen gefangen, sondern verfüge transzendierend noch über dieses Wort.[125] Umgekehrt bestimmt Stubenrauch Religionen als „Systeme, die personale Hingabe einfordern und als Objektivationen des religiös denkenden Geistes Ausdruck eines unbedingten Vertrauens sind"[126]. Als solche halten sie das „Material" bereit, „mit dem die kenotische Selbstzusage Gottes an die Welt [von Seiten des Menschen aus] beantwortet wird.[127]

Stubenrauchs Ansatz gleitet aus der Logik seines Interesses am interreligiösen Dialog auf die kenotische Seite der von ihm aufgewiesenen Bipolarität der kenotisch-pleromatischen Ökonomie Gottes. Es geht ihm darum, die Wirklichkeit der göttlichen Herrlichkeit in der Knechtgestalt des sich erniedrigenden Gottes zu erblicken. Darin stellt er sich einer selbstbewussten kirchlich akzentuierten Theologie der sich innergeschichtlich durchsetzenden göttlichen Herrlichkeit entgegen. Entsprechend ist das ekklesiologische Kapitel der Untersuchung Stubenrauchs angelegt[128]: Der Kirche als Heilsinstitution mit Wahrheits- und Erfolgsgarantie stellt Stubenrauch das Modell der Kirche als des sakramentalen Zeichens entgegen, das als solches die menschliche und damit auch religiös plural bestimmte Wirklichkeit der Menschen durchscheinend macht für die sich mitteilende Wirklichkeit Gottes.[129] Die pleromatische Wirklichkeit Gottes erscheint so bei Stubenrauch wesentlich als die verwandelnde Kraft des göttlichen Geistes, in der Menschen sich ermutigt und gestärkt wissen, an der kenotischen Effizienz des offenbaren Gottes darin Anteil zu nehmen, dass sie als Kirche in der Welt nicht das Programm absetzungs- und profilierungsorientierter Selbstbehauptung verfolgen, sondern kenotisch dienend von den Hecken und Zäunen sammeln, was Gott in der Dynamik seiner Selbstoffenbarung zur Fülle der Katholizität versammeln will.[130]

Stubenrauch weitet in seiner Untersuchung die Position Ulrich Körtners, der den christlichen Pluralismus der Kirchen als Ernied-

---

[124] A.a.O., S. 41f.
[125] Ebd.
[126] A.a.O., S. 68.
[127] Ebd.
[128] A.a.O., S. 157–165
[129] A.a.O., S. 165f.
[130] A.a.O., S. 164.

rigungsgestalt des kenotisch in der Welt als Gekreuzigter gegenwärtigen Christus deutet.[131] Wie bei Stubenrauch ist der Grundgedanke: Christus herrscht als der Gekreuzigte, dessen Botschaft als Auferstandener Friede und Versöhnung ist. Dieser Friede als zugesprochene Vergebung aber schafft das *skándalon* nicht aus der Welt. Dem Skandal der innerchristlichen Entzweiung nicht in einer wahrheitsorientierten Auseinandersetzung zu begegnen, lehnt Körtner als „zerstörerischen Relativismus" ab, ein Vorwurf, von dem er auch das ökumenische „Pathos der Vielheit" getroffen sieht.[132]

Anders als Stubenrauch sieht Körtner bereits in der konfessionellen Puralität die Gefahren, die Stubenrauch in der Pluralität der Religionen nicht erblickt. Maßgeblich für die optimistische Position Stubenrauchs ist sein Religionsbegriff, mit dem er sehr thomasisch die religiöse *pietas* allenthalben zu erblicken und zu attestieren vermag. Diese maßgeblich von der religionsphilosophischen Schule Bernhard Weltes inspirierte Wertung, die in der praktischen Forderung einer tätigen Liebe der Christen gegenüber den Menschen fremder Religionen gipfelt[133], bedarf einiger korrigierender Ergänzungen: Die große biblische Tradition des einen Gottes ist weder in ihrem Ursprung noch in der Hochphase ihrer religionspolitischen Durchsetzung duldsam gegenüber anderen Religionen.[134] Die christliche Verweigerung gegenüber den sakrifiziellen Staatskulten der Antike speist sich aus einem christlichen Wahrheitsethos, das sich bis in den Tod hinein zur Verweigerung gegenüber dem fremden und als falsch erkannten Kult verpflichtet weiß. Stubenrauch bestreitet nicht die Notwendigkeit eines entsprechenden Wahrheitsethos. Er betont lediglich, dass die wahrheitsgeleitete Begegnung im Dialog getragen sein muss von einer Haltung der wertschätzenden, liebenden Bejahung. In einem postmodernen geistesgeschichtlichen Kontext ist allerdings diese Haltung weniger begründungsbedürftig als die auf der Grundlage dieser Haltung angestrebte wahrheitsorientierte Auseinandersetzung mit dem Fremden, über die Stubenrauch nicht handelt. Stubenrauch betont in seiner Deutung des göttlichen *plērōma* dessen Präsens in der kenotischen Erniedrigungsgestalt. Dem entspricht die Betonung der grundlegenden Toleranz gegenüber fremden Religionen. Die *kénosis* Gottes ist allerdings Selbsterniedrigung (*tap-*

---

[131] Ulrich H. G. Körtner, Versöhnte Verschiedenheit. Ökumenische Theologie im Zeichen des Kreuzes, Bielefeld 1996.
[132] A.a.O., S. 78.
[133] A.a.O., S. 237–244.
[134] Ralf Miggelbrink, Der Zorn Gottes. Geschichte und Aktualität einer ungeliebten biblischen Tradition, Freiburg 2000, S.63–134.

eínosis), die Paulus präzisiert als Gehorsam „bis zum Tod, bis zum Tod am Kreuz" (Phil 2, 8: *hypēkoos méchri thanátou, thanátou dè stauroû*). Das Kreuz aber allein als Symbol der unbeirrbaren Liebe Gottes zu allen Geschöpfen zu deuten, hieße seinen skandalösen Charakter als Zeichen des durchlittenen Widerspruchs „wider alle Gottlosigkeit und Ungerechtigkeit der Menschen" (Röm 1, 18) zu verkennen. Die liebende Annahme des Menschengeschlechts ist die erste theologische Botschaft der Inkarnation. Als solche entspricht sie der Eindeutigkeit der Reich-Gottes-Botschaft Jesu und ihrer Illustration im Heilungs- und Vergebungshandeln des endzeitlichen Freudenboten. Die liebende Annahme des Menschengeschlechts ist das letzte Wort des Auferstandenen, dessen Friedensverheißung allen Menschen gilt. Zwischen dem ersten und letzten Wort des Heilsgeschehens in Jesus Christus ereignet sich jene Verdichtung des Konflikts um die Gottesbotschaft Jesu, die zu seiner Verurteilung und seinem Tod führt. In diesem Kontext erscheint das *plērōma* anders als in der Reich-Gottes-Verkündigung des Anfangs und in dem Friedensgruß des Auferstandenen. Das *plērōma* in seiner kenotischen Gestalt ist die dramatische Offenbarung der göttlichen Herrlichkeit in der Gestalt des angenommenen Unterliegens.

3. „*plērōma und dóxa*"

Der *plērōma*-Begriff bezeichnet eine Grenzerfahrung: Im Alltag des Lebens wirkt eine Kraft, von der geglaubt wird, dass sie göttlichen Ursprungs ist, woraus sich eschatologisch die Erwartung ihres endgültigen Obsiegens ergibt. Damit ist der *plērōma*-Begriff dem älteren Begriff der Herrlichkeit Gottes verwandt. Die *kâbôd*-JHWH ist Gottes Erscheinen in der Geschichte als der sein Gerechtigkeitsprogramm unter den Menschen Verfolgende und Verteidigende. Als solcher erweist Gott seine *kâbôd* an seinen Feinden (Ex 14, 4. 14. 18) und zeigt sich Israel als mächtiger Verbündeter, dem er als gesetzgebender Gott die „Innenseite" der eigenen Herrlichkeit offenbart (Ex 16, 7. 10; 24, 16f.), die schließlich den Tempel als Ort der göttlichen Gegenwart (Ez 10, 14), das Land Israel (Num 14, 21) und von dort aus die ganze Welt erfüllt (Jes 6, 3; Hab 6, 14). Der Begriff *kâbôd* betont die Dimensionen von Gewicht, Unterwerfung, Anerkennung und Ehre. Neutestamentlich taucht der Herrlichkeitsbegriff *(dóxa)* in eschatologisch geprägten Texten auf: Die Vollendung der Welt ist das Erscheinen der Herrlichkeit, mit der Jesus als wiederkehrender Menschensohn verbunden wird (Mt 25, 31; Mt 13, 26).

Johannes kennt darüber hinaus einen ausgesprochen präsentischen Herrlichkeitsbegriff: In Jesu Leben und Wirken wird Gottes Herrlichkeit erfahrbar (Joh 1, 14). Insbesondere die Heilungswunder sind Zeichen *(sēmeîa)* der göttlichen Herrlichkeit unter den Menschen (Joh 2, 11), die als göttliches Handeln unter den Menschen nur denen erkennbar ist, die sich ihr im Glauben öffnen (Joh 11, 40). Gottes Handeln vermittelt sich über Jesus Christus als Mitteilung der göttlichen Herrlichkeit vom göttlichen Vater an den Sohn und vom Sohn weiter an „alle Menschen" (Joh 17, 2. 6). In dieser Herrlichkeit erscheint nach Johannes Gottes innergeschichtliche Wirksamkeit als die Kraft der heiligenden Wahrheit Gottes, die wirksam wird in seinem Wort (Joh 17, 17), durch das „ewiges Leben" geschenkt wird (Joh 17, 2) als Teilhabe an der ewigen Herrlichkeit Gottes in sich (Joh 17, 24). Die Herrlichkeit ist jetzt nicht mehr einfach eine geschichtlich-zeitliche Effizienz Gottes, sondern eine solche als das Nach-außen-Treten des inneren Wesens Gottes. Die Gestalt der Heiligkeit richtet sich konsequenterweise nicht nach dem, was Menschen herrlich scheint, sondern nach dem, was aus der Wirklichkeit Gottes heilig ist. Herrlichkeit kann jetzt nicht mehr verwechselt werden mit dem, was Menschen sich in der Sehnsucht nach Macht und Reichtum als herrlich vorstellen und vielleicht auf ihre Gottheiten projizieren. Nirgendwo schärfer als in der Deutung der Kreuzigung als Verherrlichung (Joh 12, 23) bei Johannes hebt sich die göttliche Herrlichkeit deutlicher ab von dem, was normalerweise als *dóxa* erscheint.

Der griechische Begriff der *dóxa* verbindet nämlich zwei zunächst scheinbar nicht zusammengehörige semantische Felder: Zum einen dasjenige der Überzeugung als subjektiver Meinung, zum anderen dasjenige der Geltung.[135] Beide korrelieren in einer nach dem strukturellen Gegensatzpaar von *shame and honour*[136] strukturierten Gesellschaft darin, dass Geltung und Ansehen ihren Grund alleine darin haben, dass nach der Meinung *(dóxa)* der vielen oder doch zumindest der Maßgeblichen dem Angesehenen Ehre *(dóxa)* gebührt. Von diesem profanen Begriff der *dóxa* unterscheidet sich der johanneische: Die Herrlichkeit *(dóxa)* Jesu gründet nicht in der Wertschätzung *(dóxa)* möglichst aller Welt oder

---

[135] Gerhard Kittel, Der griechische Sprachgebrauch von dóxa, in: ders., ThWNT, Bd. 2 (Stuttgart 1935), S. 236–240, hier: S. 237.
[136] Ruth Benedict, Urformen der Kultur, Reinbeck 1955 (ursprünglich: Boston 1934). Ruth Benedict beschrieb das Prinzip der Erzeugung sozialer Ordnung durch Scham und Ansehen zunächst anhand der japanischen Gesellschaft während des Zweiten Weltkrieges (The Chrysanthemum and the Sword. Patterns of Japanese Culture, New York 1946).

doch zumindest der Mächtigen, sondern in der Meinung (*dóxa*) des Verherrlichenden über den Verherrlichten (Joh 17, 1): Jesus wird groß und soteriologisch effizient in der Haltung, die der Vater ihm gegenüber einnimmt. Durch sie wird Jesus zum Ereignis der göttlichen Gegenwart in der Geschichte. Diese biblische Herrlichkeitstheologie vermeidet lange vor dem monophysitisch-nestorianischen Konflikt die Einseitigkeiten der Gegner in diesem Konflikt: Alles, was sich in Jesus zeigt, ist herrlich, insofern es Offenbarung Gottes ist. Es ist aber Offenbarung Gottes als Wert begründende Wertschätzung Gottes gegenüber einer konkreten menschlichen Daseinsgestalt.

Paulus projiziert das Verhältnis von Transzendenz und Immanenz der *dóxa* auf die zeitliche Achse zwischen gegenwärtigem Anfang und künftiger Vollendung der menschlichen „Anteilhabe an der göttlichen Lebenswirklichkeit".[137] Herrlichkeit ist bei ihm schöpfungstheologisch begründet als Gottesebenbildlichkeit des Menschen (1 Kor 11, 7). Ihr eschatologisches Wesen liegt in der Angleichung des Menschen an den Auferstandenen (1 Kor 15, 49). Auf diese Weise wird eine Spannung zwischen Schon und Noch-nicht aufgebaut, die Raum öffnet für menschliche Teilhabe an der Vollendung der Herrlichkeit: Die *ekklēsía* trägt durch ihren dankenden Lobpreis der in Schöpfung und Kreuzesgeschehen offenbarten Herrlichkeit Gottes zur Vollendung der göttlichen Herrlichkeit bei, indem sie den Dank „voll macht" (*eucharistían perisseúē*: 2 Kor 4, 15). Dieser Dank schließt nicht alleine den liturgischen Lobpreis ein, sondern auch die Verherrlichung Gottes „im Leibe" (1 Kor 6, 20). Die Kreuzeswirklichkeit kennzeichnet zwar alle gegenwärtige Herrlichkeitserfahrung (2 Kor 4, 10). Darin sieht Paulus jedoch eine Einschränkung der Herrlichkeit. Zwar ist Jesus Christus auch bei Paulus das Modell der kommenden Herrlichkeit. Als Auferstandener ist er jedoch auch die Vollendung der Herrlichkeit in ewigem und überreichen und so noch nicht bekanntem Maße (Röm 8, 18; 2 Kor 4, 17).

Schon sprachlich rücken in 2 Kor 4, 17 Füllemetaphorik und Herrlichkeitsthematik zusammen. Die göttliche Herrlichkeit manifestiert in den paulinischen Briefen ihre eschatologische Effizienz, indem sie durch Gnade Menschen zur Verherrlichung Gottes und darin zur *koinōnía* verbindet. Fülle der Gnade begründet den Lobpreis und Fülle des Lobpreises vollendet die göttliche Le-

---

[137] Marlies Gielen, Von Herrlichkeit zu Herrlichkeit, in: Rainer Kampling (Hg.), Herrlichkeit. Zur Deutung einer theologischen Kategorie, Paderborn 2008, S. 79–122, hier: S. 119.

bensfülle als den Ursprung, der in Schöpfung und Vollendung alles zu sich zieht.

Paulus vertritt ein dramatisches Erlösungsverständnis. Sein Denken vermittelt Gegenwartswahrnehmung und eschatologische Erfahrung der Fülle auf der Grundlage hyperbolisch beschworener Fülleterminologie: Die Gegenwart wird von der göttlichen Fülle (*perisseía*) erfüllt (*perisseúein*).[138] Die antagonische Sündenmacht wird in der Überfülle der Gnade in ihrer Mächtigkeit aufgehoben.[139] Gottes herabsteigende Herrlichkeit überwindet alle Drangsale (2 Kor 4, 16–18)[140] und begründet ein Übermaß an Freude (*chará*)[141] und Tröstung (*paráklēsis*)[142] als das „eigenste Werk" Gottes. Diesem göttlichen Indikativ entspricht der apostolische Imperativ: „Freut euch im Herrn zu jeder Zeit! Noch einmal sage ich: Freut euch!" (Phil 4, 4).

Der Apostel verweigert sich den wohlfeilen theologischen Separationen, nach denen das Missverhältnis zwischen der geglaubten göttlichen Fülle und der Armut und Dürftigkeit des erfahrenen Lebens auflösbar wäre entsprechend den Begriffspaaren Innen und Außen, Diesseits und Jenseits, Gegenwart und Zukunft, Kirche und Welt. Gottes Heil erweist sich gerade darin als machtvoll, dass es sich in der offensichtlich von anderen Mächten bestimmten Gegenwart durchsetzt. Die Sündengegenwart ist keineswegs Hinweis auf die Abwesenheit Gottes in der Welt, sondern im Gegenteil Medium seiner Manifestation. An der Sünde erweist sich die überlegene Macht der göttlichen Vergebung als Welt und Leben zum Guten verändernde *dýnamis*. Ein Verständnis von Rechtfertigung als ausschließlich futurisch-forensisch offenbares Geschehen sieht Michael Theobald als für den jüdischen „Erwartungshorizont" des Paulus nicht nachvollziehbar an. Gottes *dikaiosýne* als offenbar gewordene (Röm 1, 17) umschließt *sōtēría*, *zōē* und *dóxa*[143] als in der Gegenwart machtvolle Wirklichkeiten.

Dass dieser Anbruch der Gottesherrschaft in der „überströmenden Gnade" nicht mit der Entmachtung des Todes einhergeht und

---

[138] Michael Theobald beschreibt das Motiv der verwandelnden göttlichen Fülle (*perisseía*) anhand von Röm 5, 12–21 und 2 Kor 3f. (ders., Die überströmende Gnade. Studien zu einem paulinischen Motivfeld, Würzburg 1982). Paulus deutet die eigene Gegenwart mit dem „Modell des paradoxalen Ineinander": Mit der wachsenden Macht der Sünde wird das besiegende Übermaß der vergebenden göttlichen Gnade offenbar (S. 234–240).
[139] A.a.O., S. 129–166.
[140] A.a.O., S. 225–232.
[141] A.a.O., S. 261f.
[142] A.a.O., S. 266–274.
[143] A.a.O., S. 342f.

auch die offenkundigen Zeichen der körperlichen und intellektuellen Glanzlosigkeit des Apostels nicht aufgehoben sind, weist der Apostel als Einwand gegen seine präsentische Theologie der gegenwärtig wirksamen göttlichen Herrlichkeit zurück (2 Kor 10–12). Körperliche Schwäche und Glanzlosigkeit der Erscheinung und Rede werden ihm vor dem Hintergrund der epistemologischen Ereignisse von Kreuzigung des Gerechten und seiner göttlichen Erweckung zu paradoxalen Ausweisen der eigenen Stärke: „Deswegen bejahe ich meine Ohnmacht, alle Misshandlungen und Nöte, Verfolgungen und Ängste, die ich für Christus ertrage; denn wenn ich schwach bin, dann bin ich stark." (2 Kor 12, 10)[144]

Prinzip der göttlichen Wirksamkeit in der Welt ist der ausschenkende Reichtum Gottes (Röm 9–10), seine Herrlichkeit (2 Kor 4) und „überströmende Liebe", die in denen, die sich ihr öffnen, Freude und fröhliche Geberbereitschaft für die Not der anderen wecken (2 Kor 8, 1–9).[145] Paulus ist so ein Theologe der göttlichen Überfülle, die als erlebte und erfahrene menschliches Handeln verändert, indem sie Freude bewirkt und die Bereitschaft, anderen aus der eigenen empfangenen Fülle auszuteilen. Rechtfertigung wird als unmittelbar gegenwärtiger Gabezusammenhang erlebt, der lebensförderndes Geben bewirkt.

4. plērōma in der Lehre von den göttlichen Eigenschaften

In der Lehre von den göttlichen Eigenschaften stehen zwei Grundpositionen einander gegenüber. Die eine Position geht davon aus, dass ungeachtet der Möglichkeit einer durch die Offenbarung erschlossenen, weitergehenden Erkenntnis Gottes eine Erkenntnis des Daseins Gottes und darin eingeschlossen bestimmter Eigenschaften auch außerhalb der jüdisch-christlichen Gottesoffenbarung möglich ist.

Die andere Position geht davon aus, dass „Gottes Dasein und sein Wesen nur unter der Voraussetzung seines Selbsterweises aussagbar ist"[146]. Diese offenbarungstheologische Tradition kann sich auf Hermann Cremers engagierte Schrift „Die christliche Lehre von den Eigenschaften Gottes"[147] berufen.

Das engagierte Votum für eine offenbarungstheologische Lehre von den Eigenschaften Gottes erhält Berechtigung und Schlagkraft dadurch, dass es eine in der lutherischen Orthodoxie ebenso

---
[144] A.a.O., S. 342.
[145] A.a.O., S. 277–302.
[146] Magnus Striet, Offenbares Geheimnis. Zur Kritik der negativen Theologie, Regensburg 2003, S. 224f.
[147] Gütersloh 1897, ²1917.

wie der Neuscholastik verbreitete Deutung der prärevelatorischen Gotteserkenntnis im Sinne der aristotelischen *prima causa* überwindet. Wo die kosmische Ursächlichkeit Gottes zum archimedischen Punkt der Eigenschaftslehre gewählt wird, kommen Philosophie und Theologie zwar zu einem schlüssigen und begründbaren System der göttlichen Eigenschaften.[148] Dieses System ist allerdings so hermetisch, dass es für die Deutung bestimmter biblisch bezeugter göttlicher Eigenschaften keinen Raum lässt, ja, bestimmte biblisch bezeugte Eigenschaften sogar undenkbar macht.[149] Welchen Sinn sollte Gottes Allmacht haben, wenn Gott als absolut vollkommener Schöpfer auf die ihm gemäß vollkommene Weise die Welt geschaffen hat? Handelt es sich dann bei dem Begriff der Allmacht nicht eher um die bildliche Umschreibung der ewigen Vollkommenheit Gottes? Wie sollte so etwas wie ein göttliches Leiden oder gar Zürnen vernünftig denkbar sein? Das System der Herleitung aller göttlichen Eigenschaften aus der Erstursächlichkeit Gottes bindet die Gotteslehre in ihrer hermeneutischen Grundlegung an eine kosmologische Philosophie, die mit Kants Kopernikanischer Wende und Wittgensteins *linguistic turn* ihre unmittelbare Überzeugungskraft eingebüßt hat.

Die radikal offenbarungstheologische Eigenschaftslehre steht allerdings vor schwerwiegenden Problemen: Von welcher Wirklichkeit werden die biblischen Eigenschaften Gottes prädiziert? Diese Frage ist umso drängender, als das biblische Zeugnis zu Wesen und Eigenart Gottes vielgestaltig und nicht widerspruchsfrei ist. Ist Gott in sich immer so anders wie Gott je anders erscheint? Wie kann Gott dann aber „ein unbeirrbar treuer" (Dtn 32, 4) sein? Wie kann dann überhaupt von dem *einen* Gott, von „*JHWH ächâd*" (Dtn 6, 4) gesprochen werden?

Karl Barth wählte in seiner Eigenschaftslehre die Freiheit als den Dreh- und Angelpunkt.[150] Gott muss als frei gedacht werden, wenn das Ereignis, der Akt und das Leben, in denen die Wirklich-

---

[148] Sehr schlüssig entfaltet Walter Brugger das traditionelle System der Eigenschaften Gottes im Ausgang von der Erfahrung der kontingenten Welt über den Schluss auf eine absolute Ursache und die sich für diese notwendig ergebenden Eigenschaften der Seinsfülle und Kontingenzenthobenheit (Wilhelm Brugger, Summe einer philosophischen Gotteslehre, München 1979).

[149] Nachgerade „klassisch" ist die Auseinandersetzung mit der *immutabilitas*-Lehre, die mindestens im Falle der göttlichen Impassibilität den Widerspruch aller derer hervorrief, die dem biblisch bezeugten Leiden Gottes nicht metaphysisch seine Möglichkeitsbedingung absprechen wollten; eine späte summierende Würdigung bei: Jürgen Werbick (ders., Gott verbindlich. Eine theologische Gotteslehre, Freiburg 2007, S. 351–361).

[150] Karl Barth, Kirchliche Dogmatik, a.a.O., S. 288–361.

keit Gottes offenbar ist, mehr und anderes sind als kontingenter Natur. Vom Begriff der Freiheit her bestimmt Barth den des Geistigen: Gottes Geistsein ist die Gestalt seines Freiseins.[151]

Auch Thomas Pröpper sucht einen hermeneutischen Angelpunkt für die biblische Eigenschaftslehre und findet ihn ganz ähnlich wie Barth in der Lehre von der göttlichen Freiheit, die in Gott das absolute Subjekt entdeckt.[152] Wo diese Bestimmung Gottes als des absoluten Subjekts nicht auf die Vergöttlichung der Willkür hinauslaufen soll, bedarf es einer weiteren Bestimmung. Barth leitet diese aus dem Begriff des Geistigen ab. Geist verwirklicht sich nicht als Willkür, sondern in der Treue gegenüber der Einsicht. Welche Einsicht aber sollte Gottes Freiheit binden, wenn nicht alleine die Einsicht in sein ewiges Sein und Wesen, das sich in seinem Handeln manifestiert? Magnus Striet lässt deshalb seine Skizze einer Eigenschaftslehre in der Einsicht münden: „Gott ist in seinem unbedingten Liebeswillen unveränderlich, bis in die Selbsthingabe am Kreuz und bis in sein eschatologisches Werben hinein."[153] Will man diese göttliche Liebe noch einmal innergöttlich begründen, ist der Schritt zur Trinitätslehre naheliegend.

Entgegen einer solchen Verabschiedung der natürlichen Gotteserkenntnis plädiert Wolfhart Pannenberg für deren dialektische Aufhebung im geoffenbarten Gottesbegriff. Auch bei Pannenberg gipfelt die Lehre von Gott in der Einsicht, dass Gott Liebe ist. Diese Einsicht aber erschließt sich nach Pannenberg durch die Offenbarung als die „konkrete Gestalt" des göttlichen Wesens.[154] Hinsichtlich der theologischen Erkenntnisordnung ist diese Differenzierung sehr bedeutsam: Was Liebe ist, ist nicht sicher und fest gegeben als der menschliche Ausgangspunkt der Gotteserkenntnis, der kurzschlüssig identifiziert werden könnte mit der innertrinitarischen Liebe Gottes in sich. Was Liebe ist, muss im Prozess der gnadenhaften Transformation des gläubigen Subjekts, das insofern erst im Prozess seiner Gottesbegegnung *wird*, entdeckt und realisiert werden. Der Prozess dieser Realisation der göttlichen Liebe im Leben des auf Gott bezogenen Menschen verändert das

---

[151] Karl Barth, a.a.O., 299: Geist bedeutet Unabhängigkeit von der Materie, der gegenüber der Geist das Prinzip der Tat ist, in der sich die Freiheit manifestiert: „*quo quid spiritualis est, eo magis activum est.*"
[152] Den Aufweis „einer freien, von Welt und Mensch verschiedenen göttlichen Wirklichkeit" hält Thomas Pröpper für „die Minimalbestimmung", von der „aussagenlogisch" die geschichtlich offenbarten „Eigenschaftszuschreibungen" prädiziert werden. (Thomas Pröpper, Evangelium und freie Vernunft. Konturen einer theologischen Hermeneutik, Freiburg 2001, S. 317).
[153] Magnus Striet, a.a.O., S. 260.
[154] Wolfhart Pannenberg, Systematische Theologie, Bd. 1 (Göttingen 1988), S. 429.

Subjekt der Gotteserkenntnis biographisch-progressiv und mithin auch die dem Subjekt eigene Gotteserkenntnis. Wo Liebe als fixer Ausgangspunkt der Rede von Gott gewählt wird, droht dieser Zusammenhang und mit ihm der Begriff der Liebe banalisiert zu werden. Es ist sinnvoll von einer *analogia fidei* zu sprechen, weil Gott in der Offenbarung seines liebenden Wesens für den erkennenden Menschen zur Herausforderung wird, sich dem überlegenen Gegenstand seiner Erkenntnis anzugleichen und darin über sich selbst hinauszuwachsen. Der Geheimnischarakter Gottes wird so biographisch-extensional gesteigert erlebt und kann nur so zur Grundlage einer die Offenheit der menschlichen Freiheitsgeschichte umfassenden Glaubensbeziehung zu dem *einen* Gott sein.

Wo aber Gotteserkenntnis derart gnadenhaft progressiv gedacht wird, bedarf es eines Anfangsbegriffes der Gotteserkenntnis, der durch einen denkbar geringen Grad gnadenhafter Transformation gekennzeichnet ist. Vor dem Wirksamwerden von Gnade und Offenbarung, so Pannenberg, wird Gott als der Unendliche erkannt. Darin ist der Begriff der Freiheit als Abwesenheit von Fremdbestimmung impliziert.[155] Im Begriff des Unendlichen sieht Pannenberg denjenigen des Heiligen eingeschlossen: Heiliges bedeute in allen Kulturen das religiös Abgesonderte. Abgesondert von allem Endlichen aber sei die Wirklichkeit, die dem Konnex alles Endlichen mit allem Endlichen enthoben ist.[156] Der so bestimmte Begriff der Endlichkeit fällt mit demjenigen der Kontingenz zusammen. Die klassische Proslogion-Formel von Gott als der Wirklichkeit „*quo maius cogitari nequit*" kann transzendentallogisch als Erfahrung der göttlichen Unendlichkeit in ihrer Relevanz für den Endlichen rekonstruiert werden: Das vom Endlichen *per definitionem* geschiedene Unendliche ist nicht eben wegen seiner Geschiedenheit für den Menschen uninteressant, sondern begründet als absolute Unendlichkeit die relative Unendlichkeit des je seine Grenzen übersteigenden Menschen, der als *capax infiniti* erst zu einem solchen wird. Damit ist die Wirklichkeit erreicht, die Karl Rahner im Anschluss an Joseph Maréchal als „Vorgriff" bezeichnete: In allen geistigen Vollzügen verwirklicht sich der Mensch als geistiges Wesen und mithin als Mensch, indem er über alles Bekannte hinaus auf Unbekanntes *vorgreift*.[157] Wolfhart Pan-

---

[155] Wolfhart Pannenberg, Systematische Theologie, a.a.O., S. 430 unter Berufung auf Schleiermacher: Unendliches ist durch den Gegensatz zum Endlichen als von anderem her Mitbestimmten bestimmt.
[156] Ebd.
[157] Karl Rahner, Geist in Welt, II. Teil, § 7: Hier wird der thomasische „*excessus*" als für die menschliche Geistigkeit konstitutiver „Vorgriff" beschrieben auf das „*esse in-*

nenberg beschreibt diese transzendentale Offenheit des Menschen als „Weltoffenheit". *Welt*-offenheit ist sie, insofern sie ihre primären Objekte in der Welt findet. Offenheit aber ist sie als in der Gottebenbildlichkeit beschlossene Offenheit des Menschen für die Gotteswirklichkeit.[158]

Die Rahnersche Deutung des das Subjektsein konstituierenden transzendentalen Vorgriffs als eines *excessus* aus der Endlichkeit der Welt auf die Wirklichkeit Gottes hin hat in Bezug auf die theologische Gotteslehre zu einer starken Betonung des Geheimnischarakters der Gotteswirklichkeit geführt. Es ist klar: Wenn der Seinshorizont alle Erkenntnis dadurch ermöglicht, dass er das menschliche Fragen und Suchen in die Unendlichkeit hineinzieht, dann muss dieser Horizont selbst ewig und unaufhebbar Geheimnis bleiben. Die Gefahren dieser theologischen Logik liegen heute offen zu Tage: Wo die Absolutheit des göttlichen Geheimnisses betont wird, droht die theologische Gottesrede undifferenziert, ja desinteressiert zu werden, bleibt doch alles theologische Reden umfasst von dem Bekenntnis, letztlich nichts zu wissen.[159] Dieser theologischen Gefahr entspricht die anthropologische Gefahr der exklusiven Konzentration auf den Subjetkbegriff. Die transzendentale Denkfigur geht ja seit Kant von einem Subjekt aus, das sich in der Reflexion auf sich selbst als an den Gegenständen der Welt erkennend und handelnd erfährt. Rahner selbst hat begriffen, dass damit ein Mensch beschrieben wird, für den Erkennen immer das Erkennen dessen ist, worüber er verfügt.

Beide im transzendentalen Ansatz beschlossenen Gefahren korrelieren in einer theologischen Entwichtigung der Welt. Hatte die mittelalterliche Theologie Gott unmittelbar mit der Schönheit und Güte der Schöpfung in Verbindung bringen können, so droht einer transzendentalen Theologie des Subjekts, dass sie alleine im Erkennen und der Freiheit des Menschen eine Brücke zur Gotteswirklichkeit sucht, von der sie aber angesichts der Dummheit, der Schwäche und Bosheit des Menschen sagen muss, dass diese Brücke kaum begehbar ist. Ein gewisser, Eschatologie-fixierter, resig-

---

finitum, das im Vorgriff als real gesetzt wird. Rahner beruft sich hierbei ausdrücklich auf das anselmische Proslogion.

[158] Wolfhart Pannenberg, Anthropologie in theologischer Perspektive, Göttingen 1983, S. 40–76.

[159] Karl Rahner hat diese Gefahr deutlich gesehen und nachgerade klassisch beschrieben als bei „Spießbürgern und Banausen" zu befürchtende „Schnoderigkeit und Managertum", die einem „legalistischen Institutionalismus" zuarbeiteten (Karl Rahner, Vom Offensein für den je größeren Gott, Schriften zur Theologie, Bd. 7 (Einsiedeln 1966), S. 32–53, hier: S. 51f.)

nativer Grundton der gegenwärtigen Theologie scheint unter diesen Umständen unvermeidbar.

Das theologische Gedächtnis der pleromatischen Lebensfülle erscheint hier als ein Ausweg. Auch die göttliche Fülle lässt sich als das Woraufhin der menschlichen Transzendenz denken. Allerdings impliziert der Begriff nicht die Entwichtigung aller erkannten Wirklichkeit zum bloßen Medium einer unbestimmt bleibenden Gottesahnung. Vielmehr bezeugt der Begriff die in der Gotteswirklichkeit selbst begründete Werthaftigkeit, Schönheit und Güte des Vielen, das erkannt wird. Das Viele der Welt ist nicht alleine dazu da, in einer asketischen Bewegung überwunden zu werden, um zu dem einen Grund zu gelangen. In der Ankunft bei dem Glauben an den einen Grund bezeugt der biblische Begriff des *plērōma* diesen Grund als den einen Ursprung des Vielen in seiner Vielheit, als die Quelle einer lebendigen Pluralität, die als solche denjenigen, der sie erkennt, auf die freudige Affirmation dieser Vielheit verpflichtet. Im biblischen Begriff des *plērōma* wird aus der biblischen Tradition heraus eine Perspektive auf den transzendenten Grund menschlicher Weltoffenheit vorgeschlagen, der die abstraktive Leere der transzendentalen Reflexion überwindet und plastisch und lebensnahe die Einsicht vermittelt, dass die auf die Erkenntnis von allem eröffnende Wirklichkeit zunächst in einem transzendentalen Sinn der Ursprung aller Wirklichkeit als erkannter ist. Will man aber darüber hinaus die Prämisse akzeptieren, dass mit der sich in der Erkenntnis vollendenden Erkennbarkeit die *pars potior* des Seinsbegriffs gegeben ist, dann mag man geneigt sein, den Ursprung der Erkennbarkeit alles Seienden als den Ursprung des Seins in seiner Erkennbarkeit und damit als den Ursprung des Seins zu behaupten. Diese im Kern idealistische Schlussfolgerung lässt sich lebensweltlich plausibilieren durch die schlichte Reflexion, dass die Vorstellung eines Seins jenseits der Erkennbarkeit nicht vollziehbar ist. Transzendentalpragmatisch kann man aus der Nichtvollziehbarkeit einer Einsicht auf deren Irrationalität schließen. Bedenkt man weiter, dass es jenseits der Annahme der Rationalität weder Erkenntnis noch erkannte Welt geben kann, ja, dass selbst die Annahme einer irrationalen Wirklichkeit irrational ist, so wird die Annahme einer prinzipiellen Identität von Sein und Erkennen zu einer Annahme, ohne die menschliches Erkennen und transzendentale Selbstbegründung nicht möglich sind. Damit aber wäre der Schluss von der Denknotwendigkeit der erkenntnisbegründenden Fülle auf deren Sein zwingend.[160] In der Tat führt der objektiv-idealistische Ge-

---

[160] Karl Rahner hat an dieser Stelle mit der Affirmativität menschlichen Erkenntnis-

danke, den Hösle aus einer transzendentalen Kritik der Apelschen Transzendentalpragmatik entwickelt, mindestens an die Schwelle eines rationalen Aufweises der vernünftigen und freien Seinsfülle als rationaler Denknotwendigkeit.[161]

5. Gottes *plērōma* als der Grund der Gerechtigkeit

Wo mit Wolfhart Pannenberg der anselmische Begriff der Unendlichkeit als ein angemessener Begriff zur Beschreibung der religionsbegründenden transzendentalen Offenheit und Dynamik des Menschen akzeptiert wird, da besteht die Chance, dass die transzendentale Dynamik nicht primär gedeutet wird als eine Dynamik des Überstieges, sondern als eine Dynamik der Zuwendung. Diese Präzisierung ist durchaus im Sinne Rahners, der in seinem Grundlagenwerk „Geist in Welt" den *excessus* immer mit der *conversio ad phantasma* verknüpft denkt. Die *conversio ad phantasama* ist dabei für ihn keineswegs nur eine erkenntnistheoretische Notwendigkeit. Rahner denkt hier wie immer in einer Einheit von Philosophie und Theologie: Der theologische Grund der menschlichen *conversio ad phantasma* ist die göttliche *conversio ad creaturam*. Die göttliche *conversio ad creaturam* offenbart sich in der theologischen Wirklichkeit der Schöpfung und in der Inkarnation. Ihr dient die Kirche mit ihrer ganzen Existenz, wo sie in leiblichen Zeichen Menschen in deren leiblicher Lebensgeschichte ihrer Verbundenheit mit dem Ursprung und Ziel des Lebens in seiner Vielgestalt und zustimmungswürdigen Schönheit versichert. Die Kirche ermutigt deshalb zur existentiellen Hinwendung zu den Sinnenbildern des Daseins, weil Gott sich in seiner Hinwendung zu dieser Welt der Lebendigen definiert hat.

Auch dieser Gedanke lässt sich objektiv-idealistisch fassen: Kann es irgendeine Erkenntnis ohne die Voraussetzung der Erkennbar-

---

handelns argumentiert. Alle Erkenntnis ziele auf Zustimmung und könne deshalb schwerlich durch einen *excessus* auf die Leere der Unbestimmtheit ermöglicht werden (Grundkurs des Glaubens, a.a.O., S. 43ff.). Hösles transzendentalpragmatische Letztbegründung (ders., Die Krise der Gegenwart und die Verantwortung der Philosophie, München ³1990, S. 1152–1159) rückt die Rahnerschen Gedanken aus der Sphäre der existentiellen Reflexion auf die Notwendigkeit einer Sinnaffirmation im Leben in die harte transzendentalpragmatische Argumentation: Die Affirmation des Seins als seiend und vernünftig und mithin des in der Erkenntnisdynamik vorausgesetzten Grundes von Sein und Vernunft ist nicht alleine eine Frage sinnerfüllten und verantworteten Lebens, sondern eine Frage der Möglichkeitsbedingung von Vernunft, die ihren Namen verdient, überhaupt.

[161] Stefan Heinemann, „nämlich daß die Stunde da ist, aufzustehen vom Schlaf". Perspektiven einer intersubjektiv-idealistischen Theologie vor den Herausforderungen der Postmoderne, Essen (Univ.-Diss.) 2008.

keit und irgendeine Erkennbarkeit ohne die rationale Affirmation erkennbarer Wahrheit und der Existenz zustimmungsfähiger Güte geben? Ist es so nicht eine intellektuelle Grunderfahrung, dass das Verstehen der Welt mit der Zustimmung zur Welt als vernünftig und mit der Wahrnehmung ihrer Schönheit einhergeht? Einem solchen wirklich umfassend rationalen Erkennen im Sinne einer Zustimmung zum äußerst Zustimmungswürdigen steht in unserer wissenschaftlichen Welt ein strategisch segmentierter Vernunftgebrauch entgegen, der das in der Erkenntnis als so-und-so-seiend Bejahte immer nur unter dem Aspekt seiner Dienlichkeit im Hinblick auf gesetzte Zwecke bejaht. Nichts wird mehr im Hinblick auf eine fundamentale, sich zeigende Güte hin verstanden, sondern immer nur im Hinblick auf das, was gut ist für die vom Erkennenden zugrundegelegten Zwecksetzungen. In dieser strategischen Segmentierung der Vernunft verbirgt sich der vernünftelnde, den vernunftparalytische pragmatische Selbstwiderpruch, dass als letzte Bezugsgröße vernünftiger Entscheidung gesetzt wird, was selbst nicht mehr rational begründbar ist.[162]

Sowohl das metaphysische Ursachendenken als auch das neuzeitliche Subjektdenken fragen vom Vielen der Welt nach der Einheit entweder des Ursprunges der Welt oder ihres sinnstiftenden Zentrums im Denken und Handeln des Subjekts. Die Postmoderne kritisiert den darin beschlossenen Monismus als Intoleranz und Gewalt verursachenden Monotheismus oder als intellektuellen Reduktionismus der Subjektphilosophie und fordert die Anerkenntnis der Ursprünglichkeit des Vielen, wie sie in den Polytheismen der Antike gegeben gewesen zu sein scheint.

Der Vorwurf gewinnt da Schärfe, wo die Bestimmtheit des biblischen Begriffs vom *einen* Gott durch den Begriff der Gerechtigkeit ignoriert wird. Wird diese fundamentale Bestimmung des Gottesbegriffs verkannt, kann der Begriff vom *Einen* in den Verdacht geraten, das Viele zu gefährden. Wird allerdings die göttliche Gerechtigkeit als das Modell allen menschlichen Wohlwollens darin erblickt, dass der Eine von sich aus das Viele will, muss der Begriff des *einen* Gottes nicht als die Aufhebung des Vielen missverstanden werden, sondern kann als Ursprung, Bestätigung, ja, als Rettung des Vielen verstanden werden.

---

[162] An dieser Stelle muss ein Hinweis darauf erlaubt sein, dass das Ausmaß taktischer Überlegungen im Kontext von Diskussionen über die wissenschaftliche Selbstbehauptung der Theologie an den Universitäten im allerhöchsten Maße beunruhigend ist. Selbstbegründung kann nicht durch die Setzung strategischer Ziele ersetzt werden, auch wenn eine entsprechende Setzungsrationalität sich noch so häufig auf Niklas Luhmann als den Ahnherren der sektoriellen Rationalität beruft.

Dass nämlich das Viele dem Vielen gefährlich wird, lehrt die alltägliche Erfahrung: In der ungeordneten Herrschaft des Vielen setzt sich mit der Unbändigkeit des Chaos durch, was stärker und überlegen ist. Der gepriesene metaphysische Pluralismus der Neo-Polytheisten korreliert als scheinbarer Appell zur Toleranz gut mit der der evolutionistischen Metaphysik der Verdrängung des Schwachen und Nicht-Überlebensfähigen. Die kulturelle Koexistenz postmoderner Toleranz mit der Anthropologie des *homo oeconomicus* illustriert den hier gemeinten Verdacht. Ökonomisch illustriert die zunehmende Verdrängung der wirtschaftlichen Vielfalt durch den Monismus der großen ökonomischen Systeme die hier behauptete Abhängigkeit der Vielfalt von der Bereitschaft ihrer normativen Affirmation. Vielfalt als die Anwesenheit des Anderen als eines solchen hängt von der nicht selbstverständlichen Affirmation des Anderen um seiner selbst willen ab und stirbt mit dem Mythos einer lediglich naturwüchsigen Pluralität, weil dieser Mythos die Notwendigkeit der willentlichen Affirmation dessen, was natürlicherweise eben nicht erstrebt wird, verdrängt. Zwar bringt die Natur evolutiv das Viele hervor. Wo sich aber das um seine genetische Überlebensfähigkeit ringende Lebewesen bewusst auf diese Vielheit bezieht, drängt der natürliche Impuls nicht zur Achtung der Vielfalt, sondern zu dessen Überwindung in der Selbstbehauptung des einzelnen Lebendigen.[163]

Das metaphysische Prinzip der biblischen Gottesprogrammatik des Schutzes der Schwächeren lässt sich beschreiben als der göttliche Wille, dass das Viele sei. Wo die Scholastik die Seinsanalogie bis zu einem letzten allgemeinen Gottesbegriff vorantreibt, spricht sie von Gott als dem *ipsum esse subsistens*[164]. Das klingt für moderne Ohren höchst reduktionistisch, wird doch hier das Sein als die allergemeinste Eigenschaft ausgemacht, die eben deshalb nicht nur allen Seienden, sondern auch dem seienden Gott zukommen muss. Die Scholastik dachte allerdings das Sein nicht als eine rein formale Kopula zwischen zwei Wirklichkeiten, sondern als den

---

[163] Der 97. Psalm verknüpft diese Sehnsucht des natürlichen Menschen im evolutiven Prozess mit dem Bekenntnis zur sorgenden Zugewandtheit Gottes: „Fallen auch tausend zu deiner Seite, dir zur Rechten zehnmal tausend, so wird es doch dich nicht treffen."
[164] Sth, I, q. 12, a. 4: In der realontologischen Fassung des gedanklichen Regressus zur alles gründenden Wirklichkeit beschreibt Thomas hier eine Dreistufigkeit der Seinsform: Das körperliche Seiende *ist* durch das Dasein der Materie, durch die es als Individuum möglich wird. Die geistigen Wesen *sind*, insofern sie an der Verstehbarkeit des Seins selbständigen Anteil haben. Gott *ist*, insofern er die Verstehbarkeit des Seins selber ist, also das *ipsum esse* als *subsistens* und als *actus purus*. Klaus Müller zeigt die widerspruchsfreie Denkbarkeit der thomasischen Ontologie auf (ders., Glauben – Denken – Fragen, Bd. 2 (Münster 2008), S. 755–757).

realisierenden Grund jeder konkret begegnenden Wirklichkeit. Das selbst subsistierende Sein ist deshalb konsequenterweise gedacht als die Fülle aller möglichen und wirklichen Seienden, als welche es eben metaphysisch nachvollziehbar der Ursprung aller wirklichen und darüber hinaus aller möglichen Vollkommenheiten und mithin alles Seienden und Werdenden sein kann. Die Scholastik reflektierte den Zusammenhang zwischen der Fülle des Seins als dem Ursprung von allem und damit des Vielen mithilfe der Kategorie der Ursache. Die Kategorie der Ursache setzt bei einem frei Verursachenden die Haltung des Wohlwollens dann voraus, wenn das Verursachte wirklich anderes und somit Moment des Vielen sein können soll. Ansonsten wäre das Viele immer nur Aspekt und Moment an der einen Ursache. Die Gerechtigkeit Gottes erscheint deshalb der scholastischen Theologie als Ausdruck des göttlichen Wohlwollens gegenüber allem, was ist.

Dieser Begriff der göttlichen *benevolentia*, der die *benedictio* als elementare Form biblisch geprägter religiöser Kommunikation entspricht, ist zu präzisieren als das ursprüngliche *Wohlwollen*, mit dem Gott das Sein aller seiner Geschöpfe will. Ein solches Verständnis göttlicher Gerechtigkeit vermeidet die Probleme, die Luther philologisch mit der Wiederentdeckung des kontextuellen Sinns der paulinischen Rede von der Gerechtmachung *ex auctoritate biblica* löste[165]: Nicht alleine biblisch, sondern auch philosophisch kann der Begriff der Gerechtigkeit nicht nur als tugendhaftes Prinzip der ausgleichenden Reaktion bestimmt werden. Ihm liegt vielmehr die Haltung des ursprünglich setzenden Wohlwollens gegenüber allem, was ist, zugrunde. Alle Formen der Gerechtigkeit, sowohl die austeilende *(iustitia distributiva)* als auch die ausgleichende *(iustitia commutativa)* basieren auf der Grundnorm, jedem Menschen gebühre prinzipiell Gleiches. Die Einsicht in diese Grundnorm aber verdankt sich der Einsicht in das schöpferische Handeln Gottes, der allen seinen Geschöpfen das Leben gönnt, sie segnet und ihnen damit zuspricht, dass sie sein sollen und allen anderen Menschen als seinsberechtigt gelten sollen.

Benevolenz fordert von sich aus notwendig nicht nur die Affirmation des Einzelnen und Besonderen, sondern sie fordert von den Einzelnen und Besonderen, dass sie ihre Mitgeschöpfe achten. Das ursprüngliche Wohlwollen Gottes, insofern es sich auf *alle* Geschöpfe bezieht, fordert von den Geschöpfen deren Wohlwollen gegenüber den anderen Geschöpfen. Der wohlwollende Gott wen-

---

[165] Martin Luther, In epistolam Pauli ad Galatas commentarius, WA 2, S. 443–618, hier: S. 503, 34–37.

det sich in bedingter Negation gegen seine Geschöpfe, wo diese sich der Achtung der Mitgeschöpfe verweigern. Damit aber ist die göttliche Gerechtigkeit in einer Weise als das Prinzip seiner rechtfertigenden Gnade verstehbar, deren rechtfertigende Dramatik darin besteht, dass in ihr das göttliche Wohlwollen verbunden ist mit dem göttlichen Ringen darum, dass in den Geschöpfen ein menschliches Wohlwollen füreinander wachse.

Wo dieser klassisch metaphysische Zusammenhang verdrängt oder vergessen wird, kann der eine Gott als Bedrohung des Vielen verstanden werden. Das Modell des Einen nämlich ist das eine Subjekt mit seinem verfügenden Willen, der das Viele immer unter das Joch des Besonderen zwingt. Wo aber das Eine nicht einfach als subjekthafter Wille gedacht wird, sondern als Wille, der in der Welterfahrung erlebt wird als das Prinzip jeglichen Seins und damit als das Prinzip der bewahrenden Hochschätzung vor jedem Einzelnen in seiner Besonderheit, da wird der eine Gott als Prinzip eines Pluralismus denkbar, der sich nicht nur im Vielen manifestiert, sondern vor allem in dem das Viele auf Dauer bestätigenden einen Willen, dass das Viele sei.

6. Trinitarische Pleromatik

Der Glaube an den einen Gott führt biblisch deshalb nicht in einen intoleranten Monismus, weil die Pluralität der Geschöpfe und ihrer Lebensäußerungen in der schöpferischen Lebensfülle Gottes grundgelegt ist. Der kardinalen biblischen Handlungsorientierung der Gerechtigkeit als des grundlegenden, handlungsbereiten Wohlwollens von Menschen gegenüber allen anderen Menschen entspricht in analoger Weise der göttlichen Haltung des schöpferischen Wohlwollens gegenüber allem Lebendigen. Diese innerhalb der göttlichen Eigenschaftslehre entwickelte Einsicht findet eine Entsprechung in der Trinitätslehre. Das scheint zunächst banal und steht bereits im Zentrum der Metakritik, die die deutschen Dogmatiker und Fundamentaltheologen anlässlich ihrer Herbsttagung an der Monotheismuskritik üben.[166] Eine tiefergehende spekulative Entfaltung dieses Argumentes bietet eine der herausragenden Gestalten der deutschen Theologie des 19. Jahrhundert an: Matthias Scheeben deutet die Trinitätslehre nicht in den im 20. Jahrhundert so überaus prädominant gewordenen Bahnen eines christlichen Personalismus. Für Scheeben ist der dreieine Gott nicht deshalb nicht

---

[166] Peter Walter (Hg.), Das Gewaltpotential des Monotheismus und der dreieine Gott, Freiburg 2005.

monistisch, weil in ihm selbst eine Pluralität innergöttlicher Aktzentren interagierte. Scheeben konzentriert sich nicht wie die neuere tripersonalistische Trinitätstheologie auf den von Tertullian in die Trinitätsspekulation eingeführten Begriff der Person und also auf die in Gott subsistierenden Verschiedenen. Scheeben nimmt vielmehr den scholastischen Begriff der „*processio*" zum Ausgangspunkt.[167] Damit rutscht der Deutungsakzent von den Unterschiedenen auf das Sichunterscheiden. Während der Personbegriff wegen seiner Nähe zur Rechtssphäre gegenüber dem älteren Hypostase-Begriff den Aspekt der Andersheit und Unterschiedenheit in Gott betont, nimmt der Begriff der *processio* den göttlichen Einheitsgrund der trinitarischen Selbstunterscheidung Gottes in den Blick und entspricht darin präzise den narrativen Urbekenntnissen zur Trinität, die ja nicht auf das distinkt in Gott Subsistierende abhoben, sondern die heilsgeschichtliche Entfaltung der Erkenntnis des einen Gottes in seiner Zuwendung zur Menschheit als ein dreifaltiges Geschehen bezeugten, von dessen innerer Göttlichkeit sie sich überzeugt zeigten. Der Einheitsgrund wird nicht als abstrakte *subsistentia absoluta* wahrgenommen, sondern als eine in sich selbst mitteilsame Wirklichkeit. Scheeben verwendet für diese innergöttliche Mitteilungsfreudigkeit die analogen Begriffe von Fruchtbarkeit[168], Produktivität und göttlichem Leben[169], das eben durch solche Fruchtbarkeit und Produktivität ausgezeichnet sei.[170]

Vorbildlich an Scheebens Argumentation ist die Verschränkung der Eigenschaftslehre mit der Trinitätslehre. Möglich wird diese durch eine Erweiterung des traditionellen Kanons der Seinsattribute Gottes um ein neues, spekulatives „Hauptstück" über „Die Attribute des Lebens, resp. der Natur Gottes"[171]. Mit ihm durchbricht Scheeben innerhalb der Eigenschaftslehre die engen Grenzen einer rein kosmologisch-kausallogisch argumentierenden Ursprungsphi-

---

[167] Karl-Heinz Minz, Pleroma trinitatis. Die Trinitätslehre bei Matthias Joseph Scheeben, Frankfurt 1982, S. 87–105.
[168] Matthias Joseph Scheeben, Handbuch der katholischen Dogmatik, 2. Auflage, hg. v. Josef Höfer, Bd. 2 (Freiburg 1943), S. 392: „[...] die genetische Entwicklung der Trinität aus der Fruchtbarkeit des göttlichen Lebens [...]".
[169] A. a. O., S. 402.
[170] Ebd.: „Die einzig denkbare Form einer solchen Produktion [i. e. „... in Gott", d. h. also: innertrinitarische *processio*, R. M.] ist die, daß eben vermöge der überschwenglichen Fülle der Aktualität des göttlichen Erkennens und Wollens eine Offenbarung und Kundgebung desselben zuwege gebracht und ein Ausdruck oder eine Frucht desselben hervorgebracht werde; und dies ist dann auch dasjenige Moment, welches die Offenbarung zu der durch die bloße Vernunft erkennbaren Vollkommenheit Gottes hinzufügt und wodurch sie die Trinitätslehre mit der Lehre von den göttlichen Eigenschaften verknüpft."
[171] A. a. O., S. 161.

losophie. Der Lebensbegriff übersteigt die kausallogische Argumentation. Zugleich greift Scheeben diese kausallogischen Kategorien zur Spezifizierung des göttlichen Lebens als göttlich wieder auf: Göttlich ist das Leben Gottes gerade als *Aseität*: Es empfängt in keiner Weise, sondern kommt ganz aus der ursprünglichen Lebensfülle Gottes. In seiner so definierten reinen Spontaneität ist Gott absolut „gelichtet" und so mit dem Erkennen, ja der Weisheit überhaupt identisch.[172] Die Identität von Leben und Weisheit ergibt sich in Gott aus der Abwesenheit jeder Fremdbestimmung Gottes im Wollen: Gott will, was er erkennt. Er erkennt, was er selbst wesenhaft ist. Gottes Erkennen und Wollen aber ist deshalb nie reaktiv, sondern immer der kreative Ursprung des von Gott als gut Erkannten und so Gewollten. Die Differenz zwischen Gott und Welt findet sich bei Scheeben in einer originellen Interpretation der ekstatischen Gottesliebe: Gott liebt *ekstatisch*, indem er „seine Liebe und mit seiner Liebe seine Güte nach außen überströmen läßt".[173]

Um dies zu können, muss aber allererst ein Außen konstituiert werden. Dieses Hervorgehen des anderen sieht Scheeben als den Kern der trinitarischen Prozessionen[174]: Wieder ist es die göttliche Lebendigkeit, die sich im innertrinitarischen Leben Gottes als aktives Erkennen und Wollen manifestiert. Wozu aber bedarf es eines darüber hinausgehenden „Außen" von Gott, auf das sich eine wirklich ekstatische Liebe beziehen könnte? Der genaue Zusammenhang der Prozessionen mit der Kreation wird bei Scheeben nicht bedacht. Allerdings legt der Begriff der dynamischen Lebensfülle die Spur, die Schöpfung als Weitung der immanenten Produktivität Gottes zu verstehen, die an dieser immanenten Produktivität Muster und Movens hat. Dieser nahe Zusammenhang wird deutlich, wo Scheeben die Begriffe „Offenbarung", „Wort" und „Bild" benutzt, um die immanenten göttlichen Hervorgänge in ihrer Abhängigkeit vom Ursprung der Gottheit zu kennzeichnen.[175] Die Begriffe der Offenbarung und des Bildes aber bezeichnen biblisch-traditionell ökonomische Formen der göttlichen Initiative und nicht immanente. Wo Scheeben sie für das immanente Ursprungsgeschehen benutzt, parallelisiert er die immanenten Hervorgänge mit der Schöpfung und deutet letztere als Weiterung der ersteren.

Dem entspricht nun wiederum Scheebens Naturbegriff. In einer etymologischen Argumentation wird dessen primäre Bedeutung

---

[172] A.a.O., S. 161–171.
[173] A.a.O., S. 246.
[174] A.a.O., S. 402–407.
[175] A.a.O., S. 403.

nicht in dem gesetzten göttlichen Ordnungszusammenhang erblickt, sondern hergeleitet von „*nasci*" bzw. „*phýein*" und dementsprechend bestimmt als dem Ursprung nach „aus Geburt und Zeugung" entspringend[176]: Der Weltzusammenhang als Natur ist also ebenso wie die Natur jedes einzelnen Lebewesens oder Weltdings durch seinen göttlichen Ursprung bestimmt. Dieser wiederum wird nicht primär als Setzungsakt göttlicher Ordnung und Herrschaft verstanden, sondern als Produktionsakt göttlichen Lebens, das selbst Lebendiges hervorbringt und darin den Zeugenden und Gebärenden gleicht.

Gegenüber dem scholastisch-neuscholastischen Naturdenken tritt der Gedanke der Ordnung und mithin derjenige der Konformität mit dem göttlichen Ursprung eher in den Hintergrund. Der Sinn- und Ordnungszusammenhang der Natur als Schöpfung ist auf der Grundlage einer Deutung der Natur als Zeugung und Gebären nicht mehr in der Metaphorik der gesetzlichen Ordnung vorstellbar. Die Anwendung der ursprünglich christologisch-trinitätstheologischen Metaphorik von Zeugung und Gebären auf die Schöpfung gestaltet das Verhältnis von Schöpfer und Geschöpf sehr viel intimer, nämlich in Analogie zu Jesus Christus als dem „*prōtótokos pásēs ktíseōs*" (1. Kol 1, 15) zu denken. Das Wesen der Schöpfung besteht dann darin, zu werden, was der immanent gezeugte und geborene Logos ist. Wozu aber bedarf es dieser vielfachen Entfaltung des „Erstgeborenen" *(Röm 8, 29: prōtótokos)* Logos? Warum muss angesichts der göttlichen Lebensfülle, da sie in sich schon trinitarisch die Diversität realisiert, Schöpfung überhaupt sein? Die theologische Reflexion sah sich an dieser Stelle immer entlastet durch die traditionelle Vorgabe, die Schöpfung als freie göttliche Entscheidung denken zu sollen, der kein göttliches Bedürfnis entspricht.[177] Aber auch wenn man konzediert, Gott habe zu seinem inneren Glück und Leben der Schöpfung

---

[176] Matthias Joseph Scheeben Natur und Gnade, in: ders., Gesammelte Schriften, hg. v. Josef Höfer, Freiburg 1941, Bd. 1, S. 1–219, hier: S. 15f.

[177] Die Vorstellung einer nicht der unvordenklichen Freiheit Gottes entspringenden Schöpfung erforderte erst im Zuge von Idealismus und Pantheismus eine dezidierte lehramtliche Zurückweisung: Die rationale Theologie hatte nämlich an jene Schwelle geführt, an der die Schöpfung scheinbar aus der inneren Notwendigkeit Gottes heraus als notwendig zu denken war und mit ihr auch die göttliche Vollendung der Schöpfung. Die zentrale christliche Überzeugung von der Freiheit des göttlichen Gegenübers wäre unter diesen Voraussetzungen nicht mehr haltbar gewesen. Das I. Vatikanum hat diese Glaubensüberzeugung im 1. Kapitel der Dogmatischen Konstitution Dei Filius entfaltet (DH 3002) und in Canon 5 der Konstitution durch ein Anathem geschützt: „Wer [...] sagt, Gott habe nicht durch seinen von jeder Notwendigkeit freien Willen, sondern so notwendig geschaffen, wie er sich selbst notwendig liebt [...]: der sei mit dem Anathema belegt." (DH 3025).

nicht bedurft, so ist doch aufgrund der inneren Vernünftigkeit Gottes davon auszugehen, dass *ex post* das Faktum der Schöpfung offenbart, dass es dem Wesen Gottes zuhöchst gemäß ist *(utrum fuerit deo conveniens creare)*[178], als Schöpfer zu wirken.

Welchen Überschuss an Bedeutung impliziert der Scheebensche Gedanke, die Schöpfung sei gewissermaßen die Weitung der innergöttlichen Hervorgänge „nach außen". Was überhaupt kann angesichts der Unendlichkeit Gottes „außen" für Gott bedeuten? Worin könnte gegenüber der vollkommenen Wesensmitteilung des Vaters an den innergöttlichen Logos und von Vater und Sohn an das Heilige Pneuma denn eine Weitung bestehen? Das hier gesuchte Mehr kann angesichts der göttlichen Vollkommenheit nur in einem Mangel bestehen. Die Existenz irgendeines Mangels begründet die Endlichkeit. Mit der Endlichkeit aber ist die Möglichkeitsbedingung der Diversität, des Andersseins, gegeben. Nur Endliche können wirklich so anders sein, dass sie einander als Fremde sich mitteilend begegnen können. Wo diese Mitteilung als ein zentraler Wert personalistisch gewürdigt wird, führt dennoch kein vernünftiger Weg zur Annahme einer innergöttlichen Kommunikativität zwischen den göttlichen Hypostasen, die nicht auf eine Verendlichung der Hypostasen und also Gottes selbst hinausliefe. Darin aber besteht die eigentliche Ursünde aller polytheistischen Ansätze, an der allerdings auch die tripersonalistischen Ansätze in der Trinitätslehre Anteil haben.

Wenn die innergöttlichen Prozessionen Gott als zutiefst mitteilungswillige und mitteilungsfähige Wirklichkeit offenbaren, so wird doch wirkliche Mitteilung als Intersubjektivität nur möglich, wo begrenzte und endliche Subjekte in der Endlichkeit ihrer Erkenntnis von Wahrheit und in ihrer Ausrichtung auf das Gute miteinander interagieren und sich dabei wechselseitig erleben als wahrheits- und güteeröffnende Weitung der je eigenen Erkenntnis.

Die Trinitätstheologie ist erst seit neuestem dazu übergegangen, das innergöttliche Leben als innertrinitarische Kommunikation zu denken.[179] Die Gefahr dieses Denkens wird am Beispiel eines ihrer

---

[178] Thomas von Aquin verwendet den Begriff der *Konvenienz* vorzugsweise in der Christologie (Band 25 der DThA), um rationale Entsprechungen zwischen einer göttlichen Wirklichkeit einerseits und einer nicht-göttlichen Bezugsgröße andererseits zu bezeichnen, die aus dem *ex post* der göttlichen Offenbarung als rational erkannt und beschrieben werden kann, ohne dass daraus die *a priorische* Notwendigkeit der Beziehung von göttlicher und nicht-göttlicher Größe geschlussfolgert werden könnte.

[179] Eine sorgfältige Geschichte des entsprechenden Denkens liefert: Matthias Haudel, Die Selbstschließung des dreieinigen Gottes. Grundlage eines ökumenischen Gottes-, Offenbarungs- und Kirchenverständnisses, Göttingen 2006. Maßgeblich war Hans Urs von Balthasars Theodramatik (Einsiedeln 1973–1983). In jüngerer Zeit plä-

Protagonisten deutlich: Worüber sollten die göttlichen Personen analog zu menschlicher Kommunikation kommunizieren können, wenn ihnen doch alles, worüber Menschen sonst kommunizieren, gemeinsam ist? Wer eine innergöttliche Kommunikation derer, denen alles gemeinsam ist, zum Ur- und Modellbild der Kommunikation erhebt, für den ist jede Differenzerfahrung in der Kommunikation zwangsläufig eine Mangelerfahrung, dessen Verständnis von *communio* muss zwangsläufig auf Konformität als maximal gleiche Präsenz des Selben in den Verschiedenen hinauslaufen.[180]

Wo hingegen echte Intersubjektivität angenommen wird als der Vollzug der allen Menschen aufgegebenen Orientierung auf die Wirklichkeit Gottes als Quelle aller Wahrheit und alles Guten, die allerdings vollzogen wird in der Hinwendung zu den endlichen Manifestationen des Wahren und Guten in den pluralen geistigen Erkenntnissen endlicher Menschen in deren jeweiliger endlichkeitskonstituierter Andersheit, da muss *communio* als diversitäts- und pluralitätsfähige Einheitspraxis gedacht werden. Der Grund der Einheit ist dabei real zu denken in der Wirklichkeit des einen Gottes selbst. Der Grund der Diversität ist zu denken als die aus der Wirklichkeit Gottes selbst entprungene Vielheit derer, die wegen ihrer Endlichkeit die Einheit ihres Ursprunges in der Unterschiedenheit der Vielen entfalten können und deren einender Ursprung und verbindende Berufung die Möglichkeitsbedingungen konstituieren, die Verschiedenheit in der Versöhntheit der Gemeinschaft nicht auf sich beruhen zu lassen, sondern auf die je größere Einsicht hin je neu zu überwinden.

Das trinitarische *plērōma* ist pleromatisch als der Ursprung der geschöpflichen Fülle, die sich aufgrund der Endlichkeit der Unterschiedenen als untereinander kommunikative Vielfalt realisieren kann. Die Trinität ist nicht in sich kommunikatives Geschehen zwischen Verschiedenen, sondern innergöttliche Möglichkeitsbedingung der Existenz innerweltlich Verschiedener, die als solche sich kommunikativ aufeinander beziehen, wo sie sich auf die Wirklichkeit Gottes als des verbindenden Ursprungs beziehen. Wo dieser

---

diert Gisbert Greshake für eine entsprechende Interpretation der Trinitätslehre (ders., Der dreieine Gott. Eine trinitarische Theologie, Freiburg 1997). Bernd Jochen Hilberath zielt auf eine tripersonale Deutung der Trinitätslehre um einer stärkeren Gewichtung der Gemeinschafts- und Kommunikationswirklichkeit gegenüber dem als *communio*-feindlich empfundenen Monotheismus willen (ders., Der Personbegriff in der Trinitätslehre in Rückfrage von Karl Rahner zu Tertullians „Adversus Praxean", Innsbruck 1986).

[180] Hier liegt wohl das eigentliche Problem von communio-Ekklesiologien, die sich aus der Trinitätslehre herleiten wie: Gisbert Greshake, Der dreieine Gott. Eine trinitarische Theologie, Freiburg 1997, S. 377–399.

Ursprung mit Scheeben nicht mehr primär in der Analogie des Gesetzgebers gedacht wird, sondern stattdessen in der Analogie von Zeugen und Gebären, werden wesentliche Eigenschaften des Gott-Welt-Verhältnisses besser aussagbar: Zeugen und Gebären entspringen der Sehnsucht, das Beste des eigenen Seins weiterzugeben. Dieser Versuch scheitert im normalen Menschenleben an der Endlichkeit des eigenen Seins, das in der jeweiligen Endlichkeit von Vater, Mutter und Kind je anders aktuell wird. Gemessen an der Idee der Vollkommenheit ist das Gezeugte und Geborene nicht liebenswert, weil nicht vollkommen. Die Einsicht, dass dieser unleugbare Mangel mit dem Mangel der Eltern innerlich zusammenhängt, ist bereits ein Moment der Erlösung. Die Liebe zum Kind wird möglich in der hoffenden Orientierung auf Ursprung und Ziel des endlichen Lebens, in der allerdings auch die Endlichkeit des eigenen Selbst zu Bewusstsein kommt und mit ihr die Sensibilität für die Wahrheitsrelevanz intersubjektiver Kommunikation: Weil ich dezidiert nicht alles bin, bin ich angewiesen auf den Anderen und seine Einsicht in die Wahrheit und Schönheit des Seins. Die je eigene Realisation des Bezugs zur Wahrheit und Schönheit des einen Gottes im Erkennen und Handeln gewinnt durch die interaktive Hinneigung zum anderen in seinem je eigenen Bezug zur Wahrheit und Güte Gottes in je eigenen Akten der Erkenntnis und des Willens an den Gegenständen der Welt.

Unter den Bedingungen der Endlichkeit gewinnt die Liebe jene Dramatik, von der die Kommunikationsgeschichte der biblischen Offenbarung zeugt: Sie ist ja eben nicht einfach Mitteilung einer göttlichen Wahrheit, sondern die Entfaltung, Variation und Diskussion dieser einen Wahrheit in der prismenhaften Gebrochenheit der vielen endlichen Wahrheitsentdeckungs- und Wahrheitsverdunkelungszusammenhänge, in denen sich auf vielfältige Weise im Material des Endlichen die Kundgabe des Unendlichen ereignet.

Der hier vorgeschlagene pleromatische Anlauf zur Trinitätslehre begreift die innergöttliche Zeugung und Hauchung *(spiratio)* als ewige Manifestation des göttlichen Willens zum Verschiedenen, der im Ereignis der Schöpfung raum-zeitlich in der der Verschiedenheit gemäßen Gestalt der Endlichkeit hervortritt.

Erst von diesem so ermittelten Begriff des Verschiedenen her wird ein theologisch-qualifizierter Begriff der Endlichkeit denkbar. Wo Endlichkeit nicht mit Sterblichkeit verwechselt werden soll, da ist eine theologische Begriffsbestimmung von Endlichkeit auf die unterschiedene Wirklichkeit des unendlichen Gottes angewiesen. Das Endliche erscheint dann als die Wirklichkeit, in der sich die göttliche Mitteilsamkeit in der ihr gemäßen Form der Angewiesenheit auf Mitteilung und Austausch in der eigenen Hinordnung auf Wahrheit und Güte vollzieht.

Der Leib wird so deutbar als das innerweltliche Prinzip der Endlichkeit als raum-zeitlicher Geschiedenheit, Herkünftigkeit und Sterblichkeit. Dieses Prinzip der Endlichkeit aber wirkt wegen seines trinitarischen Ursprunges auch auf die Überwindung der Endlichkeit hin in der Hinneigung der Endlichen zueinander, im Austausch über die Wirklichkeit, im Vollzug der intersubjektiven Gestalt von Erkenntnis. In der Hinwendung der Endlichen aufeinander zu liegt darüber hinaus das Geheimnis ihrer Teilhabe an der göttlichen Gründung des Endlichen verborgen in den Akten von Zeugung und Gebären, durch die Menschen Anteil haben an der je neuen Gründung des Endlichen im Wollen und Handeln des Unendlichen.[181]

7. Leben in Fülle

Fülle wurde bis hierher verstehbar als ein Geschehen göttlicher Produktivität, in der Gott sich realisiert als ursprünglich gebärende Wirklichkeit. In der trinitarischen Gründung der Schöpfung wird die Beziehung zwischen Gebärenden und Geborenen als auf Kommunikation finalisiertes Mitteilungsgeschehen offenbar. Nicht die distinkte Subsistenz des Geschiedenen und Besonderen erscheint als der Sinn des Seins, sondern die Intersubjektivität der Besonderen. Aus dieser Sinnbestimmung der Schöpfung von ihrem trinitarischen Ursprung her ergeben sich wichtige Perspektiven für das Fülledenken: Mangel ist immer eine Erfahrung des distinkt Subsistenten. Das distinkt Subsistente wird in den zeitgenössischen komplexen Theorien der Soziobiologie und der Mikroökonomie als letzte sinngebende Bezugsgröße gesetzt: Der Sinn der Welt erschließt sich hier von dem Überleben der Gene oder dem wirtschaftlichen Erfolg einer selbstbezüglichen Einheit her. Leben unter der Leitidee des Mangels ist immer als Überleben Vereinzelter Wirklichkeit. Intersubjektivität bleibt als strategisch motivierte und gestaltete Interaktion auf den Einzelnen finalisiert.

Wo trinitarisch die einzelne Einheit nicht in ihrer getrennten Substistenz, sondern in ihrer Bezogenheit auf den Anderen den ursprünglichen Sinn und das Ziel des eigenen Seins als eines herkünftigen und hinkünftigen verwirklicht, verliert die Mangelkategorie mit ihrer unmittelbaren Evidenz auch ihre suggestive Kraft:

---

[181] Ralf Miggelbrink, Menschwerdung in lebenslanger Beziehung: Skizze zu einer Spiritualität der Ehe, in: INTAMS review 11 (2005), S. 106–121; Ist die Ehe ein Sakrament? In: Geist und Leben 74 (2001), S. 193–209.

Wenn Mitteilung, Zeugen und Gebären, Hingabe und Empfangen die Wirklichkeit des Lebens ausmachen, dann ist das Modell des knauserigen *homo oeconomicus* das Urbild der Verweigerung gegenüber der lebendigen Tiefenstruktur des Seins. Fülle ist dann keine hortbare Wirklichkeit. Als Fülle des Lebens ist sie vielmehr ein Beziehungsereignis des Gebens und Nehmens. Intersubjektivität wird nicht mehr strategisch funktional missdeutet, sondern wird zum letzten sinngebenden Ziel des Lebens überhaupt.

Die Vorstellung eines durch Hortung von Gütern zu sichernden Lebens verwirft das Lukasevangelium als blöde (Lk 12, 20: *aphrōn*): Leben als kommunikativ-interaktiver Prozess ist nicht als privater Besitz sparbar, sondern nur als interaktives Geschehen lebbar. Wenn es im Johannesevangelium heißt, derjenige gewinne sein Leben, der es gering achte, während der es verliere, der es liebt, so liegt es nahe, diesen Satz apokalyptisch zu deuten unter Zugrundelegung einer von Gott her umgekehrten Ordnung der Welt, nach der die Unterlegenen und Verlierer obsiegen werden. Legt man aber die hier vorgeschlagene Ontologie des Lebens als Empfangen und Mitteilen zugrunde, dann lässt sich der johanneische Vers auch als eine weisheitliche Einsicht deuten: Das Leben ist von seinem göttlichen Ursprung her so, dass es in der Selbstbehauptung des Einzelnen als Leben nicht subsitieren kann und also abstirbt. Gewonnen wird das Leben um den Preis seiner Hingabe.

Hinsichtlich der Vorstellung vom Leben als eines kosmisch-biotischen Geschehens wird auch ein Biologe diesem Gedanken nicht unbedingt widersprechen: Gattungen entstehen und sterben aus. In all dem aber manifestiert sich die Dynamik des Lebens. Das Individuum stirbt und ermöglicht gerade in seinem Sterben das Sein des Lebens in der Fülle der Formen und Gestalten, in denen es sich realisiert. Diese Vorstellung animiert alle dynamisch-materialistischen Weltbilder.[182] Die jüdisch-christliche Tradition hat sich gegen die in ihnen beschlossene absolute Annihilierung der Bedeutung des Einzelnen radikal gewehrt. Sie steht der ethischen Grundintuition der biblischen Religionen diametral entgegen. In der ethischen Grundintuition begreift sich der Mensch in der

---

[182] Eines ihrer schönsten Dokumente stellt Georg Büchners Probevorlesung an der Universität Zürich im Jahre 1836 dar. Der junge Mediziner weist eine teleologisch-funktionale Interpretation der menschlichen Organe als Mittel des Überlebenskampfes zurück und bezeugt statt dessen, dass die generative Kraft des Verschiedenen in der Natur als „Manifestation eines Urgesetzes, eines Gesetzes der Schönheit, das nach den einfachen Rissen und Linien die höchsten und reinsten Formen hervorbringt (Georg Büchner, Über Schädelnerven, in ders., Werke und Briefe, München 1980, S. 235–244, hier: S. 236).

Welt als derjenige, dessen Aufgabe es ist zu bewirken, dass der grausame Lauf der Welt über den Einzelnen nicht fühllos hinwegrollt. In dieser ethischen Grundintuition stemmen sich die biblischen Religionen den Selbstverständlichkeiten des kosmischen Stirb-und-Werde entgegen. Sie messen dem Einzelnen die unendliche Bedeutung zu, das in jedem Einzelnen der wahrhafte Sinn des Kosmos als Schöpfung Ereignis wird, wo er sich als angesprochenes Gegenüber des göttlichen Ursprungs der Welt erkennt und vollzieht. In der Logik dieser ethisch-theologischen Aufwertung des Individuums liegt die Abwehr jeder kosmischen Relativierung des Einzelnen beschlossen. Auf diese Weise generieren sie jene Aufwertung des Individuums, die in der Soziobiologie und der Mikroökonomie zu dessen Verabsolutierung in den Gestalten von Genegoismus und *homo oeconomicus* führen konnte.

Theologisch werden damit die modernen mangelfixierten Weltbilder deutbar als häretische Weltbilder, als solche nämlich, die einerseits ursprünglich von der judaeo-christlichen Aufwertung des Individuums abhängen, deren Protagonisten sich aber von der ethischen Motiviertheit der biblischen Idee des Individuums losgesagt haben, um das Individuum als letztlich zwar sinnlose, praktisch dafür allerdings um so selbstbehauptungsgierigere Größe zu denken.

Die theologische Argumentation läuft genau umgekehrt: Das Leben realisiert sich gerade in der Annahme seiner kommunikativen, mitteilungs- und hingabebereiten Tiefenstruktur als Prozess der Bezüglichkeit. Die Fülle des Lebens erschließt sich in dem Prozess seiner gebenden und nehmenden Verwirklichung als ebendieser Prozess. Wo allerdings wirklich das Geschehen des Lebens als Prozess des Gebens und Nehmens gedacht wird, da kann es nicht in der vorsubjekthaften Wirklichkeit von Entstehen und Vergehen ihr Urbild haben. Dann aber muss dem Einzelnen, der im Prozess des Lebens empfängt, sich entwickelt, *ist* und sich hingibt, eine bleibende Wirklichkeit zugesprochen werden, in der gerade das Lebendige seines Lebens aufgehoben ist.

Verschiedene eschatologische Motive bieten einen Anknüpfungspunkt, hier weiterzudenken: Mit dem traditionellen Motiv der Geistseele *(psychē/anima)* wird vor allem das unsterbliche Leben des Einzelnen jenseits des biologischen Prozesses betont.[183] Das Modell scheint wenig geeignet, den sich in der Natur manifestierenden Zusammenhang des Einzelnen mit allem zum Ausdruck zu bringen. Dieser Zusammenhang scheint allerdings in den biblischen

---

[183] Herrmann Christian, Unsterblichkeit der Seele durch Auferstehung. Studien zu den anthropologischen Implikationen der Eschatologie, Göttingen 1997.

eschatologischen Topoi eine weit größere Bedeutung zu haben. Jesus spricht von der eschatologischen Wirklichkeit in Beziehungsbildern: Die Rede ist vom Königreich Gottes, dessen für den Einzelnen fürsorglicher Charakter in Bildern des gemeinschaftlichen Lebens entfaltet wird. Insbesondere dem Fest- oder Hochzeitsmahl kommt hierbei eine Schlüsselstellung zu. Die zum Mahl Versammelten erfahren nicht alleine in den geteilten Lebensmitteln ihr individuelles Erwünscht- und Bejahtsein, in der kommunikativen Zuwendung erleben sie den metaindividuellen Wert ihres Lebens in der Teilhabe am mitgeteilten Leben der anderen Menschen und in der kommunikativen Anteilgabe am eigenen Leben. Die Vollendung erscheint in den biblischen Bildern nicht als die distinkte Subsistenz des Einzelnen in der sittlichen Wertigkeit seiner Lebensleistung. Anstelle dieses stark durch den juridischen Gedanken von Verdienst und Missverdienst bestimmten Modells einer individuellen Zukunft im Gericht, ist das biblische Denken stärker vom Gedanken des kommunikativ-bezüglichen Seins bestimmt, das sich nicht als das Einzelne findet, sondern in der Freude des Besonderen am anderen und der Vielfalt der anderen in ihrer jeweiligen Besonderheit. In dieser jeweiligen Besonderheit und in der durch sie begrenzten Partizipationsfähigkeit des Einzelnen an der Fülle des sich im Eschaton ereignenden Lebens ist die Wahrheit des Individuellen aufgehoben.

8. Pleromatische Eschatologie

Von der eschatologischen Grundidee der vollendeten Partizipation des Einzelnen an der generativen Kraft des Lebens aus lassen sich klassische eschatologische Motive interpretieren.

Gegen die gnostische Missachtung des Leibes besteht die patristische Theologie in zugespitzter Terminologie auf der Fleischlichkeit der Auferstehung: In dem um 213 von Tertullian verfassten Traktat *De resurrectione carnis* weist der inzwischen zum Montanisten gewendete Kartharger die gnostische Vorstellung einer Aufteilung von Gut und Böse auf die geistig-seelische Dimension des Menschen einerseits und seine leibliche Dimension andererseits zurück. Der Sündenfall betrifft den ganzen Menschen mit Leib und die Seele.[184] Die Bosheit des Menschen kann anthropologisch nicht auf die Leiblichkeit begrenzt sein, wenn die sittliche Verantwortung des in der Seele freien Menschen ernst genommen werden soll. Die Geistseele ist im Gegenteil als die freiere Dimension des Menschen eher schuldfähig als der passivere Leib. Rettet Tertullian durch die-

---

[184] De resurrectione carnis, cap. 34.

se Argumentation den Charakter der Erlösung als eines auch ethischen Geschehens, so wird er durch seine Anthropologie des Leibes dem konkret-geschichtlich aktiven Charakter der Ethik gerecht: Erlösung schließt die ethische Heiligung des Wandels ein. Der ethische Wandel aber ist immer Wandel im Leib unter Menschen im Leib. Das Fleisch ist eben nicht bloß fremde Masse, sondern als Medium der sittlichen Lebensführung. Mithin ist der Leib Medium einer auch ethisch bestimmten soteriologischen Heiligung. Deshalb ist der Leib „consors et coheres" animae, Gefährte und Miterbe der Seele.[185] Als solcher hat der Leib Anteil an der Erneuerung und Heiligung des Menschen und mithin auch an deren Ewigkeit bei Gott.[186] Weil der Leib bei Tertullian wesentlich als das Medium der sittlichen Heiligung bestimmt wird, muss er auf der Identität des Auferweckungsleibes mit dem irdischen Leib bestehen.[187] Insofern aber diese Identität um der sittlichen Identität willen gefordert ist, betrifft sie eben diese sittliche Identität, also den Leib als Träger und Opfer geschichtlich gewirkter und erlittener Geschichte, nicht den Leib als Träger äußerlicher, für die sittlich-soteriologische Identität hinderlicher oder gleichgültiger Eigenschaften.

Die eschatologische Debatte der Gegenwart hat den Begriff der leiblichen Auferstehung in der Auseinandersetzung mit der Vorstellung einer „Auferstehung im Tode" präzisiert[188]: Sie ist abgerückt von der mittelalterlichen Vorstellung, die Toten würden vom Augenblick des physischen Todes bis zum endzeitlichen *iudicium universale* über alle Menschen aller Zeiten als leiblose Seelen *(substantiae separatae)* existieren.[189] Gleichzeitig hat die Debatte nicht nur den Blick für die anthropologische Unabdingbarkeit einer leiblichen Verfassung geschärft, sondern auch die Sensibilität dafür, dass der Leib eines Menschen diesen Menschen mit der Geschichte aller anderen Menschen so nachhaltig verbindet, dass es keine Vollendung der individuellen Auferstehung ohne die Vollendung der universalen Auferstehung geben kann. Der Leib nämlich ist nicht einfach beliebiges Ausdrucksmedium einer die ganze Identität des Menschen beinhaltenden

---

[185] De resurrectione carnis, cap. 7.
[186] De resurrectione carnis, cap. 47. Den Einwand aus 1 Kor 15, 50 pariert Tertullian mit einer schönen Differenzierung: Nicht der Substanz, sondern ihrem Tun nach seien Fleisch und Blut vom Reich Gottes ausgeschlossen (ebd., cap 48f.).
[187] De resurrectione carnis, cap. 55.
[188] Eine Zusammenfassung von Verlauf und Ergebnissen dieser Debatte bietet Josef Wohlmuth (ders., Mysterium der Verwandlung. Eine Eschatologie aus katholischer Perspektive im Gespräch mit jüdischen Denkern der Gegenwart, Paderborn 2005, S. 169–181.
[189] Franz-Josef Nocke, Eschatologie, in: Theodor Schneider (Hg.), Handbuch Dogmatik, Bd. 2 (Düsseldorf 1992), S. 377–428, S. 460f.

Geistseele. Der Leib ist als geschichtlich gewordene Gestalt des Menschen in der einen Geschichte aller Menschen Moment der geistigen Identität eines Menschen, die in ihrer Beziehung zu allen Menschen zu ihrer Vollendung kommen soll, weil der Vollendende die Vollendung nicht anders wollte als in der heilenden Einkehr des Vollendenden in die leibliche Geschichte aller Menschen. So wie der menschliche Leib genetisch ein unverfügbares Erbe seiner fleischlichen Herkunft mit sich trägt, das ihn mit allen Menschen verbindet, die jemals lebten und leben werden, so wird diese Herkunftsgeschichte des Leibes erlöst durch die Einkehr Gottes in das Menschengeschlecht. So wie das Unheil sich geschichtlich in der Zeit verwirklicht und fortpflanzt, so verwirklicht sich die gegenläufige Bewegung des Heils. So wie das Unheil das Denken und Fühlen der Menschen mit der Erniedrigung ihrer Leiber gefangen hält, so richtet das göttliche Heil die Leiber der Menschen auf. Wenn aber Unheil und Heil alle Menschen zusammenbinden, sei es in der genetischen Verbundenheit ihrer Herkunftsgeschichte, sei es in der soteriologischen Verbundenheit ihrer Hinkunftsgeschichte, so kann es keine Vollendung des Einzelnen geben, die nicht eingeschränkt bliebe, so lange nicht alle Menschenleiber und ihre Geschichten geborgen sind in die erlöste Einheit des einen mystischen Leibes Christi.

Pleromatische Eschatologie lenkt den Blick auf die Fülle und Verschiedenheit der Vielen, die in der Vollendung in eine erlöste und erlösende Beziehung zueinander treten. Die Vielfalt und Eigenart der Lebensgeschichten mit ihrer leiblichen Objektivation wird zum Ereignis einer erfüllenden Ewigkeit.

Klassischerweise wird der Himmel als beglückende Schau Gottes bestimmt. Insofern Thomas von Aquin die *visio* als leibliche Schau deutet, sieht er den Inhalt der *visio* in der Schau Gottes als des Ursprungs von allem.[190] Insofern der göttliche Ursprung von allem durch die Unendlichkeit des göttlichen Wohlwollens als des ontologischen Grundes der göttlichen Gerechtigkeit gekennzeichnet ist, ist die Schau Gottes als der Ursache von allem, insofern sie intuitive Schau des göttlichen Wesens ist, Teilhabe an dem göttlichen Wohlwollen, in dem und mit dem Gott alles sieht, was er schafft. Die *visio* erscheint so als Sicht alles Geschaffenen mit den wohlwollenden Augen des Schöpfers. Dieser wohlwollende Blick ist nicht einfach nur ein sanfter Blick, der weichzeichnend alle Schwächen und Bosheiten verschwinden lässt. Gottes Wohlwollen ist, weil es universales Wohlwollen ist, der Grund seiner Gerechtigkeit und somit auch seines Zornes. Eine formal durch die gött-

---

[190] Sth, Suppl., q. 92, a. 3.

liche Gerechtigkeit geprägte materiale Wahrnehmung einzelner Menschen und der eigenen Biographie begründet nicht nur die Bereitschaft zur Annahme des Vergebungsbedürftigen, sondern erkennt allererst das Vergebungsbedürftige in seiner Vergebungsbedürftigkeit. Die eschatologische Fülle wird als beschädigte und vergebungsbedürftige, als insuffiziente Fülle offenbar. In der eschatologischen Teilhabe an der göttlichen Schöpfergüte gegenüber den Geschöpfen ist den eschatologischen Menschen aber auch die Gnade geschenkt, sich selbst und die anderen gnädig wahrnehmen zu können. Insofern diese gnädige Sicht den Schmerz über die Insuffizienz nicht nur nicht einfach aufhebt, sondern im Gegenteil schärfer bewusst macht, verursacht sie ein Leiden. Gottes Gnade ist nämlich nicht nivellierende Verzeihung, sondern schöpferisch-heilende Kraft der göttlichen Güte. Wo diese Kraft von einem Menschen angenommen wird, der sich gleichwohl der irreversibel gewordenen eigenen und fremden Lebensgeschichte gegenüber sieht, verursacht sie angesichts der Unwandelbarkeit dessen, was frei gestaltet wurde, Schmerz. Dass dieser Schmerz keine absolut letzte Wirklichkeit ist, bringt die Überzeugung von einer Wandlungsgeschichte im Eschaton zum Ausdruck. Die katholische Lehre vom *purgatorium* beinhaltet diese Überzeugung von einer Geschichte nach der Geschichte, in der zwar aktiv nichts mehr verändert werden kann, in der aber das passive Erleiden der belasteten und belastenden Lebensgeschichte heilvoll verwandelnd auf die eschatologischen Subjekte wirkt.

Der Gedanke bleibender Bedeutsamkeit des leiblich-geschichtlichen Schicksals eines Menschen in seiner leiblich-schicksalhaften Verbundenheit mit allen Menschen führt zu einer interaktiven Bevölkerung des Himmels. Stellen uns die mittelalterlichen Tafelbilder des Jüngsten Gerichts den Himmel nach dem an Jesaja 6 gebildeten Modell der himmlischen Chöre vor, so ist nach der hier vorgetragenen Deutung der *visio* mit einer aufgelösteren Choreographie zu rechnen: Die Geretteten schauen Gott, indem sie einander anschauen. In der Art dieser Anschauung wird die schöpferische Gerechtigkeit Gottes in ihnen wirksam, die jedem Geschöpf das Leben gönnt. Die göttliche Ewigkeit und Unendlichkeit erscheint eschatoästhetisch[191] nicht mehr als leerer Raum, sondern als das, als was es sich bereits in der Glaubenserfahrung der Gegenwart zeigt, als sich in der Liebe zu den Vielen verwirklichende Quelle des Lebens.

---

[191] Mit der Kategorie der „Eschatoästhetik" verschafft Josef Wohlmuth dem imaginierenden Vorstellen in der Eschatologie einen gewissen theologisch epistemischen Rang (ders., Mysterium, S. 75–99).

9. Pleromatische Kurzformel als häresiologisches Postulat der Gegenwart

Karl Rahner hat sich im fünften und im neunten Band seiner „Schriften zur Theologie" 1962 und 1970 ausführlich mit der Gegenwart der Häresie in der Kirche auseinandergesetzt. Er sieht die Notwendigkeit, der Bedrohtheit des geschichtlich geoffenbarten und tradierten Glaubens, der als solcher den Gefahren geschichtlicher Wahrheitstradierung ausgesetzt ist, mit gemeinschaftlichen intellektuellen Unterscheidungsakten und Grenzziehungen entgegenzutreten. Wo allerdings dieser antihäretische Wahrheitsernst der Kirche dem Wahrheitsanspruch von Offenbarung und Tradition gerecht werden soll, darf er nicht dem Offenbarungspositivismus und Traditionalismus verfallen. Er muss vielmehr damit rechnen, dass die tradierten Formeln des Glaubens im geschichtlichen Prozess einer Bedeutungsveränderung unterliegen, durch die eine bloße Wiederholung der Formel nicht davor bewahrt, die ursprüngliche Wahrheit der Formel nicht mehr zu erreichen.[192] Damit aber wird die im Kern theologische Aufgabe der *discretio spirituum* zum notwendigen Moment an der wahrheitsbewahrenden apostolischen Tradition. Erschwert wird diese theologische Aufgabe durch die von Rahner 1970 herausgestellte Situation eines legitimen theologischen Pluralismus[193], der gleichwohl die Aufgabe erschwert, authentische, verbindende Sprachregelungen zu finden, und insofern als eine Art „gnoseologische Konkupiszenz"[194] die Gefährdung durch Häresien erhöht. Rahner selbst hat sich dieser Situation mit einem Vorschlag zu „Kurzformeln des Glaubens" gestellt, die in einer bestimmten kirchengeschichtlichen Situation den apostolischen Glauben in innerer Übereinstimmung mit Offenbarung und Tradition und gleichzeitig trennscharf zu heterodoxen Weltanschauungen und häretischen Theologien umfassen.[195]

Johann Hafner nimmt die Forderung Rahners als praktische Quintessenz seiner systemtheoretisch argumentierenden häresiolo-

---

[192] Karl Rahner, Was ist Häresie? In: ders., Schriften zur Theologie, Bd. 5, Einsiedeln 1962, S. 527–576. In diesem Aufsatz kreiert Rahner den Begriff der „kryptogamen Häresie", einer Verfehlung des christlichen Glaubens, die auf einer nicht ausreichend theologisch bearbeiteten Veränderung einer kirchlichen Terminologie beruht, die verhindert, dass der Häretiker mit seinem Bekenntnis den Glauben der Kirche erreichen kann (ebd., S. 561–576).
[193] Karl Rahner, Häresien in der Kirche heute? In: Schriften zur Theologie, Bd. 9 (Einsiedeln 1970), S. 453–497.
[194] Der Begriff entstammt ursprünglich dem Rahner-Aufsatz „Zum Verhältnis zwischen Theologie und heutigen Wissenschaften" (in: ders., Schriften zur Theologie, Bd. 10 (Einsiedeln 1972), S. 104–114, S. 105).
[195] Karl Rahner, Grundkurs des Glaubens, Freiburg 1976, S. 430–440.

gischen Untersuchung zur patristischen Bewältigung der Gnosis wieder auf: Einerseits – so Hafner – braucht das Christentum zu seiner Selbstunterscheidung „einen reich gefüllten Pool religiöser Motive".[196] Andererseits könne es bei aller inklusivistisch konzedierten Wahrheitsfähigkeit frei flottierender religiöser Motive nicht darauf verzichten, die binäre Operation der Unterscheidung entsprechend den Kategorien Akzeptanz / Ablehnung vorzunehmen und dazu analog zur *regula fidei* des Irenäus Kriterien zu entwickeln, anhand derer die abgrenzenden Operationen begründet werden können.[197] Entgegen einer rein systemtheoretischen Betrachtungsweise ist allerdings festzuhalten, dass die Ausgrenzung bestimmter religiöser Motive als häretisch nicht alleine systemfunktional legitimierbar ist. Es bedarf darüber hinaus der Begründung des inneren Widerspruches zwischen einem religiösen Motiv und dem christlichen Glauben. Bei der Irenäischen Gegnerschaft gegen die Gnosis erblickt der Lyoner Bischof diesen Widerspruchspunkt in der gnostischen Ablehnung von Welt und Materie. Argumentativ sichert Irenäus die theologische Würde von Welt und Materie über das biblische Schöpfungszeugnis. Dieses Autoritätsargument alleine aber vermöchte noch nicht viel zu überzeugen, weil auch die nicht-gnostische Theologie in der Not steht, das Schöpfungszeugnis mit der alltäglichen Erfahrung lebensweltlicher Bosheit vermitteln zu müssen. Wie die Gnosis so muss auch die kirchliche Theologie Zwischengrößen einführen, durch die in der einen oder anderen Weise die Bosheit der Welt angesichts ihres guten Schöpfers denkbar wird. Die Tradition hat hier einiges an Veranschaulichungen zu bieten: Von den augustinischen Theologoumena des Engelsturzes und der Erbsünde bis zum *Zim Zum* Isaac Lurias, das in der neueren Systematischen Theologie positiv aufgenommen wird, geht es immer darum, dass zwischen der göttlichen Effizienz und dem erfahrbaren Zustand der Welt Zwischengrößen eingeschoben werden, die das Böse denkbar machen, ohne dass Gott als böse gedacht werden müsste.

Die rationale Suche nach dem inneren Widerspruch zwischen

---

[196] Johann Ev. Hafner, Selbstdefinition des Christentums. Ein systemtheoretischer Zugang zur frühchristlichen Ausgrenzung der Gnosis, Freiburg 2003, S. 629.
[197] In einem postmodernen Kontext, der Wahrheitsansprüche nicht goutieren kann, versucht Hafner eine Begründung des antihäretischen Wahrheitsernstes der Kirche als eine soziologische Notwendigkeit. Allerdings ist die Frage der Akzeptanz in einer Gruppe eine Frage der Macht und ihrer Durchsetzung. Begründungen zielen dagegen auf die Durchsetzung eines Anspruches aufgrund einer verbindenden Einsicht in dessen Wahrheit. Der Begriff der Wahrheit beinhaltet dabei mehr als die nachvollziehbare argumentative Begründung eines erhobenen Anspruches, wie Hafner selbst am Beispiel des Irenäus aufzeigt. Es geht vielmehr um die zwangfrei erwirkte Bereitschaft zu einer Zustimmung, deren Berechtigung rational nicht abgewiesen werden kann.

Gnosis und Christentum führt zu der Entdeckung, dass die gnostische Erklärung des Zustandes der Welt ethisch entlastend wirkt. Der Zustand der Welt wird nicht mit dem menschlichen Handeln erklärt, sondern mit dem Wirken kosmischer Mächte. Damit ist die für die biblischen Religionen kennzeichnende ethische – und in der Konsequenz rechtfertigungstheologische – Zuspitzung der Sein-Sollens-Differenz ebenso überwunden wie die sich daraus ergebende Deutung des Mensch-Gott-Verhältnisses als primär praktisch-ethisches.

Häresiologische Unterscheidungen sind nie nur systemlogische Unterscheidungsoperationen, sondern basieren im Kern immer auf der lebhaften Wahrnehmung eines Widerspruches zwischen einer herrschenden Meinung und den grundlegenden Überzeugungen, die sich aus der Tradition des biblisch bezeugten Gott-Welt-Verhältnisses ergeben. Klaus Müller ist leider zuzustimmen in seiner Klage über die den kulturellen und universitären Raum überschwemmenden „Hobby-Nietzscheaner" der Postmoderne, die im Gefolge von Michel Foucault, Jacques Derrida, Jean-François Lyotard und Jaques Lacan das gute Anliegen der Postmoderne, die Alterität des Anderen zu achten, in die Sackgasse der dekonstruktiven „Vergleichgültigung" jedwedes Geltungsanspruches geführt haben.[198] Klaus Müller beruft sich zu Recht auf die unausweichliche universale Geltung des Nicht-Widerspruch-Prinzips: Etwas kann nicht zugleich unter derselben Rücksicht sein und nicht sein.[199] Mit seinem Euthydemos hat Platon der Philosophiegeschichte eine Gestalt geschenkt, deren absurde Lächerlichkeit darin besteht, dass sie zur Leugnung der Ungültigkeit des Nicht-Widerspruch-Prinzips die Geltung des Prinzips pragmatisch voraussetzt.[200]

Die Aufdeckung dieses performativen Selbstwiderspruches steht im Zentrum der neueren Ansätze, die auf der Notwendigkeit der Letztbegründbarkeit philosophischer Aussagen aufbauen. Wo die letzte Bezugsgröße der Geltung theologischer Sätze deren systemlogische Funktionalität ist, wird der Anspruch der Wahrheit durch den der Funktion und damit letztlich durch die die Funktion verbürgende Institution und mithin durch deren leitende Autoritäten ersetzt. Unter den Bedingungen der bloßen Autorität aber ist die Autorität nicht mehr durch ihre wahrheitserschließende Dienlichkeit legitimiert, sondern nur noch *eo ipso*, also kraft formal zugestandener Macht. Wo immer geltungstheoretische Begründungs-

---
[198] Klaus Müller, Glauben – Fragen – Denken, Bd. 2: Weisen der Weltbeziehung, Münster 2008, S. 129–132.
[199] A.a.O., S. 153. Müller beruft sich auf Aristoteles, Metaphysik IV, 1005–1006.
[200] Platon, Euthydemos, 289 D – 304 B.

argumentationen sistiert werden, räumt die Vernunft der Macht das Feld. Der performative Selbstwiderspruch der postmodernen Dekonstruktoren der Geltung, Geltung zu beanspruchen für die Behauptung der Unmöglichkeit von Geltung, wächst sich geschichtlich zu dem fatalen Selbstwiderspruch aus, dass ausgerechnet das postmoderne Denken, das die Achtung der Andersartigkeit des Anderen und mithin seiner Freiheit intendierte, zu einem Mittler der Durchsetzung begründungsfreier Entscheidungen und also zu einem Medium verfügender Gewalten wird, die sich nicht mehr rechtfertigen brauchen, weil die Idee der rationalen Rechtfertigung prinzipiell dekonstruiert wurde.

Der Begriff der Häresie hält unter diesen Bedingungen die christliche Überzeugung fest, dass aus der Menschwerdung Gottes notwendig die Möglichkeit von in einer bestimmten historischen Situation inhaltlich unüberbietbaren und so unbedingt verpflichtenden Wahrheitseinsichten resultiert. Diese Überzeugung bildet die Grundlage der Beanspruchung rationaler Geltung für satzhafte dogmatische Aussagen. Aus den in der neueren Dogmatik allgemein akzeptierten Regeln zur Hermeneutik dogmatischer Aussagen[201] lassen sich Strukturen der Geltung ableiten: Eine dogmatische Aussage gilt, insofern sie zum einen den formal-prinzipiellen Kerngehalt der in Jesus Christus ergangenen unüberbietbaren göttlichen Wesensmitteilung an die Menschheit in deren Geschichte bejaht. Diese Bejahung aber nimmt zum anderen immer zeitbedingtes Material auf. Der Dogmenhermeneutiker wird von diesem Material zunächst denken, dass es anders als der prinzipielle Aussagekern des Dogmas historisch wandelbar und mithin prinzipiell revidierbar sei. Die Idee einer Amalgamierung des dogmatischen Aussagekerns mit zeitbedingten materialen Gehalten[202] erscheint aus der rückblickenden Perspektive als hermeneutische Befreiung, lässt sich doch aus ihr die hermeneutische Forderung der nachträglichen Trennung des miteinander historisch kontingent Verbackenen ableiten. Prospektiv aber bedeutet die Tatsache, dass in der Vergangenheit für material angereicherte Formulierungen des Bekenntnisses zum formal-prinzipiellen Kerngehalt der Offenbarung der unbedingte Glaubensassens der christlichen Gemeinde gefordert wurde, dass es geschichtlich unausweichlich war, dass die christliche Gemeinde der formalen Unbedingtheit der göttlichen Offenbarung immer wieder durch Wahrheitseinsichten entsprechen musste, für die sie unbedingte Gel-

---

[201] Johanna Rahner, Einführung in die katholische Dogmatik, Darmstadt 2008, S. 21–26.
[202] Karl Rahner, Dogmen- und Theologiegeschichte von Gestern für Morgen, in: ders., Schriften zur Theologie Bd. 13 (Einsiedeln 1978), 11–47, hier: S. 19–26.

tung reklamierte, auch wenn sie im Nachhinein erkennt, dass auch diese unbedingt zu affirmierenden Einsichten selbst wieder vorläufig, analog und historisch kontingent waren. Die inkarnatorische Einkehr Gottes in die Geschichte ist eben beides in Konvergenz: Unüberbietbare Wahrheitsoffenbarung und deren Auslieferung an den Prozess ihrer historischen Geltendmachung. Der *mainstream* der Gegenwartstheologie (nicht der Dogmatik!) hört von dieser Doppelbestimmung in der Regel nur den zweiten Teil und begreift ihn als Ermächtigung zum Einstieg in die infiniten Volten postmoderner Diskurse und Metadiskurse darüber, wie je anders das Wort Gottes geschichtlich und biographisch situativ zu verstehen sei. Aus Theologie wird so leicht die Aneinanderreihung stets neuer narrativer Gestaltungen zu einer unendlichen Geschichte aus endlosen Geschichten. Dem Logos der Theologie droht so der Untergang in der neomythischen Erzählflut. Wo allerdings auch der erste Teil der inkarnatorischen Doppelbestimmung gehört wird, dass nämlich Gottes Wort nicht nur *geschichtlich* gehört wird, sondern dass in der Geschichte eben *Gottes Wort* hörbar wird, da muss akzeptiert werden, dass Geschichtlichkeit nicht nur Geltungsrelativierung bedeutet, sondern notwendig geschichtliche Geltendmachung, wenn es denn Sinn machen soll, von einem geschichtlichen Erscheinen und Wirken des Gotteswortes zu sprechen, das mehr sein soll als eine Metapher für eine mehr oder weniger immer und überall gegebene Erfahrbarkeit Gottes, die tatsächlich in den menschlichen Deutungen und Erzählungen immer nur mehr oder weniger gelungen artikuliert wird[203]. Wenn es denn Sinn machen soll, überhaupt von einem geschichtlichen Erscheinen im engeren Sinne zu sprechen, nämlich von einem Erscheinen, das in der menschlichen Welt relevante Unterschiede setzt und so erst Geschichte begründet und als Heilsgeschichte qualifiziert, dann muss es geschichtlich Momente unüberbietbarer und darin auch irreversibler göttlicher Wahrheitserkenntnis geben. Damit aber ist aus der Tatsache der Inkarnation die Notwendigkeit geschichtlich geltend zu machender Wahrheitsansprüche hergeleitet, die sich einerseits auf die unbedingt verbindliche Wirklichkeit des Gotteswortes berufen und andererseits darauf, dass der Gehalt des

---

[203] Der hier aufgezeigte Zusammenhang erschließt eine für den ersten postmodern gelenkten Blick nichts Sympathisches. Genau dies missfällt ja am Christentum, dass es aus Hebr 1, 1–2 in seiner Geschichte immer wieder einen religionstheologischen Superioritätsanspruch abgeleitet hat, gegen den John Hick bekanntlich als Heilmittel empfiehlt, was hier als Verweigerung gegenüber dem Logos der Theologie zurückgewiesen wird, die Deutung nämlich des menschgewordenen Gottes als eine jener unendlich vielen Metaphern einer göttlichen Wirklichkeit, die keine der religiösen Metaphern erschöpfend erschließt: John Hick, The Metaphor of God Incarnate, London – New York ²2005.

Gotteswortes in der Geschichte authentisch übersetzbar sein muss in veränderte geschichtliche Kontexte. Wo eine solche Übersetzung historisch situativ um der geschichtlichen Wirklichkeit des Gottes- wortes willen absoluten Glaubensgehorsam einfordert, ist – protes- tantisch gesprochen – der *status confessionis* gegeben.[204] Dogmen, die einer wirklich geschichtlich sich aufdrängenden Situation der konkreten Scheidung zwischen dem, was dem Wort Gottes ge- schichtlich entspricht, und dem, was seine Wahrheit verdrängt und vergessen macht, fordern Glaubensassens um der geschichtlichen Präsens des Gotteswortes willen unter Gestalt einer geschichtlich notwendigen, ja, unausweichlichen Zurückweisung einer konkreten Gestalt seiner Beugung und Verdrängung.

In diesem Sinn musste das Konzil von Nikaia Glaubensgehor- sam fordern für seine Zurückweisung des Arianismus als einer Theologie, die die Einkehr Gottes in die Geschichte leugnet, um stattdessen seine absolute Transzendenz zu vertreten. Der ewige göttliche Logos wird zum epochalen Begriff der heilsgeschicht- lichen Selbstvergewisserung des Christentums.

Seit dem 19. Jahrhundert zeigt sich die Kirche im häresiologischen Betrieb ihrer dogmatischen *discretio spirituum* schwerfällig. Der *Syl- labus errorum* Pius IX. von 1864[205] erweckt den Eindruck, als wollte das kirchliche Lehramt angesichts nicht mehr recht funktionierender geschichtlicher Unterscheidungsfähigkeit die Geschichte besser gleich anhalten. Die enorme Zunahme lehramtlicher Texte im 20. Jahrhundert offenbart die Unfähigkeit theologische Wahrheits- erkenntnis auf knappe Formeln zu bringen, wie dies über die Jahr- hunderte für dogmatische Sätze kennzeichnend war.

Im 20. Jahrhundert hat Johannes Paul II. nicht nur eine Flut von Lehrtexten hervorgebracht, sondern einige Begriffe, mit denen er versucht, Tiefenstrukturen einer antichristlichen Wirksamkeit in der Geschichte zu benennen. Ein solcher Begriff ist derjenige der „Kultur des Todes", der das *Evangelium vitae* mit seiner Forderung einer „Zivilisation des Lebens" entgegensteht.[206] Die konkrete Vor- stellung der „Kultur des Todes" wird von Johannes Paul II. sexual- und reproduktionsethisch entwickelt.[207] Der Begriff aber weist weit

---

[204] Insbesondere Dietrich Bonhoeffer hat das der Reformationszeit entstammende Theologoumenon einer Christen von außen aufgezwungenen Notwendigkeit der be- kenntnisformelhaften Selbstfestlegung auf die Situation des Kirchenkampfes im Na- tionalsozialismus übertragen (Christian Peters, status confessionis, in: Werner Heun u. a., Evangelisches Staatslexikon, Stuttgart 2006, S. 2363–2365).
[205] Pius IX., Enzyklika, Quanta cura, DH 2890–2980, hier: 2901–2980.
[206] Johannes Paul II, Evangelium Vitae, Enzyklika vom 25. 3. 1995, Nr. 12.; Nr. 26.
[207] Ebd. Nr. 12–16.

über dieses Anwendungsfeld hinaus in alle Bereiche, in denen es sich auswirkt, dass die erfahrbare Lebendigkeit nicht als solche angenommen, sondern gedeutet wird als Epiphänomen grundlegenderer, letztlich mit dem Instrumentarium der Beschreibung und Manipulation sachhafter Gesetzmäßigkeiten handhabbarer Zusammenhänge. Die „Kultur des Todes" ist gerade deshalb eine „Kultur", weil sie sich in dem isolierten Tatbestand der Abtreibung zwar manifestiert, aber nicht erschöpft. Die Abtreibungsbereitschaft resultiert wie die Prädisposition zur selbstverständlichen Verhütung aus einer veränderten Haltung gegenüber dem Leben. In dieser Haltung wird nicht die Pluralität und Unverfügbarkeit allen menschlichen Lebens als unverfügbares göttliches Geschenk angenommen, sondern das entstehende Leben unter ökonomischen Prämissen geplant. So nachvollziehbar diese Entwicklung als Resultat aus der Überwindung katastrophaler und leidvoller Folgen völlig ungelenkter Reproduktion ist, so verhängnisvoll wirkt es sich aus, wo Maßnahmen der notbestimmten Geburtenkontrolle ihre Geltung universal ausweiten und die Wahrnehmbarkeit von Bestimmungsfaktoren menschlichen Gestaltens, Entscheidens und Entwerfens jenseits der Bewältigung von Notdurft blockieren. Wo alles Leben unter der mangelinduzierten Leitidee der überwundenen Notdurft verstanden wird, wird das Leben notdürftig. Die göttlichen Quellen des Lebens als Gabe, Prozess, Beziehung und unverfügbare Weitergabe in Zeugung und Gebären bleiben verschlossen, ja verlieren in der Nichtwahrnehmbarkeit ihre lebensspendende Wirkung für die menschliche Zivilisation, die sich so in der Tat in der in sich gekrümmten, sorgenden Bezogenheit auf die Wohlfahrt des leiblichen Lebens in seiner Endlichkeit zu einer Zivilisation des Todes entwickelt, weil sie sich mit der materiellen Sorge exklusiv auf das bezieht, was nur von zeitlicher Bedeutung ist und so todverfallen.

Unter einem so geweiteten Verständnis der „Kultur des Todes" würden auch solche Phänomene als *nekromorph* enttarnt, die nicht schon durch die Ethik als *crimina in vitam* erkannt sind. Der Begriff einer „Kultur des Todes" könnte in einem geweiteten Verständnis theo-ästhetisch häresiologisch heuristische Funktion übernehmen für die Frage danach, wo überall herrschende Überzeugungen und Praktiken der Fülle göttlichen Lebens in der Vielfalt ihrer menschlichen Realisationen entgegenwirken. Eine entsprechende Sensibilität wächst mit der eigenen Verwurzelung in der „Zivilisation der Liebe". Fragt man nach deren theologisch nähergehenden Bestimmung, so bietet sich die pleromatische Theologie als zeitsensible Bestimmung an: Die Zivilisation der Liebe lebt aus der dankbaren und freudigen Annahme der Überfülle göttlicher Lebensgabe, der sie mit einer Haltung freudiger Förderung und beglückten Partizipierens an der sich in den anderen manifestierenden Vielfalt begegnet. Die Überwindung der „Kultur des Todes" ist eben nicht auf einem ethischen Weg möglich, weil Kulturen tiefer in der vorbewussten und vorreflexiven Dimension der Menschen verankert, bestimmende Kraft für ihr Leben übernehmen. Die Kultur des Todes ist nur kulturell überwindbar durch eine Pflege *(colere)* des Denkens, Fühlens und habitualisierten Handelns, durch eine Ästhetik der Achtung und Tugenden, die aus der Freude am fremden Leben und der Vielfalt des Lebens inspiriert werden.

Aus einer solch praktischen Gestalt der Pleromatik lassen sich praxisrelevante Kurzformeln der häresiologischen Scheidung herleiten, die in ihrer unmittelbar gegenwartsbezogenen, handlungsnormierenden praktischen Gestalt auf solchen Aktualisierungen der christlichen Glaubensmitte aufbauen, die diese pointiert absetzt von gegenwartsinduzierten Denkgewohnheiten, die im Lichte der von der Pleromatik her vollzogenen Unterscheidung als Versuchungen und Laster *(malus habitus)* erscheinen.

Formuliert man solche Scheidungen zwischen der Lebensfülle Gottes und den Todesmächten einer mangelobsessiven Daseinsdeutung positiv, so erhält man jene aktualitätsbezogenen Kurzformeln, die die unterscheidende Kraft des christlichen Glaubens für die gesellschaftliche Gegenwart aktualisieren.

Im Kern sind alle hier vorgeschlagenen Kurzformeln Gestaltungen der folgenden Grundintuition: Christen bekennen und bezeugen[208] in der göttlichen Macht, von der sie ihr Leben durchprägen lassen, ihre erlöste und erlösende Freude an der göttlichen Gabe des fremden und eigenen Lebens, dessen Entstehung, Entfaltung und freie Vollendung in einer Haltung dankbarer Großzügigkeit sie bejahen, fördern und erhoffen.

Christen wissen sich in dieser empfangenden und dankbaren Offenheit für das gottgeschenkte Leben als praktische Interpreten des ihnen überlieferten Glaubens an Gott den Schöpfer.

---

[208] Edmund Arens hat für die Wahrnehmung kirchlichen und theologischen Sprechens unter dem pragmatischen Aspekt seines Charakters als eines historisch situierten Sprechhandelns von Menschen sensibilisiert. Während der illokutionäre Gehalt von BEKENNEN als Akt einer Selbstverpflichtung auf einen Inhalt im Kontext einer durch diese Selbstverpflichtung konstituierten Gemeinschaftszugehörigkeit beschrieben werden kann, wendet sich die Illokution von BEZEUGEN an das *Extra* dieser Gemeinschaft: ders., Bezeugen und Bekennen. Elementare Handlungen des Glaubens, Düsseldorf 1989; ders., Gottesverständigung. Eine kommunikative Religionstheologie, Freiburg 2007, S. 230–234.

Christen sehen sich als Nachfolger Jesu Christi, dessen Leben und Sterben sie als Zeugnis der Großzügigkeit und bedingungslosen Liebe zu allen Lebendigen deuten.

Christen wissen sich in einer Haltung der wertschätzenden Liebe als Überwinder evolutionsbedingter Konkurrenzneigungen. Im Geist Gottes erleben sie die Vollendung ihrer faktisch erfahrbaren Natur in der Überwindung von Neid- und Konkurrenzgeprägtheit.

Christen hoffen auf die sich durchsetzende Vollendung einer Zivilisation der gönnenden Wertschätzung und freudvollen Partizipation an der vielfältigen Lebendigkeit des Kosmos.

Als Diener des einen Gottes und im Bewusstsein der kosmischen Mächtigkeit dieses Schöpfergottes können Christen sich in der negativen Absetzung von Zeitströmungen und geschichtlichen Mächten und Gewalten definieren, ohne durch diese Definition in die Gefangenschaft der eigenen Gegnerschaft zu geraten. Im Vertrauen auf die im göttlichen Geist sich weltgeschichtlich durchsetzende Macht Gottes sind sie vor den Versuchungen der zynischen Resignation ebenso bewahrt wie vor derjenigen der Gewalt. Fülle in der Präzisierung als „Lebensfülle" erscheint damit als eine zeitgemäße Fokussierung des christlichen Credos insgesamt. Es richtet sich negativ gegen die obsessive Macht des Mangeldenkens oder der ihm entsprechenden infantilen Vorstellung von Fülle als großer und größerer Menge. „Lebensfülle" erschließt die Korrektur der lebensfernen Vorstellung der großen Menge, wie sie in allen hortungsorientierten Modellen verfolgt wird, und offenbart als den wahren Kern hochschätzungsfähiger Fülle die Lebendigkeit und Unerschöpflichkeit des lebendig Verschiedenen.

Die Phänomenologie der Fülle schöpft aus vor- und außerneuzeitlichen Quellen. Von ihnen her erschließt sich eine fundamentale Kritik der Neuzeit und ihres Freiheitsverständnisses in dessen Sach- und Verfügungsfixiertheit und der dieser entsprechenden Mangelfixierung. Insofern die Neuzeit gezeugt wurde aus der Selbstbehauptung des in seinem Überleben bedrohten Menschen, der die vermeintlich göttliche Verfügung zum Tode nicht ertragen wollte[209], ist ihr das Weltverhältnis der herrscherlichen Verfügung über die Welt, die sie auf diese Weise in ein Konglomerat wirklicher oder potentieller Objekte auflöst, erblich eigen.

---

[209] Blumenberg, Säkularisierung und Selbstbehauptung, Frankfurt 1974, S. 141–267.

Autorenverzeichnis

Adorno, Theodor W. 76
Anselm von Canterbury 98, 177, 183
Apel, Karl Otto 170
Arens, Edmund 260f.
Aristoteles 80–82, 87, 118, 177, 199, 255
Augustinus, Aurelius 21, 65f., 83f., 86, 179?, 185, 206
Axelrod, Robert 26, 112
Bacon, Francis 91
Balthasar, Hans Urs von 127, 158, 243
Barth, Karl 15, 230f.
Baurmann, Michael 56ff.
Beinert, Wolfgang 183
Benedict, Ruth 226
Benjamin, Walter 13, 37
Berger, Klaus 148
Berger, Peter L. 168
Berkeley, George 93
Biesecker, Adelheid 37
Blackmore, Susan 28
Bloch, Ernst 66
Blumenberg, Hans 262
Böckenförde, Wolfgang 139
Bokwa, Ignacy 151
Bolk, Ludwig 35
Bonhoeffer, Dietrich 219–221, 258
Bowles, Samuel 45f.
Boyd, Robert 45f.
Brennan, Geoffrey 32
Broom, Donald M. 26–28
Brox, Norbert 205
Brugger, Walter 230
Büchner, Georg 247
Busch, Kathrin 111

Busse, Ulrich 199
Chenu, Marie Dominique 180
Christian, Hermann 248
Clark, Andrew S. 47, 50f.
Cooke, Bernhard 185f.
Cremer, Hermann 229
Dalferth, Ingolf U. 169–172
Darwin, Charles 24
Dawkins, Richard 28, 31, 38
Delling, Gerhard 216
Denett, Daniel 28f.
Derrida, Jacques 133, 255
Descartes, René 74, 170
Deutschmann, Christoph 13
Diekamp, Franz 71
Dirscherl, Erwin 133, 177
Douglas, Mary 119f.
Drewermann, Eugen 203
Dumouchel, Paul 31, 108
Dürkheim, Emile 105
Eigen, Manfred 42
Elster, Jon 32
Ernst, Josef 216f.
Fehr, Ernst 45f.
Feuerbach, Ludwig 14, 65f.
Fichte, Johann Gottlieb 71
Foucault, Michel 255
Frettlöh, Magdalene 131–133
Freud, Sigmund 14, 53
Gabel, Michael 111
Gächter, Simon 45, 51
Gäßler, Georg Fidelis 61
Gehlen, Arnold 35
Gestrich, Christof 13, 132
Geyer, Christian 75
Gielen, Marlies 227
Gintis, Herbert 45f.

Girard, René 21, 53ff., 63f., 108f., 139, 146, 154, 167, 175f., 178
Göbel, Christian 49
Godbout, Jacques T. 120f.
Godzieba, Anthony J. 215f.
Gould, Stepehn J. 42
Greshake, Gisbert 244
Grund, Christian 50
Hafner, Johannes Ev. 254
Hailer, Martin 13
Hamilton, William D. 24
Hastings, John 216
Haudel, Matthias 158, 243
Hauser, Linus 22f.
Hegel, Georg W. F. 56, 116, 137, 170, 178–182
Heinemann, Stefan 51, 59, 235
Hénaff, Marcel 115
Henry, Michel 95–100, 104f.
Hentrich, Dieter 131, 133
Herbrand, Nikolai O. 52
Herms, Eilert 171
Herrmann, Christof S. 75
Heun, Werner 258
Hick, John 257
Hilberath, Bernd Jochen 177, 183, 244
Hobbes, Thomas 35
Höfer, Josef 240, 242
Horkheimer, Max 76
Hösle, Vittorio 170, 181, 235
Hubert, Henri 108
Hume, David 35
Hünermann, Peter 203, 216
Husserl, Edmund 95f., 99
Illies, Christian 93–94
Ingensiep, Hans Werner 87f.
Irenäus von Lyon 95, 199–205, 211, 217, 254
Jaskola, Piotr 151
Joas, Hans 131
Johannes Chrysostomos 49
Johannes Paul II. 259
Jonas, Hans 70, 86, 88–92, 159, 219
Kahnemann, Daniel 50
Kampling, Rainer 227
Kant, Immanuel 27, 33ff., 66, 74f., 88, 112, 141, 166, 178, 203, 230, 233
Keener, Craig S. 184
Kesting, Stefan 37
Kierkegaard, Sören 171
Kirchgässner, Gebhard 37
Kittel, Gerhard 226
Kleutgen, Joseph 167
Kliemt, Hartmut 31
Körtner, Ulrich 223f.
Krafft-Krivanec, Johanna 134
Kraus, Georg 183
Krings, Hermann 76
Krüger, Wolfgang 47f.
Kühn, Rolf 96, 99–103
Lacan, Jaques 96
Latimer, Hugh 129
Lefort, Guy 21, 176
Lehmann, Karl 127
Lévinas, Emmanuel 102f.
Lies, Lothar 127
Link-Wieczorek, Ulrike 151, 214
Lomasky, Loren E. 32
Long, D. Stephan 123–127, 132
Lorenz, Konrad 26
Luhmann, Niklas 135f., 167, 236
Luria, Jizchaq ben Schlomo 255
Luther, Martin 238
Lütkenhaus, Ludger 32ff.
Lyotard, Jean-François 255
Manstetten, Reiner 37
Maréchal, Joseph 77, 232
Marshall, Mary J. 119
Marx, Karl 14, 66
Mauss, Marcel 40, 105–111, 115, 119ff., 128, 131f., 134, 139
Meier, John 216
Meister Eckhart 98
Merleau-Ponty 95, 99
Metz, Johann Baptist 173, 215, 218f.
Miggelbrink, Ralf 63, 151, 191, 224, 246
Milbank, John 123, 129f., 132
Minz, Karl-Heinz 240
Moltmann, Jürgen 184ff., 215
Morgenstern, Oskar 25

Müller, Klaus 169, 237, 255
Neumann, John von 25
Nida-Rümelin, Julian 114
Nietzsche, Friedrich 47, 113f., 131
Nitsche, Bernd 177
Nocke, Franz-Josef 250
Novak, Michael 124
Ohler, Norbert 139
Oster, Stefan 111
Oswald, Andrew J. 51
Oughourlian, Jean-Michel 21, 176
Overbeck, Winfried 205
Palaver, Wolfgang 51, 53, 60, 191
Pannenberg, Wolfhart 231–233, 235
Pareto, Vilfredo 26
Pesch, Otto Hermann 190
Peters, Christian 258
Petrus Lombardus 177
Pius IX. 258
Platon 116, 255
Portmann, Adolf 35
Post, Stephen G. 141–145
Pröpper, Thomas 76–79, 169f., 231
Rahner, Johanna 256
Rahner, Karl 17, 71f., 77ff., 86, 172–175, 194f., 210f., 218, 232ff., 253f., 256
Ramb, Bernd-Thomas 38
Rawls, John 122
Ricœur, Paul 111–118, 120, 122
Röhrig, Stafan 52
Rousseau, Jean-Jacques 55
Ruster, Thomas 13, 37, 72f.
Saarinen, Risto 129–132
Sahlins, Marshall 43f., 52, 108
Sandherr, Susanne 133
Scheeben, Matthias Joseph 239–243, 245
Schleiermacher, Friedrich 171
Schlink, Edmund 127
Schmitt, Carl 167
Schnackenburg, Rudolf 70, 199
Schneider, Theodor 190, 250
Schoeck, Helmut 45ff., 52, 106
Schrödinger, Erwin 40ff., 61
Schwager, Raymund 54, 191f.

Schweitzer, Albert 214
Searle, John 119
Seneca 107
Siebenrock, Roman 66
Simmel, Georg 39
Singer, Wolf 22
Sliwka, Dirk 50
Smith, Adam 35, 52, 57
Smith, James K. A. 168
Sommer, Volker 22
Soroko, Pirtim A. 142
Stackhouse, Max 124
Steinmair-Pösl, Petra 51
Striet, Magnus 209, 229, 231
Strubenrauch, Bertram 222ff.
Sturma, Dieter 75f.
Tertullian 95, 183, 203, 211f., 214, 249f.
Theißen, Gerd 145f.
Theobald, Christoph 203
Theobald, Michael 228f.
Thomas von Aquin 21, 48ff., 63f., 70f., 85, 140f., 197f., 206–211, 237, 243, 251
Thöni, Christian 51
Troeltsch, Ernst 214
Tversky, Amos 50
Verweyen, Hansjürgen 173
Voland, Eckart 24f., 30, 38
Walter, Peter 239
Weber, Max 36f., 39, 122, 135, 141
Weiß, Johannes 214
Welker, Michael 177, 185
Welsch, Wolfgang 72
Welte, Bernhard 224
Wenz, Gunther 190
Werbick, Jürgen 230
Wittgenstein, Ludwig 171
Wogamam, Philipp 124
Wohlmuth, Josef 133f., 250, 252
Wolf, Kurt 111
Zemon Davis, Nathalie 117ff.
Zimmerling, Ruth 31
Zoglauer, Thomas 75